suhrkamp taschenbuch
wissenschaft 2391

Globale Herausforderungen wie Flucht, Migration, Terrorismus, Viruspandemie und Klimawandel rufen nach lokalen Antworten, die sich digitaler Mittel bedienen, ohne sich in Daten, Algorithmen und einer Technologie des Machbaren zu erschöpfen. Gastlichkeit, Zeitverschiebung und Ansprüche künftiger Generationen liefern Stichwörter für eine Phänomenologie, die sich im Medium des Pathischen und Responsiven bewegt. Der leibliche Austausch zwischen Kultur und Natur, zwischen Eigenem und Fremdem spielt sich in wechselnden Grenzzonen ab. Kritische Diagnosen wie die von Edmund Husserl, Sigmund Freud, Walter Benjamin, Emmanuel Levinas, Jan Patočka, Paul Valéry oder Robert Musil tragen dazu bei, dass das Salz des Fremden nicht schal wird.

Bernhard Waldenfels ist Professor emeritus für Philosophie an der Ruhr-Universität Bochum. Für sein Werk wurde er u.a. mit dem Sigmund-Freud-Kulturpreis und dem Dr.-Leopold-Lucas-Preis ausgezeichnet. Im Suhrkamp Verlag sind zuletzt erschienen: *Sozialität und Alterität* (stw 2137), *Platon. Zwischen Logos und Pathos* (stw 2218) und *Erfahrung, die zur Sprache drängt. Studien zur Psychoanalyse und Psychotherapie aus phänomenologischer Sicht* (stw 2283).

Bernhard Waldenfels

Globalität, Lokalität, Digitalität

Herausforderungen der Phänomenologie

Suhrkamp

Klimaneutral
Druckprodukt
ClimatePartner.com/14438-2110-1001

Erste Auflage 2022
suhrkamp taschenbuch wissenschaft 2391
Originalausgabe

Umschlag nach Entwürfen
von Willy Fleckhaus und Rolf Staudt
Druck und Bindung: C. H. Beck, Nördlingen
Printed in Germany
ISBN 978-3-518-29991-3

www.suhrkamp.de

Inhalt

Vorwort

Was haben eruptive Geschehnisse wie Kriegsausbruch, Flüchtlingsstrom, atomare Katastrophe, Flutkatastrophe, Viruspandemie und problematische Trends wie Klimawandel, Waldsterben, Verstädterung, Globalisierung und Digitalisierung miteinander zu tun? Wo spielen sie sich ab? Eine erste Antwort könnte lauten: In allen Fällen handelt es sich darum, daß das menschliche Leben in der Welt und in der Gesellschaft schlagartig erschüttert oder langfristig verändert wird. Die übliche Ereignis- und Strukturgeschichte gerät in den Sog von Störungen, Katastrophen und Umschichtungen, die weder teleologisch noch nomologisch, noch pragmatisch durch vorhandene Ordnungsregister aufzufangen sind. Das gewohnte Leben wird aus der Bahn geworfen, Selbstverständliches, das unseren Alltag bestimmt, wird fraglich. So bedarf es neuer Antworten, jenseits der Polarität von Fortschritt und Rückgang, von Modernität und Traditionalität, jenseits von endlosem Immer-weiter oder beharrlichem Immer-wieder. Krisenhafte Ausbrüche und Einbrüche, wie wir sie heute erleben, sind nichts schlechthin Neues. Sie erinnern an mythische Urereignisse wie die Sintflut oder den Turmbau zu Babel oder an historisch dokumentierte Naturkatastrophen wie den Untergang von Pompeji, von dem Plinius der Jüngere als Augenzeuge berichtet, das Erdbeben von Lissabon, das europaweit an den Pfeilern der Theodizee rüttelte, den Einsturz der Brücke am Thay, der in Fontanes Ballade als Hexenwerk gedeutet wird, oder an historische Umwälzungen wie die Reformation und die Französische Revolution. In den Zwischenkriegsjahren des 20. Jahrhunderts steigert sich das »Unbehagen in der Kultur« bis zur fatalistischen Vision eines »Untergangs des Abendlandes«. Autoren wie Edmund Husserl, der die »Krisis des europäischen Menschentums« auf eine Lebensweltvergessenheit zurückführt, und Paul Valéry, der vor einem sich an sich selbst berauschenden »Automatismus der Kühnheit« warnt, oder Jan Patočka, der eine »Solidarität der Erschütterten« beschwört, liefern Stichwörter, deren Echo bis heute nicht verstummen will.

*

Die folgenden Überlegungen schweifen nicht aus in die Weltgeschichte, vielmehr setzen sie an bei gegenwärtigen Szenerien, allerdings begleitet von Rückblenden auf ältere Traditionen, die bis heute fortwirken. Den konzeptuellen Rahmen liefert die Phänomenologie, genauer gesagt eine responsive Phänomenologie des Fremden, die den Verfasser seit Jahrzehnten beschäftigt. Die Bruchstellen der Erfahrung kamen mit ihren wechselnden Modi von leibhaftiger, ästhetischer, hyperbolischer und sozialer Erfahrung bereits früher ausführlich zur Sprache.[1] Sie durchlaufen nunmehr eine kritische, bisweilen auch katastrophale Zuspitzung. Die Spielart von Phänomenologie, die dabei zum Zuge kommt, orientiert sich an einem starken Begriff von Erfahrung, wie er nicht nur bei Husserl, Heidegger und den französischen Phänomenologen zu finden ist, sondern ähnlich bei William James oder Henri Bergson. In einer solchen Erfahrung tritt nicht nur Neues hervor, sondern Neuartiges, das in die Ordnung der Dinge eingreift. Was hier auf dem Spiel steht, gründet in einem Doppelereignis von Widerfahrnis und Antwort, von Pathos und Response. Mit allem, was wir sagen und tun, antworten wir auf etwas, das uns widerfährt. Diese Doppelbewegung findet ihren eigentümlichen Rhythmus nicht in einem linearen oder konzentrischen Zeitgefüge, sondern in einer Zeitverschiebung, einem Ineinander von Kommen und Gehen. Wir gehen auf etwas ein, das auf uns zukommt, indem es unserer Initiative vorauseilt. Zukunft und Vergangenheit schieben sich ineinander. Der Übergang vom einen zum anderen hat etwas Beunruhigendes und Befremdendes, da wir uns, wo immer Neuartiges zu erwarten ist, auf keinem festen Boden, auf keinem *fundamentum inconcussum* befinden. Die Annahme, philosophisches Denken werde, selbst wenn es auf Zeitloses bedacht ist, unermüdlich von Affekten des Erstaunens und Erschreckens aus der Ruhe gebracht und wachgehalten, begegnet uns bereits frühzeitig in Platons *Theaitet*. Umbrüche und Erschütterungen schließen jedoch nicht aus, daß unser Denken immer wieder in einen Schlummer versinkt. Anfänge, die nicht geplant wurden, erweisen sich als Voranfänge, auf die wir wiederholt zurückgeworfen werden, ohne

1 Auf einige meiner früheren Schriften werde ich mich von Fall zu Fall mit Kürzeln beziehen: AR = *Antwortregister* (1994), BE = *Bruchlinien der Erfahrung* (2002), GN = *Grenzen der Normalisierung* (^{2}2008), HYP = *Hyperphänomene* (2012), SA = *Sozialität und Alterität* (2015).

sie je einzuholen. Mit Husserl oder Heidegger sprechen wir von Stiftungsereignissen, mit Ethnologen wie Evans-Pritchard von Schlüsselideen. Darin verbindet sich philosophisches Denken mit den vielfältigen Renaissancen, Reformationen und Revolutionen in Kultur, Politik, Wissenschaft und Religion. Ebenso berührt es sich mit den Stollengängen der Psychoanalyse, die sich in eine individuelle und kollektive Vorzeit zurücktasten. Die *progressio in infinitum*, die Thomas Hobbes in der Morgenröte der Moderne als das höchste aller menschlichen Güter anpries, gerät aus dem Tritt, wenn Bruchstellen und Bruchlinien unsere Erfahrung durchziehen.

Der Zweitakt von Widerfahrnis und Antwort nimmt eine besondere Rhythmik an je nach Beschaffenheit dessen, was uns zufällt und zustößt, was unsere Kräfte herausfordert und sie nicht selten überfordert. Wenn ich in diesem Zusammenhang von *Herausforderung* spreche, so knüpfe ich an eine Begrifflichkeit an, die sich in der Zwischenkriegszeit des 20. Jahrhunderts herausbildete. Ich denke einerseits an Vertreter der Berliner Gestaltpsychologie wie K. Lewin, M. Wertheimer, K. Duncker, D. Katz, K. Koffka oder W. Köhler, die zusammen mit vielen anderen politisch Vertriebenen die gefährliche Rückseite solcher Herausforderungen zu spüren bekamen. Den sinnlichen Gestalten, die unser kognitives und praktisches Verhalten prägen und stabilisieren, werden »Aufforderungscharaktere« und »Gefordertheiten« zugesprochen, die den eingespielten Gegensatz von Sein und Sollen, von Tatsache und Norm, aber auch das kalkulierte Zusammenspiel von Daten und Algorithmen unterlaufen. Ihre grammatische Form finden Aufforderungen im lateinischen Gerundiv. Was sich als *agendum, faciendum, videndum* oder *dicendum* ankündigt, ist ein Zu sein, etwas, das zu tun oder zu unterlassen, zu sagen oder zu verschweigen ist. Dabei treten Anreiz, Antun (lat. Affektion), Angehen, Anmutung oder Anspruch auf als Impulse, die bei leiblichen Wesen ein Eigenverhalten in Gang setzen und modulieren. In dem vielfältig genutzten Präfix ›an‹ (gr. προς-, lat. *ad-*) deutet sich eine Bewegungsrichtung an, die nicht von Handelnden ausgeht, sondern auf sie zuläuft. Dieser Ansatz entspricht der mikrologischen Vorgehensweise der Gestalttheorie oder der Umweltforschung, die auf mannigfache Weise mit einer Phänomenologie sinnlicher und leibhaftiger Erfahrung verknüpft ist. Hinzu kommt als Wortführer der englische Historiker Arnold Toynbee, der aus makrologischer

Sicht Weltgeschichte als einen Wechsel von kollektivem *challenge* und kollektiver *response* darstellt. Ich greife dieses Begriffspaar auf und lege dabei besonderes Gewicht auf eine Reihe hervorstechender Aspekte.

(1) Die elementare Form der Herausforderung, um die es hier geht, besteht nicht darin, daß ein kausales Ereignis x gemäß funktionalen Gesetzen eine Wirkung y *hervorbringt* oder *produziert*, sondern darin, daß ein Ereignis x ein Ereignis y *hervorruft* oder *provoziert* (gr. πρόκλησις). Das Rätselhafte liegt in dem drängenden Charakter der Herausforderung, die sich zwischen zwei Instanzen abspielt, ohne auf einer der beiden Seiten festen Halt zu finden. Die Herausforderung gleicht einem ausgeworfenen Seil, wer fängt es auf? Sie bliebe leer ohne das Entgegenkommen der Antwort, die Antwort bliebe ohnmächtig ohne das Drängen der Herausforderung. Diese Anspielung auf das kantische Zusammenwirken von Anschauung und Begriff ist nicht zu verstehen als Suche nach einer Synthese. Vielmehr begegnet uns hier eine *Diastase*, ein Auseinandertreten, das zugleich verbindet und trennt. Es fehlt ein ontologisches, dialektisches oder regulatives Bindeglied, das den Riß der Erfahrung heilen und die Kluft überbrücken könnte. Darin liegt kein Mangel. Nur wenn eine Lücke aufklafft und die Erfahrung an sich hält, wenn sie immer wieder Atem holt und stockt, entsteht Raum für Neues, das von gewohnten Bahnen abweicht. Der Spalt, der sich auftut, wenn die Erfahrung überraschend über sich selbst hinauswächst, entzieht sich dualen Gegensätzen wie Aktion und Passion, Subjekt und Objekt, Form und Materie, ohne daß die Gegensätze in einem umgreifenden Dritten aufzuheben sind. Der Hiatus zwischen fremdem Anstoß und eigener Erwiderung, zwischen fremdem Anruf und eigener Antwort führt dazu, daß die Antwort als Antwort von anderswoher, aus der Fremde kommt. Der Hiatus hat zur Folge, daß Antworten auch anders ausfallen können, daß sie also in einem radikal erfinderischen Sinne kontingent sind. Keine Antwort enthält eine endgültige Lösung

(2) Ein zweiter Aspekt betrifft die *Ambivalenz* der Herausforderung. Setzt jeweils etwas unsere Erfahrung in Gang, so mag dies willkommen, erfreulich, bekömmlich oder aber widrig, bedrohlich, schädlich, verletzend sein. Starke Erfahrungen, die an die Ordnung der Dinge rühren, nehmen sich durchwegs mehr oder weniger be-

drohlich aus. Selbst Goethe, der einer ruhigen Betrachtung der Dinge zuneigt und es eher mit den Neptunisten als mit den Vulkanisten hält, bemerkt in seinen *Maximen und Reflexionen*: »Die Welt ist eine Glocke, die einen Riß hat; sie klappert, aber klingt nicht«, und weiter: »Die Wahrheit ist eine Fackel, aber eine ungeheure; deswegen versuchen wir alle nur blinzend so daran vorbeizukommen, in Furcht sogar, uns zu verbrennen.« (Werke, Bd. 9, S. 518, 522) Diese Sichtweise entspricht dem pathischen Charakter einer Erfahrung, die sich auf die Dauer nicht gängeln und somit für Unberechenbares Raum läßt. Das Wort ›Pathos‹ bedeutet kraft seiner griechischen Herkunft zunächst ein Widerfahrnis, also ein Erleiden von etwas im Sinne des Passivs. Es bedeutet aber zugleich ein Leiden unter etwas oder unter jemandem. Es bedeutet schließlich eine gesteigerte Form der Anteilnahme in Form der Leidenschaft. Im Falle des Leidens nimmt das Antworten besondere Formen der Abwehr an, die leiblich mit dem Zusammenzucken, dem Schrei oder der Klage beginnen. Das deutsche Wort ›Entgegnen‹ hat eine entsprechend schillernde Bedeutung. Dies wird uns anläßlich der aktuellen Herausforderungen, auf die wir uns fallweise beziehen, unaufhörlich begegnen. Erfahrung hat es von Anfang an nicht mit rohen Sinnesdaten zu tun, die auf ihre Formung warten, oder mit digitalen Daten, die einer algorithmischen Regelung bedürfen. Selbst die Apathie ist noch eine Schwundform des Affiziertseins, und ähnliches gilt für die monotone Unansprechbarkeit der Langeweile.

(3) Als dritter Aspekt bleibt der *kollektive* Charakter von Herausforderung und Antwort. Im Hinblick auf den Zweitakt von Widerfahrnis und Antwort bedeutet dies, daß wir es stets mit Formen der Ko-affektion, der Ko-intention und der Kor-respondenz zu tun haben. Das durchgängige Mitsein, Mitleben und Mitempfinden, das uns in der klassischen griechischen Philosophie, aber auch auf der Theaterbühne unaufhörlich begegnet und das, nachdem nun der cartesianische Individuierungsschub abgeflaut ist, in postcartesianischen Konzeptionen von Sozialität und Alterität auf neue Weise zutage tritt, entzieht sich der Antithese von Individualismus und Kollektivismus und dem Wechselspiel von Egozentrik und Soziozentrik. Das Privatgefühl, das von technologischen Enthusiasten inzwischen selbst Maschinen zugeschrieben wird, ist ein ebenso künstliches Gebilde wie die Privatsprache, der Wittgenstein den Garaus gemacht hat.

(4) Einen vierten, alles beherrschenden Aspekt bildet die Polarität von *Globalem* und *Lokalem*, die gleich am Anfang angeklungen ist und die in unseren weiteren Überlegungen immer wieder durchdringt. Die Welt bildet einen Universalhorizont, der sich aber nur hier und jetzt und immer aufs neue in leibhaftiger Form erschließt. Unser Wohnen in der Welt unterliegt einem Junktim von Hier und Dort, von Hier und Anderswo. Wir sind weder überall noch an einem festen Ort zu Hause. Globale Antworten, die sich von den Bedingtheiten des Lokalen ablösen, beruhen auf einer Anmaßung, lokale Antworten, die sich in einen engen Raum einschließen, lassen den nötigen Wagemut vermissen. Zwischen Globalem und Lokalem bewegt sich auch mein jüngst erschienenes *Reisetagebuch eines Phänomenologen*, das gegenüber einem Übermaß an Historisierung geographische Bezüge des Denkens hervorkehrt und die Zeit mit dem Raum versöhnt.

*

Die folgenden Kapitel verdanken ihre Entstehung durchwegs bestimmten Anlässen, und ihr okkasioneller Charakter entspricht dem sporadischen Charakter der zu behandelnden Themen. Diese beschränken sich nicht auf das, was in Sonderwelten oder Subsystemen auftritt, in ihnen verschmelzen vielmehr persönliche Belange mit ökonomischen, politischen, rechtlichen, medizinischen, künstlerischen, religiösen und mythischen Aspekten. Austauschstätte ist der sozio-kulturelle Alltag, der sich in wechselnden Lebenswelten ausbreitet, der von spezifischen kulturellen und interkulturellen Traditionen geprägt ist, aber immer wieder Außerordentliches aufscheinen läßt. Der von Husserl aufgehellte Lebensweltbezug und die drohende Lebensweltvergessenheit machen sich nicht zuletzt darin bemerkbar, wie wir auf anstehende Herausforderungen antworten oder ihnen ausweichen.

Kapitel I geht zurück auf eine Tagung, die 2018, also genau hundert Jahre nach Ende des Ersten Weltkriegs, einer Besinnung auf die gegenwärtige Lage Europas gewidmet war. Veranstaltet wurde sie in Vigoni am Comer See von slowenischen Forschern, von Mira Miladinović Zalaznik und Dean Komel, und zwar im Rahmen des dortigen Deutsch-Italienischen Zentrums und im Namen des Forum for the Humanities mit Sitz in Ljubljana. Im Mittelpunkt meiner eigenen Überlegungen steht die Spannung zwischen zwei extremen Tendenzen, die sich in der Gegenwart auf besondere Weise abzeichnen, einem technisch-ökonomisch ausgerichteten Globalismus, der sich in einem Überall-und-Nirgends zu verflüchtigen droht, und dem Rückfall in einen erneuten Lokalismus, der sich auf das eigene Hier fixiert. Denationalisierung und Renationalisierung stoßen aufeinander und heizen einander an. Es fragt sich, wie ein Europa der Zukunft aussehen könnte, das sich nicht auf eine »Festung Europa« zurückzieht, das aber ebensowenig seine Eigenart preisgibt. Was sich anbietet, ist ein »Europa der Nachbarschaften«, das seine Grenzen nicht aufhebt, sondern, wie Michel Serres vorschlägt, »Wege des Übergangs zwischen Lokalem und Globalem« ins Auge faßt. Nietzsches Parole »Wir guten Europäer«, die unsere Überlegungen begleitet, wäre dann nicht Ausdruck eines Besitzerstolzes, sondern aus ihr sprächen eine nach außen gerichtete Einladung und eine nach innen gerichtete Forderung.

Kapitel II greift weiter zurück auf ein interdisziplinäres Symposium zum Thema der Landschaft, das 2010 in dem von Max Imdahl ins Leben gerufenen Bochumer Kunstzentrum »Situation Kunst« stattfand und von einer Ausstellung »Weltsichten« umrahmt wurde. Die geopolitische Problematik der letzten Jahrzehnte, die in unserem Eingangskapitel zur Sprache kommt, gewinnt hier ein historisches und sinnliches Relief, bei dessen Ausgestaltung die Künste, aber auch Raumtechniken wie die Navigation eine zentrale Rolle spielen. Die Landschaft, deren Konzeption auf ältere Raumformen wie Region und Provinz zurückverweist, bildet einen Bereich der Übergänge, in dem sich die verschiedensten Wege kreuzen, in dem Allgemeines sich aussondert und Besonderes sich verallgemeinert, in dem Weltganzes und Einzelsituation sich verbünden, in dem aber auch heterogene Interessen aufeinanderprallen. Wie die städtischen Passagen, denen Walter Benjamins zentrale Aufmerksamkeit galt, steht auch die Landschaft sowohl für eine Lebensform wie für eine Denkform. Sie liefert eine Matrix für vieles, was in den nachfolgenden Kapiteln im einzelnen problematisiert und aktualisiert wird.

Kapitel III entstand 2017 mitten in der Flüchtlingskrise, die weiterhin eine Herausforderung darstellt, selbst wenn der Wellengang einem Auf und Ab folgt und die Brennpunkte sich verschieben. Die Aufnahme von Flüchtlingen und Immigranten ist ein anhaltender Prozeß, angefacht durch immer wieder neue Fluchtursachen. Die

Erinnerung an die kulturell tief verankerte Institution der Hospitalität weckt Fragen nach einer responsiven Politik des Fremden, die das alte Ethos der Gastlichkeit neu belebt. Das Wie der Aufnahme läßt sich nicht mit moralischen Appellen oder administrativer Routine erledigen, es bedarf eines gehörigen Maßes an Erfindungskraft und Sensibilität. Die Frage nach einer bedingten oder unbedingten Gastlichkeit, die sich von Levinas und Derrida her stellt, führt uns auf die Spuren einer Un-bedingtheit, deren hyperbolische Form sich stets aufs neue hier und jetzt geltend macht, indem sie die konkreten sozialen und kulturellen Bedingungen übersteigt, aber nicht überspringt. In diesem Sinne gehört Gastlichkeit zu den Hyperphänomenen, in denen gängige Phänomene wie die Häuslichkeit ihre Überschüsse ausspielen. Sie entspringt einer Geste des Gebens, die von Marcel Mauss ethnologisch neu ins Spiel gebracht wurde und die in deutlichem Kontrast steht zu einer reinen Ökonomie des Tausches und ihren neoliberalen Auswüchsen.

Kapitel IV ging hervor aus einer von Tokio aus inszenierten Videokonferenz, die im Dezember 2011 kurz nach der Atomkatastrophe von Fukushima einberufen wurde und vergleichbare Katastrophen wie die atomaren Angriffe auf Hiroshima und Nagasaki oder das Atomdesaster von Tschernobyl in Erinnerung rief. Im Mittelpunkt steht der riskante Charakter einer hypertrophen Technologie, deren Machwerke mehr und mehr unsere Lebenswelt beherrschen und sie zu überdecken drohen. Die Phänomenologie, die auf Sinn und Bedeutung der Phänomene und auf entsprechende Antriebskräfte ausgerichtet ist, bedarf der Ergänzung durch eine Form der Phänomenotechnik, die den funktionalen Gesetzmäßigkeiten der Technik den ihnen gemäßen Ort inmitten der lebendigen Erfahrung zuweist. Katastrophen wie jene an der japanischen Ostküste sind Alarmzeichen. Alte Gemeinplätze wie Oikos, Praxis, Techne und Ethos rücken in ein neues Licht, wenn Haus- und Landesgrenzen systematisch gelockert und überschritten werden, wenn Eigenhandlungen und Fernhandlungen ineinander übergehen oder wenn man Kampfhandlungen auf Automaten und speziell auf automatische Waffen überträgt. Die Frage nach dem, was machbar ist und was nicht, die Frage nach dem, was in unserer Hand liegt und was unserem Zugriff entgleitet, stellt sich neu. Zugleich zeigen die Berichte aus Japan, wie sehr der technische und ökonomische Umgang mit der Natur kulturell vorgeprägt, aber auch vorbelastet ist.

Kapitel V schließt sich an, indem es die fernöstliche Atomkatastrophe in einen weiteren interkulturellen Horizont rückt. Der Text geht zurück auf einen Berliner Kongreß von 2016, der das Phänomen des Embodiments aus einer östlich-westlichen Perspektive behandelte. Das phänomenologisch zentrale Phänomen der Leiblichkeit wird in dem vorliegenden Beitrag als ein Phänomen der Schwelle präsentiert, über die hinweg Kultur und Natur auf vielfältige Weise ineinander übergehen. Dabei greift die Zwischenrolle des Leibes über auf eine medial und technisch geprägte Zwischenwelt der Dinge, die in der Naturpflege zum Zuge kommt, deren Status aber im folgenden Kapitel ausdrücklich problematisiert wird.

Kapitel VI, das wir an dieser Stelle einblenden, wurde neu verfaßt mit dem Blick auf aktuelle Debatten. Es nimmt weitgehend die Form von *quaestiones disputatae* an und befaßt sich mit dem omnipräsenten Prozeß der Digitalisierung. Dieser Prozeß antwortet nicht nur auf entsprechende Herausforderungen, sondern er wird selbst selbst zu einer besonderen Herausforderung, wenn er den prädigitalen Boden der Lebenswelt verläßt. Husserls Diagnose der *Krisis der europäischen Wissenschaften* gewinnt an neuer Bedeutung. Sie zielt ab auf eine genetische Technologie von unten. Die digitale Prägung der Erfahrung, die zusammen mit den älteren Prozessen der Arithmetisierung und Geometrisierung und einer umfassenden Technisierung der Lebenswelt zu den Errungenschaften der Neuzeit gehört, gerät ins Zwielicht, wenn die digitale Formierung der Erfahrung zur Austrocknung der leiblich-sinnlichen Erfahrung führt. Im Mittelpunkt unserer Überlegungen steht das heikle Verhältnis von Mensch und Maschine, das inmitten von Wettlauf, Austausch und Kooperation seine Konturen zu überspielen und sein Konto zu überziehen droht. Eine Phänomenologie der Leiblichkeit und Zwischenleiblichkeit, wie sie hier ins Spiel gebracht wird, verbindet sich mit einer entsprechenden Form von Phänomenotechnik, die sich nicht gegen die Wirkungen der Technik abschottet, wohl aber dagegen ankämpft, daß Technik sich technizistisch aufbläht. Spezielle Erfindungen wie automatisches Fahren, automatische Übersetzung oder die automatische Gesichtserkennung dienen uns als alltagstechnische Proben aufs Exempel.

Kapitel VII führt mitten hinein in die Welt von Gesundheit und Krankheit. Es entstand 2020 im Zuge der weltweiten Ausbreitung des Coronavirus. Es erschien als Beitrag zu einem Sonderheft der

Philosophischen Rundschau, in dem anläßlich der Heimsuchung durch den neuen Virus die Frage nach einer »Kulturzeitdämmerung« aufgeworfen wurde. Der hier vorgelegte, leicht erweiterte Text erinnert daran, daß das Virus, wie schon bei Thukydides in seiner Schrift *Der Peloponnesische Krieg*, diesseits der Handlungs- und Planungsschwelle anzusetzen ist. Es erweist sich als ein elementares Pathos, dessen πάσχειν sich auf gefährliche Weise in ein συμπάσχειν verwandelt und epidemisch oder pandemisch auf die Allgemeinheit des Demos übergreift. Zu den vielfältigen Maßnahmen, die auf diese lebensgefährliche Herausforderung antworten, gehört die Impftätigkeit, die alle nur möglichen medizintechnischen und sozialmedizinischen Ressourcen in Anspruch nimmt und in der Maskenpflicht älteste theatralische Rollenspiele wachruft. All dies ist einer Antwortarbeit zuzuordnen, die sich ähnlich wie Freuds Trauerarbeit nicht auf bloße Bastelei beschränkt, sondern Erfahrenes neu durcharbeitet. Die »pathologische Betrachtung«, die Jacob Burckhardt in seinen *Weltgeschichtlichen Betrachtungen* anmahnt, greift hinaus über bloße Fragen des Überlebens, aber erst recht über neuere Techno-Phantastereien eines *digital afterlife*, mit denen der Tod geradewegs mechanisiert wird. Es ist kaum zu erwarten, daß das Coronavirus in einer säkularisierten Welt tiefgehende Fragen einer Theodizee aufrührt wie das Erdbeben von Lissabon, das im 18. Jahrhundert die europäische Öffentlichkeit in große Unruhe versetzte und Zweifel an der göttlichen Vorsorge wachrief. Aber nicht nur die Bedrohung, sondern auch die Schuldfrage ist geblieben. Die Theodizee hat sich teilweise in eine Soziodizee verwandelt, die nun nicht mehr einem Gott, sondern der Gesellschaft den Prozeß macht und mit ihren Verschwörungshysterien auf höchst dubiose Weise das Zusammenleben vergiftet.

Herausforderungen, die aus dem menschlichen und mitmenschlichen Leiden erwachsen, lassen sich nicht wie Betriebsstörungen behandeln; sie lassen sich aber auch nicht beschönigen, als ginge es um bloße Wendepunkte eines Lernprozesses, der schrittweise unsere Kompetenzen erweitert. Die Aufgabe, die Husserl der Phänomenologie stellt, nämlich die »reine und sozusagen noch stumme Erfahrung zur Aussprache ihres eigenen Sinnes zu bringen«, wird durch Leiden, wie die Pandemie sie verursacht, auf eine neue und harte Probe gestellt.

Mit Kapitel VIII wechseln wir hinüber in den Bereich der Kunst, aber auch in den der nicht mehr schönen Künste. Dies geschieht im Anschluß an eine Tagung, die 2010 wiederum in den Räumen der Bochumer »Situation Kunst« organisiert wurde und in deren Mittelpunkt die bildliche Darstellung von Gewalt stand. Damit behalten wir die Forderung nach einer »pathologischen Betrachtung« im Blick, die sich entschieden einer digitalen Formalisierung entzieht. Das Zeugnis im Bild, das uns an einem fremden und fernen Geschehen teilnehmen läßt, stellt uns vor die Frage nach der bildhaften Anregung und Ausprägung unserer Erfahrung. Wir schlagen hierbei einen Mittelweg ein. Einerseits vermeiden wir eine Verschmelzung von Moral, Politik und Ökonomie mit der Bildkunst, doch ebenso vermeiden wir deren strikte Isolierung oder Purifizierung. Mit anderen Worten, es geht darum, sowohl eine Moralisierung und Politisierung der Kunst zu vermeiden wie deren Entmoralisierung und Entpolitisierung. Bildform und Ethos überschneiden sich, wenn dem Bild als Bild ein eigentümlicher Zeugnischarakter zukommt. Zeugnisgeben bedeutet ursprünglich keine bloße Wiedergabe fremden Wissens, sondern ein Einstehen für fremde Erfahrungen, die sich im Bild verkörpern und an denen der Bildbetrachter als Ko-Patient oder Ko-Patientin partizipiert. Die Wirkung, die von Bildern ausgeht, läßt sich exemplifizieren anhand einer Reihe von Szenen, in denen Gewaltsames einbricht oder sich andeutet. Diese Beispiele reichen von Kriegsbildern aus der Hand von Goya und Twombly bis hin zu einer Skulptur von Serra, die mit dem von Primo Levi entlehnten Titel *The Drowned and the Saved* an die Verfolgung der Juden erinnert.

Kapitel IX lenkt unseren Blick auf Herausforderungen, die von der Zukunft ausgehen. Der italienische Kollege Ferdinando Menga regte dazu an, die Phänomenologie explizit für Fragen der Generationengerechtigkeit zu öffnen. Ich habe diese Anregung bereitwillig aufgegriffen. Dabei verstehe ich Zukunft primär nicht als Bewahrung des Vergangenen oder als Verlängerung der Gegenwart, sondern ganz und gar im Sinne von Ereignissen, die als Zu-kunft, als *à-venir* buchstäblich auf uns zukommen. Entscheidend ist dabei eine radikale Form des Zweiten Futurs, die sich nicht damit begnügt, Zukünftiges in die Vergangenheitsform eines *futurum exactum* zu versetzen, die vielmehr einer Urvergangenheit entspringt. Wie Kierkegaard uns einschärft, kommt es darauf an, »sich nach vorn zu erinnern«. Die radikalisierte Zukunft nimmt schließlich eine potenzierte Form der Fremdheit an in Form einer intergenerativen Zukunft, die einem Zeugungszusammenhang entspringt und sich in einer Bildung von Alterskohorten manifestiert. Sache einer responsiven Politik und Ökonomie wäre es demnach, mit geeigneten Maßnahmen dafür zu sorgen, daß die Welt bewohnbar bleibt. Dabei bedarf es einer Art von Tele-Moral, die analog zu der von Nietzsche geforderten Fernstenliebe und ganz im Sinne von Levinas' Ethik dem Gesicht des Anderen Züge einer künftigen Menschheit entlockt, deren Leibhaftigkeit nicht zu bloßen Menschheitsideen verblaßt. Dabei geht es nicht darum, Nähe und Ferne gegeneinander auszuspielen, sondern in der nächsten Nähe Fernes und Fremdes zu entdecken, ohne es einem digitalen Formenspiel zu überantworten, das nur wechselnde Abstände kennt, aber kein Nächstes und keinen Nächsten im emphatischen Sinne.

Im Schlußkapitel X finden unsere Überlegungen ein literarisches Nachspiel. Wir lassen uns leiten von Robert Musil, der uns schon im Eingangskapitel auf markante Weise begegnet ist. An dessen großes Werk *Der Mann ohne Eigenschaften* erinnerte das Klagenfurter Robert-Musil-Institut 2021 mit einer von Artur Reginald Boelderl organisierten Online-Tagung. Das Generalthema lautete: »Musil und die Phänomenologie«.

Das Motto, das meinem Beitrag voransteht, erinnert mit der Anspielung an Salz, das für sich allein weder schmackhaft noch nahrhaft und dennoch unentbehrlich ist, an das Fremde, das man als Salz der Erfahrung bezeichnen kann. Der Kontrast zwischen einer entweder salzlosen oder aber versalzenen Kost deutet hin auf die doppelte Szenerie des Romans, die sich auf zwei große Bücher verteilt, um dann in vielen Nachlaßnotizen zu versickern. Der Roman beginnt im Wiener Kakanien der k. u. k. Monarchie in Vorahnung des Großen Krieges und des nicht mehr nur mythischen Dritten Reichs; er bricht ab mit der versuchten Ausreise in ein nie betretenes Paradies der Liebes- und Gottseligkeit. Man fühlt sich als Leser ständig herausgefordert, ohne recht zu wissen, wovon. Ulrich, der als eigenschaftsloser Einzelgänger durch die Stadt irrt, stößt an Straßenecken, in Amtsstuben und Salons auf einen Schwarm technizistischer, nationalistischer, antisemitischer, militaristischer, vitalistischer, erotischer oder weltumfassender Wahnideen, und mit dem wegen Sexualmord angeklagten Moosbrugger gerät man an den Rand der Klinik. Eine »Unruhe ohne Sinn« macht sich breit.

Am Ende sucht Ulrich mit seiner Schwester Agathe das Weite, kann sich aber eine Rückkehr in die »Höhle« des Wiener Alltags nicht ganz versagen.

Als Schlüsselmotiv dient uns die Spannung zwischen dem Ordentlichen und dem Außerordentlichen. Gerungen wird um eine Wirklichkeit, die sich teils als *übertrieben* darstellt, da nichts Wichtiges geschieht, die teils *überboten* wird, getrieben von der unsicheren Erwartung, daß überhaupt etwas geschieht, wenn nicht seinesgleichen, so eben nicht seinesgleichen. In diesem Laboratorium des Lebens fehlt es nicht an Herausforderungen, doch was soll man dazu sagen? Der Roman endet mit einer Serie von Fragezeichen. Leser und Leserinnen mögen schauen, wie sie damit zurechtkommen. Phänomenologen werden sich erneut auf Husserls Epoché besinnen, die in Ulrichs Urlaub vom Leben eine literarische Form von ›Auszeit‹ annimmt.

*

Ein Teil der hier vorgelegten Kapitel erschien bereits vorher in einer ersten kürzeren Fassung.

Kapitel I: in Mira Miladinović Zalaznik, Dean Komel (Hg.), *Europe at the Crossroads of Contemporary World. 100 Years after the Great War. / Europa an den Scheidewegen der gegenwärtigen Welt. 100 Jahre nach dem Großen Krieg*, Ljubljana: Institut Nove revje 2020; engl. Übs. »Europe Between Globalism and Localism, in: *Christian Cultural Values in Migration Encounters. Troubled Identities in the Nordic Region?*, hg. von C. Nahnfeldt, K. Rønsdal, London 2021. – Kapitel III: in *Deutsche Zeitschrift für Philosophie* 2017 (1), S. 89-105. – Kapitel IV: in *Journal of International Philosophy* (Tokio) 2012, No. 1, S. 227-232. – Kapitel V: in *Yearbook for Eastern and Western Philosophy.* Embodiment. Phenomenology East/West, vol. 2, 2017. – Kapitel VII: in *Philosophische Rundschau*, Sonderheft, Bd. 67 (2020), S. 96-100. – Kapitel IX: in *Metodo. International Studies in Phenomenology and Philosophy* (Genève-Lausanne), vol. 5, No. 2 (2017): Responsibility and Justice for Future Generations in Dialogue with Phenomenology, hg. von M. Fritsch, F. Menga. – Kapitel II, VI, VIII und X sind unveröffentlicht, für letzteres ist eine Veröffentlichung im Rahmen der Klagenfurter Musil-Tagung geplant. – Das Nachwort zur Ukraine, das in Reaktion auf die russische Invasion angefügt wurde, erscheint zugleich im »Forum for the Humanities« in Ljubljana.

München, März 2022

I. Europa unter dem Druck der Globalisierung

> ... neue Wege des Übergangs zwischen Lokalem und Globalem.
>
> Michel Serres, *Atlas*

Der Rückblick auf die letzten hundert Jahre, die seit Beendigung des Ersten Weltkriegs verstrichen sind, ist nicht gerade ein Grund zum Feiern, wohl aber zur Rückbesinnung. Zum alten Europa gehört die Pflege eines Langzeitgedächtnisses, das unserem »geschwinden Europa« Einhalt gebietet, das der Suche nach einem »guten Europäertum« Raum läßt (Nietzsche, KSA 5, 706) und das sich dem jederzeit drohenden Wiederholungszwang widersetzt.

Mit den folgenden Überlegungen setze ich meine früheren Gedanken zu Europa fort.[1] Speziell gehe ich aus von den Herausforderungen einer weltweiten Globalisierung, die Europa als Lebens- und Denkort zu überschwemmen droht. Was wird aus Europa, wenn es am Ende nur noch über digitale Paßwörter zu erreichen ist? Was wird aus den Spielräumen der Erfahrung, wenn sie den Strategien von Global Players überantwortet werden? Was wird aus der Geschichte Europas, wenn die »großen Erzählungen« durch Zahlenspiele ersetzt werden? Die Unruhe, die sich in den letzten Jahren auszubreiten begonnen hat, läßt sich nur teilweise als heilsam bezeichnen. Wirkliche oder eingebildete Verlusterfahrungen verlocken dazu, einer Tendenz zur globalen Denationalisierung mit Versuchen einer lokalen oder regionalen Renationalisierung entgegenzutreten. Man ist geneigt, Karl Marx mit seiner Eingangsbemerkung aus dem *Achtzehnten Brumaire des Louis Bonaparte* zu zitieren: »In der Geschichte passiert alles zweimal, einmal als Tragödie und einmal als Farce.« (MEW 8, S. 115) Doch selbst wenn der Ausdruck eines solchen Neonationalismus eine Farce wäre, die sich weit von einer Geschichte der Völker im Sinne Herders oder Vicos

1 Vgl. folgende Vortragstexte: »Europa angesichts des Fremden« (Straßburg 1992), »Nationalismus als Surrogat« (Bochum 1995), in: *Topographie des Fremden* (1997); »Anderswo statt Überall« (Villa Vigoni 2001), in: *Idiome des Denkens* (2005); »Mehrstimmiges Europa« (Ljubljana 2008), in: *Phainomena* 68-69 (2009) bzw. in: *Sozialität und Alterität* (2012).

entfernt, so wäre sie ernst zu nehmen als Symptom für etwas, das selbst keine bloße Farce ist.

Meine Überlegungen, die aus deutscher Sicht auf die heutige Lage Europas blicken und einerseits den Krieg, andererseits die Flüchtlingsfrage als Testfall benutzen, kreisen um einen Kontrast von Eigenem und Fremdem, von Lokalem oder Regionalem und Globalem, der sich sowohl einer totalisierenden Form der Nationalisierung wie einer homogenisierenden Form der Globalisierung entzieht. Methodisch orientiere ich mich an den Leitlinien einer responsiven Phänomenologie des Fremden. Berücksichtigt werden darüber hinaus selbstkritische Europagedanken, wie sie nicht nur von Edmund Husserl ausgehen, sondern auch von Hannah Arendt, Thomas Mann, Jan Patočka, Paul Valéry oder Jacques Derrida. Seitenblicke fallen auf Marx, Nietzsche und Freud, die Paul Ricœur einer *école de soupçon* zurechnet; deren Schriften sind aus dem heutigen Abstand heraus nicht mehr als Heilslehren zu bewerten, durchaus aber als Warnschriften. Letzteres gilt im hohen Maß auch für die europäische Literatur des ausgehenden 19. und des beginnenden 20. Jahrhundert, aus der wir passende Proben einblenden werden.

1. Wir guten Europäer

Auf welche Weise und von welchem Ort aus läßt sich von Europa sprechen? Als Philosophen neigen wir dazu, Europa in eine Idee zu verwandeln und diesen Erdteil in eine Werteskala aufzunehmen, um es von den Zufälligkeiten einer zeitlich-räumlichen Realität zu befreien. Doch wiederum tönen uns Marx' Worte im Ohr: »Die ›Idee‹ blamierte sich immer, soweit sie von dem ›Interesse‹ unterschieden war.« (MEW 2, S. 85) Soweit sie davon unterschieden oder geschieden war? Anstatt uns auf die verschlungenen Pfade einer Ideologiekritik zu begeben, die Ideen und Realität aneinander mißt und die ihrerseits einer Metakritik bedarf, wollen wir lieber ›Europa‹ beim Wort nehmen. ›Europa‹, geboren aus einer mythischen Ursprungsfigur, ist ein Name, den jeder für sich selbst übernimmt und den wir einander zuweisen, wenn wir ›von uns Europäern‹ sprechen. Der Gebrauch dieses Namens ist wie der eines jeden Eigennamens okkasionell; er weist zurück auf Gelegenheiten eines

Hier und Jetzt, die sich nicht restlos in Termini und Daten überführen und am Ende digitalisieren lassen. Das ›wir‹ wird ähnlich wie das ›ich‹ performativ benutzt, bevor es mit einem Artikel versehen und prädikativ eingesetzt wird. Austins *doing things with words* trifft auch auf die Europa-Rede zu.

Nietzsche ist sich der sprachlichen Fallen und Tücken wohl bewußt, die hinter großen Worten lauern. In seiner 1886 erschienenen Schrift *Jenseits von Gut und Böse* widmet er ein Hauptstück den Völkern und Vaterländern; der zweite Paragraph beginnt mit der Formel: *Wir ›guten Europäer‹* (KSA 5, 180). Europa wird nicht eingeführt als Gegenstand eines geographischen oder historischen Wissens, sondern als Thema einer Selbstbesinnung, ganz im Sinne eines *tua res agitur*, in dem nicht nur etwas auf dem Spiel steht, sondern unser eigenes Dasein. Doch die Wir-Rede ist alles andere als eindeutig. Es genügt, an die bekannte Differenz von inklusivem und exklusivem Wir zu erinnern. Ein Deutscher wird den Satz anders lesen als ein Franzose, ein Europäer anders als ein Orientale, anders auch als ein Jude, dessen Zugehörigkeit zu Europa seit Jahrhunderten labil ist. Erinnert sei daran, daß Juden in Deutschland, anders als im westlichen Nachbarland der Revolution, erst mit der Reichsgründung von 1871 das förmliche Bürgerrecht erhielten. Daß dessen Ausübung auch danach europaweit viel zu wünschen übrigließ, wissen wir nur zu gut. In Frankreich wirkte die Dreyfus-Affäre als ein Katalysator, der Reste eines tiefsitzenden Antisemitismus ans Licht brachte. Doch diese Ablehnung des Fremden ist nicht zu vergleichen mit der 1933 in Deutschland einsetzenden systematischen Vertreibung und schließlichen Ermordung von Millionen Juden. Daß Husserl wie viele seiner jüdischstämmigen Mitbürger darunter zu leiden hatte, ist wohlbekannt. Man könnte die Liste der Diskriminierungen und Selektionen jedoch fortsetzen. Als »vaterlandslose Gesellen« galten unter Kaiser Wilhelm II. alle Sozialisten und Kommunisten. Dazu die sarkastische Bemerkung im *Kommunistischen Manifest*: »Die Arbeiter haben kein Vaterland. Man kann ihnen nicht nehmen, was sie nicht haben.« (MEW 4, S. 479) Zu denken ist auch an »Randvölker« wie die Armenier, Georgier, Tataren oder Kurden, die zwischen verschiedenen Reichsgrenzen zerrieben wurden, ganz zu schweigen von dem ausgebeuteten, aber kulturell weithin zu Tode geschwiegenen Afrika. Vieles bleibt nachzuholen, und einiges wird reichlich spät nachgeholt.

In dem ›Wir‹, das sich in Nietzsches Europa-Appell ausspricht, steckt bestenfalls die Erwartung eines kommenden Europas, wie Derrida es in seiner Europaschrift beschwört. Nicht umsonst qualifiziert Nietzsche all jene Europäer, denen er sich verbunden fühlt, als ›gute Europäer‹, die einem inneren Anspruch folgen; das bloße ›wir‹ ließe Raum für Zerwürfnisse, Usurpationen und Exklusionen jeglicher Art. Wenn Husserl 1935, also ein halbes Jahrhundert später, seinen Wiener Vortrag, der die Philosophie in die »Krisis der europäischen Menschheit« einbezieht, mit Nietzsches Appell an die »guten Europäer« abschließt (Hua VI, 348), so versucht er die Formel mit Inhalt zu füllen. Die entscheidenden Stichworte lauten ›Vernunft‹ und ›Geist‹. Allerdings ist nicht zu übersehen, daß auch Husserl noch Kind seiner Zeit war; in dem »geistigen Europa«, das er beschwört, ist für »herumvagabundierende« Zigeuner ebensowenig Platz wie für Ureinwohner, die am nördlichen Rand Europas siedeln (ebd., 318 f.). Jan Patočka greift in den siebziger Jahren die Husserlsche Idee eines vernunftorientierten Europas auf, indem er das griechische Erbe des alten Europas mit einem künftigen »Nach-Europa« verbindet (1988, S. 207-287). Der tschechische Philosoph wurde jedoch selbst Opfer einer Entwicklung, in deren Verlauf das »Gespenst des Kommunismus«, das damals in Europa umging und sich anschickte, »alle Länder« im Zeichen des Proletariats zu vereinen, sich seinerseits in eine imperiale Großmacht verwandelte, die alle nachfolgenden Revolutionen zu Konterrevolutionen erklärte und im Zweifelsfalle »Bruderarmeen« anrücken ließ. Die Orte Berlin, Budapest, Prag und Warschau und die Jahreszahlen 1953, 1956, 1968 und 1980 stehen für ein rebellierendes Europa.

Die Parole »wir guten Europäer« schillert, wie wir sehen, in vielen Farben. Als Nietzsche in der Blütezeit des Nationalismus diese Parole ausgab, bezog er sich auf Völker im Plural; spöttisch bezeichnete er den herrschenden europäischen Wirrwarr als »Vaterländerei«. Seitdem hat sich einiges getan, aber die Gefährdung ist geblieben. Steht Europa wiederum an einem Scheideweg?

2. Im Banne des Nationalismus

Der Erste Weltkrieg bildet eine Zäsur; er ist nicht bloß Folge eines grassierenden Nationalismus, der sich mit Flaggen schmückt, mit ihm tritt der Ernstfall ein. Die offen ausbrechende Feindschaft, die ganz Europa und seine Ränder erfaßt, geht hervor aus einer latenten Feindseligkeit. In den Nationalkriegen des 19. Jahrhunderts wiederholt sich auf halbsäkularisierte Weise die zerstörerische Gewalt der Religionskriege, die im Dreißigjährigen Krieg ihren Gipfelpunkt erreichte. Ich spreche von einer halbsäkularisierten Art und Weise, da die Nation, für die man im 19. und 20. Jahrhundert lebt und stirbt, eine religiöse Aura wahrt, auch wenn religiöse Symbole zumeist nur als Staffage dienen. Die Nationalreligion schillert in vielen Farben, wie die große Religionssoziologie von Wolfgang Eßbach zeigt (2014, Bd. I, S. 529-560). Daß jede Partei das »Gott mit uns« für sich reklamierte, in Deutschland sichtbar eingraviert in das Koppelschloß der Soldaten, am Ende kombiniert mit Adler und Hakenkreuz, dies gehört zur Ironie der religiös aufgeladenen Kriegsgeschichte Europas, die durch eine nicht abreißende Serie von Kriegsdenkmälern nicht nur bezeugt, sondern befeuert wurde. »*Invictis victi victuri* – Den Unbesiegten die Besiegten, die siegen werden«, so lautet eine Inschrift, die der klassisch-humanistisch und antinietzeanisch geprägte Gelehrte Ulrich von Wilamowitz-Moellendorff 1918 in elegantem Latein verfaßte und an einem Denkmal für die gefallenen Angehörigen der Berliner Universität anbringen ließ; bis heute begegnet mir der martialische Spruch tagtäglich auf der Außenwand einer Kirche in München-Schwabing. Deutschland betrachtete sich 1918 in der Tat als »unbesiegt im Felde«, auf einen »aufgeschobenen Sieg« wartend (vgl. Löwith 1990, S. 54). Vergessen war Artikel 1 aus Kants Schrift *Zum ewigen Frieden*, der so lautet: »Es soll kein Friedensschluß für einen solchen gelten, der mit dem geheimen Vorbehalt des Stoffs zu einem künftigen Kriege gemacht worden« und der als bloßer »Aufschub der Feindseligkeiten« nicht den Namen »Frieden«, sondern nur den eines »Waffenstillstands« verdient (Werke, VI, 196).

Der Nationalismus hatte etwas Selbstzerstörerisches; was zurückblieb, war ein zerstückeltes Europa. Selbst Intellektuelle und Literaten wie Bergson, Eucken, Scheler, Thomas Mann, Max Weber, Ernst Jünger sowie der junge Brecht und der junge Zuckmayer ließen sich anfangs von der Kriegshysterie mitreißen, anders als Hermann Hesse, Karl Kraus oder Romain Rolland. Selbst Hermann Cohen, der mit allen Wassern einer jüdischen Ethik und einer kantischen Moral gewaschen war, klammerte sich in seiner 1914 erschienenen Schrift *Das Eigentümliche des deutschen Geistes* an »unser Dichten und Denken«, in dem Nationalismus und Idealismus eine beispielhafte Verbindung eingehen. Buber und Rosenzweig sind ihm darin nicht gefolgt.[2] Auf den Höhen der Wissenschaft stand der kaisertreue Max Planck dem pazifistisch gesinnten Albert Einstein gegenüber.[3]

Was Europa im ganzen betrifft, so konnten das gemeinsame Band aus Handel und Verkehr, Recht, Wissenschaft und klassischer Bildung und selbst ein grenzüberschreitendes Phänomen wie der französische Wagnerianismus oder dynastische Verwandtschaftsbeziehungen zwischen den Höfen von Berlin, London und Petersburg das Unheil nicht aufhalten. In ihm verquickte sich der Trieb zur Selbsterhaltung mit einem Trieb zur Fremdvernichtung, angeheizt durch eine allseitige Kriegspropaganda, verstärkt durch eine industriell genutzte Waffentechnik und beseelt von einer Fin-de-siècle-Stimmung. So schreibt Thomas Mann in seinem zeitgenössischen Roman *Doktor Faustus* (1967, S. 399): In »unserem Deutschland« wirkte der Krieg »vorwiegend als Erhebung, historisches Hochgefühl, Aufbruchsfreude, Abwerfen des Alltags, Befreiung aus einer Welt-Stagnation, mit der es so nicht weiter hatte gehen können, als Zukunftsbegeisterung, Appell an Pflicht und Mannheit, kurz, als heroische Festivität«, während er zur nämlichen Zeit in Nachbarländern als »grand malheur« bejammert wurde.

Begleitet wurde der innereuropäische Nationalismus vom Welteroberungsdrang eines Kolonialismus, der fremde Erdteile in ein exotisch ausgelagertes Schatteneuropa verwandelte – mit feinen Unterschieden je nachdem, ob die Kulturnation einen mildernden Einfluß geltend machte wie im Falle Frankreichs, ob der Kolonialismus offen rassistische Züge annahm wie in Italiens Abessinien-Feldzug oder ob die Wirtschaftsnation alle Kräfte auf sich zog wie in den meisten anderen Fällen. »Sie sagen ›Christus‹ und meinen Kattun«, so die trockene, bei aller Anglophilie kritische Bemerkung des preußischen Fontane im *Stechlin*, diesem Altersroman, in des-

2 Vgl. Mosès 1985, S. 46 f., 163.

3 Zum Geist dieser Zeit vgl. die nichts beschönigenden Zeugnisse von Walter Brecht: *Unser Leben in Augsburg* (1987), S. 211-313 und Carl Zuckmayer: *Als wär's ein Stück von mir* (1969) S. 217-301. Die Beteiligung deutscher Philosophen und Intellektueller schildert Kurt Flasch in grellen Farben: *Die geistige Mobilmachung* (2000).

sen flackernder Moderne sich die Geschicke eines sich wandelnden Europas abzeichnen wie in einem Wetterleuchten. Die Folgen des kolonialistischen Europaexports reichen bis in die Gegenwart, wenn wir erleben, wie Menschen aus dem Irak, aus Syrien, Libyen oder Afghanistan, aus Somali oder dem Kongo in ihre kolonialen ›Vaterländer‹ fliehen. Wenn schon ›Überfremdung‹, so handelt es sich um eine ›Überfremdung‹ durch ›Überfremdete‹, nur daß diese Vorgeschichte in den Fremdheitsdebatten selten als solche wahrgenommen wird. Das geht bis zu der gedankenlosen, aber keineswegs arglosen Rede eines bayerischen Ministerpräsidenten, der sich erdreistete, von »Asyltourismus« zu sprechen. Der grenzüberschreitende Flüchtlingsstrom, der von heutigen Populisten vielfach wie ein neuer Hunneneinfall beschrieben wird, konfrontiert Europa nicht nur, aber auch mit seiner eigenen Geschichte. Geschichtskundige werden sich an einen gewissen Scipio Africanus erinnern, der seinen Namen nicht seiner Herkunft, sondern dem römischen Sieg über den punischen Hannibal verdankte. Man sollte dabei nicht übersehen, daß die europäische Geschichte über Jahrhunderte hin durch eine ottomanische Vorgeschichte durchkreuzt wird; diese hat im Vorderen Orient und auf dem Balkan Spuren hinterlassen, die nicht weniger zweideutig sind als die des ›christlichen Abendlandes‹.[4]

3. Über die Nation hinaus

Das Lernen aus dem Desaster der europäischen Bruderkriege nimmt einen eigentümlichen Verlauf. Ulrich, der Protagonist aus Musils *Mann ohne Eigenschaften*, distanziert sich von der zügellosen »Vaterländerei« mit einer ironischen Volte (1978, S. 18). Er erinnert sich an einen patriotischen Schulaufsatz, dessen Thema für österreichische Kinder weniger siegesgewiß klang als für deutsche.

Denn die Österreicher hatten in allen Kriegen ihrer Geschichte zwar auch gesiegt, aber nach den meisten dieser Kriege hatten sie irgend etwas abtreten müssen. Das weckt das Denken, und Ulrich schrieb in seinem Aufsatze

4 Was Deutschland angeht, so erinnere ich an eine vorzüglich präsentierte Sonderausstellung zur Deutschen Kolonialgeschichte, die 2017 im Berliner Deutschen Historischen Museum zu sehen war.

über die Vaterlandsliebe, daß ein ernster Vaterlandsfreund sein Vaterland niemals das beste finden dürfe [...].

Die gebotene Zurückhaltung schließt Heimatliebe nicht aus. In meinem Schullesebuch fand sich einst die Geschichte eines ostpreußischen Mädchens, das bei einem Besuch in Berlin gegenüber allen angebotenen Herrlichkeiten der Hauptstadt an dem Vorzug seines Heimatortes festhielt: »Gerdauen ist doch schöner.« Heimatliebe läßt sich durchaus plural denken wie jede Vorliebe. Was dagegen fragwürdig bleibt, ist eine Vergötterung der Heimat. Entscheidend ist dabei, wie sich das Verhältnis von Eigenem und Fremdem über Landesgrenzen hinweg gestaltet. Während der ererbte Nationalismus auf eine *Abwehr des Fremden* und im äußersten Konfliktfall auf dessen Vernichtung abzielt, läßt sich die Vereinigung Europas, die im Völkerbund unter der Regie von Gustav Stresemann und Aristide Briand ihre erste institutionelle Ausprägung erfuhr, als eine *Ausweitung und Öffnung des Eigenen* bestimmen. In diesem Falle wird das Nationale nicht idealiter übersprungen, sondern realiter überstiegen in Form *supranationaler* Organisationsformen, an denen wir bis heute arbeiten. Doch wie ist die Wirkung dieses Überstiegs einzuschätzen?

Karl Löwith schildert in seinen 1940 unternommenen »Betrachtungen zur geistigen Vorgeschichte des europäischen Krieges« das »Ende von Alteuropa«. Er geht zurück bis auf den späten Goethe, der eine von Reichtum, Schnelligkeit und allen möglichen »Fazilitäten der Kommunikation« geprägte »mittlere Kultur« entstehen sieht, zugehörig einem »Jahrhundert für leichtfassende, praktische Menschen, die mit einer gewissen Gewandtheit ausgestattet ihre Superiorität über die Menge fühlen«. Im Ton einer ihm eher fremden Resignation fügt er hinzu: »Wir werden, mit vielleicht noch Wenigen, die Letzten sein einer Epoche, die sobald nicht mehr wiederkehrt.« (Brief an Zelter, zitiert und kommentiert in Löwith 1990, S. 59) Nietzsche fährt auf der gleichen Linie fort, angestachelt von einer Lust zur Polemik. Er sieht den »werdenden Europäer« auf dem Weg zu einer »wesentlich übernationalen und nomadischen Art Mensch«, der sich von allen klimatischen und rassischen Bedingungen loslöst. In dieser allmählichen »Anähnlichung« der Europäer, die gleichsam alle Spitzen und Kanten abschleift und Europa seiner Eigenart beraubt, erblickt er einen Prozeß der »Vermittelmäßigung«, der aus dem Menschen ein »nützliches, arbeitsames, vielfach brauchbares und anstelliges Herdentier Mensch« macht. Und mehr noch, hinter dieser »Demokratisierung« Europas wittert er eine neue Tyrannis; denn die neuen Arbeitssklaven bedürfen eines »starken Menschen«, der über sie befiehlt (KSA 5, 707 f.). Durch Nietzsches Diagnose hallt wie ein fernes Echo die Reminiszenz an die platonische *Politeia*, die in ihrem Endstadium von der demokratischen Willkürherrschaft zum Gewaltregime der Tyrannei überspringt. Natürlich kann der Tyrann im platonischen Sinne nicht eigentlich als stark betrachtet werden, da er nicht einmal sich selbst beherrscht, gleich wie der Tyrann im Sinne Nietzsches nicht mit dem Übermenschen gleichzusetzen ist, da es ihm nicht gelingt, sich selbst zu überwinden. Gleichwohl verbreitet sich hier ein dubioses Klima, das in Deutschland das Zerrbild einer konservativen Revolution, in Frankreich die Gewaltbereitschaft einer Action Française, in Italien und Spanien faschistische Führerträume, in Norwegen die Kollaboration der Quislinge ausbrütete.

Man sollte sich hüten, eine eindeutige Verfallsgeschichte zu bilanzieren. Nehmen wir nur Husserl, er hat mit diesen extremen Auswüchsen nichts zu tun. Seine Krisenbehandlung zielt ebenfalls auf eine »Übernationalität Europa« ab, doch in der Einheit versucht er die Vielfalt zu wahren. »Die europäischen Nationen mögen noch so sehr verfeindet sein, sie haben doch eine besondere innere Verwandtschaft im Geiste, durch sie alle hindurchgehend, die nationalen Grenzen übergreifend.« Das »europäische Menschentum« gilt als Vorbote einer Menschheit, die ihr Telos in einer umgreifenden Vernunft hat. Die Souveränität jeweiliger »Sondernationen« scheint der Herrschaft der Vernunft keinen Abbruch zu tun (Hua VI, 320 f.). Die Vision richtet sich auf eine »Synthese der Nationen, in welcher jede dieser Nationen gerade dadurch, daß sie ihre eigene ideale Aufgabe im Geiste der Unendlichkeit anstrebt, ihr Bestes den mitvereinten Nationen schenkt« (ebd., S. 336). Im Zuge einer allgemeinen Europäisierung der Welt, die im Gegensatz steht zu einer nicht auszudenkenden Indianisierung (ebd., S. 320), wird das klassische Gemeinwohl über die Grenzen der eigenen Nation hinaus verlegt. Dazu paßt, daß Husserl dem »sich verirrenden Rationalismus« der Neuzeit (ebd., S. 337) keinen Irrationalismus entgegensetzt, sondern einen »Überrationalismus [...], der den schwächlichen Mystizismus und Irrationalismus als unzulänglich überschreitet und doch seine innersten Intentionen rechtfertigt«.[5]

Ist die Qualität dieser ›Übernationalität‹ wirklich über jeden Zweifel erhaben? Probleme treten auf, sobald wir versuchen, das vereinte Europa oder gar die ganze Welt als eine *gemeinsame Lebenswelt* zu denken. Werfen wir mit Aristoteles einen Blick auf die alteuropäische Politik, die sich auf die je eigene Polis konzentrierte und die in ihrem Verhältnis zu den Sklaven im Inneren, zu den Barbaren im Äußeren erhebliche Geburtsfehler aufwies, so stoßen wir auf deutliche Grenzen eines handlungsgeleiteten Weltverständnisses. Handlungs- und Beratungsfelder beschränken sich aus aristotelischer Sicht auf das, »was in unserer Hand liegt (τὰ ἐφ' ἡμῖν)«. Dies bedeutet etwa, daß kein Spartaner sich darum kümmern wird, wie die Skythen am besten ihren Staat einrichten (*Nik. Ethik* III, 5, 1112a28 f.), und es bedeutet erst recht, daß Griechen sich wohl hüten, darüber zu beratschlagen, was bei den Indern vor sich geht (*Eud. Ethik* II, 10, 1126a29), oder gar darauf zu sinnen, »als König über alle Menschen zu herrschen« (1235b33). Obwohl die Antike bereits Imperien von beträchtlicher Größe kannte, hielt sich der Radius des praktischen, nur rudimentär technisierten Handelns in deutlichen Grenzen. Es braucht kaum der Erwähnung, wieviel sich geändert hat, seitdem Politik, Ökonomie und Kultur planetarische Ausmaße angenommen haben. Doch umso dringlicher erscheint die Frage, worin denn die Gemeinsamkeit der Bewohner des europäischen Erdteils besteht, ganz zu schweigen von der Gemeinsamkeit der Erdbewohner insgesamt. ›Wir‹ ist schnell gesagt, aber weniger schnell getan. Vom österreichischen Friedensinstitut wurde unter der Leitung von Werner Wintersteiner jüngst eine Kampagne gestartet, die mit ihrem Titel »Heimatland Erde« an den französischen Soziologen Edgar Morin und sein Plädoyer für ein »ökologisches Solidaritätsbewußtsein« erinnert, verbunden mit der Forderung nach einer Humanisierung des irdischen Planeten, die über eine bloße Hominisierung hinausgeht (vgl. Wintersteiner 2021).

Die Dinge nehmen ihren Lauf. Auf einer mittleren Ebene, oberhalb der Einzelnationen, aber unterhalb der Vereinten Nationen, entstand in den 1950er Jahren die »Europäische Union«, die es sich

5 Vgl. Husserls Brief an Lucien Lévy-Bruhl vom 11.3.1935, in Edmund Husserl, *Briefwechsel*, VII, 156-159.

zur Aufgabe machte, friedliche Beziehungen aufrechtzuerhalten. Sie hat nicht nur im Euro eine gemeinsame Währung gefunden, sondern eigene Institutionen wie das Europäische Parlament, den Europäischen Rat, den Europäischen Gerichtshof oder die Europäische Zentralbank ins Leben gerufen, und sie bekundet ihre Einheit symbolisch durch Europaflagge und Europahymne. Doch worauf beruht die Einheit dieser Union, die immer noch den transitorischen Charakter einer Baustelle hat? Für eine »Weltumschau«, die sich nicht einbildet, die Erfahrung überfliegen zu können, erscheint die Welt immer nur in der Relativität wechselnder »Lebensumwelten der jeweiligen Menschen, Völker, Zeiten« (Hua VI, 150). Eine Lebenswelt, in der wir uns leiblich befinden, die wir mit anderen teilen und die uns als Lebensumwelt umgibt, läßt sich nicht totalisieren. *Bewohnt* der sogenannte Weltbürger, der Kosmopolit, wirklich die ganze Welt? *Spricht* der Weltbürger eine einzige Weltsprache? Es kommt auf das Wie der Weltzugehörigkeit an. Die Sprache erscheint als besonders aufschlußreich; in ihr spiegelt sich eine Vielfalt von Lebensformen und Weltsichten; man spricht Deutsch, Französisch, aber nicht Europäisch. Das Pfingstereignis der *Apostelgeschichte* kündet nicht von der Erfindung einer Einheitssprache. »Sie sprachen in verschiedenen Zungen, und ein jeder hörte sie in *seiner* Sprache sprechen.« Von diesem Pfingstwunder bliebe nicht viel übrig in einem smarten Europa, in dem ein jeder den anderen englisch sprechen hört. Ein Monolinguismus verträgt sich nicht mit einer europäischen Lebenswelt, ganz zu schweigen von seiner Ausweitung auf außereuropäische Lebenswelten. Wenn die linguistische Hoffnungsgestalt eines Esperanto eine Einheit verspricht, so nur in Gestalt fortlaufender Übersetzungen.

Husserl berücksichtigt den impliziten Charakter der Lebenswelt, indem er die Welt nicht als reale Ansammlung von Dingen und Wesen begreift, nicht als *omnitudo realitatis*, sondern als *Boden und Horizont* unserer Erfahrung, also als ein offenes Ganzes, das nie ganz und gar gegeben und nie voll bestimmt ist und das sich nur indirekt aus dem jeweils hier und jetzt Erfahrenen erschließen und erraten läßt. Zugleich rekurriert er auf eine Urscheidung der Lebenswelt in *Nahwelt* und *Fernwelt*, in *Heimwelt* und *Fremdwelt* (vgl. Hua VI, 303; XV, 214-218). Dies entspricht der Scheidung in Eigen- und Fremdleib, in Eigen- und Muttersprache, in Eigen- und Fremdnation. Damit stellt sich die Frage, ob die versuchte

Einigung Europas nicht falsche Erwartungen weckt, wenn sie eine *endlose Ausweitung des Eigenen* und eine *restlose Vergemeinschaftung* suggeriert. Die Kluft zwischen einem konkret Allgemeinen und einem abstrakt Allgemeinen, zwischen dem gelebten Gemeinsinn und einem abstraktiven Gesichtspunkt des Allgemeinen ließe sich nur überbrücken durch eine zweifelhafte Totalisierung, die mit dem Rekurs auf eine Alleinheit nicht nur das spezifisch Fremde, sondern auch das spezifisch Eigene, nicht nur das Fremdartige, sondern auch das Eigenartige abschaffen würde. Eine allseitige Erfahrung wäre nichts weiter als eine gedachte Erfahrung; ein »allseitiger Verkehr«, auf den auch Marx im *Kommunistischen Manifest* hinsteuert (MEW 4, 466), wäre lediglich ein Verkehrssystem. Wie Husserl ausdrücklich betont, hat selbst die Wahrheit als Wahrheit ihre begrenzten Horizonte und ihre unaufhebbaren Relativitäten (Hua XVII, 285, 288). Doch wie verträgt sich dies mit einem Europa als »ideale(r) Lebens- und Seinsgestalt« (Hua VI, 320)? Ist nicht jedes Ideal Produkt einer faktisch begrenzten Idealisierung? In seinen *Ketzerischen Essays* (1988, S. 426) nähert Jan Patočka sich dieser Grenzproblematik in Form eines »negativen Platonismus«, der von der Idee nur noch ein »unendliches Objekt« festhält, das im strengen Sinne kein Gegenstand mehr ist.

4. Denationalisierung durch Globalisierung

Mit dem Prozeß der Globalisierung, der heute im planetarischen Ausmaß den Ton angibt, scheinen die Spannungen zwischen Besonderem und Allgemeinem, zwischen Eigenem und Fremdem zu verschwinden oder wenigstens abzunehmen. Das Konzept der Globalisierung erinnert zwar noch an den Erdball, den *orbis terrarum*, den Comenius in Zeiten der Weltentdeckung didaktisch ins Bild gesetzt hat. Auf einer Kugel findet alles seinen Platz; die wohlgerundete Seinskugel, in der es kein gesondertes Hier oder Dort gibt, ist eine alte Vorstellung, die bis auf Parmenides zurückgeht. Doch der Begriff der Globalisierung, der im 20. Jahrhundert, in den sechziger Jahren im Völkerrecht und dann in den achtziger Jahren in der Sozioökonomie aufkommt, hat mit der Kugelgestalt nur noch den Namen gemein. Er lehnt sich an den soziologischen Begriff einer Weltgesellschaft an, deren Wurzeln bis in die frühe Neuzeit zurückreichen.[6] Speziell steht er für »verdichtete Transaktionen«, die durch verschiedene Sachbereiche hindurchgehen und dazu führen, daß die Bedeutung nationaler Grenzen abnimmt.[7] Die schleichende *Denationalisierung* geht einher mit einer Deregulierung der Volkswirtschaften, die sich nicht länger in eine Nationalökonomie einbinden lassen; sie geht zusammen mit einem Gestaltwandel des Kriegs, dessen Fronten sich nach innen verlagern, ferner mit Klimaschäden, die an keiner Landesgrenze haltmachen, und mit einer digitalen Technologie, die alle Lebens- und Berufsbereiche elektronisch durchdringt. Hinter der sogenannten Echtzeit, die sich aus der Betriebsbereitschaft von Rechensystemen herleitet, verblaßt die gelebte Zeit. Die Globalisierung findet ihre Denkwerkzeuge in der neueren Systemtheorie, die auf der relativen Differenz von System und Umwelt aufbaut und formale Ordnungsprozesse auf das Ziehen von Grenzen und dessen Beobachtung zurückführt. Hierbei sind Leib und Leben keine systemtauglichen Instanzen. Für unsere spezielle Thematik ist entscheidend, daß die Ausweitung des Eigenen ersetzt wird durch eine *Neutralisierung* der Scheidung in Eigenes und Fremdes. Die Lebenswelt stellt sich dar als eine »Welt von Fremden«, in der jedermann fremd ist und in der sich folglich niemand mehr fremd zu fühlen braucht.[8] Die »transzendentale Obdachlosigkeit«, die der frühe Lukács der bürgerlichen Welt zuschrieb, verwandelt sich in ganz und gar untragische Formen von Funktionalität und Dysfunktionalität.

Der Globalisierung haftet eine Ambivalenz an, die Hans Blumenberg in kritischem Anschluß an Husserl als *Technisierung der Lebenswelt* thematisiert.[9] Der nicht zu leugnende Vorzug der Glo-

6 Vgl. den Artikel »Weltgesellschaft« im *Historischen Wörterbuch der Philosophie*, Bd. 12 (2004).

7 Vgl. den Artikel »Globalisierung« im *Handbuch der Politischen Philosophie und Sozialphilosophie*, Bd. 1 (2008).

8 Ich verweise auf meine kritische Analyse der kulturellen und sozialen Fremdheit in: *Vielstimmigkeit der Rede* (1999), 98-103; dort beziehe ich mich auf Autoren wie Alois Hahn, Richard Stichweh und Justin Stagl.

9 Vgl. den Aufsatz »Lebenswelt und Technisierung unter Aspekten der Phänomenologie« von 1963, wiederabgedruckt in *Wirklichkeiten in denen wir leben* (1981). Zu der umfangreichen Debatte um Husserls Konzept der Lebenswelt siehe meinen Artikel »Lebenswelt« in: *Neues Handbuch philosophischer Grundbegriffe*, Bd. 2 (2011).

balisierung, die allerdings ihrerseits okzidentale Wurzeln hat und von der weltweit die einen mehr, die anderen weniger profitieren, liegt in der Vervielfältigung von Möglichkeiten. Die zunehmende Mobilität und Flexibilität, die Goethe als »Gewandtheit« bezeichnet, erfaßt gleichermaßen die Sphären von Produktion, Kommunikation, Verkehr, Kunst und Politik, deren Eigengesetzlichkeit zudem unter dem Druck der Ökonomie zu erodieren droht. Der ökonomische Imperativ, der im Stile einer verallgemeinerten Ökonomie endloses Wachstum vorschreibt und in Form von Selbstoptimierung und Selbstvermarktung auch das eigene Subjekt erfaßt, führt nicht zwangsläufig zu Verbesserungen, wenn es um den Einsatz geeigneter Mittel und um die Befriedigung von Bedürfnissen geht. Im Bereich der Kunst warnte Paul Valéry beizeiten vor einer euphorischen Avantgarde, die sich in Form eines schieren *automatisme de l'hardiesse* (*Œuvres*, II, 321) an ihrer eigenen Kühnheit berauscht.[10] Die Stärkung des Möglichkeitssinnes könnte einer Lockerung des »Realitätsprinzips« zugute kommen wie im Falle von Musils Ulrich, der beschließt, ein Jahr »Urlaub von seinem Leben« zu nehmen. Doch diese Lockerung schützt nicht vor den Gefahren einer ungehemmten Steigerung des Möglichkeitssinnes, die auf Kosten des Wirklichkeitssinns geht und den unerläßlichen Kontakt mit der Wirklichkeit und den pathischen Charakter der Erfahrung über Gebühr schwächt. Die pathogenen Wirkungen einer drohenden *Entwirklichung* und *Entpersönlichung* der Erfahrung sind in den Patientenberichten von Psychopathologen und Psychoanalytikern nachzulesen.[11] Um nur ein Beispiel anzuführen, die zunehmende Häufigkeit eines Leidens unter Agoraphobie, mit der es die psychiatrische Angsttherapie zu tun hat, deutet hin auf ein gestörtes Verhältnis zur Öffentlichkeit und auf eine Ortlosigkeit, die über individuelle oder familiär bedingte Triebschicksale hin-

10 Valéry gehörte neben Hugo von Hofmannsthal, Thomas Mann und Edmund Husserl zu denen, die vor dem Wiener »Europäischen Kulturbund«, der auf eine Erneuerung Europas bedacht war, zum Vortrag auftraten. Daß dieser »Kulturbund« als »Deutscher Kulturbund« ein nicht unerwartet unrühmliches Ende nahm, gehört zu den ideologischen Abenteuern der Zwischenkriegszeit, die Europa über Landesgrenzen hinweg erfaßten.

11 Ich verweise auf einen Tagungsbericht der Deutschen Psychoanalytischen Vereinigung, in dem von Jürgen Hardt die Rolle digitaler Medien in der Psychoanalyse und ein Komplex aus Digitalismus, Ökonomismus und Globalismus kritisch sondiert werden: Johne, Allert u. a. (2018), hier S. 237.

ausgeht. Ähnliches trifft umgekehrt zu auf die Klaustrophobie, die aus einem Gefühl der Beengung hervorgeht und die durch urbanistische Projekte einer »Nachverdichtung« der Städte neue Nahrung erhält. Die Topologie erzeugt eigene Formen der Topopathie. Paul Virilio weist darauf hin, daß die technologisch erzeugte Schrumpfung des leibhaftigen Raumes ein »tiefgreifendes Gefühl des Eingesperrtseins« entstehen läßt (siehe unten, S. 68).

Dies führt uns nochmals zur Lebensweltvergessenheit zurück, die Husserl für eine Krisis der europäischen Wissenschaften und eine daraus resultierende Menschheitskrise verantwortlich macht. Husserl denkt in erster Linie an die Mathematisierung der Erfahrungswelt. Deren geniale Entdeckungen stellt er keinen Augenblick in Frage, doch er warnt davor, »daß wir für wahres Sein nehmen, was eine Methode ist« (Hua VI, 52). Die Flucht in ein Reich bloßer Zahlen, Formen und Formeln hätte zur Folge, daß die Mathematik jeden sachlichen Wahrheitsanspruch und jede Lebensbedeutung einbüßt und daß ihre Regeln sich reinen Spielregeln nähern, wie sie dem Schach- oder Kartenspiel zugrunde liegen (ebd., 46). So betont Husserl, daß die anonymen Prozesse der Formalisierung und Technisierung nur dann unserem Erkennen und Tun förderlich sind, wenn wir uns ihrer Genese bewußt bleiben, so daß wir nicht am Ende selbst blindlings nach Regeln funktionieren und die Macht der Computer und Roboter in eine Ohnmacht der Vernunft umschlägt (Weizenbaum 1977). Was Husserl an den Formalisierungsprozessen der Mathematik aufzeigt, gilt mutatis mutandis für alle Bereiche der Kultur und der Zivilisation. Es gilt für die Reduktion von Gebrauchsdingen auf Ware, von Wohnraum auf Kapitalanlagen, von Arbeitern auf Humankapital und so fort. Die Ökonomisierung der Lebenswelt wirft ähnliche Probleme auf wie deren Mathematisierung und deren Bürokratisierung. In der Kritik an einer rein funktionalen oder rein systemischen Vernunft, mit der allen ideologischen und technokratischen Überbauten ein *Europa von unten* entgegengesetzt wird, begegnen sich Husserl, Max Weber und Marx, allen politischen Divergenzen zum Trotz.[12] Auch Thomas Mann, der auf dem Weg von den 1918 erschienenen *Be-*

12 Ich verweise auf die von mir zusammen mit J. M. Broekman und A. Pažanin herausgegebenen Bände *Phänomenologie und Marxismus* (1977-1979), die auf Kurse am Interuniversitären Zentrum in Dubrovnik zurückgehen und zu einer Zeit entstanden, als der Kalte Krieg das Denken in eine einseitige Richtung trieb.

trachtungen eines Unpolitischen zu den Weimarer Reden eines Politischen kräftig umgelernt hat, verteidigt eine europäische Politik, die den fatalen Gegensatz von bürgerlicher Geisteskultur und sozialer Welt der Arbeit und Technik ebenso überwindet wie den von Nationalismus und Internationalismus.[13]

Wenn die Globalisierung sich von der leibhaftigen Erfahrung ablöst, nimmt sie extreme Formen eines *Globalismus* an. Dieser verführt zu Gedankenlosigkeiten wie der Verkündigung einer digitalen Kultur und einer digitalen Gesellschaft, als ließe sich das Leben, ohne das es keine Lebenswelt gibt, seinerseits digitalisieren. Der jüngste Globetrotter, der sich für einen Weltbürger hält, weil er überall online ist, taugt nur als Parodie einer alten Figur, hinter der noch eine Welterfahrung stand. Auch das Reisen will gelernt sein.

5. Renationalisierung als Rückzug auf den eigenen Boden

Was wir heute vielerorts in Europa erleben, ist eine Renationalisierung besonderer Art. Auf den ersten Blick handelt es sich um bekannte Muster, die bis in die politische Symbolik hinein durchschlagen. Es kommt zum Rückzug auf die jeweils eigene Nation oder auf eine als bedroht erlebte Heimat. Aus Heimatvertriebenen, deren berechtigte Interessen in Deutschland nach dem zweiten Weltkrieg durch eine eigene Partei vertreten wurden, werden Heimatbesessene. Der alte Gegensatz zwischen Konservativen und Liberalen, zwischen der Rechten und der Linken, der als relativer Kontrast zu den Startbedingungen der parlamentarischen Demokratie gehört, verwischt sich, wenn sowohl Bewahrung wie Erneuerung in ein *reaktives* Denken, Handeln und Fühlen flüchten. Als besonders reaktiv entpuppt sich ein Verhalten, das sich mit dem Gift des *Ressentiments* vollsaugt, das sich also von den Kräften nährt, die es bekämpft, das seine Ohnmacht als Macht ausspielt und dessen Ja sich aus einem verdeckten Nein speist. Ressentiments untergraben nicht nur die Moral, sie dienen im persönlichen Leben wie im politischen Handeln dem Aufbau einer idiosynkratischen

13 Vgl. Thomas Mann: *Politische Schriften und Reden*, Bd. 2 (1968). Ich beziehe mich speziell auf folgende Reden und Aufsätze: »Das Problem der deutsch-französischen Beziehungen« (1922), »Kultur und Sozialismus« (1928), »Deutsche Ansprache. Ein Appell an die Vernunft« (1930), »Bekenntnis zum Sozialismus« (1933).

Scheinmoral. *Der Verlust des Eigenen wird wettgemacht durch Bekämpfung des Fremden.* Kaum jemand hat diesen Niedergang der Moral, der nicht unwesentlich zum Ausbruch des Ersten Weltkriegs beigetragen hat, hellsichtiger durchleuchtet als Friedrich Nietzsche mit seiner *Genealogie der Moral* von 1887, als Max Scheler mit seiner Schrift *Das Ressentiment im Aufbau der Moralen* von 1912/1915 und als Freud in seinem zugleich psycho- und kulturanalytischen Essay *Das Unbehagen in der Kultur* von 1930.[14]

Doch es handelt sich nicht nur um alte Muster, die neue Verwendung finden. Ein zweiter Blick zeigt, daß die Renationalisierungswelle, die sich quer durch das heutige Europa zieht, eine schillernde und geradezu paradoxe Färbung annimmt. Man verteidigt Europa sowohl an seinen *Binnengrenzen* gegen den wechselnden Übertritt aus europäischen Nachbarnationen wie auch an seinen *Außengrenzen* gegen den Zustrom aus außereuropäischen Ländern, zumal aus islamisch geprägten Regionen. In beiden Fällen ist das Europa, das die Neonationalisten verteidigen, kein weltoffenes Europa, sondern das *je eigene Europa*; wenn daraus etwas Gemeinsames entspringt, so einzig und allein in der gemeinsam verspürten Bedrohung durch das Nichteuropäische. Doch gemeinsame Bedrohung ist ein allzu schwaches Band, wie wir tagtäglich bei der Debatte über die Verteilung von Flüchtlingen erleben. *Das bloße Kalkül schafft keine Solidarität.* Es schafft höchstens ein Zweckbündnis, das ohne äußeren Druck zerbricht. ›Europa‹ wird zur Worthülse.

Schauen wir nur, wie die Anhänger eines wiederentdeckten Nationalismus sich ihre Zusammengehörigkeit vorstellen. Was sich in jüngster Zeit unter verschiedenen Parteien und Gruppierungen wie Alternative für Deutschland, Pegedia, Front National, Lega Nord, PiS, Fidesz oder Partij voor de Vrijheid breitmacht, vielfach in unheiliger Allianz mit dem postkommunistischen Regime in Rußland und flankiert von einem neu erwachten (inzwischen abklingenden) Amerikanozentrismus, was inzwischen aber auch an den Rändern etablierter Parteien emporsprießt – all das reklamiert Eigenes unter Berufung auf ein Volk, das »wir sind«. *On est chez nous,* so tönt es von jenseits des Rheines. Die »Identität«, die von Sozialtheoretikern allzu leichtfertig mit der Ipseität des Selbst oder aber mit

14 In meinem Buch *Schattenrisse der Moral* (2006), 275-296 führe ich diese Debatte von phänomenologischer Seite aus fort, indem ich Ressentiments als eine pathogene Form von Fremdgefühlen analysiere.

sachlichen Attributen gleichgesetzt wird, nimmt kulturrassistische Züge an in den international verbreiteten Bewegungen der selbsternannten »Identitären«. Man verwendet die alte Wir-Formel aus der amerikanischen Verfassung (*We the People of the United States…*), die 1989 von der Bürgerrechtsbewegung der DDR aufgegriffen wurde. Doch sobald sich das »Wir sind das Volk« von einer demokratischen Kampfparole in eine quasi-ontologische Identitätsformel verwandelt, wird das eigene Volk auf populistische Weise überhöht.

An den Nationalhymnen liegt es nicht. Sie betonen zwar alle das Völkische, lassen aber in Text und Melodie vielerlei Nuancen zu, von der inzwischen aufgegebenen Anfangsstrophe »Deutschland, Deutschland über alles« bis zum revoltierenden »Allons enfants de la Patrie«, zum brüderlichen »Fratelli d'Italia«, zum thronfreudigen »God save the Queen« und zum friedlichen Lobgesang auf das schwedische Nordland: »Du gamla, du fria, du fjällhoga Nord«. Das Wir, das sich an sich selbst freut, ist nicht eo ipso ein konkurrierendes Gegen-Wir, so wie die Selbstliebe eines *amour de soi-même* nicht eo ipso zur Eigenliebe eines *amour-propre* zusammenschmilzt.

Das renationalisierte Wir der sogenannten Identitären stimmt Töne einer kollektiven Selbstermächtigung an. So setzt sich das Wir polemisch von einem vielfältigen Ihr ab. »Wir sind das Volk – und nicht ihr«. »Ihr«, das sind »die da oben« in Berlin, Paris, Rom oder Brüssel. Die Basis fühlt sich vom »System«, von »den Politikern«, von den Eliten und den offiziellen Medien verkauft und verkannt. »Ihr«, das sind aber auch »die da draußen« aus anderen Ländern, Kulturen, Religionen, teils immer noch die Juden, dazu neuerdings mehr und mehr der Islam. Worte wie »Der Islam gehört nicht zu Deutschland« sind selbst von Mitgliedern einer sich christlich nennenden Regierungspartei zu hören, die sich scheuen würden, so etwas vom Judentum zu sagen. In Ungarn und Polen, deren Vorgeschichte in dieser Hinsicht auch nicht fleckenlos ist, gibt man sich weniger empfindlich; man denke an die antisemitischen Attacken auf Georges Soros, mit denen Orbáns Budapest seine »illiberale Demokratie« untermauert, oder an das nationale Reinwaschen in Warschau. Eine Frage wie »Wer ist Deutschland?« wird zur Kernfrage.[15] Die Heimat, die in Form einer Nahwelt der

15 Vgl. J. Klose, W. Schmitz 2017. Die beiden Dresdener Herausgeber erörtern die Titelfrage ortsnah im Hinblick auf die gegenwärtige Lage im Osten Deutschlands.

Lebenswelt ihren affektiven Fundus verleiht, wird zum Bollwerk, wenn Fremdheit mit *Überfremdung* assoziiert wird. So produziert man aus Heimat Heimatlosigkeit. Imre Kertész, der mit Mühe dem KZ entronnen ist und dem es als einem ungarischen Juden immer noch passierte, im eigenen Land als »Fremder« tituliert zu werden, schreibt dazu unter dem Titel *Ich – ein anderer* (1998, S. 67): »Es ist etwas anderes, zu Hause heimatlos zu sein als in der Fremde, wo wir in der Heimatlosigkeit ein Zuhause finden können.«

Es ist nicht zu leugnen, daß es durchaus Gründe gibt, um den Erhalt des Eigenen zu fürchten oder unter einem Mangel an Zugehörigkeit zu leiden. Wer in einer der übervölkerten Pariser Banlieues, in einer im Niedergang begriffenen Industriezone des Ruhrgebiets, im Amsterdamer Bahnhofsviertel oder im von der Mafia regierten Mezzogiorno lebt, hat für sich und seine Angehörigen mit ganz anderen Schwierigkeiten zu kämpfen als ein Bewohner des 8. Pariser Arrondissements oder eines Hamburger Villenviertels. Entsprechende Gegenbewegungen sind als Symptome ernst zu nehmen; doch ihre ideologische Bastelei ist reichlich dürftig, wirkt aber umso giftiger. Schon Marx bezieht sich im *Kommunistischen Manifest* auf »reaktionäre Umtriebe« (MEW 4, 472), die im Herzen des Proletariats um sich zu greifen, und Didier Eribon zeigt in seiner Rückblende auf den Ort seiner Herkunft (*Rückkehr nach Reims*, 2016), welche Kehrtwendungen bis in linke Milieus hinein heute wieder möglich sind. Stecken wir also in einer europäischen Sackgasse?

6. Festung Europa

Die Flüchtlingsfrage, mit der das gegenwärtige Europa in erhöhtem Maße zu kämpfen hat, ist keine bloße Frage unter vielen; man könnte sie als ein *experimentum crucis* betrachten, das Europa dazu zwingt, Farbe zu bekennen. Ich möchte hier nicht die gesamte Flüchtlingsdebatte aufrollen, die im folgenden Kapitel ausführlich zur Sprache kommt. Ich möchte auch nicht nochmals den Hintergrund einer Phänomenologie des Fremden mit ihrem Oszillieren zwischen Fremdheit und Feindlichkeit und ihrer Fundierung in einer Ethik der Gastlichkeit ausbreiten. Ich begnüge mich mit den beiden topographischen Motiven des *Grenzschutzes* und der *Nachbarschaft*, die in der Europadebatte eine zentrale Rolle spielen.

Neuerdings verteidigt man eine »Festung Europa«. So äußern sich rechte Politiker aus Deutschland oder Österreich, indem sie einen Begriff aus der Geopolitik der Nazizeit, mit dem einstmals vom Deutschen Reich besetzte Teile Europas bezeichnet wurden, ins Positive wenden. Dieser Kampfbegriff umschreibt eine auf das Eigene fixierte Örtlichkeit. Er geht aus von einem *Ortskern*, der vor Auswirkungen der Globalisierung zu schützen und gegen fremde Einflüsse abzuschirmen ist. Dem Extrem des Globalismus tritt als Gegentendenz eine Art *Lokalismus* entgegen, der die grenzenlose Globalität durch eine eng bemessene und überschaubare Lokalität ersetzt, oder eine Art *Regionalismus*, der einer globalen Ubiquität überschaubare Regionen von mittlerer Reichweite entgegenstellt. Die Regionalität, die weniger zur Übertreibung neigt als die Nationalität und die dem Föderalismus verwandt ist, trägt seit dem 19. Jahrhundert den Titel ›Landschaft‹. Davon handelt das folgende Kapitel.

Maßgebend ist bei einem reaktiven oder reaktionären Rückzug auf das Eigene ein Impuls *kollektiver Selbsterhaltung*, dessen Verallgemeinerung einen latenten Krieg aller gegen alle, genauer: einen Krieg eines jeden mit einem jeden heraufbeschwört, wie wir ihn von Thomas Hobbes her kennen. Die Tendenz zur Selbsterhaltung kann sich defensiv oder offensiv äußern je nachdem, wieviel man sich selbst zutraut; doch ein Satz wie »Angriff ist die beste Verteidigung« gehört zu jeder Logik des Krieges. Ohne Mühe lassen sich aktuelle Parolen zitieren, in denen sich eine feindliche Abwehrgeste abzeichnet. Nehmen wir Äußerungen wie »die Grenzen schließen«, »Außengrenzen sichern«, »Obergrenzen festlegen«, »Fremde registrieren« und »Illegale abschieben«. Aus solch defensiven Äußerungen spricht eine Abschreckungskultur, weit entfernt von der anfangs hierzulande aufflackernden Willkommenskultur. Von Fremden, die *vor etwas* fliehen, die in Not sind und Hilfe suchen, ist kaum noch die Rede. Unterschiede wie die zwischen Asylbewerber, Flüchtling, Immigrant, Einheimischer mit Migrationshintergrund, Gefährder und Terrorist werden mit Bedacht verwischt, so daß ein Klima unbestimmter Fremdenangst entsteht. Oftmals genügt es, daß jemand wie ein Ausländer aussieht, um die Alarmanlage auszulösen. Man ist ständig auf dem *qui-vive*.

Mit einer solchen Abwehrhaltung setzt man den Primat der Binnenperspektive und das Privileg des Eigenen wie selbstverständlich voraus, ganz wie es dem Gebot der Selbsterhaltung entspricht; doch das Durchsetzen dieser Perspektive hat seine Tücken. Immer wieder wird eine »gemeinsame Außengrenze« beschworen, doch hat Europa überhaupt eine solche Grenze? Strenggenommen wäre dies nur dann der Fall, wenn Europa ein souveräner Staat mit einem eigenen Territorium wäre. Da dies nicht zutrifft, beschränkt sich die »europäische Außengrenze« auf ein Flickwerk aus Landesgrenzen. Die Bewachung der eigenen Grenzen obliegt jeder einzelnen Nation; sie kann lediglich an eine Nachbarnation delegiert oder zwischen Nationen abgestimmt werden. Selbst Binnengrenzen, die Europa durchziehen, sind nicht schlechterdings gemeinsam, da man sie von dieser oder von jener Seite aus überquert. Dies zeigt sich, wenn neuerdings Dänemark einseitig beschließt, Pässe seiner deutschen Nachbarn zu kontrollieren.

Wie aber steht es mit Ankömmlingen, die nicht als bloße Besucher kommen wie die einstigen »Gastarbeiter«, sondern dauerhaft Einlaß begehren? Man pflegt zwischen legalen und illegalen Immigranten zu unterscheiden je nachdem, ob jemand einen gültigen Paß oder ein Visum vorzeigen kann oder nicht. Doch ist nicht jeder Immigrant, der erstmals die Schwelle zwischen Ausland und Inland überquert, im Augenblick des Übertritts gewissermaßen illegal, zwar nicht im Sinne des diametral ›Gesetzwidrigen‹, wohl aber in dem des ›Gesetzlosen‹, des Outlaws, griechisch gesprochen des *apolis*?[16] Im deutschen Grenzland Bayern wird immer wieder heftig darüber diskutiert, wo und wie man nichtregistrierte Immigranten grenznah unterbringen könne, ohne deren Aufnahme zu präjudizieren. Man verfällt dabei auf rechtlich umstrittene, wortreich umschriebene »Transitlager«, »Transitzentren«, »Transferzentren« oder »Ankerzentren«[17] und stützt sich auf eine juristische »Fiktion der Nichteinreise«, die bisher nur beim Zwischenaufenthalt auf dem Flugplatzgelände angewandt wurde. Entsteht so für eine Weile ein Niemandsland, ein No Man's Europe? – Was zur Zeit zwischen Polen und Belarus geschieht, läßt sich kaum anders umschreiben. – Einwanderer sind jedoch keine bloßen Dinge, über die man sprechen kann, ohne sie anzusprechen oder sie auch nur

16 Vgl. hierzu die strikte Unterscheidung von »Illegalität« und »A-legalität« bei Hans Lindahl: *Fault Lines of Globalization* (2013), S. 133-143.

17 Das Wort ›Ankerzentrum‹ hat als Abkürzung von ›Ankunft – Entscheidung – Rückschickung‹ mehr mit Ausgang zu tun als mit Übergang.

anzublicken, wenngleich die Amtssprache nicht selten diesen Anschein erweckt. Wie aber spricht man jemanden an, der *noch nicht drinnen* und *nicht mehr draußen* ist? Kann man das Hier und Dort von Adressant und Adressat, das – mit Karl Bühler zu reden – zum elementaren »Zeigfeld« der Sprache gehört, fiktionalisieren, ohne das Verhandlungsgespräch in ein Geistergespräch zu verwandeln? »Ich bitte dich (der du nicht da bist) um deinen Ausweis; ich frage dich (der du nicht da bist), wer du bist, und so fort.« Das absurde Gespräch verstummt, bevor es anhebt.

Gehen wir einen Schritt weiter, so stoßen wir auf das Asylrecht, das in Deutschland durch Artikel 16a des Grundgesetzes garantiert ist. »Politisch Verfolgte genießen Asylrecht.« Die später beigefügten Einschränkungen, die sich auf den Staat der Einreise beziehen, liefern mit der Bestimmung »sicherer Herkunftsstaaten« zusätzlichen Zündstoff. Das neue Asylrecht ist eine Art »Straßen- und Wegerecht«; es dient dem »gemeinsamen Bemühen, Flüchtlinge abzuwehren und sie, wenn das nicht gelingt, schnell wieder loszuwerden«, so äußert sich ein kritischer Jurist und Journalist.[18] Zu beachten ist ferner die Genfer Flüchtlingskonvention, die von vielen Staaten unterzeichnet wurde und die bei Flüchtlingen »die begründete Furcht vor Verfolgung wegen ihrer Rasse, Religion, Nationalität, Zugehörigkeit zu einer politischen Gruppe oder wegen ihrer politischen Überzeugung« in Betracht zieht.

Alles in allem stellt sich eine weitere grundlegende Frage: Was nützt Asylanten das Asylrecht, wenn sie keinen Ort finden, an dem sie ihren Antrag stellen und von dem aus sie ihr Recht wahrnehmen können? Was geschieht, wenn die zugesagte Rechtsfrucht ungenießbar ist, wenn sie zurückweicht wie die Früchte, nach denen Tantalus vergeben seine Hand ausstreckt? Hannah Arendt stellte diese Frage in der Kriegs- und Nachkriegszeit, als Europa von Wellen politischer Emigranten und Vertriebenen heimgesucht wurde; sie dachte dabei an Menschenrechte, deren Geltung ohne Anbindung an einen Ort ein blasses Ideal bleibt, »blaß, nordisch, königsbergerisch« wie Nietzsche in seiner *Götter-Dämmerung* bemerkt (KSA 6, 80). In Remarques erstem Flüchtlingsroman lesen wir: »Ein

18 Vgl. in der *Süddeutschen Zeitung* vom 1.7.2013 die Rückschau von Heribert Prantl: »Wohlstand drinnen, Armut draußen«, deren kritische Schärfe nicht an Aktualität eingebüßt hat.

Mensch ohne Paß ist eine Leiche auf Urlaub« (zitiert nach Piskorski 2013, S. 92). Im Nachkriegsdeutschland traf dieses Schicksal sogenannte *displaced persons*, wörtlich: ver-rückte Personen, eingereiste Nichteingereiste, wenn man obige Fiktion anwendet; sie wurden von den Amerikanern bis auf weiteres in Auffanglager eingewiesen und befanden sich also einstweilig auf deutschem Boden. Darunter waren sowohl Überlebende des Holocaust wie russische Kriegsgefangene, die eine Rückkehr in ihr Heimatland scheuten.

Doch werfen wir einen Blick in die Gegenwart. Solange Flüchtlingsschiffe auf dem Mittelmeer an die afrikanische Küste zurückgeschickt werden, scheint die Asylfrage auf kaltem Weg, nämlich auf dem Wasserweg gelöst, und zwar so, daß alle Europäer vereint davon profitieren. Die ominöse ›Alternative für Deutschland‹ fände ihre Ergänzung in einer ›Alternative für Italien‹. Zynisch gesprochen käme dies einer europäischen Notlösung gleich, durch die Europa unter der Flagge einer flüchtlingsfreien Union *ex negativo* vereinigt würde. Retter aus der Seenot wären dann bessere Freibeuter, vor denen Europa sich ebenfalls zu schützen hätte. Dabei wird übersehen, daß es seit langem im internationalen Seerecht ein spezielles Gesetz zur Seenotrettung gibt, das alle Küstenstaaten und alle Schiffe unter staatlicher Flagge dazu verpflichtet, unabhängig von Nationalität, Status und Umständen allen Menschen, die in Seenot geraten, nach Kräften Hilfe zu gewähren.

7. Europa der Nachbarschaften

Wir wissen, daß dies nicht alles ist, was Europa ausmacht. Schwenken wir also zur anderen Seite über, die auch gehört und gesehen sein will und die ein Umdenken anzeigt. Es ist nicht zu übersehen, daß vielerorts Tag für Tag eine Form der Flüchtlingshilfe praktiziert wird, die nicht am Zaun der Paragraphen haltmacht und sich nicht auf eine Moral der Selbsterhaltung zurückzieht. Die laufenden Versuche einer Integration, an der viele ehrenamtliche Helfer beteiligt sind, gehen über den Rahmen offizieller Amtspflichten weit hinaus. Ähnliches gilt für die Tätigkeit von Nichtregierungsorganisationen wie Amnesty International oder Ärzte ohne Grenzen und Kirchengemeinden. Auch in den oben erwähnten Auffanglagern, so etwa im Lager Föhrenwald im Voralpenland vor den Toren Münchens, gestaltete sich ein *Übergangsleben* mit jüdischen Schulen, Theater- und Sportgruppen. Das Leben, das Flüchtlinge im Aufnahmeland führen, ist auf solche Überbrückungshilfen angewiesen.

Ich nehme diese Überlegungen zum Anlaß, abschließend ein Europa der Nachbarschaften zu skizzieren. Dabei denke ich sowohl an inwendige wie an auswärtige Nachbarschaften. Meine Überlegungen treffen sich mit denen des Tilburger Rechtsphilosophen Hans Lindahl, der im Ausgang von den Innen-/Außengrenzen einer jeden Rechtsordnung »Bruchlinien« der Globalisierung aufzeichnet und somit Globalisierung nicht als einen unaufhaltsamen Prozeß der Universalisierung versteht, sondern als eine »Verflechtung von Heim- und Fremdwelten« (Lindahl 2013, S. 267).

(1) ›Nachbarschaft‹ ist zunächst eine besondere Art von *Ortsbegriff*, der es primär mit *Nähe und Ferne* zu tun hat. Nähe und Ferne, die auch in der Unterscheidung von Nächstenliebe und Fernstenliebe auftauchen, sind nicht mit meßbaren Abständen zu verwechseln. In ihnen bekundet sich eine wechselseitige affektive und praktische Anteilnahme, ferner bemessen sie sich nach dem wechselnden Spielraum unserer leiblichen und technisch ermöglichten Mobilität. Sie sind verankert in einer leiblichen Kinästhese, einer Vereinigung von Aisthesis und Kinesis in Form eines »Ich bewege (mich)« und »Ich tue« (Hua VI, 108). Verkehrstechniken haben ihren Kern in elementaren, kulturell variierenden Körpertechniken, wie sie auch von dem Ethnologen Marcel Mauss berücksichtigt werden. Die Grenzen zwischen Eigenem und Fremdem, die beim Grenzverkehr ins Spiel kommen, sind keine festen, sondern mobile Grenzen. Jene Orte, an denen wir leibhaftig ankommen und von denen wir uns entfernen, sind nicht zu denken ohne *Ortsverschiebungen* zwischen Hier und Dort, zwischen Wo und Anderswo.[19] Wir haben es nicht mit scharfen Grenzlinien zu tun, die eine binäre Zuordnung erlauben würden, sondern mit unscharfen Grenzzonen, die nur ein Mehr oder Weniger an Nähe und Ferne zulassen. So bilden sich *Übergangszonen* wie die Türschwelle oder die Landesschwelle; wer sie überquert, ist weder eindeutig hier noch eindeutig dort, weder eindeutig drinnen noch eindeutig draußen.

19 Zum phänomenologischen Umdenken von Zeit und Raum, das unseren geopolitischen Überlegungen zugrunde liegt, vgl. vom Verf. *Ortsverschiebungen, Zeitverschiebungen* (2009). Grundlegend ist die Spannung zwischen dem Ort, *an dem* man sich befindet, und dem Raum, *in den* man eingeordnet wird.

Solche Übergangszonen entziehen sich der Alternative von lokalen Mikroräumen und globalen Makroräumen.

Abgesehen von gelegentlichen Übergangszonen gehören zu Europa ausgesprochene *Übergangsregionen* und *Übergangsorte*, wo verschiedene Traditionen sich überkreuzen, sich befruchten, sich allerdings auch befehden in der Todfeindschaft von Bürgerkriegen. Ich denke beispielsweise an Regionen wie den Ostseeraum, der norddeutsche, skandinavische und baltische Länder zusammenführt, oder an den lebhaften Grenzverkehr in der Adria, der sich neuerdings den Namen Alpen-Adria gegeben hat,[20] ferner an Galizien im Osten und das Elsaß im Westen, an Städte wie Lemberg/Lwiw/Lwów oder Vilnius/Wilna/Wilno, die schon durch die Mehrsprachigkeit des Namens ihre interkulturelle Geschichte kundtun.[21] Dem mobilen Raum entspricht, mathematisch betrachtet, nicht der planimetrisch euklidische, sondern der mehrdimensional topologische Raum, der nicht von Raumpunkten ausgeht, sondern von Lagen (*situs*). Eine solche Topologie, wie Michel Serres sie in seinem 1994 auf französisch, 2005 auf deutsch erschienenen Buch *Atlas* entwickelt, enthält Faktoren wie »Geschlossenes (in), Offenes (außerhalb), Zwischenräume (zwischen), Richtung und Ausrichtung (zu, vor, hinter), Nachbarschaft und Angrenzendes (bei, auf, an, unter, über), Eintauchen (inmitten), Dimension usw., sämtlich Realitäten ohne Maß, aber mit Relationen« (2005, S. 67). Wir geraten so auf »neue Wege des Übergangs zwischen Lokalem und Globalem, von deren Gangbarkeit die klassische Vernunft gar nichts ahnte, weil sie sich unmittelbar mit der strahlend globalen Abstraktion befaßte« (ebd., S. 15). »Wir leben im Lokalen und bewegen uns ständig im Globalen.« (Ebd., S. 170) Der nicht-klassische Raum, der sich im Übergang von Descartes zu Leibniz vorbereitet, weist analoge Züge auf, die sich in ihrer Nähe zum gelebten Raum und ihrer Ferne zur Landvermessung einer restlosen Digitalisierung widersetzen. Das Muster der Falte (*pli*), das sich von Leibniz bis

20 Vgl. das *Manifesto Alpe-Adria*, hg. von W. Wintersteiner, Ch. Beretta, M. M. Zalaznik (2020).

21 Ich verweise auf ein neueres Buch von Felix Ackermann: *Mein litauischer Führerschein* (2017); in seinen *Ausflügen zum Ende der europäischen Union* berichtet der Autor nicht ohne Humor von den Schicksalen der Europäischen Union an ihren östlichen Außengrenzen, wo Litauen, Weißrußland und Polen aufeinandertreffen und der Osten weiterhin seine bedrohliche Seite zeigt.

hin zu Deleuze besonderer Aufmerksamkeit erfreut, ermöglicht in Prozessen der Ent-faltung und der Verviel-fältigung den »Übergang zwischen Ort und Raum« (ebd., S. 44).

(2) Nachbarschaft ist ferner ein *sozialer* Begriff. Er bezeichnet einen Nahbereich des Mitseins, der vielfältige Beachtung gefunden hat. Lewis Mumford weist in seiner großangelegten Geschichte der Stadt, die von der überschaubaren Polis bis zur Megalopolis anschwillt, der Vorstadt ein besonderes Reservat an Nachbarschaft zu (1979, S. 582-587). Elmar Holenstein, gebürtiger Schweizer, beruft sich im Zusammenhang mit der Migrationspolitik auf die alte Schweizer Tradition einer »Nachbarschaftsethik« unterhalb der Ebene der Nationalstaatlichkeit (1998, S. 114-117). Schon Descartes, der doch das Denken außerhalb der räumlichen *extensio* ansiedelt, preist 1648 in einem Brief an Prinzessin Elisabeth die befreiende Wirkung eines Nachbarlandes: »[...] me tenant comme je fais, un pied en un pays, l'autre en un autre, je trouve ma condition très-heureuse, en ce qu'elle est libre.« Zur Nachbarschaft gehört der schon erwähnte Schwellenbereich, der nicht nur Innen und Außen, sondern auch Eigenes und Fremdes sowohl trennt wie verbindet. Der Fremde, der an die Tür klopft, stellt die Eigenheit des sogenannten Eigenheims in Frage. Das Haus, das im Griechischen als Oikos mit dem Oikeion als dem Eigenen verwandt ist, wird unter diesen Umständen zum Gasthaus, das Land zum Gastland, ob wir es wollen oder nicht. Die Ethik des Anderen, die Emmanuel Levinas entwickelt, stützt sich auf eine Ethik der Gastlichkeit, in der das Haus oder die Bleibe sich hervortut als Empfangsort für die Fremden. So bezeichnet das griechische Wort ξένος/ξένη den Fremden/die Fremde, aber auch den Gast und den Gastgeber. Freuds Bemerkung, das Ich sei nicht Herr im eigenen Hause, läßt sich nicht nur auf das eigene Unbewußte anwenden, sondern auch auf den Anspruch und die Ankunft des Anderen. So erklärt Emmanuel Levinas in *Totalité et Infini* (S. 129, dt. 223): »Das Bleiben ist eine Sammlung, ein Zu-sich-kommen, ein Rückzug ins eigene Heim wie in eine Zufluchtsstätte, die von einer Gastlichkeit, einer Erwartung, einem menschlichen Empfang aufgetan wird.« Das eigene Heim wird zum Asyl. Michel Serres veranschaulicht die Spannung aus Nähe und Ferne anhand der Figur des Horla (des *hors-là*) aus Maupassants gleichnamiger Novelle (2005, S. 57), in der das »Da-sein« mit dem »Draußen« kämpft (S. 61) und das Prinzip vom

ausgeschlossenen Dritten auf seine Grenze stößt, da der Andere als »der eingeschlossene Dritte« auftritt (S. 77). Daraus ergibt sich eine Verquickung von Nähe und Ferne: »Der Ausdruck ›Nächster‹ bezeichnet den Superlativ eines Minimums: die kleinstmögliche Distanz.« (S. 241)

Im Gegensatz dazu erinnert die »Festung Europa« an das sprichwörtliche *my home is my castle*, worin sich ein »possessiver Individualismus« im Sinne von C. B. Macpherson ausspricht. Thomas Hobbes betrachtet das Leben in der bürgerlichen Gesellschaft als durchdrungen von Angst und Mißtrauen; dies äußert sich auf greifbare Weise darin, daß wir vor dem Schlafen und auf Reisen die Türen abschließen und daß Staaten ihre Grenzen durch Festungswerke, ihre Städte durch Mauern schützen (*De cive* I, 2). Doch die latente Feindseligkeit ist nicht naturgegeben, sie beschränkt sich auch nicht auf kluge Vorsicht, sie entspringt einer *verweigerten Gastlichkeit*. Selbst der Nächste aus der Bibel wird zum Annex des Eigenen, wenn nicht jeder Nächstenliebe ein Gran »Fernstenliebe« beigemischt ist und wenn nicht in der nächsten Nähe eine Ferne durchschimmert. So heißt es im *Zarathustra* (KSA 4, 78): »Eine schlechte Liebe zu euch selbst macht euch aus der Einsamkeit ein Gefängnis.« Wir können hinzufügen: sie macht aus euch schlechte Europäer. Der Sinn für das Nächste, der auf eine einseitige Besitznahme verzichtet, greift über auf die Dinge. So ermuntert uns abermals Nietzsche: »Wir müssen wieder gute Nachbarn der nächsten Dinge werden und nicht so verächtlich wie bisher über sie hinweg nach Wolken und Nachtunholden hinblicken.« (KSA 2, 541) Auch Husserl wehrt sich als Phänomenologe dagegen, daß wir auf ein »über den Wolken der Erkenntnis schwebendes absolutes Sein« vertrauen und dabei übersehen, daß auch der Händler »seine Marktwahrheit« hat (Hua XVII, 284, 288). Die Warnung vor den Wolkenblicken wäre heute zu ersetzen durch die Warnung vor dem Dauerblick auf den Bildschirm, der uns für den Nächsten und das Nächste blind macht.

(3) Die Verteilung von Nähe und Ferne enthält schließlich als dritten Aspekt der Nachbarschaft einen *geographischen*, das heißt einen erdnahen Aspekt; dieser haftet dem Planetarischen stärker an als dem Globalen, dem seine Bodenhaftung mehr und mehr abhanden kommt. Was Husserl angeht, so will er Europa nicht bloß »geographisch, landkartenmäßig« verstanden wissen und be-

schwört ein »geistiges Europa« (Hua VI, 318). Doch wird nicht die leibhaftige Gestalt Europas übersprungen, wenn Europa wechselweise auf eine geistige Idee, auf ein Feld materieller Interessen oder auf elektronische Datennetze reduziert wird? Liegt darin nicht eine Geringschätzung der leiblichen und zwischenleiblichen Zugehörigkeit zur Welt? Zarathustras beschwörende Worte »Bleibt der Erde treu«, mit denen er vor überirdischen Hoffnungen warnt (KSA 4, 15), richten sich an keine bloßen »Tatsachenmenschen« (Hua VI, 4), aber auch nicht an Idealmenschen, sondern an einen »Übermenschen«, der sich selbst übersteigt, wir fügen hinzu, der *im Anderen über sich selbst* hinauswächst. Mitten in der Kakophonie einer bloßen »Vaterländerei« plädiert Nietzsche für die »guten Europäer« als »die geborenen Mittelständler«, die »im Norden den Süden, im Süden den Norden zu lieben wissen« (KSA 5, 200). Dieses Ineinander vereitelt jeden Versuch, Eigenes gegen Fremdes auszuspielen.

Erläuternd greife ich zurück auf einen aktuellen Konfliktfall, der aus der geographischen Gestalt Europas herrührt. Die Dublin-III-Verordnung von 2013 legt fest, daß Flüchtlinge allein in jenem Land Asylrecht genießen, in dem sie erstmals europäischen Boden betreten haben, so daß Zweitländer das Recht haben, sie in das Erstland zurückzuschicken. Damit sind wir wieder bei den ominösen Außengrenzen Europas, die grosso modo, abgesehen von einigen Schlupflöchern und Umwegen, mit den Landesgrenzen von Griechenland, Italien, Malta und Spanien zusammenfallen. Das erwähnte Abkommen leidet unter einer einseitigen Nutzung der geographischen Vielfalt Europas; Nutznießer wären dann die mittel- und nordeuropäischen Staaten. Daß sich dagegen berechtigter Widerstand erhebt, ist verständlich.

Mein Fazit: Nachbarschaft hält sich zwischen Lokalität und Globalität. Sie entzieht sich der Alternative von Lokalismus und Globalismus, von *Fixierung auf ein bodenständiges Hier* und *Verflüchtigung in einem wolkigen Überall und Nirgends*. Ein offenes, vielfältiges Europa wäre ein Europa, das auf fremde Ansprüche antwortet, ohne sich einzuigeln. Was Nietzsche für die europäische Musik fürchtet, daß sie nämlich die »Stimme für die Seele Europas« verlieren könnte (KSA 5, 188), droht nicht nur der Musik.

Schließen möchte ich mit einem Hoffnungsschimmer, der von den nicht wenigen Figuren ausgeht, in deren transnationalem Selbst sich ein vermischtes Europa verkörpert. Ich denke an die

Schriftstellerin Annette Kolb, die in München als Tochter einer französischen Pianistin und eines bayerischen Hofgärtners geboren wurde und die nach ihrer Emigration zwischen ihren beiden Heimatländern hin- und herpendelte. Damit kehre ich an den Anfang meiner Ausführungen zurück. Der halbwegs autobiographische Familienroman *Die Schaukel* dieser Autorin spielt im München der Zwischenkriegszeit. In einer Szene des Romans werden wir Zeuge eines Wortwechsels zwischen zwei Schwestern aus der Geschwisterschar (1982, S. 143 f.). Die eine von ihnen war »derart französisch und derart deutsch zugleich, daß sie weder eines noch das andere, sondern wirklich beides in einem Atem war«. Die Erzählerin fragt sich angesichts dieser Übergangsgestalt: »Verkörperte sie nicht ganz eine jener Gestalten – pränational und abendländisch –, wie wir sie in gewissen früheren Tapisserien, in Wunderwerken einer noch gemeinsamen bildenden Kunst bestaunen?« Die andere Schwester, hinter der sich die Autorin selbst verbirgt, bemerkt zu der frankophilen Mitschwester: »Was für nette Leute die Deutschen wären, wenn sie dazu noch Franzosen wären.« Den scherzhaft-bedauernden Zusatz, aus dem die liberale bayerische Katholikin spricht: »… und wäre Luther nicht gekommen«, können wir überhören angesichts einer langen Fußnote, die sie ihrem Text einfügt und in dem es heißt: »Wir sind heute in Deutschland eine kleine Schar von Christen, die sich ihrer Dankesschuld dem Judentum gegenüber bewußt bleibt.« (S. 135) Der Roman entstand 1934 in der Emigration; er erschien im gleichen Jahr in Berlin im jüdischen Fischer-Verlag, gezwungenermaßen ohne besagte Fußnote. Der Roman spielt in der Nachbarschaft der Münchner Synagoge, die 1938 auf Befehl Hitlers abgerissen wurde, er spielt in einem Haus, das ebenso wie der nahe Glaspalast den Flammen zum Opfer fiel. Der alte Satz *habent sua fata libelli* trifft sich mit dem Schicksal Europas. Europa bleibt nur, was es ist, wenn es dem homogenisierenden Druck der Globalisierung standhält und weiterhin auf seine Weise in das Weltgespräch eingreift.

II. Sinnliche Erschließung des Landschaftsraumes

> Der Raum des Empfindens verhält sich zum Raum der Wahrnehmung wie die Landschaft zur Geographie ... Die Landschaftsmalerei macht das Unsichtbare sichtbar, aber als ein Entrücktes.
>
> Erwin Straus, *Vom Sinn der Sinne*

1. Vor Ort

Beginnen wir in der Nähe, vor Ort, wie man hierzulande zu sagen pflegt. Ist das Weitmarer Holz, an dessen Rand das Bochumer Museum »Situation Kunst« seinen Platz gefunden hat, Teil einer Landschaft? Ist diese groß genug, um sich darin zu verlaufen, ist sie schön genug, um sie ästhetisch zu genießen? In seiner behutsamen Verteidigung des Naturschönen dämpft Adorno unsere Erwartungen, wenn er feststellt: »So wahr es ist, daß ein jegliches in der Natur als schön kann aufgefaßt werden, so wahr das Urteil, die Landschaft der Toscana sei schöner als die Umgebung von Gelsenkirchen.« (1973, S. 112) Demnach hätte auch Bochum nur eine Umgebung, die es mit den ansehnlichen Prunklandschaften nicht aufnehmen kann. Was die Größe angeht, so ist Nordrhein-Westfalen, diese politische Nachkriegsgeburt, sicher keine eigene Landschaft. Eher trifft dies zu auf das Rheinland, das Bergische Land, das Sauerland oder das Münsterland; beim Ruhrgebiet als dem Kohlerevier kommen neue Zweifel. Doch wie steht es mit der Essener Kohlenhalde, auf der Richard Serra seine stählerne Bramme als eine Landmarke errichtet hat?

Hören wir die Stimme Nietzsches, der in der Auswahl seiner Landschaften recht wählerisch ist und gleichwohl in der *Morgenröte* (KSA 3, 267) schreibt:

> Für die grossen Landschaftsmaler sind die anspruchslosen Gegenden da, die merkwürdigen und seltenen Gegenden aber für die kleinen. Nämlich: die grossen Dinge der Natur und Menschheit müssen für alle die Kleinen, Mittelmäßigen und Ehrgeizigen unter ihren Verehrern Fürsprache einlegen, – aber der *Grosse* legt Fürsprache für die *schlichten* Dinge ein.

Diesem Vorbehalt des Philosophen gegenüber einer spektakulär überhöhten Landschaftsmalerei fügt sich die Tatsache hinzu, daß die Landschaft in der Philosophie überhaupt selten den Status eines seriösen Begriffs erreicht hat. Sie taucht nur beiläufig auf, und selbst dann als eine Art Leihgabe. Um so aufschlußreicher ist jedoch die Zweideutigkeit ihrer Herkunft, an der die Philosophie nicht schuldlos ist.

2. Zwischen Geographie und Ästhetik

Die geläufigen Herkunftsgeschichten lehren uns, daß die Landschaft bis ins 19. Jahrhundert hinein lediglich den von Landsmannschaften bevölkerten Siedlungs-, Wirtschafts- oder Verwaltungsraum einer *Region* oder einer *Provinz* umfaßte. Von hier aus führt ein gerader Weg zu den Bio- und Geosystemen, mit denen sich die heutige Ökologie der Natur und der Landschaft befaßt.[1] Die Kernbedeutung dieser an Realien orientierten Landschaftskonzeption ergibt sich aus der *Aufteilung der Erdoberfläche*, von der die Landschaft einen Teil oder einen Abschnitt ausmacht.[2] Der geographisch verankerte Landschaftsbegriff steht der geometrischen Erdvermessung nahe, er hat selbst etwas recht Irdisches. Seine emphatische Bedeutung verdankt er dagegen der neuzeitlichen Landschaftsmalerei, in der die Landschaft als *schöne Ansicht der Natur* ins Bild tritt. Die künstlerische Darstellung der Landschaft verbindet sich mit Fragen des Fernblicks und der Raumperspektive, wobei die Natur selten alleiniger Gegenstand ist.[3]

Im Hintergrund dieser doppelten Herkunft taucht eine gemischte Form von philosophisch-ästhetischer Deutung auf. Sie entspringt nicht geradewegs der Kunstpraxis, sondern einer bestimmten Kunstauffassung, die wir seit Baumgarten als ästhetisch zu bezeichnen pflegen und die einen wichtigen Bestandteil der

1 Vgl. dazu Hartmut Leser, »Der ökologische Natur- und Landschaftsbegriff – Überlegungen zu seiner Bedeutung für Nutzung, Planung und Entwicklung des Lebensraums«, in: Zimmermann 1982.

2 Vgl. den Artikel »Landschaft« im *Historischen Wörterbuch der Philosophie*, Bd. 5 (1980).

3 Vgl. Hans Holländer, »Weltentwürfe neuzeitlicher Landschaftsmalerei«, in: Zimmermann 1982, S. 187 f.

Moderne ausmacht. Auf diesem Hintergrund entpuppt Landschaft sich letzten Endes selbst als ein Kunstprodukt; sie ist etwas, das eigentlich nur in der Kunst auftritt. Diese Verengung hängt zusammen mit der Entzauberung der Natur, mit der Verwandlung des natürlichen Kosmos und der natürlichen Schöpfungsordnung in eine berechenbare und beherrschbare Natur, die keine Ziele mehr verfolgt und sich um uns Menschen nicht kümmert. In älteren Zeiten fehlte es der Landschaft an Eigengewicht; angesiedelt auf halbem Wege zwischen Paradies und Wildnis, zwischen vollendeter Ordnung und wüstem Chaos, war sie auf gewisse Weise eins mit der Welt. Die Entzauberung der Natur, die einer solchen Sicht den Boden entzieht, ruft das Bedürfnis nach Kompensationen wach. Für Abhilfe sorgt der Anblick eines *Naturschönen*, das seine Schönheit in den *schönen Künsten* offenbart.

In der Geschichte der westlichen Ästhetik erscheint Petrarcas Aufstieg auf den Mont Ventoux als ein nahezu kanonischer Stiftungsakt, aus dem die Landschaft als Landschaft hervorgeht. Es ist der »freie Rundblick«, der das Interesse dieses literarisch eingestimmten Dichters anzieht, weniger sind es die Winde, die diesen »Windberg« umwehen und die jeder Bergwanderer leibhaft zu spüren bekommt.[4] Diese Entdeckung geht wie so oft mit einer Verdekkung Hand in Hand; sie ist erkauft mit fragwürdigen Antithesen. Wenn fortan von Landschaft die Rede ist, so tritt der Zivilisation die *Natur*, der Stadt das *Land*, der theoretischen und praktischen Vernunft das ästhetische *Gefühl* gegenüber. Mit aller Deutlichkeit ist dieser Prozeß in Kants *Kritik der Urteilskraft* zu greifen. So wird im Falle bildnerischer Gegenstände wie dem landschaftsnahen Lustgarten das *Anrührende* durch die bloße *Ansicht*, die leibliche Wirkung durch den Augenschein neutralisiert (KU B 210). Die Ästhetisierung der Landschaft, die auf einer »Landschaftsvorstellung« aufbaut, schließt ihre weitgehende Visualisierung ein, obwohl schon der Blick nach oben oder nach unten, der auf die Zugkraft der Dinge antwortet, den ganzen Leib in Mitleidenschaft zieht. »Stupenti similis steti – einem Betäubten gleich stand ich da«, be-

4 Für die Philosophie trug Joachim Ritter mit dem Aufsatz »Landschaft« (Wiederabdruck in: *Subjektivität*, 1974) wesentlich zu dieser geschichtsphilosophisch aufgeladenen Kanonisierung bei. Inzwischen bahnt sich eine differenziertere Sichtweise an; vgl. das Petrarca-Buch von Karlheinz Stierle (2003), speziell S. 318-343.

kennt Petrarca von sich, nachdem er die Berghöhe erreicht hat und unter seinen Füßen das Land sich ausbreiten sieht.[5]

Inzwischen fehlt es nicht an Versuchen, die Spaltung in reale Natur und ästhetische Naturanschauung mitsamt der entsprechenden Auf- und Abwertung zu unterlaufen. Auf der geographischen Seite, die es mit realen Erd- und Raumbedingungen der Landschaft zu tun hat, verwendet man ökodynamische Modelle, in die menschliche Eingriffe einbezogen werden. Der Gegensatz von Natur- und Kulturgeographie schwächt sich ab, wenn die Landschaft auf die Stadtlandschaft ausgedehnt wird. Umgekehrt kämpft die Kunst gegen ihre eigene Ästhetisierung an, indem sie ihre Produkte Raumobjekten annähert, indem sie nicht nur raumabbildend, sondern raumbildend auftritt und indem sie als *land art* von der Darstellung der Natur zur Mitgestaltung übergeht. Doch der Trend hin zu einer Pendelbewegung, die ein Extrem durch das andere ersetzt, dauert fort, solange es der Landschaft an einer integrativen Zugangsweise mangelt.

3. Landschaft als Lebensraum

Die folgenden Überlegungen bewegen sich auf den Bahnen einer leiblich und lebensweltlich orientierten Phänomenologie, die einen mittleren Weg einschlägt und die erwähnten Dualismen vermeidet. Daraus ergibt sich eine Annäherung an die geographische und geopolitische Landschaftskonzeption. Der alte Begriff der Region kommt in seiner deutschen Fassung als *Gegend* zu Ehren, so schon in Kants früher Schrift *Von dem ersten Grunde des Unterschiedes von Gegenden im Raum* und in Heideggers *Sein und Zeit*. Husserls Begriff der Lebenswelt läßt sich spezifisch fassen als *Lebensraum*, in dem wir uns befinden, in dem wir uns bewegen und in den wir uns zugleich einordnen. Die Tatsache, daß derartige Raumbegriffe vielfach völkisch mißbraucht wurden, sollte uns nicht davon abhal-

5 Zur traditionellen Ästhetisierung der Landschaft vgl. Werner Flach, »Landschaft. Die Fundamente der Landschaftsvorstellung«, in: Manfred Smuda 1986, S. 11 ff. Der Herausgeber geht über diesen engen Ansatz hinaus, indem er auf eine breitangelegte ästhetische Wahrnehmung zurückgeht und dabei nicht nur Husserl, Gurwitsch und Merleau-Ponty, sondern ebenso Autoren wie Lipps und Simmel heranzieht. Vgl. S. 44 ff.

ten, sie gezielt zu verwenden, wie auch ökologische Autoren es tun. Husserl selbst spricht mitunter von *Lebensumwelt* und nähert sich damit der Umwelttheorie eines Jakob von Uexküll. Ich selbst halte mich im folgenden an Leitideen wie Lebenswelt, Leib, gelebter Raum und gelebte Zeit sowie Aisthesis, Kinesis und Pathos, die der Erfahrung ihre konkrete Gestalt geben. In meiner 1985 erschienenen programmatischen Schrift *In den Netzen der Lebenswelt* gebe ich der Landschaft ihren leibhaftigen Platz, indem ich mich ihr in »Gängen durch die Landschaft« nähere. Der geläufige Seitenblick auf die Landschaftsmalerei hat zur Folge, daß unter den Sinnen der Gesichtssinn besonders zum Zuge kommt. All dies ließe sich jedoch ergänzen durch Berücksichtigung des gesamten Sensoriums, also auch der Hör- und Geruchslandschaft. Landschaften bilden sich synästhetisch und kinästhetisch, und ihre konkrete Darstellung führt in eine transästhetische Dimension wie in den Landscape Plays von Heiner Goebbels, die von einem Medium ins andere überspringen.

Die Landschaftskonzeption, die sich vor diesem Hintergrund abzeichnet, beruht auf einer Reihe genereller und grundlegender Voraussetzungen.

1. Die Landschaft ist *singulär*; sie gehört zu den »großen Individuen der Erde« (siehe *Historisches Wörterbuch*, Bd. 5, Sp. 13). Die Landschaft ist somit weder partikulär als bloßer Teil eines Ganzen noch universell im Sinne eines umfassenden Ganzen, vielmehr gleicht sie einem Kunstwerk darin, daß sie eine eigenartige Gestalt, einen eigentümlichen Stil oder, wie es häufig heißt, eine eigene Physiognomie aufweist. Das »individuelle Leben des Ortes« nimmt eine erotische Färbung an, wenn – wie bei dem Erzähler in Prousts *Recherche* – der tiefe Glaube an seine »Originalität« die Reize der Natur mit dem Verlangen nach einer Frau zu einer einzigen Liebeslandschaft verschmelzen läßt (*Recherche*, I, 154, dt. I, 229 f.). Letzten Endes enthält jede Landschaft, auch die »Umgebung« von Gelsenkirchen oder Bottrop, einen Funken Originalität. Das Rheintal ist mehr als eine bloße Flußlandschaft unter anderen, ähnlich die Moränenlandschaft zu den Füßen der bayerischen Alpen, ganz zu schweigen von der Singularität ausgeprägter Stadtbilder wie jener von Paris, Berlin, New York oder Kyoto. Selbst das Wort ›Erde‹ ist, unabhängig von deren mythischer Personifizierung, der Name eines Planeten, kein allgemeines Begriffswort. Singularität schließt

Vergleiche nicht aus, doch Komparative wie »schöner als…«, wie ihn das oben erwähnte ostpreußische Mädchen gebraucht, sind nur begrenzt zulässig.

2. Die Ordnung und Anordnung, aus der eine Landschaft erwächst, ist *kontingent*; sie könnte jeweils auch anders sein. Den Möglichkeitssinn nimmt sie ebenso in Anspruch wie den Wirklichkeitssinn, so wenn Italo Calvino, der Autor von *Le città invisibili*, den bekannten Städten unsichtbare Phantasiestädte an die Seite stellt. Superlative, die eine Landschaft zur »schönsten« erklären, stoßen damit an ihre Grenzen. Ideallandschaften wie Vergils bukolisches Arkadien sind idealisierte und idealisch verdichtete Landschaften, keine höheren Wirklichkeiten, und selbst Idealisierungen treten im Plural auf. Die Kontingenz zeigt sich auch in interkulturellen Spielarten der Malerei. François Jullien bezweifelt, daß die chinesische »Berg-Wasser-Malerei«, die nicht einen »Winkel der Welt« malt, sondern Berge und Wasser als Komponenten der Welt begreift und den Betrachter in dieses lebendige Wechselspiel einbezieht, noch im westlichen Sinne als Landschaftsmalerei zu verstehen ist.[6]

3. Die Landschaft ist *alltäglich* und *natürlich* im Sinne dessen, was wir unter natürlicher Sprache und Alltagssprache verstehen und was Husserl als natürliche Einstellung bezeichnet. Darin unterscheidet sich die Alltagslandschaft von Sonder- oder Berufswelten wie Werkgelände, Forstrevier, Forschungsstätte, Verwaltungsbezirk, Rechtsgebiet oder Gartenschau, die jeweils spezielle Kompetenzen und Regelungen voraussetzen, darunter Ackerbau- und Bergbautechniken oder bürgerliche Eigentumsrechte. Dies besagt keineswegs, daß die Landschaft von zivilisatorischen Einflüssen und Eingriffen unberührt bleibt, im Gegenteil, sie ist nachhaltig von alldem geprägt. Sowenig es reine Naturvölker gibt, so wenig gibt es reine Naturlandschaften. Was wechselt, ist einzig das Verhältnis zur Natur und deren Anteil bei der Prägung der Landschaft. Eben deshalb kann die Landschaft als »Stadtschaft« auf

6 Der Autor weist darauf hin, daß Landschaft auf altchinesisch »Berg-Wasser« (*shan-shui*) oder »Berg(e) und Fluß (Flüsse)« (*shan-chuan*) und Landschaftsmalerei demgemäß auch heute noch *shan-shui-hua* heißt. Vgl. *Das große Bild hat keine Form* (2005), hier S. 150f., im gleichen Sinne äußert sich Mathias Obert, *Welt als Bild* (2007), hier S. 51, 206.

Stadtgebiete übergreifen.[7] Umgekehrt kann sich auf dem Gelände stillgelegter Industrieanlagen wie der Essener Zeche Zollverein eine »Industrienatur« ausbreiten; die Natur kehrt zurück, aber als technisch imprägnierte, zweite Natur. Generell erhält die Landschaft ihre konkrete Gestalt dadurch, daß sich in ihr Sinngestalten, Regelstrukturen und affektive Kräfte verkörpern und daß ihre Raumvorgaben sich im habituellen Verhalten der Bewohner ausprägen. So lebte die Bevölkerung des Ruhrgebiets über lange Zeit hin einfach in einem ›Kohlerevier‹, obwohl der Kohleabbau seinerseits durch Technik, Ökonomie und Politik bestimmt war. Für die Bevölkerung, die auf dem Land lebt, gilt seit eh und je ähnliches. Die Tatsache, daß der ›Wilde‹ in der Antike als *agrios* oder *silvestris* (davon *sauvage*, *savage*) bezeichnet und derart mit Acker und Wald in Verbindung gebracht wird, gehört zu den Kontrastbildern der Zivilisation, nicht zu irgendwelchen natürlichen Urbildern.

4. Die Landschaft umgibt uns, sie hat einen *umweltlichen* Charakter. Umgebung, Ambiente, Milieu oder Umwelt verschränken sich mit dem Dasein als einem In-sein im Sinne Heideggers. Dem In-der-Welt-sein, das im Mutterleib beginnt, entspricht ein In-der-Landschaft-sein, also eine innere Zugehörigkeit der Bewohner oder umgekehrt eine Nicht-Zugehörigkeit im Sinne der Fremdheit. Die Landschaft ist *um uns*, bevor sie *vor uns*, vor unserem Blick auftaucht. Umsicht oder Rundumsicht setzen früher ein als die Frontalsicht. Der Blick *auf* die Landschaft entspringt der Situierung *in* der Landschaft, und dem Sehen der Stadt geht ein »Sehen in Städten« voraus.[8] Die ästhetische Visualisierung, die aus der gelebten Landschaft ein geschautes Landschaftsbild macht, durchläuft eine Genealogie, die nicht ihrerseits rein ästhetisch zu verstehen ist.

5. Landschaft hat etwas *Außeralltägliches*, etwas von einem »Ausnahmezustand« (vgl. Katalog, S. 257 ff.), sofern sie die Grenzen der

7 Diesen Ausdruck benutzt Walter Benjamin, wenn er im Anschluß an Proust davon spricht, daß sich das alte romantische Landschaftsgefühl zersetzt und daraus eine »neue romantische Ansicht der Landschaft entsteht, die vielmehr eine Stadtschaft zu sein scheint« (*Passagen-Werk*, Bd. I, S. 530). Zur Phänomenologie der Großstadterfahrung vgl. vom Verf., *Der Stachel des Fremden* (1990), Kap. 15.

8 Vgl. den Beitrag von Angeli Jahnsen »Zum Sehen von Städten und Bildern« in dem von Silke von Berswordt-Wallrabe und Volker Rattemeyer herausgegebenen Ausstellungskatalog, im folgenden zitiert als »Katalog«: *Weltsichten. Landschaft in der Kunst seit dem 17. Jahrhundert* (2010), S. 136.

normalen Sinn- und Nutzordnungen übersteigt. Landschaftserfahrung geht zurück auf etwas, das ins Auge fällt und ins Bild kommt, das aber nicht im Augenschein und in der Bildlichkeit aufgeht. Enthielte die Landschaft nicht selbst bereits Überschüsse an Formkraft, die der künstlerischen Gestaltung entgegenkommen, so hinge diese in der Luft eines bloßen schönen Scheins. Dennoch bleibt zu fragen, wie der Übergang vom alltäglichen Leben *in der Landschaft* zur künstlerischen Darstellung *der Landschaft* vor sich geht. Auch wenn der Landschaft ein künstlerisches Potential innewohnt und sie bereits ein typisches ›Gesicht‹ zeigt, so liegt doch zwischen den Vorprägungen der Alltagslandschaft und den Erfindungen der Landschaftskunst ein Sprung.

4. Im Dickicht der Landschaft

Landschaft als räumliche Konfiguration bedeutet alles andere als eine Ansammlung diskreter Elemente. Sie gleicht einem Dickicht, das nach einer »dichten Beschreibung« verlangt, wie Clifford Geertz sie in die ethnographische Feldarbeit eingeführt hat. Für einen Einstieg in diese verwickelte Problematik bieten sich zwei Autoren an, die in der Nachfolge Husserls stehen und der Lebenswelt ausdrücklich einen Landschaftscharakter zuschreiben.

Der erste Autor ist der medizinische Anthropologe Erwin Straus mit seinem erstmals 1936 erschienenen Werk *Vom Sinn der Sinne* (1956). Der Autor gehört zu den Emigranten, die durch ihre Lehre am Black Mountain College in North Carolina der künstlerischen Avantgarde Amerikas wichtige Anregungen gegeben haben. Er unterscheidet zwei Formen der Räumlichkeit, einen *landschaftlichen* Raum des Empfindens und einen *geographischen* Raum des Wahrnehmens. »In der Landschaft sind wir von einem Horizont umschlossen; so weit wir wandern, der Horizont wandert stets mit uns. [...] Der geographische Raum aber ist ein geschlossener und insofern ein in seiner ganzen Struktur durchsichtiger Raum.« (S. 335) Letzterer erlaubt es uns, nicht nur von einem Ort zum nächsten zu wandern, sondern nach Plan zu reisen. Elefanten, die schon zu Goethes Zeiten als Schauobjekte auf Reisen geschickt wurden, reisen nicht, wie Straus bemerkt: »Ein Elefant reist nicht von Berlin nach Rom«, und auch Zugvögel reisen nicht (S. 337).

Die Entgegensetzung von Landschaft und Geographie scheint zwar allzu schroff, da das Sichbefinden am Ort und das Einnehmen einer Raumstelle sich ineinanderschieben; der Doppelheit eines Leibkörpers entspricht die Polarität eines Ortsraumes, wie ich in dem schon erwähnten Buch *Ortsverschiebungen, Zeitverschiebungen* zu zeigen versuche. Dennoch liefert Straus mit seiner Unterscheidung wichtige Bausteine zu einer nicht-cartesianischen Raumtheorie.

Der andere Autor ist der französische Phänomenologe Merleau-Ponty. Seine 1945 erschienene *Phénoménologie de la perception* bezieht sich im Kontext der Raumproblematik mehrfach auf Erwin Straus. In dem Kapitel »Die natürliche Welt« stößt der Autor auf den geradezu widersprüchlich scheinenden Sachverhalt, daß wir uns zwar *hier und jetzt* an einem bestimmten Ort des Präsenzfeldes befinden, doch auf gewisse Weise *überall* sind, da uns die Welt im Ganzen offensteht. So heißt es dann (1945, S. 382, dt. 382):

> Die Landschaft, die mir vor Augen liegt, kündigt mir wohl die Gestalt derjenigen an, die hinter jenem Hügel gelegen ist, doch nur in einem gewissen Grade der Unbestimmtheit: hier sind Felder, dort vielleicht Wälder, und jedenfalls weiß ich von der Gegend hinter dem nächsten Horizont allein, daß dort Land oder See ist, ferner jenseits offenes Meer oder Eismeer, ferner jenseits noch der Bereich der Erde oder Luft, und von den Grenzen der irdischen Atmosphäre weiß ich allein, daß überhaupt etwas wahrzunehmen sein muß, von jenen Fernen ist mir bloß ein abstrakter Stil gegeben.

Anders als so manch älterer deutscher Autor neigt der Pariser Phänomenologe nicht dazu, das Land gegen die große Stadt auszuspielen. So erwähnt er im gleichen Atemzug eine Stadt wie Chartres, die unversehens vor dem Autofahrer auftaucht wie eine reale Fata Morgana und doch mit all den Ansichten und Abschattungen verschmilzt, die diesen Anblick vorbereitet haben. Die Welt, in der verschiedene Landschaften sich verketten und überdecken, fungiert als »Horizont aller Horizonte«, als »Stil aller Stile«, aber eben doch als Horizont und Stil und nicht als Idee oder als Superrealität. Sie ist immer nur *mit da*, gleich der hiesigen Landschaft.

Würde unsere Beschreibung auf diese Weise fortfahren, so würden wir bei Proust oder Cézanne enden. Tatsächlich verdeutlicht Merleau-Ponty die Mitgegenwart der Landschaft unter Berufung auf Cézanne: »Betrachte ich das schimmernde Grün einer Vase von Cézanne, so läßt es mich nicht *denken* an die Keramik, sondern macht sie mir gegenwärtig, sie ist da, mit ihrer dünnen, glatten Schale und ihrem porösen Inneren, in der eigentümlichen Modulationsweise dieses Grüns.« (1945, S. 380, dt. 381) Erwin Straus geht einen Schritt weiter, indem er sich ausdrücklich auf die Landschaftsmalerei bezieht, die zur Darstellung bringt, was sich der gegenständlichen Erfassung entzieht; denn »sie macht das Unsichtbare sichtbar, aber als ein Entrücktes. Die großen Landschaften haben alle einen visionären Charakter.« (1956, S. 340) Merleau-Ponty nähert sich dieser Sichtweise, indem er in seinem Spätwerk *Le visible et l'invisible* die noch allzusehr dem Subjektiven verhaftete Perzeption durch die Vision ersetzt, das heißt durch ein Ereignis des Sichtbarwerdens, das auch der Maler nicht völlig in der Hand hat. Doch dies sind Andeutungen, die nach gründlicher Ausarbeitung verlangen.[9]

5. Landmarken

Es lassen sich eine Reihe von Landmarken angeben, die uns die vielfältigen Strukturen und Aspekte der Landschaft entschlüsseln helfen, ohne daß wir den Boden der Landschaft aus den Augen und unter den Füßen verlieren. Die Verortung in der Landschaft antwortet auf die Frage *Wo?* und eng verbunden damit auf die Frage *Wann?*, noch bevor sich mit der altvertrauten Wesensfrage *Was?* und der modernen Frage *Wer?* Objekt und Subjekt in den Vordergrund drängen. Alle Aspekte, die im folgenden zur Sprache kommen, sind auf diesen Ortskern und auf Prozesse der Situierung, Lokalisierung und Temporalisierung zurückzubeziehen. Daraus ergibt sich eine »elementare Topik« (vgl. Sommer 2002, Kap. 7), die aus der Genesis räumlicher Ordnungen hervorgeht, ohne daß sie auf spezielle Raumordnungen zurückzuführen ist. Allerdings sind Spuren solcher Ordnungen allgegenwärtig in Form von Landschaftspflege, Bauweise, Verkehrssystem, Nachrichtenwesen, Landschaftsökonomie, Landschaftspolitik und Landschaftsarchitektur. Unsere Beschreibungen verfolgen zugleich eine kritische Perspektive. Der kritische Akzent liegt einerseits auf der Abwehr eines Ästhetizis-

9 Verwiesen sei auf den von Antje Kapust und mir herausgegebenen Band *Kunst. Bild. Wahrnehmung. Blick. Merleau-Ponty zum Hundertsten* (2010).

mus, der die elementaren Gestalten der Landschaftserfahrung überspringt, andererseits auf der Abwehr eines Konstruktivismus, der sie durch Konstrukte ersetzt.

Hier und Dort

Wo bin ich? Ich bin hier. Das Hier ist der Nullpunkt für ein Netz von Orientierungen. Das Hier verweist auf mögliche Dorts, also auf Orte, wo ich selbst war oder sein könnte oder wo andere sind und sein könnten. Im Hier öffnen sich zeitliche und soziale Horizonte. Wäre ich nur hier, so wäre ich nicht einmal hier, sondern an einer beliebigen Raumstelle, die mir von außen zugewiesen würde. Das Hier-Sagen setzt eine minimale Differenz voraus zwischen dem Hier des Sagens und dem Hier des Gesagten, und es setzt darüber hinaus jemanden voraus, dem man das ›Hier-Sein‹ zuspricht, und sei es der Sprecher selbst. Ähnliches gilt für das Zeigen und bildliche Darstellen. Wer hier ist, ist zugleich anderswo.

Was nun die Landschaft angeht, so schwankt sie zwischen der Enge einer Situation und der Offenheit eines Weltalls. Im Rahmen der Landschaft erweitert sich das leibhaftige Hier zu einem Zeit-Raum von wechselnder Ausdehnung. Der Bezug zum Hier kann sich lockern; doch wird das Band, das uns mit dem Hier verbindet, zerschnitten, so verwandelt sich die Landschaft in einen homogenen Behälter und eine homogene Raumfläche, worin es nur noch austauschbare Raumpunkte gibt. Das Hiersein ist seinerseits nicht ungefährdet. Es kann sich aufspalten in ein Ortsgefühl ohne Raumwissen und in ein Raumwissen ohne Ortsgefühl, wie bei zwei Patienten, von denen der eine, ein Paralytiker, in Beantwortung der Frage »Wo bist du?« stumm auf die Stelle weist, an der er gerade steht, während der andere, ein Schizophrener, versichert, er wisse, wo er sei, fühle sich aber nicht dort (Minkowski 1972, Bd. II, S. 110). Ähnlich ergeht es einer Patientin, die durchaus weiß, daß der Kilimandscharo von Tansania aus zu besteigen ist, sich aber infolge einer Beeinträchtigung des episodischen Altgedächtnisses nicht mehr daran erinnert, daß sie selbst einmal den Berg bestiegen hat (Markowitsch 2002, S. 128 f.). Ähnliche Polarisierungen begegnen uns immer wieder, auch als Schwächung der Alltagsorientierung, mit ihnen lassen sich künstlerische Experimente anstellen.

Wege führen von hier nach dort, von dort nach hier. Der Paläontologe André Leroi-Gourhan unterscheidet generell zwischen einem *dynamischen* Raum, den man auf bestimmten Bahnen durchquert, und einem *statischen* Raum, der auf die kreisförmige Vereinigung von Himmel und Erde am Horizont ausgerichtet ist. Damit verbindet er zwei Arten von Wahrnehmung, von denen die erste für Jäger und Sammler beziehungsweise für Vögel typisch ist, die zweite für seßhafte Bauern beziehungsweise für Landtiere (Leroi-Gourhan 1984, S. 402-405).

Den Raum zu durchqueren besagt, daß wir den Raum entdekken, indem wir Raum bilden. Selbst wenn wir uns auf Raumnetze und Wegkarten verlassen, bedeutet der leiblich erfahrene Raum mehr als ein leeres Schema, das mit Raumdaten gefüllt wird. Setzen wir Navigationsgeräte ein, so zeichnen diese im strengen Sinne keine Wege auf, sondern vielmehr Strecken von meßbarer Länge und wechselnder Ausrichtung. Wege werden dagegen im Zuge der Bewegung gebahnt, ertastet und erprobt. »Pfade in Utopia« sind Entdeckungsreisen, die man nicht buchen kann. Kolumbus ist mit seinen Schiffsgenossen nicht nach Amerika gereist, er ist an einen Ort gelangt, der nachträglich diesen Namen erhielt. Wege, die er-gangen und er-fahren werden, laufen zwar in eine bestimmte Richtung, aber sie haben, gleich dem im Schneefeld sich verlaufenden *Weg* des russischen Malers Ilja E. Repin (Katalog, S. 93), nicht vorweg schon ein markiertes Ziel. Von Lichtenberg stammt die spöttische Bemerkung: »Sehr viele Menschen und vielleicht die meisten Menschen müssen, um etwas zu finden, erst wissen, daß es da ist.« (*Schriften*, I, 752) Dieser Satz ließe sich umformen in den Satz: »Sehr viele Menschen müssen, um irgendwohin zu gelangen, schon da gewesen sein.«

In der Landschaft gibt es keine festen Ausgangs- und Zielorte, wie sie in einem Verkehrsnetz vorgezeichnet sind. Stattdessen stößt man auf *Hindernisse*, die sich teils von Natur aus in den Weg stellen wie etwa Berge, Flüsse und unwegsame Sümpfe, die teils künstlich errichtet werden wie Straßensperren oder Schutzwälle. Hindernisse lassen sich überbrücken, und Brücken können ihrerseits zum Zentrum einer Brückenlandschaft werden wie die Neckarbrücke in Hölderlins Gedicht *Heidelberg*, die »von Wagen und Menschen tönt«, oder wie die Brücke über die Drina in dem großen Roman von Ivan Andrić. In jedem Fall bedeutet ein Weg durch die Landschaft etwas anderes als die kürzeste Verbindung zwischen zwei Raumpunkten, bei der am Ende die gerade Linie obsiegt. Eine völlige Begradigung der Wege liefe auf eine Reißbrettlandschaft hinaus, die frei wäre von Überraschungen. Selbst schnurgerade Alleen, wie wir sie aus dem Flachland und von Landschaftsbildern wie denen von Hobbema kennen, behalten im Blickverlauf ihre räumliche Gestalt, da sich die Baumreihen mit zunehmender Entfernung einander annähern. Der Blick eilt den Füßen des Wanderers oder den Rädern des Gefährts voraus, ohne sie hinter sich zu lassen. Die Landschaft zwingt zur Verlangsamung, eben deshalb ist man unterwegs, *chemin faisant*, *on the road*, und der Blick wandert mit. Die Wege der Landschaft haben stets etwas von Umwegen, von krummen Wegen: »Krumme Linie – Sieg der freyen Natur über die Regel.« (Novalis 1960, S. 257) Michel Serres erinnert an das Zickzack der Flugbahn, auf der die Fliege den Raum durchmißt, indem sie Lokales mit Globalem verquickt und Ferne in der Nähe sucht (2005, S. 96).

Schließlich können Wege sich kreuzen. *Kreuzungen* sind Treffpunkte, aber auch Orte der Entscheidung. Herakles am Scheideweg steht vor der Frage: Hierhin oder dorthin? Darin zeigt sich, wie Orts- und Raumbestimmungen symbolisch überbestimmt sind (vgl. »Das Symbol des Weges«, in Snell 1995). Metropolen wie Paris lassen sich dadurch definieren, daß kein Weg an ihnen vorbeiführt. Der Zentralismus eines Landes wie Frankreich ist bereits am Verkehrsnetz abzulesen.

Bewegungsarten

In Anlehnung an Kant stellt sich die Frage: Was heißt sich in der Landschaft orientieren? Mit der Angabe bloßer Richtungsunterschiede ist es nicht getan. Schon die Ausrichtung nach dem Ort des Sonnenaufgangs ist mehr als ein mathematisches Rechenexempel. Die Sonne geht zu unserer Rechten auf, wenn wir nach Norden schauen, zu unserer Linken, sobald wir uns umdrehen. Sie nähert sich dem Zenit, sie läßt Schattenzonen zurück. Für unseren irdischen Blick geht sie nach der kopernikanischen Kehre weiterhin auf und unter. Solange wir nicht den Boden unter den Füßen verlieren, partizipiert die Bewegung der Sonne, so wie wir sie erfahren, an unserer leiblichen Bewegung, die sich auf der Erde abspielt. Selbst wenn Luft- und Raumfahrer die »Ur-Arche« Erde verlassen, bleibt sie Ausgangsort, Bezugsort und möglicher Landeort. Der bindungslose Blick von nirgendwo her ist ein idealisierter oder ein konstruierter Blick. »Die Ur-Arche Erde bewegt sich nicht«, so heißt es in einem wichtigen Nachlaßtext von Husserl.[10] Paul Virilio, der sich wie so manch anderer Autor auf diesen Text bezieht, spricht in diesem Zusammenhang von einem »Sehverlust«, der einem »Erdverlust« entspringt (1996, S. 52).

Bleiben wir auf dem Boden irdischer Landschaften, so begegnen wir qualitativ verschiedenen Bewegungsarten, an denen unser Leib und mit ihm die Dinge auf wechselnde Art beteiligt sind. Schon die Wende nach *rechts* und die nach *links* sind nicht völlig austauschbar. Von dem Bedeutungsreichtum der Rechts-Links-Differenz, der von der Lokalisierung der Körperorgane, der Funktion der Hirnhälften und dem Gebrauch der Hände über die Ausrichtung der Schrift und den Rechts- und Linksverkehr bis zur politischen, moralischen und religiösen Symbolik reicht, sehe ich hier ab. Die Orientierung im Landschaftsraum ist von diesen Faktoren mit geprägt, doch hat sie eine Eigenqualität. Landschaften erschließen sich auf verschiedene Weise je nachdem, welche Geh- und Sehgewohnheiten im Spiel sind.

Nehmen wir ein Beispiel aus der Literatur. Für den Erzähler von Prousts *Recherche* zerteilt sich die Umgebung des kindlichen Ferienorts Combray in zwei Gegenden, wörtlich: in zwei »Seiten«, die bei jedem Sonntagsspaziergang zur Wahl nötigten, da sie voneinander getrennt waren wie unsere beiden Gehirnhälften. Man machte sich von zwei verschiedenen Pforten des Hauses aus auf den Weg und schlug entgegensetzte Richtungen ein; entweder spazierte man *du côté de Méséglise*, in eine ideale Ebene, Wohnsitz des Hausfreundes Swann und seiner Tochter Gilberte, oder man spazierte *du côté de Guermantes*, in eine ideale Flußlandschaft, bewohnt von der unerreichbar fernen Gräfin (*Recherche*, I, 132f., dt. I, 196f.). Diese Doppellandschaft der Kindheit weitet sich im Laufe der Erzählung aus zu einer Doppellandschaft des Romans, die den Leser mehr und mehr gefangen nimmt (vgl. Warning 2000, S. 213-267).

10 Vgl. Grundlegende Untersuchungen zum phänomenologischen Ursprung der Räumlichkeit der Natur«, Nachlaßtext von 1934, wiederabgedruckt in: Dünne, Günzel 2006, S. 153-164.

Die wechselnde Ausrichtung nach rechts und links, die dieses literarische Exempel uns vor Augen führt, nimmt ähnlich wie die Auszeichnung der rechten und der linken Hand eine dauerhafte Form an, wenn man eine gewöhnliche Landkarte zur Hand nimmt, in der die körperlichen Richtungsdifferenzen durch die Zuordnung zu den Himmelsrichtungen (rechts geht es nach Osten, links nach Westen) und durch die zugehörige Beschriftung gleichsam institutionalisiert sind (vgl. Sommer 2002, S. 248). Bei der Betrachtung von Landschaftsbildern kommt eine teils sachbezogene, teils formale Blickführung hinzu, die in gewissem Umfang von der eingewöhnten Schreib- und Leserichtung mitbestimmt ist. Die qualitativen Veränderungen, die eine Seitenvertauschung hervorruft und die dazu führen, daß wir in solchen Fällen nicht einfach nur dasselbe anders, sondern auch anderes sehen, fallen bei spiegelverkehrten Darstellungen besonders ins Auge. Dies betrifft auch die bildliche Erschließung einer Landschaft, die man im Bilde betritt.

Gehen wir über zur Bewegung *vor* und *zurück*, so nimmt die Heterogenität und Asymmetrie zu. Landschaften, die wir durchwandern oder durchfahren, erschließen sich im Rückblick anders als im Vorblick, nicht nur weil Wiederholungseffekte die Wahrnehmung steigern oder abschwächen, sondern weil die Wahrnehmungskontexte sich ändern. Ein Haus, das anfangs vor der Brücke stand, taucht nun hinter der Brücke auf. Es ergeben sich andere Akzente und andere Bezüge. Am Ende ist man nicht sicher, ob man diesen Weg wirklich schon einmal in umgekehrter Richtung gegangen ist. Die Identität des Gesehenen wird brüchig wie bei einem Menschen, den wir anders auf uns zukommen als von uns weggehen sehen. So zerteilt sich für den kindlichen Blick eines Fünfjährigen die Lokomotive je nachdem, ob sie vor- oder zurückfährt, in eine »Vorwärtslok« und eine »Rückwärtslok«. Solche Differenzen schwächen sich ab, je mehr das Sehen sich, mit Max Imdahl zu reden, in ein wiedererkennendes Sehen verwandelt, das uns immer wieder nahezu dasselbe sehen läßt. Die Rettung gegen ein Überhandnehmen der Normalität liegt in diesem ›nahezu‹, mit dem sich ein Türspalt öffnet. Schließlich handelt es sich bei der Rückwärtsbewegung schon deshalb um keine pure Gegenbewegung wie bei einem rückwärts abgespulten Tonband oder Film, weil man *sich selbst umdreht*. Eine umgekehrte Erfahrung ist nicht zu verwechseln mit einer Vorzeichenänderung, die das, was in der Klammer steht, unverändert läßt.

Bei der Bewegung *aufwärts* und *abwärts*, die für uns Menschen nicht ohne den aufrechten Gang zu denken ist, nimmt die Alterierung der Bewegung zu. Sowenig Vor- und Rückbewegung auf bloße Richtungsunterschiede zurückzuführen sind, sowenig lassen Aufstieg und Abstieg sich auf bloße Höhenunterschiede reduzieren. Beim Aufstieg nimmt die körperliche Kraftanstrengung zu, da die eigene Schwerkraft mit zu bewältigen ist; beim Abstieg werden Bremsenergien eingesetzt, um ein Ausgleiten zu verhindern; außerdem können Schwindelgefühle auftreten, wenn es abwärts geht. Der Abstieg kann sich bis zum Absturz steigern, der ins Abgründige führt. Dazu Erwin Straus (1956, S. 270):

> Kein stetiger Übergang führt von der Höhe zur Tiefe. Kein Weg verbindet das Hier mit dem Dort. Ja, es gibt eigentlich kein Hier und Dort mehr. Die Tiefe, aber auch die Höhe, die Weite sind das schlechthin Andere. Eben damit verwandelt sich auch die Stelle, an der der Schwindlige steht. Sie ist kein festes Hier mehr. Der Schwindlige verliert seinen Halt …

Beim Fallschirmabsprung aus großer Höhe, der den Blick des Springers in einen »Blickfall« hineinreißt, ist es am Ende der Boden, der auf den Fallenden zustürzt und der gleichsam zu bersten scheint.[11]

Auch in der Malerei begegnet uns das Bestürzende einer Fallbewegung, die alles mit sich reißt. So verwandelt der *Höllensturz* von Rubens die vertraute Landschaft in eine imaginäre Unterwelt. Die Aufwärts- und Abwärtsbewegung ist in unserem Leib verankert, aber sie geht mit dem Auf und Ab der Dinge Hand in Hand. Dabei ist schon die Vertikale, die uns in unserer Umwelt auf Schritt und Tritt begegnet, nichts Einheitliches. In Cézannes von Bäumen skandierten Landschaftsbildern neigt sich die Bildachse in der Regel ein wenig nach links, so daß eine leichte Bewegung entsteht und eine Beunruhigung aufkommt, in der die Ruhe allererst fühlbar wird. Ruhe, die als Ruhe erfahren wird, besteht ja nicht darin, daß etwas sich nicht bewegt, sondern darin, daß eine Bewegung an sich hält oder zur Ruhe kommt. Die Frage, ob Cézanne unter einer Sehstörung litt, ist von der Bildlogik her betrachtet müßig. Ein weiteres Beispiel: in dem *Wald* von Jan Wawryzniak (Katalog, S. 213) reihen sich Baumstämme aneinander wie in einem Strich-

11 Vgl. M. Dufourneaux, *L'attrait du vide*, zitiert nach Virilio, 1996, S. 46f.

muster. »Die Topologie des Waldes, die weder Rechteck noch Senkrechte kennt, ähnelt in nichts der Metrik des Hauses.« (Serres 2005, S. 70) Die Kompositionsskizzen des Malers liefern Fingerzeige, keine Ausführungsbestimmungen. Gemalte Dinge sind niemals ganz richtig gemalt, als wären sie geometrische Gebilde.

Tempi

Bewegungen, mit denen wir den Raum durchqueren, erreichen ein verschiedenes Tempo, das sich auf die Landschaftswahrnehmung auswirkt. Die Topologie verbindet sich mit einer Dromologie im Sinne Paul Virilios, deren Entwicklungsstufen von den verfügbaren Fortbewegungstechniken abhängen. Die Fortbewegung reicht vom Andante des Fußgängers bis zur beschleunigten Mobilität des Läufers und Radfahrers, vom gemächlichen Bewegungsfluß des Schiffsverkehrs bis zur explodierenden Geschwindigkeit von Autos, Zügen und Flugzeugen, und sie findet in der Lichtgeschwindigkeit ihren Meister. Die Geschwindigkeit steigert sich bis zur Fluchtgeschwindigkeit, wenn die Lokomotion einer Telepräsenz nachjagt. Virilio äußert die Befürchtung, »daß beim Menschen, der in einer Umwelt lebt, die sowohl ihres Horizonts als auch ihrer optischen Dichte beraubt ist, von nun an ein tiefgreifendes Gefühl des Eingesperrtseins entsteht« (Virilio 1996, S. 62 f.).

Warnungen können Gegenkräfte wecken, doch den besten Widerstand gegen Horrorvisionen bietet eine differenzierte Sicht- und Umgangsweise. Es besteht kein Grund, die Langsamkeit des Fußmarschs zu vergöttern. Alltägliche Besorgungsgänge lassen wenig Platz für die Träumereien eines *promeneur solitaire*, ganz zu schweigen von militärischen Feldeinsätzen oder von dem Todesmarsch des armenischen Volkes durch die Wüste. Der vielberufene Flaneur ist ein Sonderling, ein Müßiggänger, der – wenn es gut geht – seine Muße in Nachdenklichkeit oder in künstlerische Entdeckungen umsetzt. Die Geschwindigkeit ist ihrerseits ambivalent. Man kann sie suchen, weil man mit der Zeit geizt, man kann ihr aber auch einen eigenen Reiz abgewinnen, der sich bis zum Geschwindigkeitsrausch steigert.

Bei der Eisenbahnfahrt erreicht die Geschwindigkeit eine eigene Ambivalenz. Mehr oder weniger ungestört sitzt man allein oder mit anderen ruhig in seinem Zugabteil, doch die Landschaft, die am Zugfenster vorbeigleitet, hat es eilig, als sei sie es, die sich fortbewegt. Wenn der Blick nicht an Einzelheiten hängenbleibt und sich gleichsam mit Großaufnahmen begnügt, ergeben sich Landschaftsbilder von einer eigentümlichen Rhythmik. Man steht nicht vor der Landschaft, sondern fährt durch sie hindurch, und dieses Hindurch hat eine besondere Qualität. Wolfgang Schivelbusch beschreibt in seiner *Geschichte der Eisenbahnreise* (1979), gestützt auf frühe Zeugnisse wie die Heines oder Ruskins, die Abenteuer eines neuartigen »panoramatischen Reisens« und verzeichnet dabei mit aller Akkuratesse sowohl die drohende »Pathologie der Eisenbahnreise« als auch deren Erfahrungsgewinne. Rainer Schönhammer setzt diese Betrachtung in seiner Schrift *In Bewegung* (1991) fort unter einer phänomenologischen Perspektive. Für Flugreisen wäre eine andere Rechnung aufzumachen. Wenn die Sicht nicht durch Wolkenmeere versperrt ist, fährt man zwar nicht durch die Landschaft, doch man gleitet über sie hinweg in einer Ferne, die eine Langzeitsicht gestattet, indem sie den schnellen Flug der langsamen Gangart annähert. Der Wolkenbildner Gerhard Lang lädt mit seinen Photoaufnahmen zu ausgiebigen Wolkenreisen ein.

Nähe und Ferne

Die Landschaft, die wir gemächlich oder in Windeseile durchmessen, teilt sich auf in einen *Nahraum* und einen *Fernraum.* Dies entspricht einem Spielraum, dessen Weite sich nach den verfügbaren Fortbewegungstechniken und Verkehrsbedingungen bemißt und nicht nach starren Maßeinheiten. Dies gilt für Fußgänger und Radfahrer ebenso wie für Zug- und Autoreisende, es gilt für Landpartien ebenso wie für Stadtfahrten. Die Rush-hour kann den Nahraum im Handumdrehen in einen Fernraum verwandeln. Die ›Windeseile‹ schrumpft zusammen zum ›Schneckentempo‹; Ausdrücke dieser Art erinnern daran, daß die menschliche Bewegung nicht frei ist von mundanen und animalischen Elementen. Das Motto »Blick auf nach den Sternen, hab acht auf die Gassen« weist hin auf mögliche Konflikte zwischen Nah- und Fernblick, mit denen schon der stolpernde Thales das Lachen der thrakischen Magd erregte. Zudem gibt es eine praktizierte Form von Kurz- und Weitsichtigkeit, die sich nicht durch das Aufsetzen einer Brille beheben läßt. In der Landschaftsmalerei macht sich diese Doppelsichtigkeit bemerkbar, wenn ein Maler wie Breughel den Mittelgrund ausspart und unseren Blick unvermittelt vom Vordergrund in den Hintergrund springen läßt, anders als in der gleitenden Perspektive, bei der die Blickdramatik einer visuellen Epik weicht.

Die Dramatik steigert sich zur *Übernähe*, wenn uns die Dinge förmlich auf den Leib rücken wie in den städtischen Nahaufnahmen des Malers Caillebotte, die den Betrachter in die Rolle eines Gulliver drängen; sie steigert sich zur *Überferne*, wenn sie in eine ungreifbare Ferne entrückt werden, vielfach verstärkt durch ein unnahbares Blau. Die Erschütterung, die aus Pascals Schaudern vor dem Schweigen der »unendlichen Räume« spricht, nähert sich der Erfahrung eines puren Fernraums. Haptische Qualitäten tragen bei zu einem Erfahrungswechsel, der sich nicht säuberlich auf Nah- und Fernsinn aufteilen läßt, wie in traditionellen Sinneslehren angenommen wird. Ferne entspringt auch aus einer minimalen Berührung, die an etwas rührt, ohne es zu ergreifen oder zu umfassen. Die Erschaffung Adams in der Sixtinischen Kapelle offenbart eine nahezu unkörperliche Berührung, bei der ein Funken von Finger zu Finger überspringt. Wir nähern uns kosmo-anthropologischen Erfahrungen, die sich nicht in den Innenraum bloßer Seelenlandschaften verbannen lassen. Auch sogenannte Weltlandschaften sind davon betroffen angesichts der Tatsache, daß sie aus spezifischen Welterfahrungen erwachsen und nicht in bloßen Weltbildern aufgehen.

Die Staffelung des Raumes in Nah- und Fernraum schwindet in der Vogelperspektive, in der eine Raumfläche neben die andere tritt wie auf einem Schachbrett. Doch auch dies ist, wie schon angedeutet, nicht die ganze Wahrheit. Von oben aus dem Flugzeug gesehen entfalten Höhen und Tiefen, Berggipfel und Talsohlen ihrerseits ein eigentümliches Spiel von Nähe und Ferne. Das Überfliegen ist kein reines Darüberfliegen, das alles Gesehene auf eine Fläche projiziert wie in einem planimetrischen Aufriß. Es eröffnet sich eine schräge Perspektive, wie wir sie auch in den Pariser Stadtphotos von André Kertész (Katalog, S. 157 f.) wiederfinden. So ist selbst die Flugerfahrung als eine eigentümliche Landschaftserfahrung zu beschreiben und nicht als bloßes geometrisches Substitut.[12]

12 Vgl. dazu die Seh- und Bildexperimente des Hongkonger Phänomenologen und Photographen Chan-fai Cheung (2009), der dazu eine Reihe eindrucksvoller Flugzeugaufnahmen präsentiert.

Wo beginnt eine Landschaft, wo hört sie auf? Im Gegensatz zu Grundstücken, Ländereien, Stadtgebieten und Territorien haben Landschaften keine festen Grenzen. Dazu schreibt die Dichterin Wisława Szymborska, die selbst aus einem grenzsensiblen Land stammt, in ihrem Gedicht *Psalm* (1980, S. 59):

Wie undicht sind doch die Grenzen menschlicher Staaten!
Wie viele Wolken schwimmen straflos darüber hinweg,
wie viel vom Sand des Wassers rieselt von Land zu Land,
wie viele Bergsteine rollen auf fremden Besitz in provozierendem Aufprall!

Förmliche Grenzen fußen auf gesetzlich garantierten Besitztümern und politischen Hoheitsrechten, und die Präzision der Grenzziehung hängt ab vom Stand der Vermessungstechnik und der verkehrstechnischen Erschließung der Landschaft. In Nordeuropa gab es relativ wilde, unzugängliche Grenzlandschaften, bevor Grenzlinien gezogen und seit dem 15. Jahrhundert durch Grenzsteine markiert wurden (vgl. Warnke 1992). Stößt man heute noch längs der Schwarzwaldhochstraße auf Grenzsteine mit dem Wappen des Herzogtums Württemberg, so sind es nur mehr Gedenksteine von historischer Bedeutung. Flüsse, die das Land zerteilen, und Gebirgskämme, die eine Wasserscheide bilden, gelten als natürliche Grenzen, gänzlich natürlich sind sie nie. Wenn Pascal die Pyrenäen als moralisch bedeutsame Scheidelinie betrachtete oder wenn einst die Parole umging: »Der Rhein, Deutschlands Strom, nicht Deutschlands Grenze«, so äußert sich darin eine Geopolitik, die mit der Geographie zusammengeht, aber nicht zusammenfällt. Die Politik der Grenzen macht vor der Landschaft nicht halt, doch Landschaftsgrenzen sind anders geartet als Landesgrenzen. Aufs Ganze gesehen sind sie flexibler; sie werden nicht eigens gesetzt, sie verschieben sich mit der Zeit je nach Wanderrouten, Verkehrsdichte oder klimatischen Abweichungen und vielem sonst, was unser Leben im Raum prägt.

Landschaftsgrenzen haben teil an der Blickbeschränkung durch *Horizonte*. Diese bilden einen Gesichtskreis, der Sichtbares von Unsichtbarem sondert. Doch die Sonderung vollzieht sich nicht im Ziehen scharfer Grenzen, sondern im Durchlaufen von Übergangszonen, die entstehen, wenn etwas aus dem Unsichtbaren auftaucht oder ins Unsichtbare zurücksinkt. Was unsichtbar *wird*, *ist* nicht unsichtbar; es entzieht sich unserem Blick, bleibt aber beunruhigend. So sehen wir mit dem Sichtbaren auch das »Unsichtliche« (Hua I, 85). Der Blick in die Landschaft ist nicht zu verwechseln mit dem geschärften und einäugigen Blick durch eine Lochkamera. Übergänge bringen es mit sich, daß wir nie völlig auf dieser oder auf jener Seite stehen, so wie für Descartes »ein Fuß in einem Land, der andere in einem anderen« eine glückliche Lage voller Freiheit bedeutet (siehe oben, S. 48). Es gibt visuelle Übergangsobjekte, die mit Nähe und Ferne, mit dem Eigenen und dem Fremden spielen, ähnlich wie die kindlichen Übergangsobjekte, die Donald W. Winnicott auf der Schwelle der frühkindlichen Selbstwerdung ansetzt. Die Landschaft ist ein Land mit ausfransenden Grenzen, mit *fringes*, wie William James die Ränder der Erfahrung nennt.

Die Beweglichkeit der Außengrenzen verleiht der Landschaft wechselnde Konturen. Was die Binnengrenzen betrifft, die mit Wegrainen, Straßengräben und Zäunen beginnen, so schillern sie zwischen *Enge* und *Weite*. Die gelebte Landschaft ist weit entfernt von einem homogenen Gehäuse, sie weitet sich aus und zieht sich zusammen. Dies zeigt sich in den pathologischen Formen einer polaren Topophobie. Alles wird als zu eng oder als zu weit erlebt. Nimmt die Enge in der Nähe überhand, so entsteht eine Klaustrophobie, nimmt die Weite in der Ferne überhand, so droht eine Agoraphobie. Bildliche Äquivalente solcher Raumverformungen finden sich in der Heidelberger Prinzhorn-Sammlung. Die Schrumpfung des Hier ist ebenso pathogen wie seine Verflüchtigung. Dies setzt voraus, daß es diesseits aller räumlichen Kognitionen und Praktiken und aller Raumdaten ein originäres Raumempfinden gibt.

Verwandt damit ist die Polarität von *Offenheit* und *Geschlossenheit*. Holländische Landflächen oder russische Tiefebenen, die sich bis ins Endlose dehnen, und alpine Bergschluchten, die den Blick verstellen, rufen ganz verschiedene Formen eines Raumpathos hervor, wie sie sich in den Landschaftsdarstellungen widerspiegeln. Ähnlich ergeht es uns mit Stadtlandschaften. Da gibt es einerseits Straßenschluchten wie die des New Yorker Wallstreet-Distrikts, andererseits endlos wiederkehrende Wohnsilos, deren Eintönigkeit jede Überraschung im Keim erstickt. Wir spüren, wie der Raum uns umgibt, aufnimmt, einzwängt oder entflieht. Widerfahrnisse, in denen Ort und Raum ihre Wirkung entfalten, reichen weiter und tiefer als jede Ortskenntnis, Raummessung und Raumnutzung. Schließlich weckt ein Übermaß an Offenheit ein Schutzbedürfnis, das Schutzzäune und Festungsmauern entstehen läßt. Anders als Schwellen, die sich zwischen Innen und Außen schieben, die zum Verweilen einladen und auch einen Ort der Gastlichkeit bilden, üben Mauern eine zweischneidige Wirkung aus; wer feindliche Eindringlinge durch Mauern ausschließt, schließt sich selbst in Mauern ein. Damit rühren wir an militärische Aspekte des Raumes, die vom Wandel der Kriegstechnik abhängen. Die drohende Vernichtung aus der Luft hat längst zur Folge, daß Sicherheitsmaßen sich vom Landraum in den Luftraum verlagern. Da man Städte nicht zudecken kann, flieht man in unterirdische Luftschutzräume, wie man sich früher in Fluchtburgen zurückzog. Turners Brand des Londoner Parlamentsgebäudes nimmt sich nun aus wie ein farbiges Menetekel.

Landschaftsdichte

Landschaften sind niemals gläserne Gehäuse und Paläste, durch die der Blick hindurchgleitet, sie sind immer mehr oder weniger opak. Der klare Durchblick, den die Per-spektive verheißt, ist erkauft mit einer Entkörperung des Raumes, mit der Reduktion des gelebten Raumes auf ein Raumskelett. Die materielle Dichte einer Landschaft ist perspektivisch nicht zu fassen. Sie entspricht einer wechselnden *Fülle* und *Leere.* Diese läßt sich zwar nach Einwohnerzahl, Anteil von Wohnfläche und Grünflächen berechnen, doch zunächst äußert sie sich in elementaren Erfahrungen und Erfahrungsstörungen. Jede Landschaft behält etwas Undurchsichtiges, da die Dinge sich wechselseitig im Weg stehen und alles, was sich zeigt, anderes verbirgt. Ein Raum, der jede Tiefe vermissen ließe und gleichsam nur aus Vordergrund bestünde, wäre kein Raum mehr, sondern eine Fläche. Er bliebe bloße Fläche, auch wenn man Linien verkürzt oder verlängert. Ebenso verwandelt der Betrachter sich unter solchen Bedingungen in ein »Flächenwesen« ohne »Tiefenleben«, wie Husserl in Anspielung auf Helmholtz bemerkt (Hua VI, § 32).

Die Bildfläche der kubistischen Malerei, die uns den Blick in die Weite versagt, ist kein bloßes zweidimensionales Gebilde, dem die dritte Dimension fehlt, sondern eine Fläche, die sich selbst vertieft und einen Bildraum schafft, anstatt Tiefe vorzutäuschen. Dies gilt auch für das farblose Weiß des Chinesen Qiu Shihua (Katalog, S. 279) oder für die monochromen Bildtafeln im Eingangsraum der Bochumer »Situation Kunst«, die sich gewissermaßen selbst abschatten. Proust verfremdet auch hier die gewohnte Sicht, indem er auf unalltägliche Weise Alltägliches beschreibt, das auf einem der Sonntagsausflüge ins Umland von Combray seine Aufmerksamkeit weckt. Wie auf vielen Landschaftsgemälden sind es zwei Kirchtürme, die Kirchtürme von Martinville, die im Verein mit einem Nachbarkirchturm den Blick des Erzählers fesseln. Im Rhythmus der Bewegungen, die die Kutsche vollführt, und der Windungen, die der Weg nimmt, tauchen sie am Horizont auf und verschwinden gleich wieder, indem sie in den Strahlen der Abendsonne ein faszinierendes Fort-da-Spiel aufführen. Die Landschaft verwandelt sich vom bloßen Schaustück in ein veritables Schauspiel, das von nicht enden wollenden Überraschungen lebt. Die Kirchtürme zeigen sich und verbergen sich (*Recherche*, I, 178, dt. I, 263).

> Wie ich die Form ihrer Spitzen, die Verschiebung der Linien, die Sonne auf ihrer Oberfläche wahrnahm, wie ich all dies in mir notierte, fühlte ich, daß ich damit meinem Eindruck nicht auf den Grund ging und daß hinter dieser Bewegung, hinter dieser Helligkeit sich etwas befand, das sie zu enthalten und zugleich zu verbergen schien.

Anders gesagt, die Eindrücke bleiben rätselhaft; sie enthalten etwas, das sie uns zugleich vorenthalten. Horizonte geben sich nie völlig preis; wie Husserl bemerkt, haftet ihnen in ihrer Unbestimmtheit etwas an, das »nebelhaft« anmutet (Hua III, 59).

Landschaften, deren Horizonte sich nur allmählich entfalten, sind also mehr oder weniger verschwommen. Dabei treten wiederum beträchtliche Unterschiede zutage. Die Landschaft kann sich einem undurchdringlichen *Dschungel* nähern, der uns über den Kopf wächst, einem *Labyrinth*, in dem jeder zweite Schritt in eine andere Richtung führt und Nischen entstehen, oder aber einer *Reißbrettlandschaft*, in der jeder Schritt vorgezeichnet ist wie in der gleichmäßig von Grachten durchzogenen Polderlandschaft Hollands. Über dieses »gezähmte Meer« schreibt der in den Norden verschlagene italienische Dichter Giuseppe Ungaretti in seinen *Reisebildern* (1963, S. 156): »Das Wasser entspringt mitten in der Weide, wie eine Schramme, und du siehst die dünne Ader ziehen, schnell wie ein Gewehrschuß, siehst, wie sie sich im rechten Winkel wendet und die Katastergrenzen umreißt.« Die Farbkompositionen von Piet Mondrian, der als Landschaftsmaler begann, erinnern an solche Landaufteilungen; die rhythmischen Schwingungen, die sie erzeugen, verweisen darauf, daß Linien gezogen und nicht vorgefunden werden. Ähnliche Varianten finden wir in der Gartenanlage, die der Natur einen mehr oder weniger großen Spielraum läßt, vom klösterlichen Hortus Conclusus, der nach Pflanzenbeeten angeordnet ist,[13] über den abgezirkelten französischen Hof- und Schloßgarten, der auf eine Hauptachse hin angelegt ist, und den üppig wachsenden englischen Landschaftsgarten, der sich in viele Seitenwege verzweigt, bis hin zum japanischen Tempelgarten, der Teiche, Bauminseln, Steinfelsen, Pavillons, Tropfgeräusche und Lichteinfall kunstvoll zusammenfügt.[14] Generell gehört es zur Landschaft, daß man sie nicht nur durchläuft, sondern daß man sich in ihr verlaufen kann. Je weniger dies der Fall ist, um so mehr nähert sie sich einer künstlichen Parkanlage.

Einen Grenzfall bildet die *Wüste*, deren Gleichmaß einem tonfallosen Gemurmel gleicht; sie beraubt den Blick jedes festen Halts und läßt eine Art *espace pur* entstehen. Die sich ausbreitende Anschauungsleere, die einen Wüstenkoller hervorrufen kann, ist von eigentümlicher Qualität und kein bloßer Mangel, so wie auch Einsamkeit selbst noch als ein Grenzfall von Geselligkeit zu verstehen ist. Zur desorientierenden Macht der Wüste äußert sich Edmond Jabès (1993. S. 195) wie folgt:

Man kann von der Wüste nicht wie von einer Landschaft sprechen, denn sie ist, trotz ihrer Vielfalt, Abwesenheit von Landschaft. Aus dieser Abwesenheit bezieht sie ihre Wirklichkeit. Man kann von der Wüste nicht wie von einem Ort sprechen; denn sie ist auch ein Un-Ort; der Un-Ort eines Ortes und der Ort eines Un-Orts. Man kann nicht behaupten, daß die Wüste eine Strecke sei, denn sie ist zugleich reale Strecke und absolute Nicht-Strecke aufgrund ihrer Abwesenheit von Orientierungspunkten. Ihre Grenzen sind die vier Horizonte; sie sind das, was sie verbindet und was sie teilt. Sie ist ihre eigene Teilung, wo diese zum offenen Ort wird; Offenheit des Ortes.«

13 Diese Gartenanlage wurde in den Installationen der Bildhauerin Nele Ströbel auf neuartige Weise präsentiert. Vgl. den von ihr mit herausgegebenen Band *Hortus conclusus* (2006).

14 Zur Phänomenologie japanischer Gärten vgl. das phantasievolle Buch *Tanzende Bäume, sprechende Steine* von Mathias Obert (2019).

Mit Chiricos metaphysisch genannten, sinnresistenten Stadtlandschaften dringt die Leere in den Innenraum der Städte vor; Bauten stehen da wie Theaterkulissen, die vergebens auf eine Aufführung warten.

Dominanten

Die Differenz von Figur und Grund, die von der Gestalttheorie dem ABC des Wahrnehmens zugezählt wird, prägt auch das Erscheinungsbild der Landschaft. Das Gleichmaß der Umgebung wird durchbrochen durch dominierende Raumgebilde, die visuelle Akzente setzen. Den sogenannten Sehenswürdigkeiten, die einer visuellen Kanonbildung entstammen, geht der primäre Sachverhalt voraus, daß bestimmte Partien der Landschaft auf sich aufmerksam machen, indem sie unseren Blick anziehen oder abstoßen. Etwas hebt sich ab von seinem Hintergrund. Der Grund kann sich von sich selbst abheben durch seine Farbigkeit, so etwa der ziegelrot leuchtende Lateritboden afrikanischer Steppen, dessen Rot förmlich ins Auge springt, oder es kann sich etwas auf besondere Weise absondern, indem es alles übrige überragt. Die *Erhabenheit*, griechisch *hypsos*, wörtlich die Höhe, ist zunächst keine kantische Idee, die aus einem Größen- oder Kräftevergleich hervorgeht, sondern eine perzeptive Bevorzugung, die der Erfahrung ihr erforderliches Relief verleiht. Demgemäß spricht die Gestalttheorie von bevorzugten Gestalten.

Zu den landschaftlichen Dominanten zählen markante Bergspitzen, Türme, Pyramiden, Burgen oder Wolkenkratzer, die den Pegel der Skyline überragen. Oft sind es auch politische oder religiöse Zentralbauten, die der Landschaft oder dem Weichbild einer Stadt ihren Akzent geben und dabei als Wahrzeichen, als *landmark* oder Emblem dienen. Wenn die Silhouette einer Landschaft keine spektakulären Schwankungen aufweist, genügt es, daß etwas auch nur leicht über den Horizont hinausragt wie die erwähnten Kirchtürme von Martinville oder die St. Bavokerk, die auf den Landschaftsbildern Haarlemer Maler immer wieder als winzige, aber unverkennbare Unebenheit auftaucht. Jan van Goyens *Blick auf eine weite Flachlandschaft* (Katalog, S. 60) liefert eine entsprechende Probe. Auch Reiterfiguren, Schiffsmasten oder Personengruppen können sich wie auf Philips Wouwermans Bild *Reisende bei der Rast* (Katalog, S. 65) vor den Horizont schieben und ihn mit Merkzeichen versehen. Zur Landschaftserfahrung gehört, daß die Dominanzen strittig bleiben wie in einem Sehwettbewerb. Demgegenüber domestiziert die Zentralperspektive den Blick und bringt den Bildstreit zum Stillstand. Man sieht lediglich das, was mit dem Gesehenen kompossibel ist, obwohl zur lebendigen Erfahrung auch Inkompossibles gehört.[15]

Aussichtspunkte

Ansichten, die uns die Landschaft gewährt, sind stets situativ begrenzt, einseitig, variabel, durchsetzt mit Abwesenheit. Unser Sehbegehren, das über diese Grenzen hinausstrebt, versucht die Ansicht zu einer umfassenden Aussicht zu erweitern. Das probate Mittel besteht darin, daß man einen höheren Standpunkt einnimmt, der einen Überblick oder einen Rundblick gewährt. Dazu gehören natürliche *Aussichtspunkte* wie Hügel und Berggipfel oder künstlich errichtete *Aussichtstürme*, die vielfach auch als Wachtürme dienten. Selbst beim Aufstieg auf den Mont Ventoux klingen militärische Motive an, wenn Petrarca sich auf die bei Livius erwähnte Bergbesteigung des Mazedonierkönigs Philipp bezieht, dem es um keine bloß friedliche Weltbeschauung ging, sondern um strategische Vorteile im Kampf gegen die Römer. Der Verführer, der mit der Macht spielt, führt Jesus auf einen Berg. Auch der Turmbau zu Babel, der die Phantasie so vieler Maler beschäftigt hat, zielt auf Weltbeherrschung. Der Einheitssprache entspricht der Einheitsblick, der sich in den Bismarcktürmen der Kaiserzeit Denkmäler setzte und der in den Konstruktionen des Eiffelturms seine technische Macht demonstrierte. Heute stehen wirksamere Mittel wie Flug- und Satellitenaufnahmen zur Verfügung. Die Blickführung hat sich ebenso verfeinert wie die Kriegsführung, doch die Ambiguität ist geblieben.

Geblieben ist das illusionäre Liebäugeln mit dem *Panorama*, das eine Allsichtigkeit verheißt. Doch wer von überall her sieht, sieht nicht mehr, sondern vertauscht die leibhaftige Erfahrung gegen Konstrukte und Konzepte. Cartesianisch gesprochen heißt dies: Das

15 Mit ihren Simultankontrasten gehört die Inkompossibilität zu den Grundideen der Merleau-Pontyschen Bild- und Wahrnehmungstheorie. Vgl. dazu vom Verf., »Das Zerspringen des Seins. Ontologische Auslegung der Erfahrung am Leitfaden der Malerei«, in: *Deutsch-französische Gedankengänge* (1995).

Sehen weicht einem Wissen vom Sehen, heute: einem zerebralen Sehprozeß. Die Räumlichkeit der Landschaftserfahrung verblaßt. Bei Roy Lichtenstein werden »abstrakte Landschaften« vorgeführt (Katalog, S. 240 f., dazu Richard Hoppe-Sailers Beitrag, S. 188 ff.), doch als gemalte Konstruktionen sind sie mehr als bloße Konstrukte; die Natur kehrt durch die Hintertüre des Sichtbaren zurück. Es fragt sich, wie viel von solchen Blickstrategien schon in die frühe Landschaftsmalerei eingegangen ist. Es fällt auf, daß sie häufig den Blickpunkt des Betrachters anhebt, so daß der Bildbetrachter, ähnlich wie der innerbildliche Maler oder Betrachter, aus halber Höhe in die Landschaft blickt, so etwa in Rogier van der Weydens Bild *Der heilige Lukas malt die Madonna*. Hier ist es der Fensterblick, der von einer Fensterbrüstung aus auf die Landschaftsszene fällt und sie in einen Rahmen fügt.[16] Beim Blick in den Rückspiegel und durch die Windschutzscheibe eines Autos, den Bernard Descamps uns vor Augen führt (Katalog, S. 129), gerät der traditionelle Blick durch das Bildfenster selbst ins Blickfeld; wir werden Zeugen einer technisch-kinetisch erzeugten Landschaft.[17] Der holländische Maler Frans Post, der in der Frühphase des Kolonialismus als *embedded painter* Expeditionen durch Brasilien begleitete, wahrt durchweg eine scheue Distanz zu Land und Leben der Eingeborenen, das er in seinen bläulich-exotischen Landschaften wie auf einem Bilderbogen vorführt. Der Blick von halber Höhe, der für Überblickslandschaften im Stile Breughels typisch ist, gleicht dem Blick, den Moses ins Gelobte Land wirft, ohne es je zu betreten. Wir geraten an eine Schwelle, die durch kein Panorama zu überwinden ist.

Abseits des Festlandes

Wenn wir von Landschaft sprechen, so denken wir zunächst an das Festland, an den Erdboden, den wir unter unseren Füßen spüren, der uns Halt gibt, den die Menschen bearbeiten und auf dem sie

16 Vgl. dazu die Überlegungen von Victor I. Stoichita zur frühneuzeitlichen Rahmung des Bildes, speziell zur Fensterrahmung: *Das selbstbewußte Bild* (1998), S. 50-61.

17 Zur Verfremdung des traditionellen Fenstermotivs vgl. Beate Söntgen, »Sehen – Zeigen – Gehen«, Katalog, S. 80-82. Dieser Aufsatz präsentiert eine Reihe weiterer Motive und Prozeduren, mit denen die phänomenologische Raumerfahrung ins Bild gesetzt wird.

ihre Bauten errichten. Doch die Festigkeit des Festlandes hat ihre Grenzen. Die Landschaft verdankt ihre sinnlich faßbare Gestalt unterirdischen Kräften, die zutage treten, indem sie den Erdboden heben, zerklüften, zerspalten. Über Höhlen, Stollen und Tunnel dringt der Mensch in das Erdinnere ein, ähnlich wie er durch Passagen ins Stadtinnere vordringt. Schon an Höhlenwänden, in Katakomben oder in den Grabgängen des uralten Kiewer Höhlenklosters Petscherskaja Lawra haben Menschen Spuren der Malerei hinterlassen. Mit der Anlage von Bergwerken verdoppelt sich die irdische Tageslandschaft durch eine »unter Tage« entstehende Grubenlandschaft von erheblichen Ausmaßen, die im Salzbergwerk von Hallein selbst Landesgrenzen überschreitet. Bewohner des Ruhrgebiets siedeln auf einem teilweise ausgehöhlten, von Erdeinbrüchen bedrohten Boden. Anders verhält es sich mit *Flüssen* und angrenzenden *Meeren*, die Michel Serres dem »Reich der Fluida« zurechnet, »in dem die Abstände ständig wechseln und verfließen, Schrift verlöscht und jedes Maß sich verliert«.[18] Wellen sind zwar tragfähig, aber sehr unbeständig. Die Wasseroberfläche ist schwankend. Schließlich wölbt sich über die Landschaft der *Himmel* mit seinen Gestirnen und mit dem Spiel der Wolken, das Wetter und Unwetter herbeiführt. Der Mont Ventoux, den Petrarca von der schroffen Nordseite her erklomm, den er aber bei kontemplativer Windstille betreten zu haben scheint, heißt nicht umsonst *mons ventosus*. Ohne langfristige Erdverschiebungen und vulkanische Ausbrüche,[19] ohne periodisch wiederkehrende Konstellationen am Himmel und ohne wechselnde Wetterlagen wäre die Landschaft ein Phantom. Man würde nicht in der Landschaft leben, sondern nur in einem Landschaftsbild. Doch tatsächlich unterscheiden wir zwischen Berg- und Flußlandschaften, zwischen Hoch- und Tiefebenen, zwischen sonnigen und sturmbewegten Landschaften.

Die Landschaftsmalerei ist voll von einbrechenden Naturkräften. Das gilt für den weiten Wolkenhimmel der holländischen

18 Vgl. M. Serres, a. a. O., S. 68 sowie den Hinweis von Ernst Straus auf Joseph Conrad als einen »Landschafter des Meeres«, der fern aller geographischen Präzision nur die »Atmosphäre der Landschaft« andeutet (*Vom Sinn der Sinne*, a. a. O., S. 337).

19 In unserer westlichen Bergtradition bildet der eruptive Vesuv, der schon dem älteren Plinius zum Verderben wurde, gleichsam den Schattenberg zum friedlicheren Mont Ventoux.

Malerei, für den astronomisch durchforschten Sternenhimmel bei Elsheimer und ebenso für Wanderungen durch steile Felsschluchten und für Schiffsfahrten auf hoher See. Der Klimawechsel ist in den Bildzyklen der Jahreszeiten unmittelbar gegenwärtig, und in Monets Serie von Kathedralen spiegelt sich das Licht der wechselnden Tageszeiten, so wie auch die Lichter städtischer Straßenlaternen mit den Schatten spielen. In jeder Landschaftsdarstellung verkörpert sich ein bestimmter Zeit-Raum. Landschaftsbilder sind also mehr als bloße Festlandbilder, ähnlich wie die leibhaft erlebte Landschaft sind sie von der Macht der Elemente gezeichnet.

Dieses gilt auch für die Erhabenheit der Natur, die Kant zwar den Lebensinteressen entrückt und dem interesselosen Wohlgefallen überläßt, allerdings nicht ohne sie als gewaltige Drohkulisse vorzuführen. Da gibt es »kühne überhangende gleichsam drohende Felsen, am Himmel sich auftürmende Donnerwolken, mit Blitzen und Krachen einherziehend, Vulkane in ihrer ganzen zerstörenden Gewalt, Orkane mit ihrer zurückgelassenen Verwüstung, der grenzenlose Ozean, in Empörung gesetzt, ein hoher Wasserfall eines mächtigen Flusses u.d.gl.« Ist die »wirkliche Gefahr«, die von dieser »rohen Natur« ausgeht, gebannt, so bewegen wir uns auf freiem Fuß, und mehr noch: »[...] ihr Anblick wird nur um desto anziehender, je furchtbarer er ist, wenn wir uns nur in Sicherheit befinden« (KU B 104 sowie B 89). Ein altes Vorbild für den Blick aus sicherer Höhe findet sich bei Lukrez: »Süß ist's, anderer Not bei tobendem Kampfe der Winde / Auf hochwogigem Meer vom fernen Ufer zu schauen...« (*De rerum natura*, II, 1 f., Übs. K. L. von Knebel). Doch diese Sichtweise gehört bereits zur Ästhetisierung der Landschaft, die nur ein sublimes Pathos zurückbehält, als trüge nicht der Anblick, das Eidos, die Spuren des Pathos untilgbar an sich.

Die Auswirkungen, die der Naturgewalt entstammen, werden verstärkt durch die Spuren menschlicher Gewalt, die sich in zahllosen Kriegs- und Gewaltszenen manifestiert. Landschaft begegnet uns zu einem beträchtlichen Teil auch als Kriegslandschaft, nicht nur in Goyas *Desastres de la Guerra* und in der zerschossenen *Kriegslandschaft* von Adolf Erbslöh (Katalog, S. 112), sondern auch in den verkohlten Bildflächen von Anselm Kiefer. Gewalt, die sich in Bilder transformiert, ist weder schön noch erhaben, obwohl sie oft genug verschönert oder heroisiert wird. Dies stellt uns vor ein spezielles Problem, das den Rahmen einer reinen Kunstauffassung auf ähnliche Weise sprengt, wie die Atombomben von Hiroshima über den Rahmen einer reinen Atomphysik hinausgehen. Zu erinnern ist daran, daß eine frühe, 1917 von Kurt Lewin verfaßte Studie zur Psychologie der Landschaft bereits den Titel »Kriegslandschaft« trug (siehe *Feldtheorie* 1982), Mehr zu den Kriegsspuren im Bild findet sich unten in Kapitel VIII.

6. Landschaft zwischen Eidos und Pathos

Immer wieder stoßen wir auf Bemerkungen der Art, daß Bauern oder Fischer keine Landschaft sehen, weil sie ihr in ihrer Arbeit und in ihrem alltäglichen Leben zu nahe sind. So schreibt Joachim Ritter in seinem vielzitierten Aufsatz: Die Landschaft ist »dem in der Natur wohnenden ländlichen Volk fremd und ohne Beziehung zu ihm« (1974. S. 146). Beziehungslosigkeit? Wenn darin eine Wahrheit liegt, so nur die halbe. Die *Gestaltung* der Landschaft, die ihr ein bestimmtes Gepräge und Aussehen verleiht, beginnt nicht mit dem abgelösten Blick auf die Landschaft, sondern mit einem vielfältigen Umgang, der elementare Körperbewegungen wie Gehen, Stehen, Sitzen und Liegen ebenso einschließt wie ein Handeln, Wirken, Planen und Bearbeiten. Aus der Wiederholung solcher Verhaltensweisen und Verrichtungen gehen Strukturen und Gestalten hervor, ähnlich wie sich im Ausdrucksverhalten allmählich Gesichtszüge herausbilden. Die *Physiognomie* der Landschaft, einschließlich der Stadtlandschaft, von der so häufig die Rede ist, bedeutet mehr als eine bloße Metapher. In der Natur der Landschaft prägen sich materielle Gestalten aus, die uns etwas bedeuten, aber jedes *Eidos* geht auf ein entsprechendes *Pragma* und ein entsprechendes *Pathos* zurück. Dazu gehört nicht nur die Freude an der Landschaft, sondern auch das Leiden unter ihr; dazu gehört nicht nur das Heimische und Vertraute, sondern auch das Unheimliche, das uns in unseren Träumen heimsucht und nächtliche Traumlandschaften von großer Intensität entstehen läßt. Auch dies kennen wir aus Bildwerken wie denen von Bosch, Piranesi oder Kubin, in denen Dämonen wachgerufen werden. Das Unheimliche tritt oft unmerklich auf im Gewande »schlichter Dinge«, so wenn etwa in einem Dorfbild von David Teniers im Hintergrund ein Galgen sichtbar wird (Katalog, S. 52) oder wenn in einer Waldlandschaft von Jacob van Ruysdael ein toter Baumstumpf auftaucht wie ein fremder Meteor, den wir kaum beachten (Katalog, S. 38).

Merleau-Pontys schlichte Feststellung »Schon die Wahrnehmung stilisiert« (1969, S. 83, dt. 80) und Leroi-Gourhans unermüdlicher Nachweis, daß schon das schlichteste Gerät einen Formenüberschuß aufweist, widersprechen der Annahme, es gebe eine autarke ästhetische Form, die sich über die krude Realität erhebt. Landschaften, die auf unsere Sinne wirken und durch sie erschlossen werden, sind von Anfang an mehr als real. Sie enthalten einen Überschuß, der jede Aisthesis und jede Kinesis über sich hinaustreibt, der sich in Affekten wie Erstaunen oder Erschrecken bekundet und unser Sehbegehren anstachelt.

Dieses Mehr muß jedoch freigesetzt werden, weil es sonst immer wieder im Allzuvertrauten der Normalität versinkt. Eine solche Freisetzung bezeichnen wir mit einem alten, durch Husserl neu belebten Wort als *Epoché*, als Außerkraftsetzen gewohnter Annahmen, als Verfremdung der Sinne und so auch des Blickes. Man kann eine Landschaft nicht auf den Kopf stellen wie im Spiel mit der »verkehrten Welt«, aber der Boden kann wanken, und jederzeit sind Ortsverschiebungen möglich, für die das Französische ein besonders sprechendes Wort hat: *dépaysement*. Gewöhnlich wird es mit ›Fremdsein‹ oder ›Verlorensein‹ beziehungsweise mit ›Ortswechsel‹ wiedergegeben, aber wörtlich bedeutet es: ›Entlandung‹, man verläßt den gewohnten Boden eines Landes, einer Landschaft. Claude Lévi-Strauss benutzt dieses Wort in seiner *Strukturalen Anthropologie* (Bd. I, S. 133, II, S, 306) zur Charakterisierung des ethnologischen Verfahrens, das sich auf fremdes Terrain begibt. Auch Husserl fordert von der phänomenologischen Beschreibung, daß sie »bodenlos« anfängt (Hua VI, 185). Landschaftsmalerei, die Landschaften darstellt, und Landschafts- oder Lichtkunst, die gestaltend in sie eingreift, lassen sich demgemäß verstehen als Freisetzung, Verfremdung und Steigerung von Landschaftserfahrung; sie bewahren einen Bodensatz von *paysage sauvage*, solange nicht die Domestikation überhandnimmt.

III. Migranten auf dem Weg und Flüchtlinge als Gäste in Not

> Unter den Vergehen gegen Fremde und Einheimische ist das gegen Schutzflehende das größte.
>
> Platon, *Nomoi* V, 730a

> Ein Weiser wirft keinen Stein in den Brunnen, aus dem er trank.
>
> Rafik Schami, *Ratschläge für Flüchtlinge*

In Europa wird seit zwei Jahren nahezu überall das Thema »Flüchtlinge« erörtert. Die Frage, wie mit dem Andrang von Flüchtlingen umzugehen sei, erzeugt viel Ratlosigkeit und verführt zu schroffen Alternativen. Auf der einen Seite macht sich eine Xenophilie breit, die sich gern in einer »Willkommenskultur« sonnt; auf der anderen Seite greift eine neue Xenophobie um sich, die einer Schließung von Grenzen das Wort redet. Viele Positionen liegen dazwischen und bleiben vag. »Ist die Balkanroute nun geschlossen oder nicht?« Offiziell nicht, aber faktisch doch. Man hofft auf »europäische Lösungen«, doch welche Länder machen mit? Man fordert »Obergrenzen« für die Aufnahme von Flüchtlingen, was aber geschieht mit den übrigen? Würde dies nicht bedeuten, daß man die Menschen aufteilt in solche, die rettungswürdig sind, und andere, die es nicht sind? Daneben gibt es hochintellektuelle Theorieansätze, die Fremdheit und Gastlichkeit schlechterdings für obsolet erklären, da angeblich jeder auf seine Weise fremd und niemand bei sich zu Hause ist. Der Kult der Eigenheit schlägt um in einen Jahrmarkt der Fremdheit. Es lohnt sich also, genauer hinzuschauen.

Aus der Philosophie sind sicherlich keine politischen Lösungsvorschläge ad hoc zu erwarten, wohl aber nachhaltige Klärungen, wenn die ›Sachen selbst‹ in einem Gewirr von Fragen zu verschwinden drohen. Die folgenden Überlegungen stützen sich auf eine Phänomenologie des Fremden, die wechselweise von Husserl, Simmel, Benjamin, Buber, Levinas, Merleau-Ponty oder Derrida inspiriert ist. Fremdes reduziert sich nicht auf einen zu behebenden Mangel, eine Randerscheinung oder eine feindliche Bedrohung, sondern bedeutet eine permanente Herausforderung, die in einer radikalen Form der Fremdbegegnung ihre wechselnden Antworten findet. Fremdes, das uns beunruhigt, beginnt im Eigenen, ob wir es wollen oder nicht.

1. Migranten als Besucher, Auswanderer und Einwanderer

Bevor wir uns den Fluchtbewegungen und ihren aktuellen Formen zuwenden, werfen wir einen Blick auf die wiederkehrenden Wanderbewegungen, von denen Einzelne, bestimmte Gruppen oder ganze Völkerschaften immer wieder erfaßt werden wie schon in der sogenannten Völkerwanderung, der Europa vieles von seiner ethnographischen Gestalt verdankt. Für diese Bewegungen gibt es Gründe, die nicht notwendigerweise auf eine Zwangsausübung von seiten etwaiger Kontrahenten zurückgehen. Generell bedeutet *Migration* ein Wandern von hier nach dort, das mehr besagt als den bloßen Wechsel von Raumobjekten, die unverändert von einem Behälter in einen anderen gelangen, oder von Zugvögeln, die ihre Bahnen ziehen. Die neuzeitliche Raumvorstellung, in der die Frage, *wer* jemand ist, sich völlig ablöst von der Frage, *wo* jemand ist, hat sich inzwischen als pures Raumkonstrukt erwiesen, dem selbst bei der Vermessung der physischen Natur nur ein begrenztes Gewicht zufällt. *Self identity* und *place identity* lassen sich nicht voneinander absondern wie zwei unabhängige Größen. Dies bedeutet, daß wir selbst zu Fremden werden, wenn wir uns in die Fremde begeben und uns in der Fremde aufhalten.

Der Umzug von Stadt zu Stadt, der Wechsel von Land zu Land, von Kultur zu Kultur kann sich auf einen vorübergehenden Ortswechsel beschränken. Dies gilt für *Reisende*, die auf Handels- oder Geschäftsreisen, auf Vergnügungs- oder Vortragsreisen sind, aber *mutatis mutandis* gilt es auch für Eroberungszüge und militärische Feldzüge. Reisende betreten das Ausland als *Besucher* oder *Besetzer* eines Gastlandes, das sie früher oder später wieder verlassen werden. Oftmals bringt der Reisende es nicht weiter als bis zum Status eines Zaungastes. Die Reise in die Ferne findet ihr Ende in der Heimkehr.

Doch der *Heimkehrer*, der längere Zeit in der Fremde verbracht hat, sieht sich seinerseits mit einer doppelten Fremdheit konfrontiert. Er fühlt sich fremd in seiner eigenen Heimat, weil diese sich ebenso wie der Reisende selbst in der Zwischenzeit verändert hat.

Wir kennen dies nicht nur aus eigener Erfahrung, sondern auch aus den Darstellungen einer ausgiebigen Heimkehrerliteratur. Das Urbild eines viel herumgeschlagenen Heimkehrers ist Odysseus, der als alter Mann verkleidet den Palast seiner Heimatinsel Ithaka betritt und in der Begrüßung durch den altersschwachen Hund, einen Spürhund, den er dort zurückgelassen hat, auf eine höchst elementare Weise heimfindet. Mit der *Odyssee* hat uns Homer zugleich ein erstes großes Reiseepos beschert, das eine Fülle exotisch anmutender Wundergeschichten enthält. Reiseberichte, die auch schon bei Herodot auftauchen, gehören bekanntlich zu den ethnographischen Primärquellen. Zu den beiden Übergangsfiguren des Fremden und des Heimkehrers hat Alfred Schütz, der selbst von Wien über Paris nach New York emigrieren mußte, zwei eindringliche Essays verfaßt unter den Titeln »Der Fremde« und »Der Heimkehrer« (vgl. Srubar, Vaitkus 2003).

Von *Ein-* und *Auswanderern* sprechen wir erst dann, wenn jemand dauerhaft in der Fremde Fuß zu fassen sucht. Dieser Versuch durchläuft den Wandel vom Einwanderer zum Einheimischen, verbunden mit mühsamen Praktiken des Umlernens der Sprache, der Umgangsformen und der Sitten. Ausland ist dort, wo andere Wahrzeichen, andere Landmarken gelten, wo eine andere Uhrzeit, ein anderer Festkalender regiert. Entscheidend ist dabei eine eigentümliche Form der *Verdoppelung*; der Migrant ist Ein- und Auswanderer in einer Person. Er läßt in der Heimat Bekannte zurück, an die er sich erinnert, und in der Fremde trifft er auf Unbekannte, die ihn nur selten erwarten. Auf jeden Fall befinden sich im Land der Einwanderung bereits andere Bewohner. In eine Wüste kann man nicht einwandern. Die europäischen Eroberer der beiden amerikanischen Kontinente fühlten sich deshalb nicht als Einwanderer, weil sie von der Fiktion ausgingen, sie beträten eine Art Niemandsland. Die Eingeborenen schienen nicht fähig, ein Land förmlich zu besetzen und zu besitzen, so wie die antiken Barbaren den Griechen als nicht regierungsfähig erschienen. Sehen wir jedoch von geopolitischen Spitzfindigkeiten ab, so gibt es wie beim Übergang von einer Sprache in die andere ein *Ausgangsland* und ein *Zielland*. Gleich dem Dolmetscher ist der Aus- und Einwanderer eine Übergangsfigur; er befindet sich bis auf weiteres zwischen zwei Ländern, ohne in dem Zwischen Fuß fassen zu können.

Diese Zwischenlage bildet eine besondere Quelle für Konflikte. Es stellt sich folgende Frage: Wenn wir verschiedene Sprachen sprechen, wer gilt dann als Fremder, ich oder der/die Andere? Bezeichnen wir uns beide als Fremde, so ist dies genauso wahr, aber auch genauso witzlos, wie wenn wir feststellen: Wir sind beide Ich. Auf diese Weise sprechen wir gemeinsam *über* Fremde, ohne eigens *mit* Fremden zu sprechen, so wie wir über das ›Ich‹ sprechen können, ohne ›ich‹ zu sagen. Wer ist also der oder die Fremde, wenn es auf die performative Rede ankommt? Als fremd erleben sich alle, die im Ernstfall, etwa auf Ämtern, vor Gericht, in der Schule oder auch im Gotteshaus, genötigt sind, die Sprache des Anderen zu sprechen. Es ist der Andere, der ›das Sagen hat‹. Im Falle der Einwanderung ist dieser Andere der Landesbewohner. Er vertritt das Bezugsfeld, in das sich Einwanderer wohl oder übel einzufügen und einzugewöhnen haben.

Doch dieser doppelte Wandlungsprozeß, der bewirkt, daß jemand heimisch wird, wo er fremd war, und fremd wird, wo er heimisch war, bedeutet mehr als einen Wechsel des Vorzeichens wie beim Rechnen; er bedeutet mehr als eine formale Prozedur, als würde man die Uhr umstellen oder einen neuen Paß bekommen. Wir haben es mit einem Prozeß zu tun, der sich doppelt beschreiben läßt: als *Fremdwerden des Eigenen* und *Eigenwerden des Fremden*, wobei sich weder das Eigene durch Fremdes noch das Fremde durch Eigenes ersetzen läßt. Eines verwebt sich mit anderem in der Art von Texturen, und eines überlagert sich mit anderem in der Art von Gesteinsschichten. Daraus entsteht ein Fremdheitsgefälle zwischen Einwohnern und Einwanderern, das in der Folge auf die Generationen der Einwanderer übergreift. Man gehört mehr oder weniger zu dem Land, in dem man wohnt. Diese Unterschiede lassen sich nicht ausbügeln durch eine staatsbürgerliche Egalité oder symbolisch überspielen durch Fahnen und Hymnen. So wichtig formale und symbolische Klammern sind, die einem Zerfallen der Kommunität entgegenwirken, so sind sie doch kein Ersatz für das Aushalten von Spannungen und das Austragen von Konflikten. Probleme, die daher rühren, erleben wir seit langem in unseren europäischen Ländern, die zunehmend zu Einwanderungsländern werden, die einen mehr, die anderen weniger, ohne daß dieser Wandel über lange Zeit hin ausdrücklich anerkannt wurde.[1] Da-

1 Vgl. dazu den Lagebericht von Rinus Pennix in: Klose, Schmitz 2017.

bei zeigen sich deutliche Unterschiede einerseits in der Bereitschaft und Fähigkeit, fremde Einwanderer bei sich aufzunehmen, und andererseits in der Bereitschaft und Fähigkeit, sich in das Aufnahmeland einzuleben. Sind Bereitschaft und Fähigkeit gering, so bleibt es bei einem bloßen Nebeneinander, das auf die Dauer ebenso unfruchtbar wie konfliktträchtig ist. Die Geschichte der deutschen Emigranten in den USA liefert Beispiele genug für eine gelungene Symbiose, aber auch für das bloße Warten auf die Rückkehr.

Wichtig für die Wanderbewegungen ist die Art der Grenzen, die zu überqueren sind. Eine Überfahrt über den Ozean bedeutete einst einen tieferen Einschnitt als Bewegungen zu Lande, mit denen Arbeitssuchende vom Osten Europas in den Westen oder vom Süden in den Norden überwechseln. Die Ausgestaltung der Verkehrsbedingungen hat einiges geändert, ohne daß die Geographie und die entsprechende Geopolitik ihre Bedeutung völlig eingebüßt hätten. Dies alles gehört zur Vor- und Nachgeschichte globaler Flüchtlingsströme, wie wir sie heute aufs neue erleben.

2. Auf der Flucht

Von Flüchtlingen sprechen wir erst dann, wenn die Wanderbewegung sich nicht friedlich vollzieht, sondern Gewalt und Zwang ins Spiel kommen. In solchen Fällen kommt es zu *Verbannung*, *Vertreibung* oder *Zwangsumsiedlung*. Die Einweisung in Zwangslager hat zur Kehrseite die Ausweisung aus Heim und Heimat, mit der sich Reisende in Flüchtlinge verwandeln. Die Nomenklatur dient nicht selten der Kaschierung von Gewalt, so etwa die ›Germanisierung‹ polnischer Ostgebiete wie der des sogenannten Warthegaus, die russische ›Umsiedlung‹ polnischstämmiger Galizier nach Schlesien oder die ›Aussiedlung‹ der Sudetendeutschen durch die Tschechen. Darüber hinaus gibt es Mischformen, nämlich in der Form von Glaubensverfolgungen wie bei den französischen Hugenotten, die ganze Städte wie etwa Erlangen oder Teile von Berlin bevölkerten, und den Wirtschaftsflüchtlingen, die auf der Arbeitssuche nach Übersee auswanderten oder in neuentstehende Industriezonen wie das Ruhrgebiet drängten. Dies setzt sich heute in globalem Maßstab fort.

Die Flüchtlingsprobleme, mit denen wir es im folgenden zu tun haben, gehören zu den außerordentlichen Ereignissen wie Krieg,

Revolution, Terrorismus, Naturkatastrophen und technisch erzeugte Katastrophen, die unsere Lebenswelt nachhaltig verändern oder verwüsten. Sie erinnern an kritische Situationen wie Seenot, Grubenunglück oder Bergnot, für die besondere Rettungsdienste vorgesehen sind. Ereignisse, die an den Bruchstellen normaler Ordnungen auftauchen, durchbrechen diese nicht nur, sondern erschüttern sie auch von Grund auf. Vertraute Erfahrung verfremdet sich. Die Genesis des Flüchtlingsgeschehens durchläuft verschiedene Phasen. Dabei bleibt offen, ob und wieweit Flüchtlinge sich schließlich in Einwanderer verwandeln.

3. Ankunft: Der Gast auf der Flucht

Der Flüchtling ist ein Fremdling besonderer Art. Ganz allgemein läßt er sich als Ankömmling bezeichnen. Die Ankunft von Flüchtlingen enthält wichtige Aspekte, die über eine schlichte Ortsveränderung hinausgehen. Auch Ortsansässige geraten in ein soziales Gravitationsfeld von besonderer Art, wenn Andere ein Stück weit die Richtung mitbestimmen.

(1) *Wer zu mir flieht, kommt auf mich zu.* – Der eigene Ort, an dem ich mich befinde, wird zum Ziel einer fremden Suchbewegung. Ich befinde mich fortan an einem Ort, an dem Andere mit mir zu sein begehren. Der Eigenort, an dem ich mich befinde, nimmt Züge eines Fremdorts an. Die Flucht derer, die bei mir Zuflucht suchen, beunruhigt und berührt mich, ganz unabhängig davon, ob ich sie willkommen heiße oder nicht. Wenn laut Nietzsche Gedanken kommen, wenn sie wollen, nicht wenn ich will, so gilt dies auch für das Kommen Anderer. Das fremde Kommen ist nicht die Umkehrung eines eigenen Gehens wie in einem wechselnden Kommen und Gehen, ich werde vielmehr an Ort und Stelle heimgesucht von einer fremden Bewegung. So lesen wir bei Levinas in seiner grundlegenden Schrift *Totalité et Infini* (S. 9, dt. 44):

Absence de patrie commune qui fait de l'Autre – l'Étranger; l'Étranger qui trouble le chez soi. Mais Étranger veut aussi dire le libre. Sur lui je ne peux pouvoir. Il échappe à ma prise par un côté essentiel, même si je dispose de lui. Il n'est pas tout à fait dans mon lieu. – Es ist das Fehlen eines gemeinsamen Vaterlandes, das aus dem Anderen den Fremden macht, den Fremden, der das Bei-mir-zu-Hause stört. Aber Fremder, das bedeutet auch der Freie. Über ihn vermag mein Vermögen nichts. Eine wesentliche Seite an ihm entkommt meinem Zugriff, selbst wenn ich über ihn verfüge. Er ist nicht ganz an meinem Ort.

(2) *Wer auf mich zukommt, kommt zugleich auf uns zu.* – Der Zufluchtsort ist stets ein Ort, den ich mehr oder weniger mit anderen teile; unsere Lebenswelt ist eine Mitwelt, Leben bedeutet Zusammenleben, συζῆν, συνεῖναι, wie die alten Worte lauten. Selbst wer auf einer einsamen Insel lebt, lebt nicht völlig allein, auch Robinson ist vor Besuchern nicht sicher. Doch die labile »Wir-Ich-Balance«, die das eine Mal der Wir-Identität, das andere Mal der Ich-Identität zuneigt (siehe unten, S. 136), prägt auch die Aufnahmeweise und die neuerlich entdeckte Willkommenskultur. Die beiden traditionellen Eigenorte, an denen Flüchtlinge empfangen oder abgewiesen werden, sind Haus (οἶκος, *domus*) und Stadt/Staat (πόλις, *urbs*, *civitas*). Der Fremde, der zu uns kommt, erweist sich als unbehaust (ἄνοικος), als stadt- und staatenlos (ἄπολις), modern gesprochen als *displaced person*. Der Bezug zwischen den Aufnehmenden und den Ankömmlingen, zwischen dem Gastgeber und seinem Gast ist niemals reine Privatsache; immer ist als Drittes eine mehr oder weniger förmliche Haus- oder Stadtordnung mit im Spiel, die das Zusammenleben regelt. Die Gemeinsamkeit vor Ort wird bedeutsam, wenn sich bis heute die Frage stellt, ob Flüchtlinge ihre Familienangehörigen nachholen dürfen. Ferner überschneiden sich Privatsphäre und Öffentlichkeit, wenn etwa jemand politisch Verfolgte in seinem Haus versteckt und auf diese Weise ein Asyl errichtet oder wenn Gemeindemitglieder den Kirchenraum als Freiplatz nutzen. Deutsche kennen dies aus der Zeit der Judenverfolgung. Das Haus der Anne Frank in der Amsterdamer Prinsengracht steht für allzu wenige Privatasyle und für allzu viele Asylfrevel. Die Tatsache, daß 1949 das Asylrecht für politisch Verfolgte ausdrücklich in Artikel 16 des deutschen Grundgesetzes aufgenommen wurde, zieht eine Lehre aus dieser Geschichte, die manche gern vergessen wollen. Wenn 1993 nachträglich in einem separaten Artikel 16a das Asylrecht auf Nichtmitgliedstaaten der Europäischen Gemeinschaften sowie auf als unsicher geltende Herkunftsländer eingeschränkt wurde, so ändert dies nichts an der Stoßkraft des Asylrechts, selbst wenn die Durchführung von Land zu Land Lücken aufweist.

(3) *Wer zu uns flieht, flieht vor jemand und vor etwas.* – Der Zwang zur Flucht unterscheidet den Flüchtling vom eingeladenen oder ungeladenen *Besucher*, von einem Gast, der heute kommt und morgen geht. Die Befristung des Gastaufenthalts gehört zu den ältesten Regeln des Gastrechts. In den 50er und 60er Jahren sprach man in Deutschland von »Gastarbeitern«, die aufgrund einer beschränkten Arbeitserlaubnis genötigt waren, in ihre Heimat zurückzukehren. Der Besuch von Land zu Land kann durch Ausstellung eines förmlichen Besuchsvisums gesteuert werden. Die offenen Grenzen innerhalb der Europäischen Union, die heute erneut in Frage stehen, bringen es mit sich, daß man auf europäischem und nicht mehr nur auf nationalem Boden lebt und arbeitet. Flüchtlinge unterscheiden sich aber nicht nur von Besuchern, sondern auch von den schon erwähnten *Einwanderern*, die offiziell eingelassen und eingebürgert werden. Ohne Aufenthaltserlaubnis gelten Flüchtlinge sie als illegale *Eindringlinge*. In Deutschland wurde lange über ein förmliches Zu- oder Einwanderungsgesetz gestritten – bis es 2005 endlich zustande kam. Abgesehen davon gab es immer schon starke *inländische Wanderbewegungen*. Wie bereits erwähnt, verwandelte sich im 19. Jahrhundert das Ruhrgebiet aufgrund seiner Kohlenvorräte in ein industrielles Einwandergebiet, und nach dem Zweiten Weltkrieg strömten Millionen von Ostflüchtlingen in das Restdeutschland. In Bayern gelten Nichtbayern teilweise bis heute als »Zugereiste«. Die Vorstellung von einer homogenen Bevölkerung, die sich in der spontanen Abwehr von Fremden ausspricht, ging stets an der Realität der landesweiten oder gar weltweiten Verhältnisse vorbei.

Doch Flüchtlinge sind keine bloßen Migranten. Der polnische Historiker Jan M. Piskorski, dessen jüdische Familie wie viele andere Grenzbewohner in das Räderwerk sogenannter Aussiedlungen, Umsiedlungen, Verschiebungen, Säuberungen und Repatriierungen geriet, gab seinem einzigartigen Panorama, das uns Flucht und Vertreibung im Europa des 20. Jahrhunderts vor Augen führt, den unzweideutigen Titel *Die Verjagten* (2013).

Gründe zur Flucht gibt es verschiedene. Der Grund kann eine *Naturkatastrophe* sein. So bezeichnet man im japanischen Fukushima, das im nächsten Kapitel zu Wort kommt, auch die einstigen Bewohner radioaktiv verstrahlter Sperrzonen als Flüchtlinge. Die Flucht kann ferner Folge nackter *Not* sein wie in afrikanischen Dürregebieten, die von Hunger, Arbeitslosigkeit und Bildungsferne heimgesucht werden. Der Ausdruck »Wirtschaftsflüchtlinge«, der sich eingebürgert hat, ist wenig präzis. Sucht jemand ein höheres Maß an Wohlstand, was niemandem zu verdenken ist, oder geht es ums bloße Überleben? Schließlich kommen wir zu Flüchtlingen wie jenen aus dem Irak, aus Syrien, Afghanistan, Libyen oder Somalia. Sie sind gewaltsamer *Verfolgung* und *Vertreibung* ausgesetzt, sei es, daß ein Bürgerkrieg ausbricht wie im ehemaligen Jugoslawien oder in der ehemaligen Kolonie Kongo; sei es, daß Machthaber gegen ihr eigenes Volk Krieg führen wie zur Zeit in Syrien, wo Assad alle politischen Gegner unterschiedslos zu Terroristen erklärt; sei es, daß ein sogenannter Gottesstaat gegen Andersgläubige und Ungläubige zu Felde zieht (wie es sich jüngst in Afghanistan zu wiederholen droht); sei es, daß Regimegegner gesetzwidrig gefangen gehalten werden wie in Belarus oder China.

Damit sind wir bei den Bevölkerungsgruppen angelangt, aus denen sich die *Asylanten* rekrutieren. Die Genfer Flüchtlingskonvention von 1951 nimmt bei solchen Personen Bezug auf »die begründete Furcht vor Verfolgung wegen ihrer Rasse, Religion, Nationalität, Zugehörigkeit zu einer politischen Gruppe oder wegen ihrer politischen Überzeugung«. Die Auswirkungen von Umweltkatastrophen und Klimawandel wurden dabei ausgespart, obwohl sie einen zunehmend wichtigen Faktor darstellen. Wir können aber noch einen Schritt weiter gehen. Gibt es nicht *potentielle Flüchtlinge*, denen es zur Flucht lediglich am nötigen Geld mangelt und an Aufnahmeländern, die in erreichbarer Nähe liegen?

(4) *Flüchtlinge sind Gäste auf Abruf.* – Ihr Ort ist die Schwelle; sie befinden sich weder draußen noch drinnen, sie sind nicht mehr dort, woher sie kommen, und noch nicht hier, wohin sie flüchten. Flüchtlinge durchleben eine Wartezeit, einen Advent zwischen guter und übler Hoffnung. Als traumatisierte Opfer der Gewalt sind sie an eine Vergangenheit fixiert, die nicht vergehen will und die ihre Zukunft verdunkelt. Das schon erwähnte Lager Föhrenwald, das nach dem Zweiten Weltkrieg im Hinterland von München als Auffanglager für Displaced Persons, vor allem für solche jüdischer und osteuropäischer Herkunft, eingerichtet wurde, schloß erst 1957 die Tore. Aufgereihte Gedenksteine am Wegrand markieren bis heute die Flüchtlingsroute, die für nicht wenige zu einer Todesroute wurde.

(5) *Flüchtlinge sind Hilfesuchende.* Von ihnen geht ein *Hilfe-*

ruf aus, der sich mehr oder weniger deutlich und dringlich artikuliert, sich aber auch lautlos bemerkbar machen kann. Griechisch gesprochen geht die Hilfe (βοήθεια) auf einen Ruf (βοή) zurück, auf einen Anruf, einen Appell. Die Ankunft der Flüchtlinge zielt ab auf eine Aufnahme am fremden Ort; doch der Übergang vom Aufnahmebegehren zur wirklichen Aufnahme, der Übergang vom fremden Appell zur erwarteten Antwort vollzieht sich nicht leichthin, sondern über eine Kluft hinweg. Die Überbrückung dieser Kluft bildet den Kern der Flüchtlingsfrage.

Der fremde Hilferuf gleicht dem Erstaunen und Erschrecken als einem Pathos, das Antworten provoziert, sich aber nicht auflösen läßt wie ein sachliches Problem. Der Akt des Antwortens liegt nicht in unserem Belieben, er hat etwas Unausweichliches. Wer eine drängende Bitte vernommen hat, kann nicht nicht antworten. Auch wer die Tür verschließt, wer sich selbst verschließt, wer den Ankömmling abweist, antwortet. Die Nötigung zur Antwort gleicht der Nötigung zur Kommunikation. So wie wir laut Paul Watzlawick in einer sozialen Situation nicht nicht kommunizieren können, so können wir in solchen Fällen *nicht nicht antworten*. Dies gehört zu den Grundvoraussetzungen jener Antwortlogik, die unsere Überlegungen leitet. Allerdings können wir der Antwort ausweichen. Ein probates Mittel ist die Verwandlung der zweiten Person in eine dritte Person, die Verwandlung des singulären Anderen in einen bürokratisch zu behandelnden Fall. Die gezielte Verweigerung der Aufnahme »Wir können euch nicht aufnehmen« versteckt sich hinter der Feststellung: »Es können keine (weiteren) Flüchtlinge aufgenommen werden« oder hinter der Vorschrift: »Überschüssige Flüchtlinge sind ›abzuschieben‹« – wie Strandgut. Die Adressaten verschwinden hinter anonymen Maßnahmen, deren Ausführung einem polizeilichen oder militärischen Ordnungsdienst überlassen wird. Im digitalen Zeitalter würde es genügen, Personendaten der Flüchtenden ohne zeitraubende Befragung in entsprechende Computerprogramme einzuspeisen. Man stelle sich vor, die Notstation eines Krankenhauses würde so verfahren. Worin liegt der Unterschied? Gibt es hier überhaupt einen grundlegenden Unterschied? Wie läßt sich verhindern, daß Nothilfe als bloßer Verwaltungsakt ausgeübt wird? Hört man fremdenfeindliche Parolen, so gewinnt man den Eindruck, daß Gedankenlosigkeit sich mit Böswilligkeit mischt. Es fehlt an Sensibilität, weniger an Wissen.

4. Aufnahme: Traditionelle und rechtliche Gastlichkeit

Wenden wir uns den Modalitäten einer Aufnahme ankommender Flüchtlinge zu, so stoßen wir auf uralte, kulturübergreifende Traditionen der Gastlichkeit. Die Fremdheit des Fremden, die allzu leicht ins Feindliche umgebogen wird, ist seit eh und je von einer Aura der Unantastbarkeit umgeben, die den Bereich des Heiligen und des Göttlichen tangiert. Einige Textproben aus unserer abendländischen Geschichte mögen dies demonstrieren. Da Griechenland als Aufnahmeland zur Zeit besonders gefragt ist, bietet sich ein Blick in altgriechische Quellen geradezu an.[2]

In der Bibel wird die Erinnerung an das jüdische Exil wachgerufen, wenn geboten wird: »Die Fremdlinge sollst du nicht schinden noch unterdrücken; denn ihr seid auch Fremdlinge in Ägypten gewesen.« (*Mose* 2, 22) – In der *Odyssee* (14, 56-58) ist es der schlichte Sauhirt Eumaios, der Odysseus unter Berufung auf Zeus, der den Beinamen der Gastliche (ξένος) trägt, mit den Worten empfängt: »Fremdling, es wäre nicht recht [...], einen Fremdling zu mißachten: denn von Zeus kommen sie alle, Fremdlinge und Bettler.« Der Fremdling (ξεῖνος) taucht hier zwiefach auf: im Vokativ der Anrede und im Akkusativ der Aussage, umschlossen von einem »sie alle«. – Hinter der Achtung vor dem fremden Gast öffnet sich das Asyl als geheiligte Zufluchtsstätte. In einem Fragment von Pindar, das den Titel *Die Asyle* trägt, heißt es in der Übersetzung Hölderlins: »Themis, die ordnungsliebende, hat die Asyle der Menschen, die stillen Ruhestätten, geboren, denen nichts Fremdes ankann, weil in ihnen das Wirken und das Leben der Natur sich konzentrierte [...]«. (Werke, Bd. 5, S. 288) – Schließlich regeln in Platons *Nomoi* die Gesetzgeber den Verkehr zwischen den Städten durch ein gestaffeltes Gastrecht, das zwischen Handlungsreisenden, Zuschauern bei Festspielen, Gesandten mit öffentlichen Aufträgen und dem philosophisch interessierten Bildungsreisenden unterscheidet, welch letzterer als ein »seltener Gast« besondere Aufmerksamkeit verdient (*Nomoi* XII, 949e-953e).[3]

2 Zur herkömmlichen und zur aktuellen Sicht auf die Gastfreundschaft vgl. vom Verf., HYP Kap. 10: »Fremdheit, Gasfreundschaft und Feindschaft« sowie die von B. Liebsch, M. Staudigl und Ph. Stoellger edierte Anthologie *Perspektiven europäischer Gastlichkeit* (2016).

3 Wir ziehen wie üblich die Platon-Übersetzung von F. Schleiermacher bzw. H. Müller zu Rate mit gewissen Abänderungen.

Doch eine ausgezeichnete Rolle spielen die Schutzflehenden: »Unter den Vergehen gegen Fremde und Einheimische ist das gegen Schutzflehende das größte.« (Ebd.,V, 730a) Schutzflehende, griechisch Hiketiden, die uns bei Aischylos und Euripides als Titelfiguren begegnen, sind wörtlich »die (zu uns) Kommenden«. In ihnen verkörpert sich der Prozeß der Ankunft.

Versetzen wir uns mit einem Sprung ins Zeitalter der Aufklärung, in dem das Recht eine säkulare, vernunftgerechte Gestalt annimmt, so sehen wir nur noch Funken der Fremdheit aufblitzen. In dem von Kant angezettelten Streit zwischen philosophischer und theologischer Fakultät wird die »reine moralische Religion, mit Verlassung aller alten Satzungslehren« als »Euthanasie des Judentums« vorgestellt (Werke, VI, 321). Fremdes wird berücksichtigt, aber nur in den Grenzen der reinen Vernunft, die selbst »mit nichts Fremdartigem vermischt ist«. So wird dem philosophischen Entwurf *Zum ewigen Frieden* ein Zusatzartikel beigefügt, der bis heute große Beachtung findet. Dieser Artikel, der von den »Bedingungen der allgemeinen Hospitalität« handelt, unterscheidet zwischen einem *Besuchsrecht*, das allen Menschen zusteht und lediglich eine feindliche Behandlung ausschließt, und einem förmlichen *Gastrecht*, das nicht von jedermann gefordert werden kann, da es einen gesonderten Vertrag voraussetzt. Was das Besuchsrecht angeht, so beruft Kant sich auf die Kugelgestalt der Erde, die aufgrund ihrer Endlichkeit alle Menschen nötigt, sich nebeneinander zu dulden, unter Ausschluß eines individuellen Ortsanspruchs, da doch ursprünglich »niemand an einem Orte der Erde zu sein mehr Recht hat, als der andere« (Werke, VI, 213 f.).

Das Weltbürgertum setzt dem individuellen Besitzstreben und auch der Eroberungssucht Grenzen. Der Zug ins Allgemeine hat zur Zeit der westlichen Welteroberung beachtliche Ausmaße angenommen. Was der geographische Druck zur Geselligkeit jedoch unberührt läßt, ist eine dritte Art des Rechts, die wir als *Notrecht* bezeichnen können. Flüchtlinge wären auf eine derartige Rechtsform angewiesen. Doch kann es so etwas geben? Kann es ein Recht geben, wo es keinen Vertrag und keine symmetrische Verteilung von Rechten und Pflichten gibt? In seiner *Rechtslehre* konzediert Kant selbst eine besondere Art von »Notrecht«, getreu der alten Maxime »Not hat kein Gebot (necessitas non habet legem)«. Doch hierbei geht es einzig um die eigene Not, nicht um die fremde.

Dem Anderen das Leben zu nehmen, um sein eigenes Leben zu retten, gilt als »unstrafbar (impunibile)«; denn die Furcht vor der drohenden Todesstrafe kommt gegen die unmittelbare Todesgefahr des Ertrinkens nicht an (Werke, IV, 343).

Das Beispiel entstammt der moralischen Kasuistik. Im Falle eines Schiffbruchs stößt einer den anderen von der rettenden Planke, die nicht für beide Platz hat. Im Zweifelsfall trägt der Trieb zur Selbsterhaltung den Sieg davon. Man kann dieses Schulbeispiel mühelos auf die Flüchtlingslage übertragen. Unser Haus, unser Land ist voll und kann niemanden mehr aufnehmen, selbst wenn man dazu bereit wäre. Die Anwendung des Gastrechts stößt an ihre Grenzen, sobald die kollektive Selbsterhaltung in Gefahr ist. Hinzu kommt im kantischen Obrigkeitsstaat die rigorose Regelung der Ausreise. Der Untertan hat das Recht zur Auswanderung; umgekehrt verfügt aber der souveräne Landesherr über das Recht zur Verbannung und Ausweisung seiner Bürger, er kann jemanden ins »Elend« schicken und innerhalb seiner Grenzen für »vogelfrei« erklären (Werke, IV, 460 f.). Nicht zu übersehen ist, daß auch die antike Demokratie für den Fall, daß jemand über den Rahmen der Gleichheit hinauswuchs, ein Scherbengericht, den Ostrakismos, vorsah (Aristoteles, *Politik* III, 13). Ist die vielgerühmte Geburt der Polis auch darin mit einem Geburtsfehler behaftet?

5. Bedingte oder unbedingte Gastlichkeit?

Gibt es Gastlichkeit, so wird sie Fremden gewährt, die weder als Familienmitglieder und Freunde noch als Mitbürger zu uns gehören. Fremde sind in traditioneller Diktion weder Hausgenossen noch Landsleute. Ein Fremder ist keiner von uns. Ja, aber sind Fremde nicht auch Menschen? Leben sie nicht unter der gleichen Sonne?[4]

4 Die polnische Videokünstlerin Anna Konik präsentierte unlängst im Warschauer Ujazdowski Castle unter dem suggestiven Titel *Under the same city, under the same sky* (2015) eine Reihe von Flüchtlingsschicksalen, erzählt von den betroffenen Flüchtlingen aus aller Welt und gesprochen von einheimischen Sprechern; sie zeigen, wie in derselben Stadt unter demselben Himmel Verschiedene beisammen wohnen. Vgl. Anna Konik 2016, S. 89-120 und dazu im gleichen Band meine Kommentare auf polnisch und englisch: »Anna Konik's View of the Other« und »Selfhood as Mirrored in the Other«. Hinzu kommt als zweiter Band *Silence Heard Loud* (2021).

Sind sie nicht alle Geschöpfe Gottes? Verfügen sie nicht über die gleiche Vernunft? Würden wir das Wir, das über Zugehörigkeit oder Nichtzugehörigkeit entscheidet, einer wie auch immer geeinten Menschheit zuschreiben, so wäre das Wir ein rein inklusives Wir. Alle Anderen wären einbezogen.

In seiner Schrift *Einbeziehung des Anderen* (1996) bezeichnet Jürgen Habermas diese rein inklusive Form der Geselligkeit im Anschluß an Kant als »moralische Gemeinschaft«. Doch eine solch menschenfreundliche und diskursive Lösung stößt auf empfindliche Einwände, wenn wir die »Vielstimmigkeit der Rede« im Auge behalten (vgl. Waldenfels 1999, S. 93-96). Machen wir uns klar, daß ich zugleich hier bin und anderswo, so haben wir mit der Grenzfigur eines »eingeschlossenen Dritten« zu rechnen, wie Michel Serres vorschlägt (siehe oben, S. 49). Gehen wir dagegen von einer umfassenden Menschheit aus, so scheint, ganz abgesehen von der Erörterung der Frage, wer als Mensch zu gelten hat und wer nicht, die Flüchtlingsfrage beantwortet, bevor sie sich stellt. Eine solch umfassende Antwort erweist sich jedoch als brüchig, sobald Flüchtlinge ungerufen vor unserer Tür, an der Landesgrenze, auf der Schwelle zwischen Eigenem und Fremdem auftauchen und Einlaß begehren. Soll doch die Menschheit diese Menschen aufnehmen! Diese Bemerkung klingt zynisch, aber sie berührt einen wunden Punkt.

Wir alle wissen, daß die Aufnahme gerade *dieser* flüchtigen Menschen von einer Unmenge praktischer, technischer, finanzieller, ideeller und materieller Bedingungen abhängt. Wenn Aristoteles in seiner *Metaphysik* bemerkt, der Arzt heile ein Individuum wie Kallikles oder Sokrates, nicht aber den Menschen, außer er tut es beiläufig, so gilt ähnliches für die Flüchtlingshilfe. Halten wir uns also an Situationen einer alltäglichen oder politischen Pragmatik, so stellt sich zwangsläufig die Frage: Und was geschieht mit denen, die nicht unter die Auswahlkriterien fallen, und wer setzt diese fest? Gibt es nicht auch ein außermedizinisches Verfahren der Triage genannten Sortierung? Müssen wir nicht weiter fragen, ob in dem fremden Hilferuf, den wir *nolens volens* vernehmen, nicht etwas Unbedingtes zum Vorschein kommt, das nicht in unserer Hand liegt, anders als bei einem Urteil, das im Namen des Gesetzes ergeht, oder einem Entschluß, den wir persönlich fassen? Dieses Unbedingte würde sich mit dem Unausweichlichen berühren, von dem weiter oben die Rede war.

Bei Emmanuel Levinas, dessen Ethik des Anderen in dem unerbittlich zu uns sprechenden Antlitz des Anderen ihre Inspirationsquelle und ihr Richtmaß hat, verbindet sich die Gastlichkeit mit einer Öffnung des Hauses, mit einer Gabe, die den ökonomischen Eigennutz durchbricht. Gastlichkeit bedeutet die »Sammlung in einem Haus, das dem Anderen offensteht«, und das Wesen der Sprache, in der sich das Ich nach außen wendet, ist »Freundschaft und Gastlichkeit« (1961, S. 147, 282, dt. 250, 444). In seiner Schrift *Von der Gastfreundschaft* (2001) schließt Jacques Derrida sich diesem Ethos der Gastlichkeit an, indem er von Anfang an den Fremdheitsfächer so weit wie möglich öffnet, und zwar in dem löblichen Bestreben, niemanden auszuschließen und dem »Ankömmling (*arrivant*)« eine unbedingte Gastfreundschaft einzuräumen (S. 60):

> Sagen wir ruhig *dem Ankömmling*, vor jeder Bestimmung, vor jeder Antizipation, vor jeder *Identifizierung*, ob es sich um einen Fremden, einen Einwanderer, einen eingeladenen Gast, einen unerwarteten Besucher handelt oder nicht, ob der Ankömmling nun Bürger eines anderen Landes ist oder nicht, ob er nun ein menschliches, animalisches oder göttliches Wesen, lebendig oder tot, männlich oder weiblich ist.

So wandert der Blick hinauf zu einer absoluten, unbedingten Gastfreundschaft, von der es heißt, sie breche mit den Gesetzen der bedingten, rechtlich geregelten Gastfreundschaft. Die Gastlichkeit sondert sich ab vom Gastrecht im Sinne Kants und dringt vom sozialen Status eines bestimmten Fremden vor bis zu einem »unbekannten, anonymen absolut Anderen« (S. 27). Es fragt sich jedoch, wie daraus konkrete Formen der Politik, der Ethik, des Rechts erwachsen sollen, solche also, die auf aktuelle Herausforderungen antworten und nicht nur als regulative Idee im Sinne Kants fungieren, sondern »im Namen des Unbedingten wirklich in die Bedingung der Gastfreundschaft eingreifen« (S. 105). Wird hier nicht ein Übergang erschlichen, wie übrigens ähnlich schon bei Levinas, wenn er suggeriert, jede soziale Beziehung könne hergeleitet werden aus der Epiphanie des fremden Antlitzes, in dem uns die Menschheit anblickt? (1961, S. 188, dt. 307-309)

Bedingte oder unbedingte Gastfreundschaft? Soll die »unbedingte Gastfreundschaft« sich nicht verlieren in der unerreichbaren Ferne einer »negativen Sozialethik« (siehe unten, S. 248), die einer bestimmten Variante von negativer Theologie nahekommt und die sich erschöpft in der Dauerkritik einer »kritischen Kritik«, welche ohne das Gegengewicht des *gaudium de veritate* und oder ohne den »Götterfunken« der Freude leicht sadistische Züge annimmt – so wäre die Un-bedingtheit, ähnlich wie die Un-mittelbarkeit des fremden Antlitzes bei Levinas, mit einem Bindestrich zu versehen. Wir hätten es zu tun mit einer *Unbedingtheit in der Bedingtheit*, die sich mit den Bedingungen wandelt und innerhalb aller Bedingtheit eine Spalte öffnet. Eine »hyperbolische Ordnung«, von der auch Derrida im Zusammenhang mit der Gastfreundschaft spricht (S. 97), würde voraussetzen, daß faktische und kontingente Ordnungen über sich selbst hinausweisen. So würden innerhalb, nicht erst jenseits der politisch-juridischen Ordnungen ethische Überschüsse freigesetzt, die freilich immer wieder durch eine Überflut von Bildern und Informationen, durch ein Übermaß an Deutungen und Regelungen überdeckt und übertönt zu werden drohen.

6. Responsive Politik des Fremden

Die Unausweichlichkeit des fremden Anspruchs gehört zur Urszene des Fremden, sie betrifft auch den Flüchtling vor der eigenen Tür. Die Tür, die sich in den Angeln dreht, kann zur Wand werden, an der fremde Bitten abprallen ähnlich wie an einem Blick, der sich verschließt. Es hängt zwar von unserer Findigkeit ab, was wir zur Antwort geben und wie wir antworten, es hängt aber nicht von uns ab, ob wir antworten. Keine Antwort wäre auch eine Antwort, so wie das Wegsehen ein Sehen, das Weghören ein Hören einschließt und wie sich im Verdrängten das Verdrängen anzeigt.[5]

Unter responsiver Politik verstehe ich eine Politik, die Mittel und Wege ersinnt, um auf Herausforderungen, Aufforderungen und Ansprüche zu antworten. Sie braucht ethische Impulse, erschöpft sich aber nicht in diesen. Eine erfinderische Politik bewegt sich ständig zwischen dem Ordentlichen und dem Außerordentlichen, zwischen dem Normalen, Geregelten und dem Anomalen, Ungeregelten, zwischen dem Bedingten und dem, was nicht zur freien Disposition steht. Sie gerät in eine Pattsituation, falls das

5 Vgl. Freud, *Die Verneinung* (GW XIV), S. 9-15. Zur Unausweichlichkeit der Antwort und zum Ineinander von Bejahung und Verneinung als einem Merkmal der Antwortlogik vgl. AR 348-376.

eine sich vom anderen absondert. Dies hätte zur Folge, daß Normalisten und Extremisten, Pragmatiker und Moralisten einander das Feld streitig machen.

Bezogen auf die Flüchtlingsfrage bedeutet dies, daß die einen voll guten Willens verkünden: »Kommt alle zu uns, die ihr auf der Flucht seid«, während die anderen mit verstocktem Willen abwehren: »Wir nehmen keine weiteren Flüchtlinge auf, bleibt, wo ihr seid«. Das Machbare stünde dem Wünschbaren entgegen, das Eigenwohl dem Fremdwohl, wobei die Abwehr des Fremden vielfach in aggressive Fremdenfeindschaft einmündet. Wir erleben diese Frontbildung zur Zeit in den meisten europäischen Staaten. Was aus diesem Dilemma herausführen könnte, wäre eine differenzierte Vorgehensweise, die Schwierigkeiten nicht leugnet, sich aber nicht mit Ausflüchten begnügt. Vielerlei wäre Tag für Tag zu bedenken. Es möge genügen, einige Gesichtspunkte zu benennen und einige blinde Flecken zu markieren.

(1) »Wir nehmen Flüchtlinge auf«, »wir schaffen das«. Wer ist dieses *Wir*? Wenn Politiker ›wir‹ sagen, so spricht kein schlichtes Wir, sondern jemand spricht stellvertretend in unserem Namen, wie etwa im Falle gewählter Abgeordneter und Regierender. Spricht jemand im Namen »von uns Deutschen«, dann spricht er aber *eo ipso* auch im Namen derer, die im eigenen Land an der Armutsgrenze leben und wenig zu verschenken haben. Das »Wir«, hinter dem sich heterogene Positionen verbergen, bekommt Sprünge.

Spricht jemand im Namen »von uns Europäern«? Mit der wünschenswerten »europäischen Lösung« hat es ebenfalls seine Schwierigkeit, wenn national gewählte Politiker glauben, sie könnten im Namen ganz Europas sprechen. Es gibt ein deutsch, französisch oder polnisch gefärbtes Europa und ein britisches Fast-Europa. Also bedarf es einer Menge von Absprachen. Es bedarf ferner der Wortführer und Anstifter, denn Initiativen lassen sich nicht verallgemeinern wie Gewohnheiten. Wenn Nietzsche 1886 in *Jenseits von Gut und Böse* die Parole »wir guten Europäer« ausgibt und wenn Husserl 1935 in seinem Wiener Vortrag diese Parole aufgreift im Kampf gegen »Europas Müdigkeit«, so sprechen sie *über* Europa, indem sie zugleich *für* Europa sprechen. Eine solche Wir-Rede hebt die Mehrstimmigkeit Europas nicht auf, und eine kollektiv formulierte Willenserklärung kann politische Entschlüsse und Vereinbarungen nicht ersetzen.

(2) Die *Aufnahme* von Flüchtlingen ist eine Aufnahme mit verteilten Rollen. Aufnahmebeamte, Polizisten, Lehrende, Erziehende, Mediziner, Berater, Nachbarn, freiwillige Helfer und viele andere sind auf recht verschiedene Weise beteiligt und werden in verschiedenem Maße in Anspruch genommen. Diese Vielzahl aufeinander abzustimmen gleicht der Bildung eines Chors oder eines Orchesters. Führt ein Unbeteiligter ohne Umschweife das »Wir« im Mund, so gleicht dies einem Verschenken fremder Güter. Es gibt ferner ein Aufnahmeklima und ein Ablehnungsklima, an dem viele indirekt beteiligt sind. Dies beginnt mit Alltagsgesten und einem Alltagsverhalten. Wie »man« sich verhält, ist für den anonymen Ankömmling höchst bedeutsam. Wer in den Zeiten des Flüchtlingszustroms Aufnahmeszenen an den Bahnhöfen beobachten konnte, wird sich vor pessimistischen Klischees hüten, selbst wenn brennende Flüchtlingsheime fatale Signale aussenden und wenn sich auf Demonstrationen oftmals eine andere Sprache Luft verschafft.

(3) Wie steht es mit der *Registrierung*, mit der Identifizierung und Sortierung von Flüchtlingen? Derrida hat gewiß recht, wenn er darauf besteht, daß wir den eigentümlichen Status des Gastes verfehlen, wenn wir seine Fremdheit auf ein Bündel von Merkmalen, Qualitäten, Zugehörigkeiten und Statusmerkmalen reduzieren und Fremdes an Eigenem messen. So stellt Derrida sich in seiner Besinnung auf die Hospitalität die Frage: Beginnt nicht die Gastfreundschaft damit, »daß man empfängt, ohne zu fragen, in einer doppelten Streichung, der Streichung der Frage und des Namens?« Wird nicht die Gastfreundschaft »dem Anderen *gewährt*, ihm *geschenkt*, bevor er sich identifiziert [...]?« (2001, S. 29) Dieses »bevor« ist jedoch nicht unverfänglich. Es läßt sich nicht im Sinne einer zeitlichen Abfolge verstehen, als gäbe es zuerst den fremden Appell und dann die eigene Antwort und als stiege der Gast aus heiterem Himmel auf unsere Erde herab. Vielmehr ist dieses »bevor« zu verstehen als zeitliche Verschiebung, in der die uneinholbare Vorgängigkeit des fremden Anspruchs auf die unvermeidliche Nachträglichkeit meiner Antwort trifft derart, daß beide Glieder dieses Doppelereignisses sowohl getrennt wie verbunden sind. Diese Zeitfigur bezeichne ich mit einem Ausdruck, der sich bei Plotin wie auch bei Levinas findet, als Diastase, wörtlich als ein Auseinandertreten der Erfahrung.

Die Antwort verdankt ihre Bestimmtheit nicht einer nachträglichen Identifikation, sondern der Tatsache, daß der oder die Andere *als jemand* auftritt und so unsere Hilfe und Nähe sucht. So wie wir etwas nur wahrnehmen oder verstehen, indem wir es *als etwas* auffassen oder verstehen, so antworten wir jemandem nur, indem wir ihm oder ihr *als jemandem* begegnen. Ohne dieses Als, das schon mit der geschlechtlichen Differenzierung des geschlechtsneutralen Du beginnt und sich in Alter, Gesundheitszustand, sozialer und ethnischer Herkunft fortsetzt, würde der leibhaftige Fremde sich verflüchtigen in einen Anderen überhaupt. Die Unbestimmtheit ist eine *Unbestimmtheit in der Bestimmtheit*, eine bestimmte Unbestimmtheit. Wird diese Bestimmtheit unterschlagen, so bleibt wie bei Jean-Luc Marion nur eine »reine Form des Appells« zurück (1989, S. 296). Wird die Frage »Woher kommst du?« suspendiert, so bleibt auch die Frage nach dem Status des Flüchtlings unbeantwortet. Die Frage, ob jemand ein Asyl beanspruchen kann, würde sich nicht einmal stellen. Wir befänden uns in einem rechtsfreien Raum.

Eine unterschiedslose Rede von »Flüchtlingen« hat zur Folge, daß Unterschiede wie die zwischen dem förmlichen Asylanten, dem Flüchtling aus einem als sicher deklarierten Land, dem eingereisten Ausländer und einem Inländer mit »Immigrationshintergrund« verschwimmen. Es breitet sich ein Fremdheitsnebel aus, der diffusen Gefühlen und dubiosen Vorurteilen Eingang verschafft. So bemerkt der 1971 geflohene syrische Schriftsteller Rafik Schami, der inzwischen in Deutschland eine neue Heimat gefunden hat, aber weiterhin täglich mit seinen Familienangehörigen in Damaskus telefoniert: »Jetzt wird der Strom der Flüchtlinge egalisiert, alle sind gleich, alle sind Muslime, alle sind fremd. Dabei ist das Wort ›alle‹ eine Diffamierung, weil es den Einzelnen nicht sieht und sehen will.«[6] Nicht-Identität sollte nicht gegen Identität ausgespielt werden und Identität nicht gegen Nicht-Identität. Wer mehr und anderes ist, als er ist, ist doch auch, wer er ist. Ebendarin bekundet sich das inkarnierte Selbst in all seiner Farbigkeit und Verwundbarkeit. Der Neuropsychologe Ernst Pöppel stellt fest: »Die Frage ›Wer bin ich eigentlich?‹ läßt sich nicht mehr unabhängig von dem

6 *Süddeutsche Zeitung* vom 19./20. 3. 2016, S. 58 und vom gleichen Autor *Ich wollte nur Geschichten erzählen* (2017).

Zeitpunkt beantworten, an dem sie gestellt wird«. (1997, S. 114), und er gelangt von daher zu einer »Ähnlichkeit mit uns selbst«, die eine strikte Identität schon im Tag-Nacht-Wechsel unterläuft. Leiden Identitäre etwa unter Schlaflosigkeit?

(4) Die Identifizierung betrifft auch die Macht des *Namens*. Wenn Odysseus sich selbst den Namen »Outis« zulegt, so beansprucht er die Namenlosigkeit eines Niemands (οὔτις), die jedoch dem namhaften Jemand (τις) verhaftet bleibt. Der Name ist ein Zeichen der Erkennung und Anerkennung, im vokativischen Gebrauch lehnt er sich an das »Du« an. Hören wir die Anfangsworte aus Sophokles' *Antigone* (übersetzt von R. Woerner): »Ismene, Schwester – teures Haupt, mir blutsverwandt! Weißt du ein Unheil, uns vererbt von Oidipus, das Zeus, schon seit wir leben, nicht an uns erfüllt?« Oder vergegenwärtigen wir uns die Ortssuche gleich zu Beginn von *Ödipus auf Kolonos*: »Antigone, Tochter eines alten blinden Manns, in welche Gegend nun, zu welcher Männer Stadt gelangten wir? – Wer wird dem Flüchtling (τὸν πλανήτην, wörtlich: »dem Umherirrenden«) Oidipus Obdach und schmale Zehrung geben diesen Tag?« Und weiter heißt es: »[...] bis wir erforscht, wo wir denn sind; als Fremde (ξένοι) müssen wir ja doch Einheimische (ἀστῶν) befragen.« In diesem Dialog, der sich zwischen lauter Fremden abspielt, antwortet der von dem flüchtigen Fremden selbst als Fremder (ὦ ξεῖνε) angesprochene Einheimische mit dem Ortsnamen »Kolonos«. So vernimmt der verbannte Ödipus aus fremdem Mund den Namen des Ortes, an dem er Zuflucht sucht und am Ende Zuflucht findet.

Namen sind aber nicht nur Rettungsanker, sie können sich auch als Fallen erweisen. Dies gilt für die zivilen Namen, die Juden spät aufgezwungen wurden und die vielfach die nichtarische Herkunft verrieten. Ähnliches gilt für nicht wenige Einwanderer ins Ruhrgebiet, die ihre polnischen Namen eindeutschten oder ablegten.[7] Es gilt für die in Frankreich eingeführte Anonymisierung von Bewerbern, die der Disqualifizierung arabischstämmiger Kandidaten vorbeugen soll. Aufnahmefreudiger wäre allerdings die Bereitschaft,

7 Eine ironische Pointe: In Zeiten des glühenden Nationalismus hätte Nietzsche seinen Namen gern auf ein slawisches Niče zurückgeführt; die Ahnenforschung hat diese Herkunft nicht bestätigt, doch gut erfunden ist sie. Aber es gibt genügend urkundlich belegte Gegenbeispiele: Meine Großeltern väterlicherseits stammten aus den Masuren bzw. aus Niederschlesien und hießen Kosakowski.

den fremdem Namen als solchen gelten zu lassen. So verteidigt Walter Benjamin die platonische Liebe als eine »Fernenneigung«, als eine »Liebe, die nicht im Namen ihre Lust büßt, sondern die Geliebte im Namen liebt« (*Kurze Schatten*, S. 368).

(5) Die Integration von Flüchtlingen braucht Zeit, oft sehr viel und viel zuviel Zeit. Es kann dahin kommen, daß der Asylant »das Hoffen verlernt«, wie einer von ihnen resigniert bemerkt. Das Warten selbst findet in einer *Übergangszeit* statt und an *Übergangsorten*, die teilweise als »Wartebereiche« bezeichnet werden. Dieses Provisorium wirft eigene Fragen auf. Bei der Erörterung der Unterbringung von Flüchtlingen werden immer wieder Befürchtungen laut, mit den Flüchtlingen werde die Kriminalität im Gastland zunehmen. Laufende Statistiken in Deutschland zeigen bei Flüchtlingen jedoch keineswegs eine Kriminalitätsrate an, die über die landesüblichen Durchschnittswerte hinausgeht, und dies trotz erschwerender Umstände. Der stets drohende Übergang in terroristische Aktionen stellt ein eigenes Problem dar, das ich hier ausklammere. Nichts wäre fataler als die schlichte Vermischung der Flüchtlingsfrage mit Fragen der Terrorismusabwehr, die sich auch bei einheimischen Kriminellen stellen. Doch selbst wenn wir uns vor einem übertriebenen Verdacht hüten, stoßen wir auf Tatbestände, die uns davon abhalten sollten, eine radikal gedachte Gastlichkeit völlig von den Bedingungen des Gastrechts abzulösen. Der Deutsche Presserat sucht dem Rechnung zu tragen, indem er neuerdings verlangt, man möge die Staatsangehörigkeit von Tatverdächtigen berücksichtigen, sie aber nur bei »begründetem öffentlichen Interesse« aufdecken.

Einerseits hat Derrida recht, wenn er sich mit Kant dagegen wehrt, Gastlichkeit auf einen Gastvertrag zurückzuführen. Bestünde ein solcher Vertrag, so wäre der Flüchtling kein Flüchtling mehr. Aufnehmende und Ankömmlinge würden sich bereits auf einem gemeinsamen Boden begegnen, selbst wenn Einzelheiten auszuhandeln wären. Von zahlenden Gästen, wie sie im sogenannten Gasthaus ein- und ausgehen, können wir absehen; sie bekommen nichts geschenkt, sie bekommen, was sie selbst vergüten. Gäste im eigentlichen Sinne haben in der Tat stets etwas Außerordentliches, da sie nicht in den Verteilungszyklus einer Kommunität oder Sozietät eingegliedert sind. Ebendies gilt auch für Flüchtlinge. Andererseits kann selbst eine provisorische Aufnahme nicht besagen, daß der Gast zu nichts verpflichtet ist. Würden die Ankömmlinge in ihrem Verhalten die geltende Haus- oder Landessordnung mißachten und geltende Gesetze durch eigene ersetzen, so wären sie Eindringlinge und keine Gäste mehr. Wenn Zugewanderte sich strafbar machen und wenn sich am Rande der zivilen Gesellschaft eine sogenannte Clan-Kriminalität einnistet, die ihren eigenen Gesetzen folgt, so können die Betroffenen keinen Flüchtlings- oder Migranten-Bonus für sich in Anspruch nehmen.

Es gehört zu den fatalen Folgen einer beschönigenden *political correctness*, daß man die schwarzen Seiten der Migration ausspart, nur weil die Xenophobie daraus Kapital schlagen könnte. Die vorbehaltlose Gastlichkeit stößt an eine innere Grenze, nicht weil der Gastgeber den Gast einseitigen Bedingungen unterwirft, sondern weil er den »Verkehr versucht« und »Gesellschaft anbietet«, wie Kant selbst schreibt. Ich gebe abschließend nochmals dem aus Damaskus stammenden Flüchtling und Einwanderer Rafik Schami das Wort. In seinen »Ratschlägen für Flüchtlinge« (zitiert nach Klose, Schmitz 2017, S. 339) findet sich der Leitsatz:

> Sie sollten wissen, ein Gast in der arabisch-islamischen Welt ist ein edler Gefangener seines Gastgebers. Die bürgerliche Gesellschaft achtet die Würde, auch die des Fremden, daher sind sie keine Gefangenen, sondern Gäste mit beschränkten Rechten. Ein Weiser wirft keinen Stein in den Brunnen, aus dem er trank.

Ein Verkehr zwischen Einheimischen und Zuwanderern ist auch unterhalb der Schwelle offizieller Verträge nicht denkbar ohne stillschweigende Bedingungen, die auf einem impliziten, unausgesprochenen Vertrag beruhen. Ein wesentlicher Aspekt ist und bleibt die sprachliche Verständigung; doch sie vollzieht sich nicht nur verbal, sondern auch gestisch in einem Zwischenbereich. Sprechen heißt eo ipso, sich bestimmten Bedingungen unterwerfen und bestimmte Verpflichtungen eingehen. Die Zwischensprachlichkeit schwindet auch dann nicht, wenn Einwanderer sich mit Erfolg um das Erlernen der Landessprache bemühen. Die Tatsache, daß es heute ein Fach »Deutsch als Fremdsprache« gibt, zeugt von Bemühungen, die einseitige Binnenperspektive zu erweitern. Als sekundäre Sprachen behalten erlernte Sprachen immer Züge einer Fremdsprache. Bis zu einem gewissen Grad gilt dies selbst für die Muttersprache, die das Kind von Anderen empfängt (siehe unten, S. 181 f.). Wir müssen uns nur davor hüten, Fremdheit einseitig als Mangel zu betrachten, als wären wir uns des Eigenen sicher. Niemand steckt ganz und gar in seiner eigenen Haut.

(6) Mit der praktischen Anerkennung haus- und landeseigener Usancen und Regelungen beginnt bereits die Integration, die am Ende zu einer förmlichen Mitgliedschaft führen kann. Um diese Integration als offenen Prozeß zu beschreiben, dessen Ausgang nicht von vornherein feststeht, wären *Übergangsinstanzen* ins Auge zu fassen. Ich denke bei dieser Formulierung *mutatis mutandis* an die halb dinglichen, halb personalen Übergangsobjekte im Sinne Winnicotts, etwa an Kuscheltiere oder an eine Holzspule wie in dem Fort/Da-Spiel von Freuds Enkel, die es dem Kleinkind ermöglichen, sich in die Abwesenheit der Mutter oder der Bezugsperson einzuüben (Winnicott 1973).

Im Falle von Flüchtlingen geht es um einen Wandel des Selbst, bei den vielen mitgeflohenen Kindern allerdings auch um das Werden des Selbst. Die Wartezeit, die eine Leere um sich zu verbreiten droht, ließe sich provisorisch füllen durch Eindrücke, Kontakte, Spiele und Tätigkeiten, die noch keine Zukunft schaffen, sie aber doch andeuten und anbahnen. Es ginge darum, den Schwellenraum und die Schwellenzeit vor der Leere eines Niemandslandes zu bewahren. Die sogenannten »Transitzonen«, die in Deutschland zur Diskussion gestellt wurden, stießen unter anderem deshalb auf Ablehnung, weil damit ein haftähnlicher Niemandsort geschaffen würde, der jede Gastlichkeit geradezu ausschlösse.

Die Gestaltung des Übergangs ist ferner auf *Übergangsfiguren* angewiesen, die nicht bloß Fremden etwas beibringen, sondern als Dritte fungieren, die für den Fremden einstehen und im Bereich normaler Ordnungen fremde Ansprüche geltend machen. Dieses Sprechen *für Andere* geht nicht auf in dem Sprechen *mit Anderen* oder *über Andere*. Zu diesen Übergangsfiguren gehören Dolmetscher, Übersetzer, auch Anwälte, Therapeuten und Feldforscher und eben auch Helfer und Berater, wie sie bei der Aufnahme von Flüchtlingen benötigt werden. Solche Übergangsfiguren fungieren als »Figuren der Stellvertretung«, die für die Ausbildung einer nicht individualistisch zersplitterten Sozialsphäre unabdingbar sind.

(7) Die Art der Flüchtlingsaufnahme bemißt sich unter anderem an den verschiedenartigen *Zukunftsperspektiven*. Wird eine Aufnahmestätte als Provisorium eingerichtet, so macht es einen

Unterschied, ob Flüchtlinge sich selbst als potentielle Einwanderer oder als potentielle Rückkehrer verstehen. Zu glauben, es sei für Menschen aus aller Welt das höchste der Gefühle, in einem beliebigen westlichen Industrieland zu leben, ist gewiß vermessen. Abgesehen davon läßt die zunehmende Mobilität und Multilokalität, die auch aus vielen Einheimischen zeitweilige Fremde macht, den erwähnten Unterschied weniger definitiv erscheinen als in früheren Zeiten. Der Wunsch nach einer doppelten Staatszugehörigkeit sollte nicht als mangelnde Loyalität ausgelegt werden. Er eröffnet Chancen für eine fruchtbare internationale und interkulturelle Verflechtung.[8]

(8) Die Sondierung möglicher Zukunftsperspektiven ist nicht ablösbar von der Frage nach den *Fluchtgründen* und *Fluchtursachen*. Die Flucht ist selbst eine oft hilflose und überstürzte Antwort auf Umstände und Zustände, die als unerträglich erlebt werden. Die Unerträglichkeit enthält ihrerseits einen gewissen Spielraum; die Genfer Konvention berücksichtigt neben der tatsächlichen Verfolgung auch »begründete Furcht vor Verfolgung«. Als sicher eingestufte Länder werden von der Asylbewilligung ausgeschlossen. Dies schließt viele Härten ein, die im Einzelfall sorglich zu prüfen wären. Allerdings läßt sich das »Notrecht«, das auf Verfolgung als auf eine spezifische soziale Zwangslage Bezug nimmt, nicht auf jegliche Form der Armut, der Ausbeutung und des Elend ausweiten, ohne daß Verteilungsprobleme entstehen, die über die Wahrung von Grundrechten weit hinausgehen und eine Art von Weltsozialstaat voraussetzen würden.

Dies bedeutet nicht, daß die Fremdenpolitik an den Grenzen des Rechts haltmachen muß. Auch Flüchtlinge, die nicht unter das strenge Asylrecht fallen, können Hilfe beanspruchen. Dies gilt umso mehr, wenn man berücksichtigt, daß die potentiellen Aufnahmeländer Europas vielfach durch ihre frühere Kolonialpolitik einheimische Strukturen zerstört und Entwicklungen blockiert haben und daß Marktstrategien und Waffenexporte, dies allerdings weltweit, zur gegenwärtigen Notlage ganzer Kontinente beitragen. Europa hat inzwischen einige Verantwortung übernommen, aber

8 Dies betrifft auch die sogenannten Parallelgesellschaften. Ton Nijhuis weist im Hinblick auf die niederländische Tradition darauf hin, daß Parallelgesellschaften nicht also solche problematisch sind, sondern daß es darauf ankommt, was sich in ihnen abspielt (Nijhuis in: Klose, Schmitz 2017, S. 141).

die Neigung zur Flucht aus der gemeinsamen Verantwortung ist nicht zu übersehen. Jedenfalls sollte die begründete Aussonderung von Asylanten nicht zu einer Scheidung in ›echte‹ und ›unechte‹ Flüchtlinge beitragen. Sowohl das Wohlstandsgefälle wie der Waffenhandel erzeugen einen globalen Druck, der eine säuberliche Trennung in Innen- und Außenpolitik längst hinfällig gemacht hat. Eine Flüchtlingspolitik, die von diesen Entwicklungen absähe, gliche einer Medizin, die sich auf reine Palliativmedizin beschränken würde.

IV. Das Machbare und das Unmachbare – Philosophie nach Fukushima

> Radioaktivität. Wir Menschen fürchten uns davor. Selbst die Bäume haben Angst. Aber sie sind stumm.
> Swetlana Alexijewitsch,
> *Aus einem Bildband zu Tschernobyl*

1. Prometheus und Epimetheus

Philosophie nach Fukushima? So lautete das Thema einer Videokonferenz, die kurz nach der Katastrophe von 2011 von Kollegen aus Tokio veranstaltet wurde. Ein *Nach-denken* also, ein Denken danach? In der griechischen Mythologie ist es Epimetheus, der sich zu spät besinnt, nachdem Prometheus bereits sein Werk getan und »das Feuer vom Himmel gestohlen« hat. Der junge Marx erinnert daran zu Beginn seiner Dissertation als an eine Urtat des Menschen. Daß der mythische Täter den Diebstahl durch seine Fesselung zu büßen hatte, zeigt, daß Eingriffe in die Natur von Anfang an als nicht ganz geheuer erschienen. Prometheus bekommt Pandora zur Frau, die mit der Öffnung der »Büchse der Pandora« eine Fülle von Plagen in die Welt bringt; nur die schwache Hoffnung bleibt zurück. Tatsächlich steht Fukushima, trotz seines Namens, der auf deutsch ›Glücksinsel‹ bedeutet, in einer Reihe alarmierender Warnzeichen: Harrisburg 1979, Tschernobyl 1986, bis heute unbewohnbar, schließlich Fukushima 2011 und zuvor schon in Japan Hiroshima und Nagasaki 1945. Gewiß hatte der Abwurf von Atombomben andere Ursachen als das Abschmelzen von Brennstäben, doch die katastrophalen Folgen sind ähnlich. Der Zeitpunkt, zu dem ein Tsunami mit der enormen Stärke 9 die Kernschmelze im Atomkraftwerk Fukushima-Daiichi auslöste, ist genau verzeichnet: 11. 3. 2001, 14:46 Uhr.

Nachdem der Krieg vorbei war, hätte man für Friedenszeiten daraus lernen können, anstatt seine Hoffnung auf eine unschuldige Techno-Ökonomie zu setzen. Wer hätte lernen können? Sicher nicht die Opfer, wohl aber die Überlebenden und Nachlebenden, denen ein geschärftes Gefahrenbewußtsein zuzumuten wäre. Es gab schon lange warnende Stimmen wie die des deutsch-jüdischen Emigranten Günther Anders, der 1945 nach Europa zurückkehrte und sich, aufgeschreckt durch das Ausmaß der Zerstörung, in einer internationalen Bewegung gegen Atomwaffen engagierte. Er konstatierte eine allgemeine »Apokalypse-Blindheit«. In diesem Zusammenhang sprach er von einem »prometheischen Gefälle« und einer »prometheischen Scham«. Dabei dachte er an die fatale Lage des Menschen als eines Wesens, das durch seine eigenen Produkte überholt und überrollt wird. »Wie verstörte Saurier lungern wir inmitten unserer Geräte herum.« Prometheus, der zukunftsgerichtete Held der Technik, an den der Autor erinnert, ist der Antipode seines Bruders Epimetheus. Er selbst versinnbildlicht ein *Vor-denken*, ein Denken im voraus. Doch was helfen dem Menschen alle Prognosen, wenn sein Tun, Verstehen und Fühlen nicht länger mit seinen eigenen Werken Schritt hält? Bedrohliche Figuren wie der jüdische Golem aus Prag oder Goethes Zauberlehrling begleiten die westliche Zivilisation schon seit langem.

Die Lektionen, die uns die Atomkatastrophen heute erteilen, gehen quer durch die Welt, von den hochkapitalistischen USA über das zerfallende sowjetisch-kommunistische Imperium bis ins fernöstliche Japan, in dem die Werte einer traditionalen Eigenkultur sich mit den Errungenschaften der westlichen Zivilisation vermischen. Weitere Unglücksplätze stehen bereit. Wenn die alten Schemata von Vor- und Nachdenken, von Vergangenheits- und Zukunftsorientierung nicht mehr ausreichen, so hilft nur ein *Um-denken*, ein Denken anderer Art, das die gewohnten Bahnen verläßt. Mit dem »Umdenken der Technik« greife ich auf eine Formulierung zurück, die ich bereits in den achtziger Jahren benutzt habe, als es mir darum ging, den »Stachel des Fremden« zu schärfen und die »Reichweite der Technik« zu berücksichtigen. Folgt man den kritischen Bedenken Adolf Muschgs, mit denen der Schweizer Autor sich zum Thema »Japan und die Katastrophe« äußert, so findet ein solches Umdenken im heutigen Japan vorwiegend im Schatten der »undurchsichtigen Komplizenschaft von Wirtschaft und Politik« statt, die in einer »Umwidmung der Kernenergie zur Friedenskraft« das Weite sucht.[1] An eine Energiewende ist in nächster Zeit offenbar nicht zu denken.

1 Siehe den von Raimund Wördemann und Karin Yamaguchi herausgegebenen Band *Länderbericht Japan* (2014). S. 34 f.

Das letzte Wort ist in dieser Sache sicher noch nicht gesprochen. Die Komplexität der technologischen Problematik zwingt außerdem zur Selektion. So beschränke ich mich im folgenden auf drei klassische Grundmotive, auf *Oikos*, *Praxis* und *Ethos*. Diese drei Motive gehen auf die Anfänge der westlichen Philosophie zurück, sie sind aber immer wieder neu zu durchdenken und interkulturell zu variieren, auch im Hinblick auf den vorliegenden Fall.

2. Oikos: Welt als Umwelt und Mitwelt

Descartes schreibt den Menschen die Aufgabe zu, sich zu *maîtres et possesseurs de la nature*, zu »Herren und Besitzern der Natur« aufzuschwingen, und Hobbes unterwirft die menschliche Natur sozialen Konstruktionen, die in der biblischen Gestalt des Leviathan einen mythischen Beiklang bewahren. Im Theoretischen wie im Praktischen regiert die Kunst des Machens, die mit der überlieferten Pflege des Werdenden konkurriert. Im Zuge dessen reduziert sich die Umwelt letzten Endes auf einen leeren Raumbehälter, in dem es nur noch ausgedehnte Substanzen gibt und in dem Kausalprozesse ablaufen, die reinen Gesetzen der Trägheit unterliegen. Der leere Raum, in dem es weder ein Oben und Unten noch ein Rechts und Links gibt, ist buchstäblich unbewohnbar; denn niemand und nichts ist darin *an seinem Platz*. Diese Entweltlichung und Entmenschlichung der Natur gehört zum Erbe, aber auch zur Hypothek der westlichen Moderne. Sie ist die Kehrseite großer Entdekkungen, aber auch Resultat einer großen Vereinfachung. Doch die Natur wehrt sich. Schon bei Horaz heißt es: »Du magst die Natur mit der Mistgabel austreiben, sie wird dennoch immer wieder zurückkehren – *naturam expellas furca, tamen usque recurret.*« Mit der Macht über die Natur wächst auch deren Gegenwehr.

Das Umdenken findet einen ersten Halt in dem altgriechischen Begriff des *Oikos*. Gleich wie die übrigen Grundbegriffe bedarf allerdings auch er der Überprüfung; denn wir leben nicht mehr im wohlgeordneten Kosmos der Antike. Der griechische Oikos bezeichnet ursprünglich das Haus und das Hauswesen, auch den Bereich des Eigenen. Er bildet den Kern der klassischen Lehre der *Ökonomie*. Der Oikos gewinnt einen neuen Sinn in der von den Biologen Ernst Haeckel und Jakob von Uexküll begründeten Disziplin der *Ökologie*, deren Gewicht sich inzwischen stark von der Umwelt*lehre* hin zum Umwelt*schutz* verschoben hat. Das Haus bezeichnet einen Ort, den der Einzelne mit Anderen teilt. Wohnen impliziert eine leibhaftige Zugehörigkeit zu dem Ort, an dem man sich aufhält. Bewohner sind hier oder dort, aber weder irgendwo noch überall. Es bilden sich Merkwelten und Wirkwelten, Innenräume und Außenräume, Nahwelten und Fernwelten, Straßenläufe und Wegkreuzungen. Das Leben breitet sich aus in einer Pluralität kultureller und interkultureller *Lebenswelten*, die sich zu »Netzen der Lebenswelt« zusammenschließen. Dabei durchdringen sich natürliche Umwelt, technische Formung, historische Kulturwelt und soziale Mitwelt. Der Austausch mit Anderen geht ebenso wie der Streit mit Anderen immer auch durch die Dinge. Internet und World Wide Web bieten eine technologische Infrastruktur für diesen weltweiten Zusammenschluß, doch sie sind kein Ersatz für die jeweilige Lebenswelt, in der sich unser gemeinsames Leben abspielt.

Auch die Atomindustrie, der unser besonderes Augenmerk gilt, läßt sich nicht ablösen von ihrem lebensweltlichen Hintergrund. Die Atomkraft erzielt niemals bloß technische und ökonomische Effekte, sie setzt das Leben der Bevölkerung besonderen Risiken aus. Diese Risiken, zu denen massive und langanhaltende Gesundheits- und Umweltschäden gehören, lassen sich nicht schlicht gegen Euros, Dollars oder Yens aufrechnen, als handle es sich bloß um geschäftliche Unkosten oder technische Rechenfehler. Es gibt keine *reine* Ökonomie, sowie es keinen *rein* ökonomischen Menschen gibt. Die Kritik, die Marx am kapitalistischen Konstrukt eines *homo oeconomicus* übt, wird auf neue Weise aktuell. Die Kritik an einer Warengesellschaft, die alles auf Tauschwerte reduziert, kehrt in den ethnologischen Forschungen von Marcel Mauss wieder. Die Institution des Gabentauschs bringt einen nichtökonomischen Überschuß ins Spiel, von dem auch die Gastlichkeit zehrt, von der im vorigen Kapitel die Rede war. Ökonomie ist von Anfang an mehr als bloße Ökonomie; sie ist immer auch biologische, politische oder soziale Ökonomie, sobald man das Umfeld der Wirtschaft in Betracht zieht, in dem ganze Industrielandschaften entstanden wie etwa das Ruhrgebiet.

Die nachteiligen Wirkungen betreffen nicht nur spektakuläre Schäden und Unfälle, sondern auch den gewöhnlichen Atommüll, dessen Strahlungen sich nicht ausschalten lassen wie bei einer Glühbirne. Die Billigkeit des »Billigstroms«, den die Betreiber von

Atomwerken anpreisen, beruht teilweise auf einer »Milchmädchenrechnung«. Wie der Soziologe Ulrich Beck in seinem Buch *Risikogesellschaft* (1986) hervorhebt, haben Naturschäden »einen bestimmten Anfang, aber einen offenen Ausgang«; sie lassen sich nicht privatisieren und nicht abstellen wie eine gewöhnliche Maschine. Zu Unrecht geht man von der Fiktion aus, techno-ökonomische Prozesse spielten sich in einem menschenleeren Raum oder in einem wetterfesten Labor ab. Wie wir jüngst erfahren haben, sind technische Eingriffe in die Natur imstande, bewohnbare Lebenswelten in unbewohnbare Wüsten zurückzuverwandeln.

Der Phänomenologe Edmund Husserl war einer der Lehrer von Günther Anders. Seine 1936 erschienenen Betrachtungen zur »Krisis der europäischen Wissenschaften« befassen sich vorwiegend mit dem neuzeitlichen *Physikalismus*, der die qualitativen Erfahrungen der Lebenswelt auf methodisch erzeugte Formeln und Konstrukte reduziert. Galilei ist für Husserl ein »entdeckender und verdeckender Genius«, der uns dazu verführt, »daß wir für *wahres Sein* nehmen, was eine *Methode* ist« (siehe oben, S. 27). Bei schrankenloser Nutzung von Atomenergie verbindet sich der Physikalismus mit einem *Ökonomismus*, der alle Güter in Nutzwerte verwandelt, und er verbindet sich mit einem *Technizismus*, der alle Was-Fragen und Warum-Fragen auf ein funktionales Know-how reduziert, und inzwischen verbindet er sich mit einem *Digitalismus*, der die Gegebenheiten der Erfahrung auf bloße Daten, Algorithmen und Programme zurückführt, die sich in der Beantwortung von Wie-Fragen erschöpfen.

Was die *Techne* angeht, so ist sie so unentbehrlich und so alt wie der menschliche *Logos*, ich habe mich deshalb wiederholt in Anlehnung an die Phänomenologie auf eine genuine *Phänomenotechnik* bezogen. Bei der laufenden Technikkritik geht es also, wenn man sie recht versteht, einzig um den wachsamen Umgang mit der Technik und um ein Mehr oder Weniger an Technik. Doch in extremen Fällen, in denen Funktionsstörungen sich in Formen der Destruktion zu entladen drohen, geht es um ein Alles oder Nichts. Es hat keinen Sinn, die Atomdebatte als eine Sonderdebatte zu führen, die sich einzig um Waffengewalt oder um Energiegewinnung dreht. Diese speziellen Debatten sind vielmehr Teil einer Debatte, in der die permanente Rückbindung systemischer und technischer Prozesse an die Lebenswelt auf dem Spiel steht. Die Verkennung oder Verharmlosung atomarer Risiken ist Teil einer weit um sich greifenden *Lebensweltvergessenheit.*

Wenn Husserl schreibt, eine wirkungsvolle Kritik der Wissenschaften habe sich »an die wirkliche Methode und Arbeit selbst« zu halten und nicht »an die üblichen akademischen Gelegenheitsreden« (Hua VI, 228), so gilt ähnliches für Atomdebatten. Es wäre ein Unding, sie bloßen Spezialisten zu überlassen. Nicht erst die Bewertung, sondern schon die Abwägung von Risiken stellt kein rein wissenschaftlich-technisches Problem dar. Dasselbe gilt für die Festsetzung von Grenzwerten bei auftretenden Strahlenbelastungen, bei der die Behörden sich erstaunliche Schwankungen erlauben. Ähnliches gilt neuerdings, angesichts zunehmender Hochwasserschäden, für die Forderung nach einer »hochwasserangepaßten Bauweise«. Kant hatte schon gleich nach dem Erdbeben in Lissabon vor der Sorglosigkeit eines unbekümmerten Umgangs mit der Natur gewarnt und dazu bemerkt, daß, »wenn Menschen auf einem Grunde bauen, der mit entzündbaren Materien angefüllt ist, über kurz oder lang die ganze Pracht ihrer Gebäude durch Erderschütterungen über den Haufen fallen könne«. Er fährt fort auf den Bahnen Rousseaus: »Der Mensch muß sich in die Natur schicken lernen, aber er will, daß sie sich in ihn schicken soll.« (Ak.-Ausg. Bd. 1, 456)

Aufs Ganze gesehen bedeutet dies, daß Ökonomie und Ökologie sich im Lebensbereich des Oikos überschneiden. Dies gilt auch für den Standort der Wirtschaft, der eng mit der menschlichen Arbeitswelt und Wohnwelt verbunden ist, ganz im Gegensatz zum symbolischen Ort der Börse, einem Geldtempel, der notfalls im Netz seinen Platz findet, ohne daß viel verlorengeht. So stellt sich die wichtige Frage, ob nicht jede Ökonomie Überschüsse des *Anökonomischen*, des Überflusses und der unentgeltlichen Gabe wachruft, die als »Hyperphänomene« ihre gesteigerte Wirkung entfalten (vgl. HYP Kap. 7). Die zerstörerische Gewalt menschlich verursachter Katastrophen enthält stets unberechenbare Elemente, die sich nicht nach Soll und Haben bilanzieren lassen. Dazu gehören auch psychische Schäden wie das Angsterleben, das den vertrauten Boden brüchig werden läßt, das das In-der-Welt-sein der Bewohner erschüttert und ein langandauerndes Nachbeben hinterlassen kann.[2]

2 Vgl. den Bericht von Thomas Hahn in der *Süddeutschen Zeitung* vom 13./14. 3. 2021: »Nachbeben. Am 11. März 2011 zerstörte ein Tsunami den Traum von sauberer Kernenergie. Die Angst vor der Strahlung bleibt.«

3. Praxis: Handeln unter Risiko

Der zweite Kernbegriff, den es heranzuziehen gilt, ist der Begriff der *Praxis*, des Handelns. Handeln besagt mehr als Machen, als die Ausführung spezieller Handgriffe oder isolierter Akte, und es besagt erst recht mehr als die Durchführung einer formal geregelten Operation, die auch ein Computer oder ein Roboter verrichten kann. Vicos Gleichsetzung von *ens* und *factum* verwischt wichtige Unterschiede im Bereich dessen, was unter Mitwirkung des Menschen geschieht. Gewisse Grundzüge des Handelns prägen bis heute nicht nur den Alltag, sondern sind auch vor Gericht von Belang. Dazu gehört, daß der Handelnde Ziele verfolgt, daß er bestimmten Regeln folgt, daß er geeignete Mittel anwendet, daß er situative Umstände berücksichtigt und Chancen abwägt.

Das verantwortliche Handeln, das sich darin ausprägt, beschränkt sich auf das, *was in unserer Hand liegt*, auf das *Tunliche*. Für Aristoteles, der in seiner Ethik und seiner Politik erstmalig diesen Handlungsbegriff entwickelt hat, sind Naturvorgänge wie Wachstum und Witterung aus dem Bereich des Handelns ausgeschlossen; sie lassen ich auf vielfältige Weise beeinflussen, aber nicht eigenmächtig in Gang setzen. Das gleiche galt für fremde Handlungen, so etwa für das, was einst jenseits der griechischen Grenze bei den Skythen am Schwarzen Meer geschah, und es gilt schließlich für Zufälle wie den Fund eines Schatzes im Acker, der sich nicht einplanen läßt (vgl. *Nik Ethik* III, 3-6). Doch inzwischen hat sich einiges geändert. Die säuberliche Sonderung dessen, was sich tun läßt, von dem, was sich nicht tun läßt, ist aus vielerlei Gründen immer weniger möglich. Dies liegt an den weltweit sich ausbreitenden Verkehrs- und Nachrichtennetzen. Es liegt aber auch an der größeren Reichweite technischer Prozesse, wie atomare Unfälle und Katastrophen es uns mit aller Deutlichkeit vor Augen führen.

Die Macht der Technik hat sich im Laufe der Jahrhunderte immens gesteigert. Die Entwicklung läuft vom Gebrauch handlicher Werkzeuge über den Einsatz automotorischer Kraftmaschinen bis hin zur Installation automatischer Apparaturen, die sich selbst steuern und regulieren. Eine Atombombe ist weit entfernt von einem Werkzeug, ein Atomkraftwerk weit entfernt von einer Werkstatt. Damit stellt sich die Frage, in welchem Maße traditionelle Handlungskonzepte weiterhin tauglich sind.

Beginnen wir mit der *Abgrenzung des Handlungsfeldes.* Zur Neuzeit gehört die Bindung der Bürgerrechte an den Besitz, vor allem an den fest umzäumten Landbesitz. *My home is my castle*, so lautet die englische Devise. Für Japaner ist das herkömmliche Haus weit entfernt von einer Burg, es ist Kern eines Gartens, der die Natur einläßt. Die häusliche Nutzung des Landes greift längst über auf die Nutzung des Meeres durch Fischfang, Handelsschiffahrt und inzwischen auch durch Ölbohrung. Im Hintergrund stehen Hoheitsrechte, die souveränen Staaten zugesprochen werden. Doch die schädlichen Folgen technischer Prozesse machen keineswegs an Besitz- und Landesgrenzen halt. Dies gilt für die globale Klimaveränderung durch Luftverschmutzung, es gilt aber eben auch für die Wirkungen, die von defekten Atomanlagen ausgehen.

Die Strahlungen, die durch die Katastrophe von Tschernobyl freigesetzt wurden, drangen in atomaren Wolken von der Ukraine weit nach Rußland und in das benachbarte Weißrußland vor; sie verseuchten dort ganze Landstriche und hinterließen Spuren im gesamten Mitteleuropa. Das Goethe-Institut in Minsk hat 1996 mit einem Projekt »Echo des Schweigens« der Katastrophe gedacht. Man blickt auf eine düstere Serie von Kunstphotos, die Bildtitel tragen wie »Entsiedlungsszene«, »Briefe in den Himmel«, »Verwehendes Sonnenlicht«, »Totenmesse für Lebende« oder »Belarussisches Guernica«. Was dann später in Fukushima geschah, greift auf das umliegende Meer über. Auf dem Stadtgebiet von Prypjat breitet sich eine Mondlandschaft aus, die man mit Fremdenführern besucht.[3] Oder nehmen wir ein Beispiel, das sich noch im Stadium des Risikos befindet. Das 1970 errichtete oberrheinische Atomkraftwerk Fessenheim steht zwar auf französischem Boden, aber nur einen Kilometer von der deutschen Grenze entfernt, dazu in einem Gebiet, das mit dem Rheingraben erdbebengefährdet ist. Von etwaigen Schäden ist das badische Freiburg ebenso bedroht wie das schweizerische Basel. Atomare Strahlungen kümmern sich nicht um Landesgrenzen und Hoheitsrechte. Aus diesem Grund bildete sich im oberrheinischen Dreiländereck über die Landesgrenzen hinaus eine interregionale Antiatombewegung. Mit den Fernwirkungen der Technik ändern sich auch die Maßstäbe der Geopolitik. Im Jahre 2020 wurde das Kraftwerk endgültig stillgelegt.

3 Vgl. den von Gerd Ludwig und Michail Gorbatschow herausgegebenen Bildband *Der Lange Schatten von Tschernobyl* (2017).

Doch von den neueren Entwicklungen ist nicht nur der Handlungsspielraum betroffen, sondern auch der Kern des Handelns als eines selbsttätigen Tuns oder Machens. Symptomatisch dafür ist das Risiko, das man mit dem Handeln eingeht. In seinem Buch *Vertrauen* (2003, S. 30 f.) unterscheidet Niklas Luhmann explizit zwischen Gefahr und Risiko. Um *Gefahr* handelt es sich demnach, wenn die jeweiligen Schädigungen äußeren Ereignissen zuzuschreiben sind, um *Risiko*, wenn sie der eigenen Entscheidung unterliegen. Doch auch diese schlichte Unterscheidung gerät aus vielerlei Gründen ins Wanken.

Zum ersten verwischt sich der Unterschied zwischen Gefahr und Risiko, sobald Handlungen in *systemische Prozesse* übergehen. Dies begegnet uns nicht allein bei der Freisetzung atomarer Zerfallskräfte, sondern auch bei Eingriffen in die genetische Erbsubstanz sowie bei der Einflußnahme auf das Klima oder bei der Auslösung von Finanzkrisen. Gefahren von außen verwandeln sich mehr und mehr in selbsterzeugte Risiken, und Handlungen laufen über Handlungskurven, die statistischen Trends folgen und keinen festen Regeln. Die Entfremdung menschlicher Produkte läuft hinaus auf eine tendenzielle Enteignung des eigenen Tuns, die sich durch keine Wiederaneignung rückgängig machen läßt.

Ferner gilt: Je globaler die Prozesse sich gestalten, um so *unkalkulierbarer* werden sie. Wenn dynamische Systeme der Handlungskontrolle entgleiten, weiten lokalisierbare Gefährdungen sich aus zu »Globalgefährdungen«, wie Ulrich Beck feststellt (1986, S. 18). Der euphemistische Ausdruck »Restrisiko«, der sich an den Grenzen einer herkömmlichen praktischen Vernunft orientiert, wäre im Falle atomarer Prozesse zu ersetzen durch einen Ausdruck wie »Globalrisiko«. Die katastrophalen Ausnahmefälle, die in »probabilistischen Sicherheitsanalysen« errechnet werden, können *heute* eintreten, selbst wenn die Wahrscheinlichkeit zwischen 1 : 1 Million und 1 : 100 000 pro Jahr liegt.

Schließlich ändert sich die Zurechenbarkeit von Handlungen. Schon im Normalfall müssen wir von einer dosierten und differenzierten Beteiligung ausgehen. Im Zentrum steht in Fukushima der Atombetreiber Tepco. Einzelpersonen, die sich daran beteiligen, sind mehr oder weniger verantwortlich je nachdem, welche Position sie im Handlungsfeld einnehmen. Doch der Faden, der die Aktion an den Akteur bindet, reißt völlig, wenn die begrenzte

Zurechenbarkeit in *Unberechenbarkeit* übergeht. Wer war der Täter? Wer ist zur Verantwortung zu ziehen? Niemand. Technische Netze suggerieren soziale Kontakte, obwohl sie sich doch vielfach namentliche Ansprechpartner ersparen und auf diese Weise jede persönliche Haftung ausschalten. Typisch sind Callcenter mit anonymen Rufnummern, auf die man sich als reklamierender Kunde nicht berufen kann. Die alten »Gesellschaften mit beschränkter Haftung« verwandeln sich in »Gesellschaften ohne persönliche Haftung«.

Doch folgt aus der weitgehenden Anonymisierung von Rede und Handlung, daß deren Folgen, darunter ein hohes Maß an zugefügtem Leid, gleichermaßen anonymisierbar sind? Sind Strahlenopfer von Hiroshima, sind durch den Einsatz chemischer Vernichtungswaffen vergiftete Vietnamesen und jüdische oder armenische Genozidopfer niemand? Eine »allgemeine Komplizenschaft« und »allgemeine Verantwortungslosigkeit« scheint um sich zu greifen: »Man handelt sozusagen in eigener Abwesenheit«, so abermals Ulrich Beck (1986, S. 43). Am Ende haben wir es mit bloßen *Risikoverwaltern* zu tun; man geht Risiken ein, aber auf Kosten anderer, indem man die Folgen von sich selbst abschüttelt. Man erlaube mir ein Wortspiel: objektiven Prozessen kann man keinen Prozeß machen.

Sofern Risiken stets etwas Unberechenbares an sich haben, sprengen sie den Handlungsrahmen. Handlungen sind allerdings von Anfang an keine reinen Handlungen, die wir Schritt für Schritt kontrollieren. Handlungen werden mehr oder weniger inszeniert; verkörpertes Handelns wird in Bewegung gesetzt unter Bedingungen, die wir nie völlig beherrschen (vgl. Varela, Thompson 1992, Kap. 8). Handelnd antworten wir auf etwas, das uns widerfährt. In extremen Fällen überfällt uns etwas, ohne daß wir über passende Antworten verfügen. Kurt Goldstein spricht in seiner Behandlung hirnpathologischer Fälle wiederholt von Angst auslösenden »Katastrophenreaktionen« (2014). Dies gilt in erhöhtem Maß für katastrophale »Großschadensereignisse« wie neuerliche Überschwemmungen und Waldbrände, von denen eine unbestimmte Menge von Menschen betroffen ist. Die Antworten, die wir individuell oder kollektiv wohl oder übel geben, sind Ereignisse, an denen wir als Handelnde nur mehr oder weniger beteiligt sind.

Dieses Mehr oder Weniger schließt die Möglichkeit von *Fern-*

handlungen ein. Darunter sind Handlungen zu verstehen, die über den Nahbereich hinaus dringen und in der Ferne Wirkungen auslösen, ohne daß der Handelnde sie überschaut oder beherrscht. Dies trifft zu auf den Kampfpiloten, der per Knopfdruck den Abwurf der Bombe auslöst und dabei Städte zerstört und Ländereien verwüstet, Menschen tötet oder verstümmelt, ohne daß er den Opfern der Vernichtung je ins Auge schaut. Es trifft erst recht zu auf Kampfdrohnen, die als »Killerroboter« nicht nur Handlungsempfehlungen liefern, sondern teilweise auch eine eigenständige Auswahl treffen. Die selbstverständliche Annahme, militärische Roboter könnten nicht nur denken, sondern auch töten, beruht allerdings auf der Verwischung eines Unterschieds, der jedem Juristen geläufig ist. Man unterscheidet zwischen einem Töten, das *jemandem* angetan wird, und einem Vernichten, mit dem *etwas* aus der Welt geräumt wird. Die Markierung von Häftlingen in Zwangslagern trägt zur Verwischung des Unterschieds bei.

Zwischen Handlungsbeginn und Handlungsfolgen liegt in jedem Fall eine Kluft, die nicht durch leibhaftiges Tun, sondern nur durch technische Kontrollen und nachträgliche Informationen notdürftig ausgefüllt wird. Auf diese Weise kommt es zu einer engen Verquickung von *Eigenhandlung* und *Fremdwirkung*, aber auch von Eigenrisiko und Fremdrisiko, bei der wir von einer »Mitwirkung der Dinge« auszugehen haben. Ähnlich geht es zu, wenn Atomkraftanlagen in Betrieb genommen werden. Es handelt sich dabei weder um reine Freiheitshandlungen noch um reine Naturvorgänge, sondern um ein Ineinander von Freiheit und Natur, wie es einem leiblich realisierten, technisch vermittelten Verhalten entspricht. Der Verantwortungsbegriff wäre dementsprechend auszuweiten. Verantwortliches Handeln im Sinne von Max Webers Verantwortungsethik besagt, daß wir nicht nur verantwortlich sind für das, was wir *tun*, sondern auch für das, was wir *bewirken*, ohne daß wir es im einzelnen wissen und wollen. Dies legt uns eine gewisse Zurückhaltung auf und gebietet uns, nicht alles zu tun, was wir tun können. Der alte Satz »Widerstehe den Anfängen!« gewinnt unter diesen Umständen eine neue Bedeutung.

4. Ethos: Leben in der Nähe und in die Ferne

Wenn zutrifft, daß wir zusammen mit Anderen die Welt bewohnen und daß wir dabei zugunsten, aber auch auf Kosten Anderer handeln, dann sind wir immer schon mit fremden Ansprüchen konfrontiert. Dem *Dialog* als einem Sprechen mit Anderen entspricht eine *Heteropraxis*, nämlich ein Handeln zusammen mit Anderen und ein Handeln, das auf Ansprüche von Anderen antwortet (vgl. AR 437-462).

Der Bezug auf den Anderen nimmt besondere Formen an, wenn Handlungen, die sich in der Nähe abspielen, jene Fernwirkungen erzielen, von denen soeben die Rede war. Dies bedeutet, daß wir *jetzt* bewirken, was sich *später* auswirkt. Diese technisch gedehnte Zeitspanne verleiht der Zeitlichkeit neues Gewicht. Beim hochtechnisierten Handeln erweitert sich die Langzeitperspektive. In diesem Sinne sprechen wir heute von *Nachhaltigkeit*, wenn es um Eingriffe in die Natur und in den Naturhaushalt geht. Das naturwissenschaftliche Modell des Experiments, das seit Francis Bacon zur Befragung der Natur eingesetzt wird, stößt an seine Grenzen, wenn Experimente sich nicht beliebig wiederholen und Entwicklungen sich nicht umkehren lassen. Dies aber ist tatsächlich der Fall angesichts der Tatsache, daß die Welt, in der wir leben und wirken, kein geschlossenes System bildet, sondern ein Feld mit offenen Horizonten. In verstärktem Maße betrifft dies die Langzeitwirkungen katastrophaler Ereignisse. Wäre Fukushima ein Experiment, so wäre es ein todbringendes. Als *experimentum mortis* wäre es ein *experimentum crucis* besonderer Art.

Doch was haben Diagnosen und Prognosen mit dem Ethos zu tun? Unsere westliche Zivilisation, die längst zur Weltzivilisation angewachsen ist, hat einige Dogmen oder Halbdogmen hervorgebracht, die bis heute allzu selbstverständlich wiedergekäut werden. Ich denke zunächst an das Dogma der Trennung von *Sein und Sollen*. Diese Trennung, die bis auf Hobbes zurückgeht, hat zur Folge, daß technische Fragen, die es mit dem bloßen Seinkönnen zu tun haben, von moralischen und rechtlichen Pflichten eines Tunkönnens durch eine Kluft getrennt scheinen. Für die Einschätzung und Akzeptanz atomarer Risiken wären dann naturwissenschaftliche und technische Experten zuständig. Um Lebensschäden würden sich Versicherungen, Therapeuten und, wenn es ans Sterben geht, trauernde Hinterbliebene kümmern und vielleicht noch Pfarrer, die den letzten Segen geben. Politiker stünden hilflos in der Mitte, indem sie mögliche oder wirklich eingetretene Katastrophen mehr oder weniger geschickt verwalten.

Das zweite Dogma, das ich im Auge habe, bezieht sich auf den Primat der *Selbsterhaltung*. Man propagiert einen naturgegebenen *Selbsterhaltungstrieb*, der jedem Fremdinteresse und jeder Fremderhaltung vorangeht. »Das erste Gut ist für jeden die Selbsterhaltung (*conservatio sui*)«, so äußert sich Hobbes, der für die praktische Egozentrik tonangebend ist, in seiner Schrift *Vom Menschen* (11, 6). Als das höchste Übel gilt dementsprechend der eigene Tod durch fremde Hand. In liberalistischer Sicht wird das Eigeninteresse abgemildert zu einem *wohlverstandenen* Eigennutz. Doch wer legt fest, wie das Interesse zu verstehen ist? Mit Hobbes stellt sich die Frage: *Quis interpretabitur?* Wer wird interpretieren? Die Frage nach der Deutungsinstanz ist eine eminent politische Frage. Ich möchte mich hier nicht auf den Bahnen einer allgemeinen Ideologiekritik verlieren, sondern auf einen einfachen Sachverhalt hinweisen. Die Forderung nach einem nachhaltigen Umgang mit natürlichen Ressourcen und die Warnung vor den Langzeitfolgen technisch herbeigeführter Katastrophen laufen ins Leere, wenn individuelle Selbsterhaltung und Selbsterweiterung den Ton angeben. Der bekannte Ausspruch »Nach uns die Sintflut« klingt zynisch; aber er ist in Wirklichkeit realistisch, wenn das Lebensinteresse mit dem Selbsterhaltungstrieb zusammenfällt und wenn mit dem eigenen Ende jeder Zukunftsanspruch erlischt.

Daran ändert sich nichts, wenn man einen ethischen Überbau errichtet, der über keine eigenen Kräfte verfügt. Wenn es ein Ethos gibt, das Zukunft verspricht, so nur ein radikales Ethos, das in den ›Sachen selbst‹, in der Sache des Lebens und Denkens verankert ist. Der springende Punkt liegt in einem fremden Anspruch, der mich zur Antwort zwingt, ob ich will oder nicht. Emmanuel Levinas antwortet auf das Dogma der Selbsterhaltung, indem er den Spieß umdreht: »Warum betrifft mich der Andere? Was geht mich Hekuba an? Bin ich der Hüter meines Bruders?« (Siehe unten, S. 228). Diese alten rhetorischen Fragen beruhen, gleich ob sie aus der Bibel oder von Shakespeare stammen, gleich ob sie die versklavte trojanische Königin betreffen oder Abel als erstes Opfer einer Familienfehde, auf einer *petitio principii*. Wer so fragt, setzt stillschweigend voraus, daß es ihm primär um sich selbst geht.

Anders steht es, wenn unsere Erfahrung damit beginnt, daß wir auf fremde Ansprüche antworten. Damit ändert sich das »Gewicht der Dinge«. Es zeigt sich, daß der Schwerpunkt meiner selbst außerhalb meiner selbst liegt. Der Andere, der meine Existenz beunruhigt und in Frage stellt, ist aber nicht nur der Andere, der mir von Angesicht zu Angesicht begegnet, sondern es ist auch der Andere als Glied in der Kette künftiger Generationen. In der Verkettung der Generationen nimmt die Zukunft konkrete Formen an. Sie manifestiert sich als eine *fremde Zukunft*, die mehr bedeutet als eine verlängerte Gegenwart, sei es, daß diese auf unseren eigenen Plänen und Erwartungen beruht oder daß sie aus anonymen Trendberechnungen resultiert. Davon wird in Kapitel IX ausführlich die Rede sein. An dem Unerwarteten und Unerwartbaren dieser Zukunft partizipiert aber auch die Natur, mit der wir vermittels unserer Leiblichkeit und Zwischenleiblichkeit verbunden sind. Die Schonung der Natur ist Teil der Achtung, die wir anderen Menschen, aber auch anderen Lebewesen schulden. So finden wir in dem erwähnten Bildband zu Tschernobyl eine Äußerung der ukrainischen Nobelpreisträgerin Swetlana Alexijewitsch: »Radioaktivität. Wir Menschen fürchten uns davor. Selbst die Bäume haben Angst. Aber sie sind stumm.« Das Ethos macht vor der Physis nicht halt.

Ich erlaube mir, an dieser Stelle einen phänomenologisch sensiblen Bericht von Elmar Holenstein einzublenden, den ich nach einer E-Mail vom 16. 3. 2011 zitiere. Mein Schweizer Kollege hat das Erdbeben von Yokohama aus in freier Natur leibhaftig miterlebt, er schreibt dazu:

> Ich befand mich auf meinem üblichen Nachmittagsspaziergang. Ich war gerade auf einer Wiese an einem relativen steilen Abhang mit vielen (bald blühenden) Kirschbäumen, als ich unerwartet eine Gleichgewichtsstörung verspürte, keine momentane, wie sie ja vorkommen kann, wenn man einen falschen Schritt macht, sondern eine andauernde. Ich dachte, ich hätte einen kleinen Hirnschlag (ehrlich!), bis ich merkte, daß der Boden um mich herum sich hin und her bewegte. Die Baumstämme, auf die ich dann achtete, schienen sich seltsamerweise nicht zu bewegen, nur die Sträucher am Rande der Wiese, jedoch bloß so, als ob ein leichter Wind wehen würde. Obwohl das Beben ungewöhnlich lang dauerte, was ein Zeichen für ein wahrscheinlich starkes Beben ist, ging ich nicht sofort nach Hause.

Eine Philosophie nach Fukushima kann die technologischen Entwicklungen nicht ignorieren. Aber sich ihnen ausliefern hieße das Denken aufgeben. Die Voraussetzungen, denen die Technik unterliegt, und die Nachwirkungen, die von ihr ausgehen, sind nicht selbst spezifisch technisch, sie sind Teil der Lebenswelt. Den Bewohnern der Lebenswelt fällt ein Mitspracherecht zu, sie sollten es ausüben, in eigener wie in fremder Sache. Hier berühren sich Philosophie und Politik, die seit den ältesten Zeiten unserer Kultur zusammengehören.

V. Der Leib als Umschlagstelle zwischen Kultur und Natur

> Der Leib ist unser allgemeines Medium einer Welthabe.
> Maurice Merleau-Ponty, *Phénoménologie de la perception*

> Das erste und natürlichste Objekt und gleichzeitig technische Mittel des Menschen ist sein Körper.
> Marcel Mauss, *Les techniques du corps*

»Natur und Kultur, sie scheinen sich zu fliehen«, so könnte man einen alten Satz Goethes abwandeln. Doch haben sie sich wirklich, »eh' man es denkt, gefunden«? Und wenn ja, worin finden sie sich? Natur steht hier für das, was blindlings ohne unser Zutun geschieht, Kultur für all das, was wir Menschen aus uns und unserer Umwelt machen und was durch Gewöhnung zur zweiten Natur wird. Als Zwischenglied bietet sich der Leib an, aber nur dann, wenn wir die lebendige Leiblichkeit, die jedem von uns eignet, von der bloßen Körperlichkeit unterscheiden, wie sie auch Himmelskörpern und Festkörpern der Physik zukommt.

1. Zwischen Natur und Kultur

In der europäischen Antike, die in vielerlei Hinsicht dem alten fernöstlichen Denken nahesteht, war der Mensch mit Leib und Seele in der *Physis* beschlossen. Als wohlgeordneter Kosmos umfaßte sie alles, was sich selbst auf sein Ziel hin bewegt. In Platons *Timaios* ist das Weltall nicht nur mit einer Weltseele, sondern auch mit einem Weltleib (σωμα τοῦ κόσμου) ausgestattet.

Mit dem Einbruch der Moderne verwandelt sich die Physis in die *natura*, in der sich nichts selbst bewegt, sondern alles ohne Ziel und Zweck nach mechanischen Gesetzen bewegt wird. Die bloße Natur tritt in Gegensatz zu einer autarken Welt des Geistes. Aus der *mater* wird die *materia*. Die freigebige *Mutter* Natur verwandelt sich laut John Locke in physisches *Material*, das der Schaffung einer menschlichen Kulturwelt dient (*Second Treatise of Government*, V, 28 u. 43) So schwingen wir Menschen uns laut Descartes auf zu

»*maîtres et possesseurs de la nature* – Herren und Eigentümern der Natur« (*Discours de la méthode*, VI). Doch die erfolgreiche Reduktion der Natur auf bloße Kausalabläufe rächt sich, indem sie unseren Leib von der Seele abspaltet und ihn in eine Körpermaschine verwandelt. Die Dualität von kulturell gepflegter Innenwelt und technisch bearbeiteter Außenwelt ist seit Descartes ein Dauerthema. Es beginnt ein Prozeß permanenter Bastelei, der bis heute andauert. *Dualistische* Konstruktionen führen zu extremen Alternativen wie Naturalismus oder Kulturalismus, Materialismus oder Spiritualismus. Sie werden kompensiert durch *monistische* Einheitsvisionen, die teils spekulativ angelegt sind, teils ins Esoterische und Irrationale ausufern. Visionen des Lebens, die in spirituellen, vitalistischen, biologistischen und auch rassistischen Farben schillern, gehören zum Erbe einer westlichen Zivilisation, die ihren eigenen Erfolgen zu erliegen droht.

Es fehlt nicht an Versuchen, die alten Dualismen zu überwinden, ohne sich einem neuerlichen Monismus zu unterwerfen. In der jüngeren Gegenwart, die manche als Postmoderne bezeichnen und die ich, wenn es sein muß, als Hypermoderne bezeichnen würde, weicht der Gegensatz von Natur und Kultur einer Verflechtung oder Verschränkung, einem *Ineinander* von Kultur und Natur. Die neuere Phänomenologie des Leibes, die von Ludwig Feuerbach und Friedrich Nietzsche frühe Anregungen empfing und die von Edmund Husserl, Maurice Merleau-Ponty, Helmuth Plessner und deren Nachfolgern gründlich ausgearbeitet wurde, spielt hierbei eine entscheidende Rolle. Husserl setzt mit seiner anticartesianischen Revision bei der Lebenswelt an. In seiner 1935/36 entstandenen *Krisis* stellt er sich angesichts einer weitgehenden Überschattung der Philosophie durch die Psychologie die Frage: »Wie steht es nun mit den menschlichen Seelen?« Die Antwort lautet lapidar: »Konkret erfahren sind Menschen.« Erst die Abstraktion der Welt auf eine Außenwelt bloßer Körper und die Abstraktion des Menschen auf pure Körperlichkeit ruft als »ergänzende Abstraktion« eine psychische Innenwelt hervor (Hua VI, 231). Die Lebenswelt, von der all unsere Gefühle, Gedanken und Taten ausgehen, geht jedoch einer Verdoppelung in Kultur und Natur voraus. Keine Kultur ist zugänglich, ohne daß die untergründige Natur »mitfungiert« (Hua I, 162). Die Natur ist »immer mit dabei« wie unser eigener Leib.

Befragen wir nach dem transzendentalen Phänomenologen den

strukturalen Anthropologen Claude Lévi-Strauss. In seinem Werk *Die elementaren Strukturen der Verwandtschaft*, das etwa zehn Jahre nach Husserls *Krisis* verfaßt wurde, stellt er fest, der Gegensatz von Kultur und Natur sei »weder eine ursprüngliche Gegebenheit noch ein objektiver Aspekt der Weltordnung«, sondern vielmehr eine »künstliche Schöpfung der Kultur«. Es gebe eine »Verzahnung« von Natur und Kultur derart, daß immer wieder Natürliches durchbricht und eine neue »Reprise« anhebt. So gibt es keine »Naturvölker«, sondern lediglich eine kulturell wechselnde Nähe oder Ferne zur Natur (1981, 24f.). Es gehört zur Selbstentdeckung und Selbstaufklärung der Kultur, daß sie selbst mehr ist als reine Kultur, da sie über sich selbst hinausweist in Richtung auf einen präkulturellen Vorbereich, einen interkulturellen Zwischenbereich und auf transkulturelle Überschüsse. Diese Figur der Selbstüberschreitung hat die Kultur mit der Leiblichkeit gemein. Neuere kulturanthropologische Versuche wie die von Bruno Latour oder Philippe Descola lassen erkennen, wie man von cartesianischen Denkmustern nicht loskommt, falls man einer Konzeption der Leiblichkeit beharrlich aus dem Wege geht. So vertritt Descola in seinem Kampf gegen einen angeblichen Grundkontrast zwischen prämodernem Animismus und modernem Naturalismus die These, »daß jeder Mensch sich als eine aus Interiorität und Physikalität zusammengesetzte Einheit wahrnimmt« (siehe unten, S. 159). Im Gegensatz zu diesem zwiefachen Jenseits von Natur und Kultur versetzt uns das Phänomen des Leibes jedoch in ein Diesseits von Natur und Kultur, das heißt in einen Bereich, in dem eine strikte Trennung noch nicht stattgefunden hat.

2. Leibliche Zwischenphänomene

Es stellt sich die Frage, wie wir die Zwischenstellung des Leibes fassen können, ohne einer einseitig kulturalistischen oder naturalistischen Sicht- und Sprechweise zu verfallen. Diese Frage stellte sich schon Descartes in seinem Briefwechsel mit der Prinzessin Elisabeth. Übrigens ist dies einer der seltenen Fälle innerhalb der westlichen Philosophietradition (nur der westlichen?), in denen eine Frau zu Wort kommt; ein anderer Fall ist die liebeskundige Diotima in Platons *Symposion*. Descartes' adelige Gesprächspartnerin bezweifelt nun also, daß der Arzt den Leib repariert wie eine defekte Maschine und daß Schmerzen nichts weiter sind als Anzeichen von Körperzuständen. Die Antwort, die Descartes in seinem Brief vom 28. 6. 1643 gibt, lautet bekanntlich: Was zur Vereinigung von Seele und Körper gehört, läßt sich sehr klar erkennen durch die Sinne. Speziell besagt dies: »man lernt die Vereinigung der Seele mit dem Körper zu begreifen nur durch das Leben und alltägliche Gespräche – *en usant seulement de la vie et des conversations ordinaires*« (*Briefwechsel*, S. 23). Gleichwohl erblickt der Philosoph hierin, platonisch gesprochen, nur eine »zweitbeste Fahrt« (*Phaid.* 99c-d), da sie den Verworrenheiten des *ordre de la vie* verhaftet bleibt und die Klarheit des *ordre de la raison* nicht erreicht. Im Gegensatz dazu drehen sich im Blickwinkel einer Phänomenologie des Leibes und der Lebenswelt die Verhältnisse um. Sie beginnt als radikale Philosophie der Erfahrung mitten im leiblichen Zwischenbereich und nicht mit einem reinen »Ich denke«. Sie beginnt aber auch nicht mit einem privaten »Ich fühle«; mit einem neueren *sentio ergo sum*, von dem die sogenannte Neue Phänomenologie sich leiten läßt, stünde es nicht viel besser als mit dem älteren *cogito ergo sum*. Das Ego mag unumgänglich sein, doch dreht sich alles um mich selbst? Gibt es im leiblichen Erleben und Verhalten Privates, das erst nachträglich in ein Gemeineigentum überführt wird? Kann das Ich für sich selbst eine »absolute Identität« reklamieren, ohne sich durch die schiere Inanspruchnahme einer solchen Identität selbst Lügen zu strafen? Ist jemand identisch, der sich *als identisch* ausgibt?

Scheuen wir uns also nicht, dem halbherzigen Rat Descartes' zu folgen und ihm mehr Kredit einzuräumen, als Descartes ihm selbst zugesteht. Sobald wir gewöhnliche, unscheinbare leibliche Phänomene in den Blick nehmen und uns nicht durch Vorurteile den Blick trüben lassen, werden wir gewahr, wie wir uns als leibliche Wesen unaufhörlich auf der Schwelle von Kultur und Natur bewegen, sobald wir von der einen zur anderen überwechseln.

Der Wechselverkehr beginnt mit dem schlicht alltäglichen, aber auch nachdenklichen *Gehen*. In seinen Objektionen gegen Descartes' *Zweite Meditation* pariert Gassendi, der selbst aus der Physik der epikureischen Schule schöpft, den Satz »Ich denke« mit einem »Ich gehe«; das *cogito ergo sum* weicht einem provokanten *ambulo ergo sum*. Das Gespräch endet mit einem Patt. Descartes' Gegenrede *ô caro* findet ihre ironische Replik in Gassendis Anrede *ô anima*

(AT VII, 413). Doch in welcher Sprache reden die beiden Philosophen miteinander? Diese Frage stellt sich immer, wenn Philosophen aneinander vorbeireden. Hätte Gassendi sich nicht darauf berufen können, daß das Denken als Gedanken*gang* etwas mit dem aufrechten Gang zu tun hat, mit dem der Mensch sich über die anderen Geschöpfe erhebt? – In einem thematisch einschlägigen Text greift der österreichische Schriftsteller Thomas Bernhard diesen alten Kontrast auf, indem er Gehen und Denken auf obsessive Weise ineinander verknäult und darin erste Spuren von Geisteskrankheit entdeckt. »Wir können nicht sagen, wir denken, *wie* wir gehen, wie wir nicht sagen können, wir gehen, *wie* wir denken, weil wir nicht gehen können, *wie* wir denken, nicht denken, *wie* wir gehen«, so heißt es in seinem Essay *Gehen* (1971, S. 85, Kursivierung B. W.). Die hartnäckig behauptete Unvergleichbarkeit von Denken und Gehen entspringt selbst einem Vergleich; die beiderseitigen Vergleichsversuche laufen überkreuz. – Ferner sehen wir, wie hinter dem »Ich« des »Ich gehe« ein Fragezeichen auftaucht. »Ich gehe« und »Es geht« sind unzertrennlich, wenn wir uns mit Platon die alltägliche Fehlleistung des Stolperns vor Augen halten. Schon Thales stolpert in eine Grube, zum Gelächter der thrakischen Magd; das Philosophieren erweist sich von Anfang an als nicht ungefährlich, zumal dann, wenn nur der Leib (μόνον τὸ σῶμα) des Philosophen in der Stadt wohnt, während seine Seele Höhen und Tiefen der Welt durchmißt (*Theait.* 173e-174a). Aber auch Descartes gerät in der *Zweiten Meditation* in der Anfangsphase des Zweifelns »unversehens in einen tiefen Strudel«, der ihm den Boden unter den Füßen wegzieht und ihn in tiefe Verwirrung stürzt; das *ego cogito* droht in einem *turbatus sum* zu versinken, für den einsamen Denker gibt es nichts zu lachen (AT VII, 24). – Man könnte schließlich mit Brechts *Geschichten vom Herrn Keuner* fortfahren. Unter dem Leitsatz »Weise am Weisen ist die Haltung« hält Herr Keuner einem Philosophen, der ihm allzu beredt von seiner Weisheit erzählt, entgegen: »Du sitzt unbequem, du redest unbequem, du denkst unbequem. [...] Sehend deine Haltung, interessiert mich dein Ziel nicht.«

Beim *Schwimmen*, bei dem wir Menschen den festen Boden unter den Füßen verlieren, würden wir untergehen wie ein schwerer Stein ohne die Ausführung geschickter Bewegungen, mit denen wir uns über Wasser halten. Die Natur wirft uns einen Rettungsring zu, indem sie alles Lebendige mit spontanen Bewegungsimpulsen ausstattet. Dennoch müssen wir, anders als Fische, die sich im Wasser in ihrem Element fühlen, schwimmen lernen bis hin zu Schwimmtechniken wie Kraulen und Tauchen. Wir sind von Natur aus Landtiere. Wäre dies nicht zu berücksichtigen, wenn wir vereint mit dem Weisen Zhuangzi Mutmaßungen anstellen über die Freude der Fische und die eigene Freude an deren Bewegungsdrang? Für das Fliegen, das wir den Vögeln nachtun, gilt ähnliches. Ikarus wollte allerdings zu hoch hinaus und bezahlte seinen allzu kühnen Höhenflug mit dem tödlichen Absturz.

Die *Hand*, die laut Aristoteles als das »Organ der Organe« fungiert, dient als multiples Brückenglied, wechselnd zwischen zärtlichem Streicheln und gewaltsamem Zuschlagen, zwischen hantierendem Zugreifen und symbolischem Zeigen. Der Hirngeschädigte, den Kurt Goldstein in seiner Frankfurter Klinik betreut hat, weist Mängel auf, die sich nicht rein physiologisch erklären lasse. Er vertreibt mühelos die Fliege von seiner Nase und vermag doch nicht, nach Belieben auf seine Nase zu zeigen (Goldstein 2014, S. 192). Der Paläontologe André Leroi-Gourhan zeigt in seinem großen Werk *Le geste et la parole – Hand und Wort*, wie wichtig es für jede Kultur ist, daß der Mensch nicht nur einen Logos hat, sondern auch eine flexible Hand, mit der er die Dinge erkundet und bearbeitet und sie an andere weitergibt. Der Druck der Hand, so etwa der Händedruck, reduziert sich nicht auf die mechanisch zu bewältigende Betätigung eines Druckknopfs.

Unsere *Stimme* nutzt natürliche Stimmorgane wie Kehlkopf und Atemapparat, während ihr Ausdrucks- und Bedeutungsgehalt kulturell variiert. Dies gilt bis zu einem gewissen Grad selbst für Ausrufe und Schreie, die in extremen Situationen auftreten. Selbst der Hahn kräht für deutsche Ohren anders als auf französisch. Doch in den »wilden Lauten« der frühen Kindheit (Jakobson 1969, S. 26), im Stimmbruch der Pubertät, in der Heiserkeit, im Schrei der Angst oder der Lust bricht die Rauheit der Natur durch. Im Lautwerden der Stimme verwandelt sich die Natur in Kultur, ähnlich wie in der Musik »das Blech als Trompete aufwacht« (Rimbaud, *Zweiter Seher-Brief*).

Die *Eßkunst*, die für unser leibliches Wohl sorgt, zeichnet sich aus durch eine wechselnde Nähe und Ferne zur Natur, die Lévi-Strauss dem elementaren Gegensatz von *Rohem und Gekochtem*

(1964) zuordnet. Der rohe Fisch, der zur japanischen Küche gehört, ist in geringerem Maße zubereitet und kulturell bearbeitet als das gekochte Fleisch. Wird das Essen auf bloße Nahrungszufuhr reduziert und nach bloßen Kalorien bemessen, so droht das Leben im bloßen Überleben zu verkümmern. Wenn das Sprichwort sagt »Not kennt kein Gebot«, so könnte man hinzufügen: »Not kennt keinen Geschmack«. Als Kulturwesen ist der Mensch kein bloßes Mängelwesen, sondern auch ein Überflußwesen, dessen Erfindungen den Rahmen des Notwendigen auf vielfältige Weise überschreiten.

Für die *Fortpflanzungskunst*, die sich in der kindlichen Sexualität als »polymorph-pervers« erweist (GW V, 91 f.), gilt ähnliches, ganz zu schweigen von der Variationsfülle erotischer Rituale, mit denen die Liebe über bloße Sexualität und über pornographische Darstellungen hinausgeht.

Der *Herzschlag*, der im Herzklopfen und Herzversagen aus dem Rhythmus gerät, ist kein bloßer Indikator extremer Gefühlszustände wie das Funkgerät; in ihm verkörpern sich die Schübe ausbrechender Freude oder beklemmender Angst, so wie sich im Erröten Zorn und Scham verkörpern und nicht nur äußerlich anzeigen. Nicht umsonst gilt das Herz als ein bevorzugtes Körpersymbol, als Sitz der Gefühle und als Emblem eines ›beherzten‹ Verhaltens. In der *Odyssee* wird das Herz zum Adressaten eines leiblichen Selbstgesprächs, wenn der viel umhergetriebene Held sich selbst gut zuredet: »Dulde mein Herz, schon Schlimmeres hast du erduldet.«

Zum Leib gehört nicht zuletzt die *raumzeitliche Orientierung*. Die Raumstelle, die ich einnehme, läßt sich in ein Kartennetz einzeichnen wie der nahe Kirchturm; doch der Ort, an dem ich mich leibhaftig befinde, bildet einen Nullpunkt, an dem das Hier und Jetzt entspringt und von dem aus sich Nähe und Ferne ausbreiten. Der rote Punkt auf der Stadt- oder Landkarte markiert den Ort, an dem sich der Kartenbenutzer befindet. Ohne einen solchen symbolischen Ankerpunkt wäre die Karte als Karte nicht zu benutzen. Da hilft auch kein Navigator; als Ortungsgerät ›weiß‹ er, wie man am schnellsten von A nach B kommt, er weiß aber nicht, wo er ist, und er zeigt beim Verkehrsstau keine Ungeduld. Der Navigator, der uns im nächsten Kapitel noch im Zeichen der Digitalisierung begegnen wird, ist dort, wo er angeschlossen wird, er befindet sich nicht hier wie der eigene Leib. So wie es keine Lebenswelt gibt ohne leibliche

Situierung, so gibt es keine allumfassende Globalität ohne wechselnde Lokalitäten. Wenn Völker sich als »Volk der Mitte« bezeichnen, so handelt es sich immer um *eine Mitte*, nicht um *die Mitte*. Dies gilt für den Eurozentrismus ebenso wie für einen Japano- oder Sinozentrismus. Im Globalen offenbart der Leib seine politische Seite. Wenn Hegel manche Völker als »Randvölker« der Weltgeschichte abtut, so huldigt er einem leibfernen Logozentrismus.

Die Liste leiblicher Zwischenphänomene ließe sich fortsetzen und erweitern, so etwa im Hinblick auf die Theaterbühne als Weltbühne. In allen Fällen gilt jedoch der einfache Satz: »*Tout est fabriqué et tout est naturel chez l'homme* – Beim Menschen ist alles hergestellt und alles natürlich.« (Merleau-Ponty 1945, S. 221, dt. 224) Ähnlich äußert sich Buytendijk in seinen Studien über *Mensch und Tier* (1958, S. 81): »[...] alles, was ›Natur‹ im Menschen ist, trägt auch ein Versprechen von *Kultur* in sich.« Dies betrifft auch das Minenspiel des Lächelns und die Wandlungen des Blicks. Von meinem japanischen Kollegen lernte ich, darauf zu achten, wie anders Japaner gucken, wie sie den Blick zurückhalten und seitwärts lenken, anders als gewöhnliche Europäer mit ihrem frontal fixierenden Blick, der nur bei Schüchternheit, Verlegenheit und Zerstreutheit abirrt. Der Blick hat teil an der zivilisatorischen Höflichkeit. Ähnliches gilt für die soziale Nähe, die im Grußritual stark variiert, von der mehr oder weniger tiefen Verbeugung über den Händedruck bis hin zur Umarmung. So erlebte ich, wie die Inlandspresse den Besuch des amerikanischen Präsidenten in Hiroshima kommentierte mit der pedantisch klingenden Frage: Wie tief hat sich Obama verbeugt? Die gegenseitige Umarmung von Politikern, die wir alltäglich am Bildschirm miterleben, ist sicherlich alles andere als ein natürlicher Gefühlsausdruck.

3. Die Doppelrolle des Leibes

Wie aber sind Verdoppelung und Vervielfältigung des Leibes zu denken? Gehen wir aus von leiblichen Erfahrungen, so begegnet uns der Leib zunächst nicht als Etwas oder als Jemand, zugehörig einer natürlichen Welt der Dinge oder einer kulturellen Welt geistiger Bedeutungen, vielmehr begegnet er uns modal in der *Art und Weise einer Leiblichkeit*, mittels deren wir uns selbst, die Anderen und die Welt erfahren. »*Le corps est notre moyen général d'avoir un monde* – Der Leib ist unser allgemeines Medium einer Welthabe«, so äußert sich wiederum Merleau-Ponty (1945, S. 171, dt. 176, Übs. leicht verändert). Darin gleicht die Leiblichkeit der Zeitlichkeit und Räumlichkeit des Lebens, mit der sie eng verflochten ist. Als Vertreter einer westlichen Kultur tut man gut daran, Begriffsschablonen wie Subjekt und Objekt für eine Weile zu vergessen. Der Leib drängt sich aber nicht auf. Die implizite Allgegenwart des Leibes hat zur Folge, daß der Leib zunächst schweigend übergangen wird (*passé sous silence*) (Sartre 1943, 395, dt. 583).

In der Reflexion auf unseren Leib entdecken wir ein *leibliches Selbst, das sich selbst verdoppelt.*[1] Diese Selbstverdoppelung besagt, daß unser Leib zugleich als *fungierender Leib* und als *materielles Körperding* auftritt. Das Rätsel liegt in diesem Zugleich, das nicht auf ein identisches X verweist, das der Scheidung zugrunde liegt, als gliche der Leib dem Planeten Venus, der einmal als Morgenstern, das andere Mal als Abendstern aufleuchtet und sich erst hinterdrein als derselbe darstellt. Die Selbstgegenwart geht vielmehr Hand in Hand mit einer zeitlich-räumlichen *Selbstverschiebung*, die ich als Diastase bezeichne. Im Spiegel sehe ich mich selbst, im Echo der eigenen Stimme höre ich mich selbst, doch Sehender und Gesehenes, Hörender und Gehörtes sind nicht schlicht dasselbe. Wir überraschen uns selbst, wenn wir vom Normalen abweichen; von ›Identität‹ sollten wir daher nur mit Vorsicht sprechen. Der *Selbstbezug* ist verquickt mit einem *Selbstentzug*; der Eigenleib, französisch als *corps propre* bekannt, nimmt selbst Züge eines Fremdkörpers an. In diesem Sinne sprechen wir mit Husserl, Scheler oder Plessner von einem *Leibkörper*, bei dem das Leibsein sich mit einem Körperhaben verbindet. Wie das Ich bei Rimbaud: *JE est un autre*, so ist auch das leibliche Selbst *ein Anderes*, was nicht heißt, daß es *etwas Anderes* ist. Insofern hat es keinen Sinn, einen subjektiv gespürten Leib als primäre Gegebenheit gegen die sekundäre Gegebenheit eines objektiv wahrgenommenen und behandelten Körpers auszuspielen, Schon Pascal begreift den Menschen auf paradoxe Weise als

1 Zum folgenden vgl. im Detail vom Verf.: *Das leibliche Selbst*, 2000, Kap. VI: »Der Leib als Umschlagstelle« und Kap. VII: »Eigenleib und Fremdleib«; *Sinnesschwellen*, 1999, Kap. 1: »Nähe und Ferne des Leibes« und Kap. 2: »Eigenleib und Fremdkörper«; *Grundmotive einer Phänomenologie des Fremden*, 2006, Kap. IV: »Leibliche Erfahrung zwischen Selbstheit und Andersheit«.

»denkendes Schilfrohr (*roseau pensant*)«. Denken und Schilfrohr, das klingt wie Feuer und Wasser. Doch tatsächlich erfahre ich die Natur am eigenen Leib als »meine Natur«, wie Husserl formuliert (Hua IV, 280), während umgekehrt Spuren meines Tuns in der Natur auftauchen, so etwa als Fingerabdrücke oder Fußspuren.

Dabei gibt es spezifische Erfahrungen, die das *Fremdwerden des eigenen Leibes* eigens hervortreten lassen. An erster Stelle sind *spontane Fehlleistungen* zu nennen, in denen ich mir selbst entgleite, so etwa das schon erwähnte Stolpern, das Stottern, der *lapsus linguae* oder auch die alltägliche Ermüdung. Dazu schreibt Paul Valéry, der zu Merleau-Pontys Phänomenologie des Leibes so manches Stichwort geliefert hat: »*Dans la fatigue, le ›corps‹ devient chose étrangère* – In der Ermüdung wird der ›Leib‹ zu etwas Fremdem.« (*Cahiers*, I, 1137, dt. 3, 325) In solchen Fällen ist es die natürliche Einstellung im Sinne Husserls, die sich verfremdet und gegen jede »Einleibung« des Fremden sperrt. – An zweiter Stelle wären *methodisch durchgeführte Zu- und Eingriffe* zu erwähnen, so etwa die Blutdruckmessung, die Röntgenaufnahme, die Einnahme von Medikamenten, die Implantation oder die Amputation eines Körperglieds. In der medizinischen Behandlung kommt es zu einer Trennung von Leib und Körper. Behandelt wird der leibhaftige Patient, aber dies geschieht mittels einer Einwirkung auf dessen Körper. Die therapeutische Einstellung, die sich aus der Zweite-Person-Perspektive dem Patienten zuwendet, geht über in eine technische Einstellung, die aus der Dritte-Person-Perspektive heraus auf dessen Körper einwirkt. Husserls Unterscheidung zwischen einer personalistischen und einer naturalistischen Einstellung endet in einer Spaltung, sobald die Medizin bei der Anwendung von Körpertechnik und der Verschreibung von Medikamenten den therapeutischen Rahmen verläßt und einer Medikalisierung des Lebens Vorschub leistet. – An dritter Stelle sind *pathologische Dissoziationen* zu berücksichtigen. Man denke an Phänomene der Depersonalisierung, bei denen der Patient seine eigene Hand wie ein fremdes Ding vor sich auf dem Tisch liegen sieht, oder an verbale Halluzinationen, bei denen der Patient Stimmlaute, die er selbst hervorbringt, fremden Personen zuschreibt. Solche Verfremdungen wären unverständlich, wäre nicht schon die normale Selbsterfahrung von Bruchlinien, Rissen und Spalten durchzogen. Ein Cogito, das nicht verrückt werden kann, wäre kein menschliches Cogito, sondern ein Artefakt.

Die *Psychoanalyse*, die das Unbewußte als »inneres Ausland« durchforscht und sich dabei in besonderem Maße auf die Sprache der Körpersymptome verläßt, berührt sich in vielerlei Hinsicht mit einer Phänomenologie des Leibkörpers, wie wir sie hier im Auge haben. *Erfahrung, die zur Sprache drängt* (vgl. Waldenfels 2019), ruft nach einer Engführung von Phänomenologie und Psychoanalyse, die einer reinen Bewußtseinslehre zuwiderläuft. – Auf andere Weise gilt dies auch für die *Neurologie*. Descartes gesteht allem Dualismus zum Trotz in der Sechsten *Meditation* (AT VII, 75 f.): »Ich nahm nicht ohne Grund an, daß der Körper, den ich nach einer Art Sonderrecht (*speciali quodam iure*) den meinen nannte, mir enger angehörte als irgendein anderer.« Ganz ähnlich wäre zu fragen, mit welchem Recht und in welchem Sinn ich vom fungierenden Gehirn als von »meinem Gehirn« spreche (vgl. BE 404). Das physiologische Gehirn mit seinen feuernden Neuronen, seinen Synapsen und Transmittern ist ein Konstrukt der Bio-Techno-Science; das Großhirn denkt so wenig, wie das limbische System fühlt. Allerdings wirkt das leiblich fungierende Hirn beim Denken mit; herauszufinden, wie dies jeweils geschieht, ist Aufgabe einer experimentellen Neurologie und Biophysiologie.

Diese knappen Hinweise deuten darauf hin, daß der eigene Leib aufgrund seiner wechselnden Nähe und Ferne zu mir selbst niemals schlechterdings, sondern immer nur mehr oder weniger mein Leib ist. Ich bin weder »Inhaber« meines Leibes noch ein »Bewußtseinshaber«, wie es bisweilen heißt. Wenn es zwischen Leib und Körper einen Bezug gibt, so nur einen dynamischen. So spricht Husserl von einer »Umschlagstelle« oder einem »Umschlagspunkt« zwischen geistiger Kausalität und Naturkausalität, zwischen Innenwelt und Außenwelt (Hus IV, 161, 286). Auf gleiche Weise beziehen wir uns auf eine Umschlagstelle zwischen Kultur und Natur, so daß Kultivierung und Naturalisierung sich überkreuzen, ohne sich zu decken.

Das Fremdwerden des eigenen Leibes verstärkt sich mit der *Fremdheit des fremden Leibes*, so daß nicht nur Kultur und Natur, sondern auch Eigenes und Fremdes ineinander übergehen. Die Verdoppelung des Leibes nimmt nun eine besondere Form an. Die Andersheit des Anderen, die sich als eines der Leitthemen einer Phänomenologie des Leibes herausgestellt hat, beschränkt sich nicht auf den trivialen Sachverhalt, daß es mehrere Exemplare und

Typen der Spezies Mensch gibt, oder auf den faktischen Sachverhalt, daß ich zufällig auf andere Menschen stoße. Der Andere, den ich in mir selbst entdecke, so wie ich mich selbst im Anderen entdecke, entpuppt sich als eine Art *Doppelgänger*, dessen ich mich ebensowenig entledigen kann wie meines Schattens. So bemerkt wiederum Valéry (*Cahiers*, I, 499, dt. 2, 38):

Autrui, un autre semblable, ou peut-être double de moi, c'est le gouffre le plus magnétique [...]. Singe plus qu'imitateur – reflet qui répond, devance, étonne. – Der Andere, einer meinesgleichen, oder vielleicht mein Doppelgänger, das ist der magnetischste Abgrund [...]. Eher Nachäffer als Nachahmer – ein Reflex, der antwortet, zuvorkommt, verblüfft.

Das Staunen darüber, daß es Andere gibt, steht dem Staunen darüber, daß es diese unsere Welt gibt, in nichts nach. Bei der Beziehung zum leibhaften Anderen lassen sich zwei Dimensionen unterscheiden: der Bezug auf den Anderen als *frontales* Gegenüber, das mir direkt von Angesicht zu Angesicht gegenübertritt, und die *laterale* Beziehung zum Anderen, der sich zusammen mit mir auf ein Drittes bezieht und auf den ich mich indirekt beziehe. Wie ich in dem Buch *Sozialität und Alterität* zu zeigen versuche, dominiert im ersten Fall die Alterität, im zweiten Fall die Sozialität.

Die *Alterität* kulminiert in der leibhaftigen Abwesenheit des fremden Angesichts, die Emmanuel Levinas in seiner Ethik des Anderen umkreist. Ein vielbeachtetes Schlüsselphänomen bildet der Wechselblick, der uns schon in der Reihe der Zwischenphänomene begegnet ist. Das Drama des Wechselblicks, das jederzeit von Fremdheit in Feindschaft umschlagen kann, beginnt nicht mit einem *video*; es beginnt nicht damit, daß ich den Anderen oder die Andere sehe, gleich wie er oder sie mich sieht, vielmehr beginnt es mit einem *videor*. Es beginnt nicht mit einem Akt, den ich vollziehe, sondern damit, daß mir etwas widerfährt. Ich entdecke mich, indem ich mich unerwartet und unwiderruflich in einem fremden Blickfeld wiederfinde. Der fremde Blick ist nicht etwas, *was* ich sehe, sondern etwas, *wovon* ich mich affiziert, angesprochen, herausgefordert fühle und *worauf* ich wohl oder übel antworte, auch wenn ich wegblicke. Der eigene Blick ist wie das eigene Wort eine Antwort, die anderswo, in der Fremde beginnt. Wenn das Antworten ein Tun ist, so ein Tun, das an sich hält, das Anderes und Andere kommen läßt. Alles Antworten, das über das Repertoire normaler Antworten hinausgeht, tritt auf mit einer originären *Nachträglichkeit*; sie entspricht der originären *Vorgängigkeit*, mit der uns etwas affiziert oder jemand an uns appelliert. Die Leiblichkeit des Fremden ist somit von ihrer Zeitlichkeit und Räumlichkeit nicht zu trennen. Sie äußert sich in einem zeitlich-räumlich verschobenen Zweitakt von Affektivität und Responsivität, von Pathos und Response, durch eine Diastase hindurch. Fremderfahrung ist niemals völlig *up to date*. Pathos, Response und Diastase bilden somit die Grundelemente einer responsiven Phänomenologie, die sich als Vertiefung einer intentional, hermeneutisch oder struktural angelegten Phänomenologie und einer normativen Theorie der Kommunikation versteht.

Was andererseits die *Sozialität* angeht, so resultiert sie daraus, daß ich mit Anderen in der Welt lebe, daß ich zusammen mit Anderen sehe, höre, fühle, mich bewege, mich betätige, ausgehend von dem, was uns gemeinsam in Form einer Koaffektion berührt und sich in Kointentionen artikuliert. Im Gegensatz zur empiristischen Annahme individueller Empfindung und Sinnesdaten, die erst durch Einfühlung und Verständigung sozialisiert werden, geht die Phänomenologie der Leiblichkeit davon aus, daß schon der »Logos der ästhetischen Welt« (Hua XVII, 297) ein sozialer Logos ist. Wie auch für Karl Marx ist jede Robinsonade ein Phantom. Merleau-Ponty bezeichnet das leibliche Ineinander von Eigenem und Fremdem im Anschluß an Husserl als *leibliche Intersubjektivität* (*intersubjectivité charnelle*) oder prägnanter noch als *Zwischenleiblichkeit* (*intercorporéité*) (1960, 218, dt. 252). Anders gesagt, alles Somatische ist geprägt durch eine originäre Heterosomatik (AR 478-80). Dies bedeutet, daß ich auf gewisse Weise der Andere bin, so wie ich mein Leib bin.

Das zwischenleibliche Ineinander hat zur Folge, daß wir in interpersonaler, interkultureller oder interreligiöser Hinsicht mehr oder weniger miteinander verwandt sind. Es gibt Wahlverwandtschaften, aber auch Wahlfeindschaften, wie wir sie aus den europäischen Religionskriegen und Nationalkriegen und gegenwärtig aus den feindlichen Spannungen zwischen Israelis und Palästinensern, zwischen Schiiten und Sunniten kennen. Feinde können sich ineinander verbeißen. Die Bereiche der sozialen Welt, die sich bei Alfred Schütz in Mitwelt, Vorwelt und Nachwelt zergliedern, überschneiden und verschränken sich. Der Soziologe Norbert Elias, ein deutsch-jüdischer Emigrant, der noch in die Schule Husserls ging, vergleicht die Gesellschaft mit einem Geflecht aus individuellen Einzelfäden; hin- und herlaufend bilden sie Muster, die bei Zertrennung der Fäden zerstört werden. Die Gesellschaftsbildung läuft demnach über eine Wir-Ich-Balance, in der einmal das Ich, das andere Mal das Wir überwiegt (1987, 54, 238f.). Der zwischenleiblichen Verflechtung, die Merleau-Ponty immer wieder mit der rhetorischen Kreuzfigur des Chiasmus oder der neurologischen Kreuzfigur des Chiasma verdeutlicht, entspricht eine Zwischenwelt (*intermonde*) (1945, 409, dt. 408).[2] In meiner frühen Schrift *Das Zwischenreich des Dialogs* (1971) habe ich hier angeknüpft. Zwischen uns geschieht im Dialog, was wir als Einzelne nicht zu leisten vermöchten. Dieses Zwischen berührt sich mit dem, was in östlichen Traditionen atmosphärisch als *chi* oder *ki* umschrieben wird (vgl. Yamaguchi 1997).

Alles in allem besteht das zwischenleiblich gefaßte Mitsein nicht aus einer Koordination individueller Akte und Erlebnisse, sondern aus einem Ineinander. Wir sind mehr oder weniger individuiert oder sozialisiert. Individuation und Sozialisation durchqueren ebenso wie Kultivierung und Naturalisierung die Umschlagstelle des Leibes. Der jeweilige Individuationsgrad gehört zu den intra- und interkulturellen Differenzen, er läßt sich nicht substantiell festlegen.

4. Zwischendinge

Die kulturell-natürliche Zwischenwelt findet ihre Stütze in Zwischendingen wie Zeichen, Symbolen, Insignien, Geschenken, Werkzeugen, Waffen, Apparaturen, die allesamt eine mediale Rolle spielen. Sie lassen sich weder dem Bereich der Subjektivität noch dem der Objektivität zuschlagen; in ihnen verkörpern sich Modi einer anonymen Verarbeitung von Erfahrung, die sowohl kulturellen Prägungen wie natürlichen Vorprägungen unterliegen. So legen Brille oder Fernrohr nicht fest, was man sieht oder wer sieht, wohl aber, wie genau man sieht, und so entscheidet ein Verkehrsfahrzeug nicht darüber, wohin man sich bewegt, wohl aber darüber,

2 In der deutschen Übersetzung steht hier »Mitwelt«.

wie schnell oder bequem man dies tut. Was die Phänomenologie angeht, so betreibt sie von Anfang an keine direkte Sachforschung, die den Wissenschaften mit ihren spezifischen Methoden und Modellen Konkurrenz machen würde. Sie befaßt sich mit der zentralen Frage, *wie* und *als was* etwas in unserer Erfahrung erscheint. Dabei sind Was und Wie als Sachgehalt und Zugangsweise nicht von einander zu trennen. Dies beginnt bereits mit der Seiten- oder Nah-Fern-Perspektive der Wahrnehmung, die weder der physischen Außenwelt noch der psychischen Innenwelt zuzurechnen ist, sondern der Sphäre des Leibes. Ortsparameter wie oben/unten, rechts/links, nah/fern schreiben wir zwar den Dingen zu, aber nur unter Bezugnahme auf das Hier und Jetzt eines leiblich situierten Wesens, dessen Erfahrungsspielraum enger oder weiter bemessen ist. Auch das leibliche Wohl- oder Mißbefinden ist ein affektiv moduliertes Befinden. Demgemäß beansprucht das mediale oder funktionale Wie in Form von Techniken, Praktiken, Bewegungsrhythmen, Sicht-, Rede- und Schreibweisen seinen spezifischen Ort in der leibkörperlichen Erfahrung. In welch erheblichem Maß der Leib mit seinen Körpergliedern, Körperhaltungen und Umweltbezügen in die Taxonomien der chinesischen Bildzeichen Eingang gefunden hat, zeigt der Hongkonger Phänomenologe Tze-wan Kwan auf exemplarische Weise in seinen zahlreichen Studien zur chinesischen Schrift (vgl. Kwan 2017).

Von besonderem Gewicht ist heutzutage der Einfluß der Technik auf unsere Erfahrung. Werkzeuge und Produktionsmittel werden bereits bei Marx einem »verlängerten Leib« zugeschrieben (*Grundrisse*, 1953, 391). Marcel Mauss berücksichtigt in seinen sozio-anthropologischen Untersuchungen auch diverse »Körpertechniken«, die er im eigenen Körper als dem »ersten Werkzeug« verankert sieht (1975, 206). Man könnte diesen Gesichtspunkt ausweiten, indem man den Leib nicht nur als Urwerkzeug, sondern auch als Urmedium, Urzeichen, Urskript oder Urbild ansetzt, wie ich es in meiner *Phänomenologe der Aufmerksamkeit* getan habe (194-197). Indem die Hand auf die Dinge zugreift, das Auge die Blickschärfe reguliert, die Gesichtsmimik Gefühle zum Ausdruck bringt oder der Zeigefinger (*digitus*) vor aller Digitalisierung eine Zeigegeste vollführt, verkörpert sich im Leib ein bestimmtes Können, Wissen und Fühlen.

Doch Werkzeuge, die wir benutzen, sind nicht restlos auf den zweckhaften Gebrauch zugeschnitten. Sie entwickeln eine Eigendynamik und folgen eigenen materiellen Gesetzen. Dies beginnt bereits mit dem primitiven Wurfgeschoß oder dem Spielball, deren Fortbewegung sich schrittweise der leiblichen Kontrolle entzieht. Ähnliches gilt für den uralten Einsatz von Zugtieren, die als »beseeltes Werkzeug«, vergleichbar dem aristotelischen Sklaven, eigenen Impulsen folgen. Auch die östliche Kunst des Bogenschießens zeichnet sich dadurch aus, daß der Bogenschütze dem Flug des Pfeils freien Raum läßt und von sich selbst abläßt, so daß der Pfeil sich aus eigener Kraft auf das Ziel hin bewegt. Man könnte diese Verbindung von Sachtechnik und Selbsttechnik als meditativ gebremste Technik verstehen.

Die Eigenmacht des Technischen verstärkt sich mit dem Übergang von der Motorik der Hand zu automotorischen Maschinen, die wie die Wasser- und die Windmühle die Bewegungskraft der Elemente nutzen, und schließlich zu automatischen Maschinen, denen ein sensomotorisches Gehirn eingebaut ist, das sie wie im Falle moderner Wasserkraftwerke und Windräder zur Selbststeuerung und Selbstregulierung befähigt. Es bilden sich »Handlungsketten« (Elias 1987, S. 182), innerhalb deren die Mitwirkung der Dinge in eine nur beschränkt kontrollierbare Eigen- und Fernwirkung übergeht. Ein aktuelles Beispiel liefert, wie schon erwähnt, der umstrittene Einsatz von Kampfdrohnen, die eine Art »letaler Autonomie« erlangen, wenn ihnen im Kampf gegen Terroristen von Fall zu Fall Tötungsentscheidungen überlassen werden. Wir haben von einem Leibkörper gesprochen. Hier begegnen wir nun einer zunehmenden Ablösung des Körperlichen vom Leiblichen. Natürlich weiß die Drohne nicht, wen sie tötet, und sie spürt auch keine Tötungshemmung, wie wir sie selbst den Tieren zuschreiben. Bedeutet dies, daß die Technik sich völlig entleiblicht? Gegen eine völlige Ablösung technischer Prozesse vom menschlichen Tun spricht nicht nur die Befehlsstruktur, die dem Einsatz technischer Geräte zugrunde liegt, sondern auch der Bedarf an psychotherapeutischer Nachbehandlung bei denen, die auf irgendeine Weise an dem Gewaltgeschehen beteiligt waren.

Falls wir die technischen Apparaturen und desgleichen die kulturellen und sozialen Medien völlig aus der Rückbindung an den Leib entlassen, hypostasieren wir diesen Zwischenbereich. Aus dem *medium quo* wird dann ein *medium quod*, bei dem Message und

Medium zusammenfallen. Die technische Zwischenwelt würde sich einer quasi-natürlichen Eigenwelt annähern, die ihrem Schöpfer über den Kopf zu wachsen droht wie die mythischen Skulpturen des Pygmalion, die lebendig vom Sockel steigen. Diese Verselbständigung einer künstlichen Natur läßt sich verstehen als eine Metaphysik im technologischen Gewand. Doch wie schon bei der älteren Metaphysik stellt sich die Frage: Wer ist in der Lage, für dieses All zu sprechen? Ist die Sprache der Technologie selbst Teil der Technologie? Oder um mit der »Frage nach der Technik« fortzufahren, die Heidegger in seinen *Vorträgen und Aufsätzen* (1964) aufwirft: Ist das Wesen der Technik selbst technisch?

5. Naturpflege zwischen Einwirkung und Schonung

Wir befassen uns zu guter Letzt mit der bescheideneren, aber auch sachnäheren Frage nach dem Ort der Technik in der Erfahrung. Diese Frage führt uns zurück zur leiblichen Schwelle zwischen Kultur und Natur. Der Leib als der Ort, an dem Kultur in Natur und Natur in Kultur übergeht, markiert zugleich die Stellen, an denen die Technologie in die Erfahrung eingreift. Doch von Anfang an stoßen wir auf eine Grenze. All das, worauf wir als leibliche Wesen antworten, entzieht sich dem technischen Zugriff, den es hervorruft. Letzteres gilt für die kulturellen Erfindungen und Vorrichtungen der Technik, aber auch für das Leiden unter der Technik, das ihre Erfolge begleitet.

Der technische Umgang mit der Natur wirft eine Menge Fragen auf. Wie ist dieser Umgang zu begreifen? Von Anfang an ist der Umgang mit der Natur selbst Teil einer Kultur, die im Werden ist. Pflege, die im Lateinischen als *cultura* auftritt und sich von dem Verb *colere* herleitet, die sich im Griechischen als θεραπεία mit dem Prozeß der Heilung verbindet und die im Deutschen mit ›Pflege‹, im Französischen mit *soin* und im Englischen mit *care* wiedergegeben wird, steht für eine Mischform, die sich strikten Alternativen wie Aktivität und Passivität, Subjektivität und Objektivität entzieht (vgl. GN Kap. 6,1). Pflege bedeutet ein Einwirken, das eine Wirkung anzielt, sie aber zugleich erwartet, so wie im Erfinden ein Moment des Findens steckt. Es handelt sich um ein Tun, das an sich hält und sich zurückhält, das in ein Geschehenlassen übergeht und das, sofern es glückt, von günstigen Umständen abhängt. Tun und Lassen sind ein unzertrennliches Paar, das sich einer dialektischen Aufhebung widersetzt. Ein solches Hendiadyoin ist uns schon begegnet in der fernöstlichen Übung des Bogenschießens, es begegnet uns heute auf neue Weise in dem Gebot der Nachhaltigkeit, das auf Eigengesetze des Wachstums Rücksicht nimmt, bevor es von einer Knappheit der Ressourcen zur Sparsamkeit gezwungen wird. In der kulturellen Urform des Ackerbaus begegnet uns die Polarität von Tun und Lassen im Wechsel von Ackerland und Brache, in der Forstwirtschaft als Wechsel von Bewaldung und Lichtung. In der Forstwirtschaft veranlassen die Schäden einer übermäßigen Nutzung die Aussparung eines Bannwaldes, in dem der Pflanzen- und Tierbestand seinem eigenen Wachstum überlassen wird und die Nutzung gleichsam unter Bann steht. Im kleineren Maßstab kommt es zur Einplanung von Grünflächen und Biotopen, im großen Maßstab zur Anlage von Naturparks und Stadtparks. Von der variablen Dichte der Landschaft war schon in Kapitel II die Rede. Immerzu kommt es im Verhältnis zur Natur zu einer wechselnden Nähe und Ferne, wie ähnlich auch in dem alten kulinarischen Kontrast von Rohem und Gekochtem, dem Lévi-Strauss eine kulturstiftende Bedeutung zuerkannt hat. Die Pflege der Natur entpuppt sich als ein von Grund auf analoger Prozeß mit gleitenden Übergängen, selbst wenn inzwischen mehr und mehr digitale Mittel eingesetzt werden. Der alte Satz *natura non facit saltus* verdient, neu durchdacht zu werden, ohne daß Kontinuität und Diskontinuität gegeneinander ausgespielt werden.

Der kulturelle Umgang mit der Natur wirft ein besonderes Licht auf die Technisierung der Natur, die im folgenden Kapitel mit all ihren Potentialen und Auswüchsen zur Sprache kommt. Ein pfleglicher Umgang mit der Natur hat es, im Gegensatz zum Wettlauf zwischen Mensch und Maschine, nicht ausschließlich mit dem menschlichen oder dem maschinellen Können zu tun, sondern mit einem Kräftespiel, in dem die Rollen weniger einseitig verteilt sind, als es von allzu aktivistischen Handlungstheorien nahegelegt wird. Überläßt man sich technischen Allmachtsphantasien, so wird jeder Verzicht auf der Negativseite verbucht. Was man dabei aus den Augen verliert, ist ein *aktiver Verzicht*, der dem aktiven Vergessen gleicht, mit dem Nietzsche die Wissensbesessenheit dämpft und der im Rechtsverzicht seine Spuren hinterlassen hat. Was auf diese

Weise ausgespart wird, sind keine bloßen Leerstellen im Haushalt konkurrierender Wünsche, sondern Folgeerscheinungen einer unvermeidlichen Selektion, ohne deren Wirkung unsere Erfahrung ihre Konturen einbüßen und ausufern würde. Der aktive Verzicht ist auch aus antagonistischen Konstellationen bekannt, so etwa als Figurenopfer im Schachspiel oder als taktischer Rückzug in Kampfhandlungen, literarisch verewigt in Tolstois *Krieg und Frieden* in der Gestalt des Generals Kutusow, der seine Siege förmlich erschläft und auch die Auslieferung Moskaus an die Franzosen nicht scheut.

Der Umgang mit der Natur führt uns schließlich zurück zur zentralen Rolle des Leibes. Die Natur beschränkt sich nicht auf die äußere Natur einer Außenwelt, sondern äußert sich ebensosehr als innere Natur, als »inneres Ausland«, wie Freud das Unbewußte kennzeichnet, als »meine Natur«, wie Husserl sie dem cartesischen Dualismus entgegenstellt. Hier überschneiden sich Phänomenologie der Natur und Phänomenologie des Leibes. Unser Leib ist nicht aus einem Guß. Reine Natur und reine Kultur sind Konstrukte der Moderne. Bei unkritischem Gebrauch führen sie zu einer naturalistischen, kulturalistischen oder technizistischen Leibvergessenheit, die entweder eine Naturbesessenheit oder eine Naturvergessenheit nach sich zieht.

VI. Berechenbares und Unberechenbares – im Reich des Digitalen

Ein wahrhaft sinnloses Sprechen wäre überhaupt kein Sprechen, es stünde gleich dem Gerassel einer Maschine.
Edmund Husserl, *I. Logische Untersuchung*

Wie werden Seufzer in fremde Sprachen übersetzt?
Stanisław Jerzy Lec, *Unfrisierte Gedanken*

1. Zur Vorgeschichte der heutigen Technologie

Verstärkt durch den Druck funktionaler Störungen und drohender Katastrophen erleben wir seit geraumer Zeit nicht nur eine immer weiter um sich greifende digitale Prägung, sondern zugleich eine digitale Austrocknung jener Erfahrung, die Kant als »fruchtbares Bathos« den Turmbauten seiner Zeit entgegensetzte (*Prolegomena* A 204) und die Husserl zum Kern einer Lebenswelt macht. Das Berechenbare drängt alles Unberechenbare, das Digitale drängt alles Prädigitale und Analoge in den Hintergrund.[1] In der westlichen Welt hat die Technologie einen langen Weg zurückgelegt. Solange sie sich nicht selbst Zügel anlegt, strebt sie von einer zunächst kosmisch eingebundenen und dann nomologisch gesteuerten Technik hin zu einer entfesselten Technik, die sich ihren eigenen Boden zu schaffen glaubt. Stichwortartig formuliert führt der Weg vom leiblichen Organ über das separate Werkzeug zum eigenständigen Apparat, von einer sich selbst bewegenden Psyche über die Autonomie der Vernunft zu Automaten, die sich selbst steuern und ihre Leistungen schrittweise steigern.[2]

1 »Prädigital« ist nicht als zeitliches oder historisches, sondern als genetisches Prius zu verstehen, so wie Husserl von »vorprädikativer« Erfahrung spricht oder von einer »vorgeometrischen, sinnlichen Welt« (Hua VI, 26).

2 Zur Vorgeschichte und zur Weiterentwicklung der heutigen Technologie wäre vielerlei zu sagen. Zu der von mir besonders favorisierten phänomenologischen Perspektive vgl. *Der Stachel des Fremden* (1990), Kap. 9: »Reichweite der Technik«; *Grenzen der Normalisierung* (²1998), Kap. 9-11 zur Natürlichkeit und Künstlichkeit der Erfahrung, Experimenten mit der Wirklichkeit und zum Kontrast von Therapie und Technik; *Bruchlinien der Erfahrung* (2002), Kap. VIII: »Technische Eingriffe in die Erfahrung«; *Phänomenologie der Aufmerksamkeit* (2004), Kap. V-VI:

Inzwischen hat sich dieser Prozeß digital zugespitzt. Man spricht wie selbstverständlich vom digitalen Menschen und seiner digitalen Welt, von digitaler Gesellschaft, von digitaler Kultur und digitalem Alltag, von digitaler Zukunft, indem man Digitalisierung mit Modernisierung oder Fortschrittlichkeit koinzidieren läßt. Das Nationale darf nicht zu kurz kommen. So warb kürzlich einer unserer Kanzlerkandidaten für ein modernes Deutschland, das sich als ein »Land der digitalen Dichter und Denker« darstellt. Natürlich gibt es Fortschritte, aber auch *den* Fortschritt? Um den scharfzüngigen polnischen Aphoristiker Lec zu zitieren: »Wenn ein Menschenfresser mit Messer und Gabel ißt – ist das Fortschritt?« (1959, S. 19) Die »Dialektik der Aufklärung«, die über ihre eigenen Erfolge stolpert, ist noch längst nicht abgeschlossen. Der Prozeß einer unaufhaltsam fortschreitenden Digitalisierung tendiert dahin, unermüdlich aus dem Arsenal elektronischer Hardware, diskreter Daten, berechnender Algorithmen zu schöpfen und neue Programme zu entwerfen. Daß darin ingeniöse Erfindungen stecken, von denen wir alle profitieren, braucht nicht eigens betont zu werden. Technophobie wäre eine pure Ausflucht und Ausdruck einer Hypokrisie, die sich nicht eingesteht, wieviel die Kritik der Technik selbst dieser verdankt. Ebensowenig läßt sich jedoch leugnen, daß die digitale Euphorie von einer weitgehenden Geringschätzung und Schwächung der lebensweltlichen Erfahrung begleitet wird. Man tut so, als seien ›Daten‹, ohne die nichts geht, schlicht gegeben, wie ihr Name verrät, nur eben nicht mehr als empiristische oder positivistische Empfindungs- und Sinnesdaten oder als Geschichtsdaten, sondern als Rechendaten. Dies macht die Sache aber nicht besser. Tatsächlich wird die Lebenswelt, in der wir leben und unter der wir leiden, fortwährend durch vielfältige technische Prozesse bearbeitet und verarbeitet; doch ebenso liefert sie den Boden, aus dem diese Prozesse hervorgehen. Daten werden erstellt, ermittelt und zubereitet. Das Was und das Wie der Erfahrung, ihre Gehalte und ihre Gegebenheitsweisen lassen sich nicht voneinander trennen, wie jeder schlichte Umgang mit den Dingen und jede Sicht auf die Dinge

»Technische Mediatisierung der Erfahrung« und »Findigkeit des Körpers in der Technik«; *Sozialität und Alterität* (2015), Kap. 8-9: »Mitwirkung der Dinge« und »Transformationen der Erfahrung« Auf diese Vorarbeiten werde ich mich von Fall zu Fall beziehen. Den Fluchtpunkt bildet eine Phänomenotechnik, die zwischen Phänomenologie und Technologie vermittelt.

zur Genüge beweist. Was digitalisiert wird, ist nicht selbst schon digital, so wie das, was mathematisiert wird, nicht selbst schon aus Zahlen, Maßeinheiten und statistischen Kurven besteht. In dieser Auffassung stimmen Husserl oder Heidegger mit Hermeneutikern wie Gadamer, mit Sprachpragmatikern wie Peirce oder Wittgenstein, aber auch mit wissenschaftshistorisch orientierten Wissenschaftstheoretikern wie Ludwik Fleck oder Thomas S. Kuhn überein.[3] Daran ist auch heute nicht zu rütteln.

Das Gesagte gilt für die alten Pyramiden ebenso wie für Häuser und Straßen wie für die Gestirne und für unsere Gene. Nehmen wir das Beispiel der Gestirne. Der Große Bär, der schon den Seefahrern zu Zeiten Homers als Leitstern diente, wird mit einem einzigen Blick als Sternbild geschaut, bevor man die Sterne nachzählt, die zu ihm gehören, und bevor man ihn in die Unzahl von Sternen am Himmel einreiht. Sternbilder wie Orion oder Kassiopeia sind, unabhängig von ihrer mythischen Ausdeutung, Kon-stellationen, Sterngebilde, die durch ihre besondere Prägnanz auffallen, durch eine Eigenschaft also, die von den Gestalttheoretikern allgemein auf das Sehen festumrissener Gestalten übertragen wird. Wenden wir uns vom Himmelsgewölbe der Erdoberfläche zu, so gewahren wir, wie ein Abglanz der Sternenwelt auf die Wege und Straßen fällt, so etwa auf den bis heute begangenen historischen Jakobsweg, an den der Jakobsstab erinnert, der aus dem Schwertgehänge des antiken Orion gebildet wurde und auf den noch das muschelförmige Gebäck der *madeleine* zurückverweist, mit dem wir in Prousts Illiers-Combray vertraut werden, einem imaginär ausgeleuchteten Kindheitsort, der ebenfalls an der Jakobsroute liegt.

Ich halte mich betont bei solchen halb natürlichen, halb kulturellen Phänomenen auf, weil sich an ihnen ablesen läßt, wie vieler Mühe es bedarf, um von Bildgestalten, die man erblickt, zu Daten zu gelangen, die man errechnet. Die »Rettung der Phänomene«, mit der sich griechische Naturphilosophen abgemüht haben, besagt nicht, daß man sich blindlings dem Augenschein überläßt, sondern daß man ihn blickgerecht verwandelt. Am Anfang stehen »Urphänomene«, die der Rettung nicht bedürfen, da sie jeder Ermöglichung und jedem Räsonnement zuvorkommen, indem sie

3 Zum »ethnographischen Impuls« in den Wissenschaften, der sich bis auf den polnischen Epistemologen Fleck zurückverfolgen läßt, vgl. Birgit Griesecke: *Fremde Wissenschaft?* (2014).

›erscheinen‹ und ›sich zeigen‹ und unser Erstaunen hervorrufen.[4] Urphänomene finden sich bei Husserl, Wittgenstein und zuvor natürlich bei Goethe. Er bemerkt im Gespräch mit Eckermann, unter dem Datum vom 18. 2. 1829, mit leisem Spott: »Aber den Menschen ist der Anblick eines Urphänomens gewöhnlich nicht genug, sie denken, es müsse noch weiter gehen, und sie sind den Kindern ähnlich, die, wenn sie in einen Spiegel geguckt, ihn sogleich umwenden, um zu sehen was auf der andern Seite ist.« Computer und Roboter sind nicht besser daran. Doch die beiden Stützpfeiler der Digitalisierung, nämlich Mechanik und Statistik, reichen nicht aus, um die Phänomene zu »retten«. Dabei geht es nicht nur um den Sternenhimmel als ein natürliches Wahrzeichen, dem auch Kant bei aller Wissenschaftsfreudigkeit seine Bewunderung nicht versagte. Bei Walter Benjamin taucht die »Konstellation« ausdrücklich in den »Geschichtsphilosophischen Thesen« auf, und zwar im metaphorischen Sinne eines Zusammenhangs der eigenen Epoche mit einer früheren, die der Flächigkeit und der bloßen Abfolge historischer Tatsachen ein Relief aus Nähe und Ferne entgegenstellt und in der jüdischen Tradition eine »kleine Pforte« offenhielt, »durch die der Messias treten konnte« (1961, S. 279).

Husserl, der als Philosoph mit den Rechenkünsten mathematischer Disziplinen begann, aber der qualitativen Beschreibung ihr eigenes Recht beließ, verweist auf eine »fließende« Begrifflichkeit, auf die Vagheit morphologischer »Gestalt-Typen« und auf das »Nebulöse« wechselnder Erfahrungshorizonte und stellt dies der scharfen Begrifflichkeit der exakten Wissenschaften gegenüber.[5] Die unbestimmten Ränder der Erfahrung stellen keinen Makel dar, sondern sind ihrerseits Ingredienzien einer vielfältigen Beschrei-

4 Dieser Rückgriff auf das grammatische Medium φαίνεσθαι, das als mittlere Form des ›Erscheinens‹ den Gegensatz von Aktiv und Passiv unterläuft, das den φαινόμενα als dem ›Erscheinenden‹ zugrunde liegt und als φαινόμενον τινί jemanden einbezieht, dem es erscheint (*Met.* IV, 6, 1011a23 f.), findet im lateinischen *apparens* nur ein schwaches Äquivalent; dies ist der Grund dafür, daß Phänomene im griechischen Gewand eine Phänomenologie hervorgerufen haben, die sich nicht mit vorhandenen Daten begnügt. Zur Medialität des Erscheinens in den grundlegenden Schriften der griechischen Philosophie vgl. Emmanuel Alloa: *Das durchscheinende Bild* (2011).

5 In Spinozas *Ethik* (II, XL), die *more geometrico* vorgeht, taucht die *experientia vaga* nur als niederste Erkenntnisstufe auf. Inzwischen hat die Fuzzy-Logik als eine Kunst der Übergänge einiges zurechtgerückt.

bungs- und Orientierungskunst (vgl. Hua III, § 74), in denen sich der ordnungsstiftende Umgang mit Grenzen widerspiegelt (vgl. BE 247, 261). Ähnlich betont Wittgenstein, der von Sehmustern und Sprachregeln der Erfahrung ausgeht und dabei der »Reibung« mit der Wirklichkeit besonderes Augenmerk schenkt: »*Ein* Ideal der Genauigkeit ist nicht vorgesehen.« (*Phil. Untersuchungen*, § 88) Der Kontrast zwischen dem Digitalen und dem Analogen, der aus der Informationstheorie stammt und der inzwischen in der Unterscheidung von »digitaler Lebenswelt«, die auf elektronisch produzierten Daten beruht, und »analoger Lebenswelt«, die auf subjektiven Erfahrungen basiert, wiederkehrt (siehe J. Lanfer in: Schnell, Dunger 2019, S. 43), rechtfertigt nicht die einseitige Wertschätzung des exakt Berechenbaren und der definiten Mannigfaltigkeit gegenüber dem Analogen der lebendigen Erfahrung, das für Unschärfe, für Ungefähres, für Schattierungen und perspektivische Brechungen Raum läßt. »Computer können mit Unschärfe nichts anfangen«, so äußert sich Manuela Lenzen (2018, S. 242), während sie in ihrer eigenen »Utopie« für ein »Gleichgewicht zwischen den digitalen Welten und der analogen« plädiert (S. 251). Die Tatsache, daß die analoge Welt an dieser Stelle im Singular auftritt im Gegensatz zur Pluralität der digitalen Welten, deutet darauf hin, daß die Gewichte sich ungleich verteilen. Diese unsere Lebenswelt, in der das Analoge seinen Ort hat, ist nicht bloß eine Welt unter möglichen anderen, vielmehr ist sie einzigartig in dem Sinne, daß sie den Plural im Sinne einer schlichten Vielzahl ausschließt. Der Vorrang des Digitalen ist damit erkauft, daß die Ränder der Erfahrung beschnitten und spezielle Kontexte ausgesondert werden. Dies verlockt dazu, die Spreu des Analogen vom Weizen des Digitalen zu sondern, im Gefolge von Leitdifferenzen wie empirisch-transzendental, ontisch-ontologisch oder existentiell-existential, die allesamt der Revision bedürfen. Das Analoge dient häufig als verschämter Restbegriff, der für alles Sinnliche und Intuitive herhalten muß, obwohl seine Herkunft aus der Informationstheorie ihn strenggenommen auf die formale Eigenschaft einer ununterbrochenen Stufung festlegt. Eine Analoguhr dient ebenso wie die Digitaluhr der Zeitmessung, ohne dabei das Zeitgefühl der Langeweile oder der Ungeduld zu tangieren. Ähnliches gilt für die »analoge Sirene«, deren mechanisch erzeugter Heulton bei den neuerlichen Flutmeldungen, als digitale Warnungen ausfielen, schmerzlich vermißt wurde. Wer noch den

Krieg mit seinem Bombenalarm erlebt hat, hört solche Sirenen mit empfindlicheren Ohren, die dem Zeichenwert einen bedrohlichen Affektwert hinzufügen.

Es würde sich lohnen, Analoges und Digitales als eine Vielfalt von Ordnungsmustern zu betrachten, die sich in den verschiedenen Sinnessphären ausbreiten und auch vor den Künsten nicht haltmachen. In der Klangsphäre der Musik sind die Klänge der Blasinstrumente, die eng an den Atem gebunden sind und eine eigentümliche Atemtechnik erfordern, oder die Klänge der Streicher, die eine starke haptische Komponente aufweisen und im Glissando gleitende Übergänge erzeugen, dem Analogen enger verwandt als die Klänge von Tasteninstrumenten, die aufgrund der erforderlichen Fingertechnik dem Digitalen näher kommen, die aber in der behutsamen oder stürmischen Art des Anschlags ebenfalls nicht frei sind von analogen Nuancen. In der Malerei wäre zu unterscheiden zwischen dem Farbauftrag von Aquarellen, die mit ihren fließenden und auslaufenden Rändern dem Analogen nahe kommen, und der Strichtechnik von Zeichnungen oder der Schnittechnik von Holzschnitten, die dem Digitalen näher stehen. Hier zeichnet sich eine Polarität von Analogem und Digitalem ab, wie sie schon in der Entwicklung der Sprache vom Mündlichen zum Schriftlichen zutage tritt. Dies bedeutet zugleich, daß die Digitalisierung schon bei der Anfertigung von Hand- oder Photokopien auf Grenzen stößt. Die Künste sind mehr oder weniger technomorph. Diese Unterschiede, die sich auf den Grad an Kreativität auswirken, werden überspielt, wenn Ästhetik sich nicht bloß technischer Ausdrucksmittel bedient, sondern sich als digitale Ästhetik ganz und gar auf die Kombination sinnlicher Daten verläßt. Manuela Lenzen stellt sich die Frage, ob nicht jede maschinelle Ästhetik im Wetteifern mit dem Menschen bei allem Fortschreiten auf letzte Bastionen stößt, und bemerkt dazu: »Künstliche Systeme können nicht kreativ sein, weil ihnen die unauslotbare Tiefe der menschlichen Erfahrung fehlt.« (2018, S. 123) Doch was wir unter dieser Tiefe zu verstehen haben, lernen wir nicht von Maschinen, so kompliziert diese auch sein mögen. In keiner Datenbank stößt man auf räumliche Tiefe, auf Fluchtlinien wie in den offenen Horizonten der Wahrnehmung oder auf Anspielungen wie in der gesprochenen Sprache.

Die Lebensweltvergessenheit, die Husserl in einer früheren Phase der Technisierung für eine um sich greifende »Sinnentleerung«

der Erfahrung verantwortlich macht, dauert nicht nur fort, sie wird auf neue Weise akut. Als Phänomenologe beschwört Husserl die Entstehung eines bloßen »Tatsachenmenschen«, so wie Max Weber das Zerrbild eines reinen »Fachmenschen« vor Augen hat. Gibt es inzwischen etwa so etwas wie einen »Datenmenschen«? Daß weder Husserl noch Weber zu den Verächtern von Wissenschaft und Technik oder zu den Verfechtern einer naturfernen Form von Geisteskultur gehören, braucht kaum betont zu werden. Es geht einzig allein um den sachgerechten Umgang mit der Technik, der ebenso wie das Leiden unter der Technik nicht selbst technisch geartet ist. Nur extreme Technizisten dünken sich erhaben über solche Bedenken. Der Technizismus, mit dem die Technik einzig an sich selbst Maß nimmt, setzt sich fort in einer speziellen Form des Digitalismus, sofern man die Geburt der Rechentechnik aus der Lebenswelt überspringt und die Menschwerdung einem technologischen Evolutionismus anvertraut. Unter Technizismus wäre dann eine Technik zu verstehen, die ihre Herkunft aus dem Bereich der leiblichen Sensorik und Motorik verleugnet, so wie unter Moralismus eine Moral zu verstehen ist, die sich auf allgemeine Geltungsansprüche beschränkt, und unter Ästhetizismus eine Kunst, die ihre Herkunft aus der Grundschicht der Affekte und Antriebe verdrängt. Genese und Geltung sind hier wie dort nicht zu trennen.

Husserls Rückbesinnung auf die Lebenswelt behält ihre drängende Aktualität, dennoch hilft auch sie nur bedingt weiter. Die Diagnose und Therapie, die uns im *Krisis*-Werk so überzeugend vor Augen geführt wird, leidet unter einem epistemischen Überhang, da die Technisierung der Lebenswelt vorwiegend auf eine Anwendung mathematischer Methoden zurückgeführt wird. Hans Blumenberg weist in seinen 1963 erschienenen Reflexionen zu »Lebenswelt und Technisierung« zeitig darauf hin, daß unsere Erfahrung keineswegs mit einer technikfreien Lebenswelt oder einer rohen Natur beginnt, um erst nachträglich technisiert zu werden, daß Technisches vielmehr von Anfang an die Lebenswelt durchdringt, mit seinen zweifellosen Erfolgen wie auch mit seinen unerquicklichen Nebenfolgen. Die Technik antwortet nicht nur auf diverse natürliche, kulturelle und moralische Herausforderungen, nicht zu vergessen die militärischen Konflikte, sie stellt uns Lebende und Handelnde ihrerseits vor enorme Herausforderungen. Technik sieht Husserl verwurzelt in einer »theoretische(n) Praxis« (Hua VI, 135). Diese betätigt sich aber eben nicht bloß theoretisch-rechnerisch. Als der Inbegriff eines »funktionalen Logos«, der einem »funktional-technologischen Apriori« gehorcht und in der Sprache eines neutralen »Wie« verfaßt ist (BE 394), reicht das *Technische* weiter und tiefer als *Technik* im Sinne einer Nutzung technischer Geräte und Apparate. Dazu gibt es nicht nur für Phänomenologen vieles zu bedenken. Ich werde mich im folgenden auf zentrale Aspekte jener Debatten konzentrieren, die um das krisenanfällige Verhältnis von Mensch und Maschine und seine digitalistischen Auswüchse kreisen. Sie sind Teil jener globalen Herausforderungen, denen unser Augenmerk gilt. Dabei erweist Technik sich in all ihrer Dynamik als eine besondere Form des Antwortens.

2. Wettlauf zwischen Mensch und Maschine

Bei der Erörterung dessen, was sich zwischen Mensch und Maschine abspielt, taucht permanent die Frage auf, was Maschinen oder was umgekehrt Menschen können oder nicht können. Bei Hubert Dreyfus, der zu den leibphänomenologisch orientierten Technikphilosophen gehört, verbindet sich die Frage nach den Grenzen künstlicher Intelligenz mit der Beantwortung der Frage: »Was Computer nicht können« (1985) und später dann: »Was sie immer noch nicht können« (1993). Ähnlich gibt Manuela Lenzen ihrer jüngst erschienenen Darstellung der Künstlichen Intelligenz den Untertitel: »Was sie kann & was uns erwartet«. Was die Autorin ihrerseits von Computern und Robotern nicht erwartet, ist eine ganze Menge, darunter Ironie, Respekt, gutes und schlechtes Gewissen, Mitgefühl, Freundschaft, Liebe und so fort. Das fragliche Können erweist sich somit als ein vielfältig verklausuliertes Können. Die Autorin weiß so gut wie andere Interpreten der Technik, daß ist es mit einem vorhandenen oder vermißten Können allein nicht getan ist und ebensowenig mit Hypothesen bezüglich dessen, »wie der Mensch funktioniert« (2018, S. 20). Die bloße Frage nach dem Können, die sich auf mögliche Welten bezieht und sich in Fragen nach der Kompetenz der Betreiber und Entwickler fortsetzt, verlockt zu einer unaufhörlichen Kasuistik und zu einem futuristischen Und-so-weiter, das sich von einem unwiderleglichen Noch-nicht narren läßt wie von einer Fata Morgana.

Hinter der Frage nach dem Können steckt als allzu selbstverständlich geübte Methode ein *Leistungsvergleich*, der menschliches Erleben und Verhalten unterschiedslos an dem mißt, was durch Umwandlung von Daten in Effekte, vom Knowing-how in ein Doing-that zustande gebracht wird. Das Schrumpfen des philosophischen Horizontes, das mit einer solchen Leistungsschau einhergeht, wurde schon lange bemerkt. Von der Trias der Lebensweisheit, die Schopenhauer im Zeitalter beginnender Industrialisierung in Erinnerung rief, indem er sich im Anschluß an alte, nicht nur westliche Weisheitslehren auf das bezog, was einer ist, was einer hat und in der Meinung anderer vorstellt (*Parerga und Paralipomena* I), bliebe am Ende nur übrig, was einer bewerkstelligt. Daß der menschliche ›Macher‹, der den göttlichen ›Maker of the World‹ beerbt, sich durch das maschinelle Machwerk gut vertreten fühlt, versteht sich dann von selbst. Jean Paul verfaßte bereits 1789 für außerirdische Bewohner des Saturns einen Text, der unter dem spöttischen Titel *Der Maschinenmann nebst seinen Eigenschaften* den mechanistischen Entwurf des *L'homme machine* von La Mettrie satirisch auf die Spitze treibt. Alle Fertigkeiten des Menschen werden in Maschinen ausgelagert, von der Rechenmaschine über die Sprach- und Musikmaschine bis zur Kau- und Verdauungsmaschine, und der Maschinenmensch stärkt sich selbst an Maschinentafeln. Was am Ende auf der Erde übrigbleibt, sind »Maschinen ohne Maschinenmeister«, eine reine *natura naturata* ohne die Lebenskraft der *natura naturans.* »Nichts sein, und alles können«, so lautet die Devise dieses Möglichkeitsrausches.[6] Mortimer Taube, der sich höchst professionell mit dem Dokumentationswesen beschäftigt hat, unterscheidet in seiner Schrift *Der Mythos der Denkmaschine* (1966, S. 16) zehn Begriffe des Möglichen, die der Forschungstätigkeit als Leitmotive dienen und dem leichtfertigen Spiel mit allerlei Möglichkeiten Einhalt gebieten können; das faktische Sein-Können ist nur eine unter mehreren. Die Frage, ob Maschinen denken können, müßte Turing zufolge umformuliert werden in die Frage: »Ist es für eine Maschine möglich, das zu tun, was die Menschen tun, wenn sie eine Tätigkeit vollziehen, die man als ›Denken‹ bezeichnet?« (S. 20) Doch mit welchem Recht bezeichnet man etwas als ›Denken‹?

6 1976, S. 446-453. Vgl. dazu den ausführlichen Kommentar von Käte Meyer-Drawe, *Menschen im Spiegel ihrer Maschinen* (1996), Kap. 4. Durch dieses beachtenswerte Buch bin ich auf Jean Pauls Satiren aufmerksam geworden.

Der übergreifende Sachgehalt, der dem Vergleich von Mensch und Maschine zugrunde gelegt wird, versteht sich nicht von selbst. Ist Handeln eine bloße Form des Machens? In seinen grundlegenden Überlegungen zur praktischen Philosophie, die für den aufmerksamen Leser bis heute wenig von ihrer Frische verloren haben, unterscheidet Aristoteles deutlich zwischen *Poiesis* als einem Hervorbringen und *Praxis* als einem Handeln. »Das Ziel des Hervorbringens ist etwas außerhalb seiner selbst, das des Handelns ist es nicht. Denn das Gut-Handeln ist selbst ein Ziel.« (*Nik. Ethik* VI, 5, 1140b6-7) Man kann gute Taten nicht speichern wie etwas Fertiges, das man ad acta legt, so wie man zu bereuende Untaten nicht abtun kann wie etwas Erledigtes. Darüber hinaus ist das Gut-Handeln etwas, das in der εὐτυχία glückt, das in der εὐδαιμονία einen ›guten Geist‹ verrät und über alles Lob hinaus nach einer Lobpreisung verlangt. Umgekehrt ist es etwas, das in der ἀτυχία mißglückt und im Falle des Mißlingens nicht Tadel verdient, sondern Mitleid (ebd. I, 12-13). Inmitten des Handelns meldet sich also die Tyche, die sich niemals völlig durch Techne bändigen läßt. Darin steckt ein Menschheitslos, das nicht mit einer statistisch zu errechnenden Losnummer zu verwechseln ist. Wo findet sich im Digitalen dieser Überschuß an Unverfügbarem? Gibt es so etwas wie ein Maschinenglück?

Läßt eine differenzierte Handlungslehre Raum für Leistungen, die einen partiellen Leistungsvergleich zwischen Handeln und Machen erlauben, so verkörpern sich diese im herzustellenden Werk (ἔργον, lat. *opus*). Heute spricht man gern von Effizienz, Resultat oder Erfolg, doch dies bedeutet nicht, daß man durchwegs zwischen klugem Handeln und geschicktem Herstellen, zwischen der Tugend der Phronesis und dem Sachverstand der Techne unterscheidet. Technische Vergleiche finden ihren sprachlichen Ausdruck in Komparativen wie ›genauer‹, ›schneller‹, ›leichter‹, ›einfacher‹. Der generelle Ausdruck ›besser‹ steht dementsprechend für eine relative Steigerung, einen Wertzuwachs, wie es in der ökonomischen Sprechweise heißt. Der bloße Komparativ scheint eines zugehörigen Superlativs zu entraten; das Beste wäre im strengen Sinne unvergleichlich, über allen Vergleich erhaben. Doch »wo Begriffe fehlen, da stellt ein Wort zur rechten Zeit sich ein«. Das neu entdeckte Zauberwort »Singularität«, das sich im Umkreis von Raymond Kurzweil einer speziellen Anziehungskraft erfreut (vgl.

Lenzen 2018, S. 14), ist nicht zu verwechseln mit der Einzigartigkeit des Unvergleichlichen, also auch nicht mit der Einzigkeit der Lebenswelt, »für die der Plural sinnlos ist« (Hua VI, 146). Vielmehr beschwört man damit das Vermögen einer »Allgemein-Intelligenz«, die mit ihrem »Potential zur ultimativen Selbsterkenntnis« und in ihrer Schrankenlosigkeit geradezu techno-theologische Züge annimmt, in unwillkürlicher Erinnerung an Anselms Gott als etwas *quo nihil maius cogitari potest.*[7]

Werfen wir einen Blick in die jüdische Bibel. Jehova beendet sein Schöpfungswerk bekanntlich mit dem Wort: »Und siehe da, es war sehr gut« (*Mose* 1, 31). Er zieht keine Bilanz wie ein Oberster Rechnungshof, er besiegelt, was geworden ist, indem er es gutheißt, und ruht danach aus von seinem Werk. Käte Meyer-Drawe beginnt die kritischen Analysen des erwähnten Maschinen-Buchs mit einem Kapitel, das dem »achten Tag« der Schöpfung gewidmet ist. Wo aber bleibt in der Maschinenwelt der Sabbat, der in der Bibel als der siebte Schöpfungstag auftaucht? Daß Ruhe mehr bedeutet als Nichtstun, wußten auch die Griechen, die unter der Schule einen Ort der Muße (σχολή) verstanden. In der Muße kommt man zu sich, nicht zu etwas. Die Leistungsschau stößt im übrigen auf eine innere Grenze, die Hegel als »schlechte Unendlichkeit« bezeichnet. Die grenzenlose Optimierung, die unter technischen Vorzeichen anvisiert wird und uns mit der elementaren Kontrolle von Schrittzahl, Kalorienverbrauch oder Herzfrequenz eine zusätzliche Selbstoptimierung vorgaukelt, kommt über eine bloße Approximation nicht hinaus. Ähnliches gilt für die hektische Beschleunigung, die gemäß der kapitalistischen Formel *time is money* jeden unbezahlten Rest verwertet; Paul Virilio problematisiert sie als »Fluchtgeschwindigkeit«, und Hartmut Rosa setzt ihr eine asketische Form der »Entschleunigung« entgegen.

Doch hat es überhaupt einen Sinn, die beste aller Welten ins Auge zu fassen? Wenn hier etwas weiterzuhelfen scheint, so ist es

7 Vgl. E. S. Yudkowsky, »Operation Schutzengel«, in: *Frankfurter Allgemeine Zeitung* vom 31. 8. 2000 und dazu die kritischen Bemerkungen von Steven Pinker, der darauf beharrt, daß jedes KI-System nur über eine »Inselbegabung« verfügt, unterschiedliche Ziele verfolgt, und der vor Dystopien warnt, die eine »künstliche Allgemeinintelligenz der Zukunft mit dem Dämon des Weltgeistes« verwechseln und einem »digitalen Größenwahn« erliegen (»Warum die meisten Zukunftsszenarios zur KI völlig an der Realität vorbeigehen«, in: *Suddeutsche Zeitung* vom 21. 3. 2019).

die Beschränkung auf rein quantitative Maßstäbe, die es ermöglicht, qualitative Beschaffenheiten auf zählbare Mengen und meßbare Größen zurückzuführen und sich dabei auf die große Zahl von Big Data zu verlassen, die nach Bedarf zu maximieren und zu minimieren sind. Wie sehr sich die Natur auf quantitative Weise erschließen läßt, wissen wir spätestens seit Galilei. Doch ist dies alles, was die Natur zu bieten hat? Auf welche Weise will man Farbqualitäten wie Rot und Grün, Tongeschlechter wie Dur und Moll, Klangbewegungen wie Allegro und Andante, Tanzrhythmen wie Tango und Walzer, Formgestalten wie Rund und Eckig, Geschlechtsmerkmale wie Männlich und Weiblich und schließlich Gefühle von Lust und Schmerz bemessen und gegeneinander abwägen – außer man schmuggelt formale Maßstäbe ein, die selbst nicht dem Vergleich zu entnehmen sind? Wie steht es mit dem »Süß-Bitteren«, das Sappho im Eros spürt? Ein tragfähiger Vergleich baut darauf, daß nicht Gleiches, sondern Gleich*wertiges* erreicht wird, und zwar unter wechselnden Bedingungen und auf Kosten eines variablen Kraft- und Zeitaufwandes. Wie Kant in seiner Moralphilosophie zeigt, gibt es für Dinge, die einen Preis haben, zwar Äquivalente, aber anders als bei Menschen keine Würde, die »über allem Preis erhaben ist« und die nur an sich selbst zu messen wäre (*Grundlegung zur Metaphysik der Sitten*, B 77). So können wir unbesorgt verschiedene Verkehrsmittel benutzen, um an den nämlichen Ort zu gelangen, verschiedene Schreibmittel benutzen, um etwas aufzuzeichnen, verschiedene Muster heranziehen, um ein Gesicht herauszufiltern, und im Kampf verschiedene Waffen erproben. Pragmatisch betrachtet braucht es nicht mehr.

Solche alltäglichen Leistungsvergleiche beruhen allerdings auf einer impliziten Voraussetzung. Man setzt voraus, daß etwas gleich*gesetzt* wird, was nicht schon gleich *ist*. Wäre es schon gleich, so bedürfte es im Grunde keines Vergleichs. Ein ökonomisches Vergleichsmedium ist das Geld, mit dem das Zählen ins Zahlen übergeht. Das Geld dient dem Handel als Tauschmittel. Laut Marx ermöglicht es ein »Gleichsetzen des Ungleichartigen« (*Grundrisse*, 1953, S. 80). Es wird zum förmlichen Kristallisationskern einer Tauschgesellschaft, die sich einem Tauschprinzip und einem entsprechenden Leistungsprinzip unterstellt. Der Preis einer Sache fällt zusammen mit seinem Marktwert. Die Ökonomie wird verallgemeinert, wenn Nietzsche in seiner Schrift *Wahrheit und Lüge* *im außermoralischen Sinn* (KSA 5, 880 f.) die moderne Ordnung insgesamt als ein elementares »Gleichsetzen des Nicht-Gleichen« begreift.[8] Geben wir zuletzt einem zeitgenössischen Organisationstheoretiker das Wort. Was Günther Ortmann in den kritischen Blick nimmt, ist eine Vergoldung durch die Funktion. »*Midas-Gold.* Organisation, das ist ihr Sinn, sie macht alles zu Gold. Es ist das Gold der Funktionalität.« (2015, S. 161) Jene Werte, die gern als Passepartout angerufen werden, immer wenn bloße Tatsachen nicht ausreichen, um Entscheidungen zu fällen, versammeln sich in einem »Internet der Werte«. Am Ende sind Werte nicht mehr von der schieren Funktionstüchtigkeit zu unterscheiden, auch wenn sie den öko-kreativen Titel einer »Wertschöpfung« erhalten. Marx sprach im *Kapital* von »theologischen Mucken«.

Wir alle kennen das Sprichwort: »Wenn zwei dasselbe tun, so ist es nicht dasselbe.« Sollte etwas, das für mehrere Personen gilt, nicht erst recht gelten, wenn Personen und Automaten in einen Wettbewerb treten? Wie die zitierten Tauschformeln anklingen lassen, begnügt Technik sich nicht mit einem Vergleich dessen, was uns als ungleich vor Augen steht, vielmehr setzt sie einen Prozeß wechselseitiger *Angleichung* in Gang. Beim Leistungsvergleich zwischen Mensch und Maschine führt dies dazu, daß der Mensch sich mehr und mehr als technomorph und umgekehrt die Maschine sich mehr und mehr als anthropomorph herausstellt (vgl. Meyer-Drawe 1996, S. 28). Daraus folgt, daß der Mensch sich in seinen Maschinen spiegelt und daß umgekehrt das Funktionieren der Maschinen im Androiden menschenartige Züge annimmt. Entsprechend schillert das Vergleichspaar, von dem der Vergleich ausgeht, zwischen dem Maschinen*menschen* und der Mensch*maschine.* Doch dieses Schillern, das je nach Art der Betonung des Doppelwortes verschiedene Dominanzen hervorruft, lädt zu erheblichen Mißverständnissen ein.

Das Gelingen des Vergleichs hängt alles in allem an einer gravierenden Annahme, die bereits angeklungen ist. Es setzt voraus, daß wir menschliche Verhaltensakte und maschinelle Vorgänge gleichermaßen *als bloße Leistungen* betrachten und behandeln, so daß Humanisierung und Mechanisierung konvergieren. Die Konstitution dieses transformativen Als, das phänomenologisch und her-

8 Zu dieser grundlegenden Denkfigur vgl. HYP Kap. 12, SA Kap. 6.

meneutisch wohlbekannt ist, erschöpft sich nicht selbst wiederum in einem technischen Vorgang; denn dies würde uns in einen technologischen Zirkel verwickeln. In seiner Berufung auf Technisches wäre er ebenso hilflos, wie es der hermeneutische Zirkel ist, wenn er voraussetzt, es gebe Sinn, ohne daß dieses »es gibt« hinterfragt wird. Zur Freisetzung des Technischen als solchen bedarf es einer methodischen Form von »technologischer Epoché« (GN 253), die das Technische nicht als *fait accompli* hinnimmt, sondern es als solches befragt und bedenkt.

In diesem Zusammenhang stellt sich die Frage, wer oder was im Zuge der Angleichung angeglichen wird und von wo der Vergleich ausgeht. Geht er von beiden Seiten zugleich aus? Stünde man auf beiden Seiten zugleich, so bliebe nichts mehr zu vergleichen, man wäre schon unter sich. Die Antwort kann nur lauten: Der fragliche Vergleich geht ursprünglich von jemandem aus, der die Frage nach seinem Anderen aufwirft und sich dabei selbst mit in Frage stellt. Die Tatsache, daß es der Mensch ist, der *sich* mit Maschinen und Maschinen mit *sich* vergleicht, läßt sich nicht aus der Welt schaffen, ohne daß der Mensch mit der Darbringung eines *sacrificium intellectus* auf seinen Verstand und am Ende auf Vernunft überhaupt verzichtet. Das Selbst, das sich an Anderen mißt und sich laut Aristoteles im Freund als einem »anderen Selbst« selbst verdoppelt (*Nik. Ethik* IX, 9, 1169b6-7), ist nicht gleichzusetzen mit dem Auto- einer Automation, die eine funktionale Schleife vollführt. Die kybernetisch erzeugte Schleife wäre dem Kommunikationskritiker Sfez zufolge einem »Tautismus« zuzurechnen, der das Selbst mit dem Selben, der das αὐτός mit dem ταὐτόν, das *ipse* mit dem *idem* vermengt (vgl. GN 202 f.). Würde man jedoch versuchen, die Gleichsetzung aus einer vorgängigen Gleichseitigkeit herzuleiten, so würde man den Ort des Vergleichs unterschlagen, als stünde man vorweg auf sicherem Boden, jenseits von Mensch und Maschine. Die Technik würde sich gegen ihre Befragung immunisieren, wie wir es von religiösem Sektierertum und politischen Ideologien her kennen. Mit gutem Grund wendet sich Paul Feyerabend in seiner Schrift *Wider einen Methodenzwang* gegen die »Berufsideologien« bestimmter Wissenschaftszweige (1977, S. 283 f.) und gegen einen »Chauvinismus der Wissenschaft«, der »ein viel größeres Problem ist als die geistige Umweltverschmutzung« (308).

Die Fronten haben sich inzwischen verschoben. Doch nach wie

vor gilt, daß die systematische Ausschaltung des Subjektiven in eine Hypostasierung objektiver Tatsachen und Gesetze umschlägt. Ich zitiere nochmals den kritischen Einwand von Husserl; er wehrt sich dagegen, »daß wir für wahres Sein nehmen, was eine Methode ist« und daß wir den Gang der Wissenschaft einer »verläßlichen Maschine« angleichen (Hua VI, 52). Die Erfahrung, die doch unsere »einzige Lehrerin« ist, wie auch der Pragmatist Peirce versichert (1970, S. 315), und ohne deren Lektionen all unsere Behauptungen leer und nichtig wären, würde durch Unterschiebungen oder Erschleichungen ersetzt. Ein technologischer und ein speziell digitaler Dogmatismus wäre die Folge eines Wissensanspruchs, der sich um kein sokratisches Nichtwissen und um keinen cartesischen Zweifel schert. Ein solcher Dogmatismus braucht sich nicht in theoretische Behauptungen zu kleiden, er kann sich pragmatisch äußern in Form eines unausgesprochenen Frageverzichts, wie es die schlichte Orientierung an funktionierenden Maschinen und Automaten mit sich bringt. So wie laut Platon Bücher »gar ehrwürdig stillschweigen«, wenn ihnen der Autor nicht zu Hilfe kommt (*Phaidr.* 275d), so schweigen im »praktizierten Funktionalismus« oder »Modellismus« (GN 62) Maschinen still, solange sie niemand zum Sprechen bringt und solange das einübende Lernen-durch-Tun mit einem mechanischen Trainieren gleichgesetzt wird. Was heißt hier ›mechanisch‹? Der Neurophysiologe Kurt Goldstein macht darauf aufmerksam, daß schon das schlichte Radfahren nicht umstandslos abläuft. »Wir machen so lange unzweckmäßige Bewegungen unseres Körpers d. h. solche, die durch Einzelheiten bestimmt werden, die nicht wesentlich für das Radfahren sind, bis wir plötzlich das Gleichgewicht zu erhalten imstande sind und uns in der richtigen Weise fortbewegen.« (2014, S. 301) Man könnte dies als ein praktisch-technisches Aha-Erlebnis bezeichnen. Mit der Steigerung des technischen Raffinements und der Auslagerung technischer Leistungen geht das Staunen über das Unalltägliche, das mitten im technischen Alltag steckt, allerdings verloren. Eine Maschine staunt nicht und leidet auch nicht.

Hören wir dazu eine Stimme aus der Vorgeschichte der Phänomenologie. Goethe bemerkt in seinen *Maximen und Reflexionen*: »Falsche Vorstellung, daß man ein Phänomen durch Kalkül oder durch Worte abtun und beseitigen könne.« Nicht ohne Humor fährt er fort: »Die Mathematiker sind eine Art Franzosen: redet man zu ihnen, so übersetzen sie es in ihre Sprache, und dann ist es alsbald ganz etwas anderes.« (Werke, Bd. 9, S. 660) Gewiß klingt hier der Streit mit den Newtonianern nach, in dem Goethe mit seiner Farbenlehre einseitige Partei war, und daß Franzosen die einzigen nationalen Sündenböcke sind, mag man bezweifeln, jedenfalls fehlt es auch heute nicht an ein einem »Fachmenschentum«, das sich auf seiner Borniertheit ausruht.

Es kann nicht darum gehen, vor den Maschinen in ein seelisches Arkanum zu fliehen. Daß die leibliche Existenz des Menschen durchaus von dieser Welt ist und tierische, pflanzliche ebenso wie mechanische Elemente in sich schließt, wußte schon Aristoteles, als er das hylomorphe Wirken der Psyche erforschte. Doch daraus folgt keineswegs, daß der Mensch nichts weiter ist als ein Bestandteil der natürlichen Welt oder als ein Leistungsträger in einer künstlichen Welt. Wenn neuerliche Verteidiger eines hypermodernen Maschinenmenschen mit ihrem Maschinendenken und Maschinenhandeln bis zu einer modellförmigen Maschinenethik vordringen und dabei Seele, Bewußtsein oder freien Willen als überflüssige Zutaten abtun, so kämpfen sie gegen selbsterzeugte Phantome, als bestünde die Alternative darin, der rohen Natur einen Geist aufzupfropfen. Ich zitiere aus einem meiner früheren Texte: »Das menschliche Selbst erfährt sich nicht dadurch als etwas Besonderes, daß zum Status des Lebewesens etwas Anderes, Höheres hinzutritt, sei es der Logos als Vernunft und Rede, sei es die Freiheit, sei es eine unsterbliche Seele. Was den Menschen auszeichnet, ist vielmehr [...] der Status eines ›nicht festgestellten Tieres‹, der ihn permanent vor Fragen stellt wie: ›Wer bin ich?‹.« Dieser Status stellt ihn aber auch vor die Frage: »Wer bist du?«, eine Frage, die sich in der Aufforderung des Paßbeamten: »Schauen Sie mich an!« dienstlich äußert und die sich in gefährlichen Situationen auf die Parole »Wer da?« (*qui-vive*) verkürzt. Doch diese Schlüsselfrage, die zur Fangfrage werden kann, läßt sich nicht mit Hilfe eines Suchgeräts beantworten, das auf bloße Daten regiert, so etwa auf das ausgewählte Suchwort oder Paßwort. Sie läßt sich immer nur gemeinsam beantworten, und zwar sprechend und hörend. *Qui parle?* so lautet die Grundfrage der Psychoanalyse in der Formulierung von Lacan. Man könnte geneigt sein, das Grimmsche Märchen vom Hasen und dem Igel anzuführen. Der lauffreudige Hase rennt sich zu Tode; denn er merkt nicht, daß er es mit einem Igelpaar zu tun hat, das immer schon da ist, weil es sich miteinander abspricht, ohne sich auf die eigene Lauftechnik zu verlassen. Der Mensch ist immer schon mehr, als er ist, er übersteigt sich selbst, und genau dies macht seine nicht identifizierbare Eigenart aus, verglichen mit dem Status einer automatisch bis auf weiteres voranschreitenden Maschine. Eine Maschine, die Daten kombiniert, beantwortet keine Fragen.

3. Leiblicher Austausch zwischen Geist und Natur

In eins mit der Frage nach dem Zusammenwirken von Mensch und Maschine stellt sich die Frage nach dem Bindeglied, das sich hinter der Konjunktion ›und‹ verbirgt. Was Husserl angeht, so versteht er, wie im vorigen Kapitel gezeigt, den menschlichen Leib als eine »Umschlagstelle von geistiger Kausalität und Naturkausalität«. Für jede phänomenologische Analyse der Technik sind in der Tat Sinnlichkeit, Beweglichkeit und Empfindlichkeit des Leibes unentbehrlich, sie gehören zum Umfeld der Technik. So betont Martin Gessmann unter Rückgriff auf phänomenologische und hermeneutische Ansätze, daß die »Durchtechnisierung der Lebenswelt« mit ihrer »abstrakten Machbarkeit« dem menschlichen Gebrauch technischer Geräte nicht gerecht wird (2010, S. 60 f.); er insistiert darauf, daß die Gerätegeschichte von Anfang an eingebettet ist in die menschliche Praxis (S. 75-82) und daß die Leibphänomenologie die nötigen Kriterien liefert, die darüber entscheiden, »ob das Gerät handlungstechnisch einverleibt werden kann, es also beinahe zum Teil meiner selbst wird, indem wir durch das Gerät hindurch mit der Welt verbunden sind« (S. 150). Schon bei Aristoteles spielt die Hand als multiples Leitorgan eine initiatorische Rolle. Sie hat es nicht nur mit dienstfertigen Dingen zu tun, sondern ebenso mit Fremdimpulsen. So bemerkt Levinas: »Die Hand ist ihrem Wesen nach Herumtasten und Zugreifen. Das versuchende Herumtasten ist nicht eine Aktion, die technisch unvollkommen wäre, sondern die Bedingung aller Technik.« (1961, S. 141, dt. S. 241)

Doch in digital fixierten Analysen wird der gelebte, sich in einen Leibkörper verdoppelnde Leib zumeist nur gestreift, als ließe er sich spurlos in maschinelle Prozesse einschmelzen. Der cartesische Dualismus, der Geist und Körper auseinanderreißt, weicht einem vagen Monismus, der sich schon im *L'homme machine* des 18. Jahrhunderts andeutet; alles wird schließlich irgendwie miteinander verkoppelt und verkuppelt im Sinne eines quasi-spinozistischen *machina sive natura.* Ein besonnener Autor wie Philipp Descola versucht zwar, ähnlich wie schon Lévi-Strauss, jeden kruden Naturalismus zu vermeiden und jenseits der Scheidung von Natur und Kultur Fuß zu fassen; doch selbst er definiert den Menschen in mühsamer Bastelei als eine »aus Interiorität [= Geist, Seele, Intentionalität, Reflexivität, Affekte etc.] und Physikalität [= Substanz, physiologische Prozesse, anatomische Züge etc.] zusammengesetzte Einheit« (2013, S. 182), von einem selbstbezüglichen Leib ist erst gar nicht die Rede. Eine weitere Bastelprobe stammt aus dem neueren Deutschland: »Die Unterschiede zwischen Mensch und Maschine erscheinen nämlich funktional gesehen nicht mehr so gravierend, als dass eindeutig zwischen dem beseelten Subjekt und dem willenlosen Werkzeug unterschieden werden könnte – beide sind nur Bestandteile eines Gesamtprozesses.«[9] Doch worauf beruht die Ganzheit dieses als funktional verstandenen Prozesses? Eine eindeutige Scheidung à la Descartes hat ihre Fragwürdigkeit in der Tat längst erwiesen, man braucht nur auf die Alltagserfahrung und ihre Sprache zu achten, wie schon Descartes es dem *ordre de la vie* zugesteht. Doch was bleibt stattdessen? Ist subjektives Befinden identisch mit einem objektiven Befund? Ist ein Teil, der sich selbst als ein bloßer Bestandteil ausgibt, nicht eben dadurch mehr als ein bloßer Teil? Oft ist von Sym-biose die Rede, doch in was für einem Leben spielt sich dieses funktional verstandene Zusammenleben ab? Wir nähern uns der Mischform eines biotechnischen Organizismus. Eine entsprechende Neurobiologie der Pflanzen läßt dann Pflanzen ähnlich wie Tiere wahrnehmen und kommunizieren, *per analogiam.* Gibt es etwas, das nicht diesem oder jenem auf irgendeine Weise ähnlich ist?

Anders stellt sich die Sache dar, wenn wir uns klarmachen, daß wir keineswegs zu der Alternative genötigt sind, entweder Teile mehr oder weniger säuberlich voneinander abzusondern oder aber sie miteinander zu verschmelzen, daß das leibliche und lebensweltliche Selbst sich vielmehr *von sich selbst* abhebt. Unser Leib stellt sich in all seinen Verrichtungen als komplexer Leib-Körper dar und

9 Zitiert aus einem jüngst erschienenen Literaturbericht von Martin Gessmann: »Maschinenethik« (2019) S. 285.

trägt Züge eines Fremdkörpers an sich. Der eigene Leib ist niemals ganz und gar mein eigener Leib. So präsentieren Husserl und Scheler ein Geflecht aus fungierendem Leib und Körperding, Plessner bezieht sich auf ein Miteinander von Leibsein und Körperhaben, und Merleau-Ponty versucht es mit einem Chiasma von *corps propre* und *corps physique*, von *chair* und *corps*. Der eigene Leib ist es, der uns fremd wird, wenn er etwa in der Ermüdung oder bei einer auftretenden Lähmung seinen Dienst versagt. Der eigene Leib ist es auch, der dem Gehenden entgleitet, wenn er stolpert oder fällt, und der dem Sprechenden entgleitet, wenn er ins Stottern gerät oder wenn er sich infolge eines *lapsus linguae* verspricht. Thomas Bernhard bringt dieses gebrochene Selbstverhältnis in seinem Essay *Das Gehen* mit österreichischer Umständlichkeit und Beharrlichkeit zum Ausdruck, indem er Cartesianern das Wort im Mund umdreht und den Vergleich zwischen Gehen und Denken förmlich entgleisen läßt (siehe oben, S. 127). Fehlhandlungen, die das Leistungsgefüge in Verwirrung bringen und zu pathologischen Dissoziationen führen, resultieren aus einem heiklen Zusammenspiel von Ich und Es; die Phänomenologie des Leibes berührt sich hier mit der Psychoanalyse des Unbewußten. Jenen, die dem Roboter ein Bein amputieren und ihm geradewegs ein Hinken andichten,[10] möchte man entgegenhalten: Bedarf es nicht eines aufrechten Ganges, um zu hinken und zu fallen? Ist der Hinkefuß Ödipus ein bloßes Monstrum der Natur? Gibt es nicht Gedanken, die wir »erhinken«, nicht »erfliegen«?[11] Die Ausstattung mechanischer Vorgänge mit menschlichen Zügen arbeitet, rhetorisch gesprochen, mit Enthymemen, das heißt mit etwas, das man in petto hat und bei dem man sich ungeniert aus dem Erlebnisschatz der menschlichen oder der tierischen Erfahrung bedient. Diese Alchimie bedient sich eines unscheinbaren sprachlichen Tricks. Man unterschiebt dem adjektivischen Attribut ›digital‹ eine eigenständige Substanz oder eine Eigentätigkeit, womit man sich die Beschreibung und die Erläuterung dessen, was jeweils digitalisiert wird, erspart. Es sieht dann so aus, als genüge es, Maschinen operational zu befragen, um zu wissen, was Denken oder Fühlen, Sprechen oder Schreiben, Lächeln

10 Vgl. M. Landinger: »Wie Roboter das Hinken erlernen«, in: *Süddeutsche Zeitung* vom 29. 11. 2006.

11 Vgl. das Schlußvotum von *Jenseits des Lustprinzips*, in dem Freud Friedrich Rückert zitiert.

oder Grüßen und was Kultur gemeinhin bedeutet. Weiter unten ist in einem ähnlichen Zusammenhang von einer *petitio principii* die Rede.

Bei Computern, die ihr Resultat algorithmisch errechnen, macht sich die Vernachlässigung des Leibes weniger stark bemerkbar als bei arbeitenden Robotern, die nicht bloß Rechendaten benutzen und speichern, sondern mit digitalen Sensoren und Effektoren verändernd in die reale Welt eingreifen.[12] Die Kopflastigkeit eines rechnenden Gehirns tritt zurück, sobald die Kinästhetik mit grundlegenden Körperbewegungen und Körperhaltungen wie Gehen, Stehen, Sitzen, Liegen, Heben oder Drücken ins Spiel kommt. Schon das Treppensteigen erweist sich als ein technisches Abenteuer, ganz zu schweigen vom automatischen Fußballspiel, das sich anders als das Treppensteigen nicht auf diskrete Treppenstufen verteilt und das anders als das Schachspiel nicht auf einem streng abgezirkelten Spielbrett abläuft und dessen Positionen sich nicht durch Bezeichnungen wie Sd5 algebraisch wiedergeben lassen. Im Gegensatz zum *game* findet das Ballspiel als *play* auf einem Feld statt, das mit seinen Spielräumen offene Regeln zuläßt; deren Befolgung unterliegt mit ihren Bewegungsmustern, ihren »Automatismen«, wie man heute gern sagt, einem antrainierten Spielstil, aber keinem algorithmischen Zugzwang. Doch gleich ob körperliches Fußballspiel, ob ein Brettspiel wie das nahezu algebraisch geregelte Schach oder das räumliche Gebiete erobernde Go, das derartige Spielen erschöpft sich ebensowenig wie das Geigenspiel in der korrekten Einhaltung von Regeln. Wäre es anders, so wäre es kein Spiel, dessen Reiz auf Überraschungseffekten beruht.

Doch mit einer bloßen Stochastik, die mit Wahrscheinlichkeiten operiert, ist es auch aus anderen Gründen nicht getan. Lassen sich Sieg und Niederlage, die den Wettkampf zwischen menschlichen Spielern befeuern, auf bloße Ballmanöver und auf ein Punktesammeln reduzieren? In welchem Sinne spielen Roboter überhaupt gegen-einander? Ist ein Spielen mit Zahlen nichts weiter als ein förmliches Zahlenspiel, ein Spiel mit Worten nichts weiter als ein ein förmliches Wortspiel? Ist der *homo ludens* ein bloßes Räderwerk? Müssen wir nicht ähnlich, wie Linguisten Sagen und Gesagtes voneinander abheben, zwischen dem Spielakt und der

12 Zur phänomenologischen Sicht auf die Robotik vgl. vom Verf., *Phänomenologie der Aufmerksamkeit* (2004), S. 179-185.

Partie als einem gespielten Spiel unterscheiden? Husserl sieht das Können, das beim Spiel in Anspruch genommen wird, verankert in einem habituellen »ich kann« (Hua IV, 152), das auf die aristotelische Hexis, den Habitus, die Haltung und darüber hinaus auf ein Streben und Begehren zurückverweist und mit jeder Funktion eine bestimmte Funktionslust verbindet. Das »Ich tue« ist nicht zu trennen von einem wiederholten »Es widerfährt mir«, es sei denn, man reduziert das Tun auf einen Vorgang, der durch Knopfdruck auszulösen ist.

Doch läßt sich das performative Ich und Du, das auch dem experimentierenden Psychologen oder Mediziner permanent in Gestalt von Versuchspersonen in die Quere kommt, auf eine neurophysiologische Funktion reduzieren oder auf einen subjektiven Faktor? Ist es getan mit einer neurophilosophischen Datenstruktur, mit Angeboten wie dem eines »mentalen Selbstmodells«, einer »mentalen Repräsentation«, einer »repräsentationalen Fiktion«, hinter der im Grunde »Niemand« steht (vgl. Metzinger 1996)? Dies würde bedeuten, daß der Forscher sich mit Prozessen in einem »Ego-Tunnel« begnügt, für die niemand verantwortlich ist.

Blicken wir nochmals zurück auf den schon erwähnten Disput zwischen Descartes und Gassendi. Gassendi, der aus der sinnenfreudigen Schule Epikurs stammte, setzt dem cartesischen *cogito* ein *ambulo* entgegen, und man wird kaum sagen können, daß Descartes mit seinen Erwiderungen überzeugen kann. Um das alltägliche ›ich gehe‹ in ein bloßes ›es geht‹, ›es prozessiert‹ oder *anything goes* zu verwandeln, müßte man von der Performanz der Selbstbewegung und Mitbewegung überwechseln auf den Beobachterstandpunkt. Und wer beobachtet den Beobachter? Vom gelebten Leib würden nur Puzzlestücke zurückbleiben. Man könnte fortfahren, indem man sich durch fernöstliche Praktiken der Meditation anregen läßt und indem man Gassendis *ambulo* durch ein *spiro* ergänzt und, getreu dem sprichwörtlichen *dum spiro spero*, dem rhythmischen Wechsel von Ein- und Ausatmen einen Platz im Innersten des Lebens, auf der Schwelle von *spiritus* und *natura* zuweist. Zum Atmen gehört schließlich die Luft als ein Element, das uns umgibt und in dem wir uns ähnlich bewegen wie der Schwimmer oder der Fisch im Wasser.[13]

13 Zu erinnern ist in diesem Zusammenhang daran, daß der Epistemologe Gaston Bachelard, auf den wir uns im Zusammenhang mit der Phänomenotechnik

Ich erspare es mir, in diesem Zusammenhang nochmals detailliert auf die reich instrumentierte Phänomenologie und Anthropologie des Leibes einzugehen, die ich selbst in meinen Vorlesungen *Das leibliche Selbst* gründlich ausgewertet habe. Dazu gehört der Vergleich zwischen menschlichem und tierischem Verhalten, der in dem direkten Vergleich zwischen Mensch und Maschine oder zwischen Organismus und Maschine oft nur gestreift wird. Dazu gehört auch der Untergrund des Vegetativen und Pflanzlichen, der in das leibliche Verhalten einfließt, ohne selbst durch gezieltes Verhalten gesteuert zu werden. Ich begnüge mich abschließend mit dem Hinweis auf einen einschlägigen Text aus dem Bereich der Medizin. In seiner *Verteidigung des Menschen* tritt Thomas Fuchs, angeleitet von einer »verkörperten Anthropologie«, dem digitalen Überschwang eines Maschinendenkens mit Vehemenz entgegen. Ähnlich wie Maurice Merleau-Ponty, Helmuth Plessner und F. J. J. Buytendijk und auf den Bahnen der Heidelberger medizinischen Anthropologie wendet er sich gegen eine »Entkörperung des Geistes«, die in der »Sublimierung des Stoffs zur reinen Form« ihre Pointe findet und eine »Entstofflichung der Materie« nach sich zieht (2020, S. 21). Den Hauptangriffspunkt sieht der Autor in einer umstandslosen »Digitalisierung der Welt«, die sich auf einen »Idealismus der Information« stützt (S. 25).

4. Kooperation mit der Maschine

Eine konsequente Digitalisierung des menschlichen Verhaltens müßte nicht nur erklären, was es heißt, daß der Mensch *wie* eine Maschine arbeitet, sondern auch, was es heißt, daß er *mit* der Maschine zusammenarbeitet. Die deutschsprachige Präposition ›mit‹ ist mehrdeutig; sie ist in vorliegendem Fall nicht instrumental zu verstehen im Sinne eines ›mit Hilfe von …‹, sondern soziativ im Sinne eines ›zusammen mit …‹ (*syn*, *cum*). Der handwerkliche Gebrauch eines Werkzeugs geht über in das Zusammenwirken mit einer ›Mitmaschine‹, wobei der Mensch diese nicht nur zu Hilfe nimmt, sondern ihr in vielerlei Hinsicht den Vortritt läßt. Der

beziehen, auch den Elementen Luft, Feuer und Wasser sowie der »Poetik des Raumes« besondere Aufmerksamkeit geschenkt hat. Merleau-Ponty hat daran wiederholt angeknüpft.

funktionale Leistungsvergleich zwischen Mensch und Maschine nähert sich damit der Sozialsphäre und weckt mancherorts politische Hoffnungen auf ein menschlicheres Zusammenleben. Daß die Technik dem mitmenschlichen Zusammenleben überall neue Chancen bietet, so zum Beispiel in neueren Formen einer Sharing Economy, die den Auswüchsen eines liberalistischen Besitzindividualismus mit einer geteilten Nutzung entgegentreten, läßt sich nicht bestreiten. Doch bevor daraus übereilte Schlüsse gezogen werden, stellt sich die Frage, worin die Synergie von Mensch und Maschine letzten Endes besteht. Gibt es zwischen Mensch und Maschine eine Solidarität im Sinne einer innerlich teilnehmenden und mitverantwortlichen Verbundenheit, wie mitunter vorschnell suggeriert wird? Läßt die politische Idee einer Solidarität sich auf das Verhältnis von Mensch und Maschine übertragen? Gibt es so etwas wie eine maschinelle Rücksichtnahme, einen funktionalen Respekt? Lassen sich Leitideen, die einmal die Gesellschaft bewegt haben und die noch heute zu uns sprechen, technologisch adaptieren, ohne daß sie ihren Kerngehalt einbüßen?

Für Aristoteles und die antike Ökonomie galt es als selbstverständlich, daß zum Hauswesen nicht nur die patriarchalisch geführte Familie gehörte, sondern auch der Besitz, also das Vieh, die nötigen Gerätschaften und wie gesellschaftlich üblich auch der Sklave, der funktional als »beseeltes Werkzeug« bestimmt wird und der auf bemerkenswerte Weise den Status des Automaten vorwegnimmt (*Politik* I, 4). Dabei galt es als ausgemacht, daß es mit Unbeseeltem, aber auch mit beseelten Werkzeugen keine eigentliche Freundschaft geben kann, das heißt keine Verbundenheit, die das informelle, affektiv verankerte Band des Zusammenlebens bildet.[14] Ebensowenig versprach man sich auf dieser Ebene Gerechtigkeit, die auf der Teilnahme an Gesetz und Vertrag und entsprechenden Formen der Gleichheit beruht. Auf der vorpolitischen Ebene vermißte man Gemeinsames (κοινόν), das im Gemeinwohl kulminiert (*Nik. Ethik* VIII, 13, 1161b1-8). Dem »Weinliebhaber«, den Aristoteles ebenso wie Platon auf seine Weise zu würdigen wußte, fehlen

14 Wohl aber kann es für Aristoteles Freundschaft geben mit dem Sklaven, »sofern er Mensch ist«. Dieser kleine Zusatz, der viele Interpretationen hervorgerufen hat, gehört zu den Hintertüren, von denen es in klassischen griechischen Texten nicht wenige gibt. Auf welchem Boden kann der Sklave, der kein Bürger ist, ein freundschaftstauglicher Mensch sein?

Gegenliebe und gegenseitiges Wohlwollen. »Es wäre wohl lächerlich, dem Wein Gutes zu wünschen, man will ihn höchstens erhalten, damit man selbst etwas davon hat.« (Ebd., VIII, 2, 1155b27-31) Während der Oikos seine Bindekraft aus dem lebenserhaltenden Zusammenleben bezieht, verdankt die Polis ihren Zusammenhalt der Verständigung über Maßstäbe guten Lebens. Eintracht resultiert daraus, daß man alles in allem nach demselben trachtet. Für Werkzeuge jeder Art war mit gutem Grund nur ein dienender Platz vorgesehen. Was lediglich *zu etwas* dient, ist im strengen Sinne niemand, *mit dem* man verkehrt.

Nun ist nicht zu leugnen, daß die politische Ordnung der Antike in der Abgrenzung gegen Frauen, Sklaven und Barbaren ihre empfindlichen Grenzen hatte und daß die zugehörige Technik verglichen mit der unsrigen rudimentär war. So haben wir uns zu fragen, wieviel von dieser herkömmlichen Lebensordnung einer technologischen Revision standhält. Von der antiken Polis-Ethik bis zur neuerlichen Maschinen-Ethik ist es ein gewaltiger Sprung. Wenn es also Maschinen und Menschen sein sollen, die mit einemmal eng zusammenzurücken, und wenn Maschinen selbst in den Rang einer *Moral Machine* aufrücken, so ist dieser Zusammenschluß bei näherem Hinsehen mit einem reichlichen Maß an Vagheit erkauft. Bruno Latour bezieht sich auf spezifische *Kollektive*, die menschliche und nichtmenschliche Wesen vereinen, verflechten, vernetzen und diese miteinander verschmelzen bis hin zur Ausbildung von Mischgewächsen, von Hybriden. Er hütet sich zwar, menschliche und nichtmenschliche Wesen schlicht gegeneinander auszutauschen, indem er einen Unterschied macht zwischen menschlichen Akteuren und nichtmenschlichen Aktanten (2000, S. 236-247). Doch dieser Unterschied wird im üblichen wissenschaftlichen Sprachgebrauch vielfach überspielt durch Bezugnahme auf Agenten wie das Gehirn, das man alles mögliche tun läßt, verführt durch die grammatische Form des Aktivs, die sich auf Sachen ebenso anwenden läßt wie auf Lebewesen. Bei aller Vorsicht liebäugelt auch Latour mit dem Gedanken, Hybriden die Eigenschaft eines Rechtssubjekts zuzuerkennen (S. 248). Darin nähert er sich Michel Serres' Naturvertrag, der als »Symbiosevertrag« gilt (1994, S. 61-67).

So sympathisch sich das hierbei geäußerte Verlangen ausnimmt, in unserer Beziehung zur Natur Raum zu schaffen für »bewunderndes Zuhören, Wechselseitigkeit, Kontemplation und Respekt«, so fragt es sich doch, ob das Gemeinschaft stiftende »Gemeinsame«, auf das die aristotelische Tradition sich beruft und das in der Idee des Gemeinwohls mit anklingt, sich derart nahtlos in eine Maschinenethik übertragen läßt. Können wir wirklich mit Maschinen einen Dialog führen, wie nicht selten zu hören ist? Ist jede Rückmeldung, die wir durch Tastendruck erzeugen, gleichzusetzen mit einer Antwort, die wir empfangen? Den Wirkungskreis des Mitseins kann man zwar kosmologisch, biologisch und technologisch ausweiten, doch für das zielgerechte und regelgeleitete Mithandeln und Mitdenken, das den Kern einer selbstverantwortlichen Ethik ausmacht, gilt dies nicht in gleicher Weise. Es gilt auch nicht für die Verletzlichkeit, die in Rechtssätzen wie *neminem laedere* ihren Ausdruck findet. Nur dann aber könnte man die Wir-Rede bedenkenlos auf Wesen ausdehnen, die nicht ihrerseits ›wir‹ sagen oder sich einem ›wir‹ zugehörig fühlen und die niemand verantwortlich macht, wenn etwas schiefläuft, als wäre das Auto schuld an einem Unfall und als könne man den bissigen Hund vor Gericht stellen. Wer dennoch mit solchen Ideen liebäugelt, nähert sich einer fiktionalen Form von Moral und Recht.

Schaut man sich daraufhin neuste Denkprodukte an, so begegnet man zwar vielen ernsthaften Versuchen, jüngere Entwicklungen der Technik neu zu durchdenken, unter Einschluß von Psychotechnik und Somatotechnik; doch ebenso stößt man auf mancherlei anthropo-technisches und sozio-technisches Mischmasch. Dem »neurophänomenologischen Kauderwelsch«, das um sich greift wie eine Gaunersprache, steht ein einfacher Sachverhalt entgegen: »*Mein Gehirn* ist mir fremd, meine Freude und meine Qual sind es nicht.« (Meyer-Drawe 2008, S. 209) Peter Janich versteht unter diesem Kauderwelsch ein »Sprachgemisch, in dem sich einerseits Fachsprachen, andererseits eine gehobene Alltagssprache ohne fachwissenschaftliches Fundament identifizieren lassen« (2009, S. 13 f.), und er tritt dem mit einem sprachkritischen Programm entgegen. In der Tat werden Begriffe wie Gemeinschaft, Partnerschaft, Solidarität, Mitgefühl oder Belohnung nicht selten bedenkenlos aufgeweicht und versachlicht. So werden etwa aus Belohnungen, die der Behaviorismus immerhin noch noch als Verstärkung des Verhaltens bewertet, funktionale »Rückmeldungen« im System (Lenzen 2018, S. 51). Manch einer sieht kein Problem darin, sich mit *human-friendly personal robots* anzufreunden oder ein »altruistisches KI« zu postulieren, das »nicht auf Eigennutz programmiert« ist, so der »Zukunftsstürmer« Yudkowsky, von dem schon die Rede war. Der Freiburger Literaturwissenschaftler Uwe Pörksen spricht angesichts einer solchen Aufweichung der Sprache von »Plastikwörtern«. Auf diese Weise ist alles wohlfeil. Der Infomationstheoretiker Mortimer Taube macht auf einen gravierenden *circulus vitiosus* aufmerksam, der sich, wie schon angedeutet, in den Vergleich von Mensch und Maschinen einschleicht bis hin zum nivellierenden Sprachgebrauch. »Sollen menschliche Funktionen durch Maschinen ersetzt werden, dann ist eine grundlegende Voraussetzung dafür, daß man diese menschlichen Funktionen wirklich kennt. [...] Der Elektro-Ingenieur sagt uns, was seine Apparate tun können; er kann nicht mit irgendwelcher Verbindlichkeit behaupten, sie seien imstande, alles das zu tun, was Menschen tun können, wenn er nicht die menschlichen Fähigkeiten unabhängig von seinen Maschinen definieren kann. Definiert er menschliche Fähigkeiten mit Hilfe von maschinellen Fähigkeiten, macht er sich einer höchst törichten *petitio principii* schuldig.« (Taube 1966, S. 94)

Einige Proben aus jüngster Zeit, in denen der besagte Mangel eklatant zutage tritt, entnehme ich dem schon erwähnten Literaturbericht, in dem es um die Aufwertung einer Maschinenethik geht (Gessmann 2019). Da gilt die neueste KI als geeigneter Kandidat für eine Charakterbildung im Sinne der aristotelischen Ethik, weil Maschinen bei der Auflösung moralischer Dilemmata angeblich zu ähnlichen Ergebnissen kommen »wie Menschen nach reiflicher Überlegung« (93). Da ernennt man Maschinen zu »mitdenkenden Maschinen« und rechnet damit, »auf der Grundlage erweiterter Gemeinschaftskonzepte [...] sich umfassend und klug assistieren zu lassen« (97), als seien Hilfsmittel und Gehilfen gegeneinander austauschbar, als seien verantwortliche Ratgeber durch Chatbots zu ersetzen. Was man einstmals in Nachfolge der Bürokratie Technokratie nannte, lebt auf als neue Techno-Politik: »Eine Re-Politisierung der Agenten kann direkt und unmittelbar erfolgen, mit technischen Mitteln am technischen Objekt.« (100) Amerikanische Soziologen sprechen mit Blick auf die Macht der Algorithmen bereits von »Algokratie«. Das Kriegshandwerk, das immer wieder soviel Unheil anrichtet, erübrigt sich, wenn man Kampfhandlungen Maschinen überläßt, die ohne menschliche Beteiligung gegeneinander kämpfen (101) – und einander töten? Im Zuge einer »sanften Evolution«, die sich mit einem flauen Humanismus verbündet, findet man Grund zur Hoffnung: »Maschinen sind irgendwann einfach menschlich.« (109) Dazu verhilft ein »ethisches Training neuronaler Netze« (274). Das Verhältnis Mensch-Maschine nähert sich dem Verhältnis eines Ehepaars, das bemüht ist, »eine funktionierende Beziehung zu führen« (285). Der technisch gefärbte Alltagsjargon wird bedenkenlos eingesetzt. Beim Umgang mit Maschinen geht es immer wieder um »Partnerschaft« (294), also um Teilhabe. Was bedeutet Teilhabe? Sind die Partner, auf die man sich verläßt, selbst Teile *von etwas*, oder teilen sie *sich mit uns in etwas*? Eine »gemischte Gesellschaft aus Mensch und Technik« soll in Verträgen und nicht etwa in bloßen Verfahren ihre »philosophische Losung« finden (296). Sind Geräte also zurechnungsfähig, vertragsfähig und schließlich auch gerichtstauglich? Die umfassende Frage, wer für wen zum Vorbild wird, der Mensch für die Maschine oder diese für den Menschen, erübrigt sich, wenn es überall ähnlich zugeht wie angeblich beim autonomen Fahren: »Fahrer und Fahrzeug sind eins, wenn es um die Art und Weise des Fortkommens geht.« (303) Doch geht es beim Fahren je um das bloße Fortkommen, als würden Fahrer und Mitfahrer transportiert wie Warenladungen und Gepäckstücke? Der Bindestrich zwischen Mensch und Maschine läßt bei solcher Gedankenlosigkeit Raum für einen gemeinsamen Doppelpunkt, hinter dem alles mögliche Platz findet.

Weitere Bespiele dieser Art lassen sich den Streifzügen durch eine »verwirrende neue Technikwelt« entnehmen, zu denen Manuela Lenzen uns einlädt. Als anschlußfähig erscheint, was sich verkoppeln oder verkuppeln läßt. Auf seiten des Handelnden entspricht dem die Gabe der Flexibilität, einer Gewandtheit oder Wendigkeit (δεινότης), die Aristoteles sehr wohl von der einsichtigen Klugheit des φρόνιμος zu unterscheiden wußte (*Nik. Ethik* VII, 11), Der πανοῦργος, der dem δεινός ähnelt, ist buchstäblich jemand, von dem wir im Deutschen zu sagen pflegen, daß er »zu allem allem fähig ist«. Doch unsere Autorin läßt sich zum Glück von Maschinen nicht kopfscheu machen. Sie hütet sich vor dem gedankenlosen Mischmasch einer smarten Welt, die im Alltagsleben unbeschränkten Kredit aufnimmt und notfalls ad-hoc-Vorstellungen zu Hilfe ruft. Das letzte Wort behalten bei ihr »Herausforderungen«, die »friedlich und menschlich zu meistern« sind, und »dabei können wir die Hilfe der intelligenten Maschinen gut gebrauchen« (Lenzen 2018, S. 252). Das Wir, das sich in der Rückbesinnung zu Wort meldet, wäre dann nicht das hybride Wir von Maschinenmenschen oder Menschmaschinen, sondern von Menschen, die miteinander eine Welt bewohnen und diese praktisch, aber eben auch unter Mitwirkung der Technik gestalten.

5. Im Zwischenfeld der Phänomenotechnik

Technizistische und speziell digitalistische Auswüchse, die aus einem Vergessen der Lebenswelt resultieren, verschwinden, sobald wir auf leibhaftige Erfahrungen zurückblicken, in denen die Technik ihren Ort sucht. Ich benutze immer wieder den von Gaston Bachelard geprägten Terminus ›Phänomenotechnik‹, und zwar in dem Sinne, daß dem *Logos* der Phänomene, der auf Sinn und Regeln der Erfahrung ausgerichtet ist, eine *Techne* assistiert, die zur Konstitution der Phänomene beiträgt. Die Techne hat es mit dem *Wie* des Erscheinens zu tun, das eng verbunden ist mit dem Womit, Wodurch und Worin mediatisierter Erfahrung und mit einer verkörperten Erfahrung, die jeder Technik Züge einer *Somatotechnik* aufprägt, bis hin zur Mitwirkung des fungierenden Gehirns (vgl. BE, Kap. VIII). So wie Leiblichkeit eine Dimension der Zwischenleiblichkeit einschließt, so schließt Somatotechnik eine Dimension der *Soziotechnik* ein, in der das Mit des Mitseins ebenfalls technische Züge annimmt. Ich nehme ein literarisches Beispiel aus Prousts *Recherche*. Der Autor beschreibt ein festliches Diner im Palais Guermantes wie ein »geschickt gelenktes Puppentheater«; der einladende Herzog erteilt im rechten Augenblick einen Wink, »auf den hin dieses umfangreiche, klug erdachte, gefügige, imponierende Uhrwerk aus mechanischen und menschlichen Impulsen in Gang gebracht worden war« (II, 727, dt. III, 609 f.). Das technologische Wie verleiht dem körperlichen wie dem sozialen Verhalten quasi-mechanische Züge eines Zeremoniells, doch läßt es sich weder auf ein objektives Was zurückführen, noch läßt es sich einem subjektiven oder intersubjektiven Wer zuschreiben. Es ist die Drehscheibe einer kreativen Erfahrung, in der es vielfältigen Sinn gibt, aber nicht den einen Sinn, und innerhalb deren uns etwas *als etwas* und jemand uns *als jemand* begegnet. Dieses »es gibt« ist Ausdruck einer kontingenten Erfahrung, die auch anders sein könnte, was nicht heißt, daß sie alles mögliche sein kann. So läßt sich ein geselliges Mahl mechanisieren, ohne daß es selbst zu einem bloßen Maschinenmahl wird wie in Jean Pauls Maschinenwelt.

Das phänomenologische, hermeneutische oder linguale Als steht für eine *transformative Phänomenologie*, die es mit einer Fülle von Zwischeninstanzen und Zwischendingen und eben auch mit Maßen, Formeln und Mustern zu tun hat. In diesem Zwischenfeld finden elektronische und digitale Apparate, Mechanismen und Netzwerke ihren Platz, und zwar als Vehikel einer Formalisierung und Regelung der Erfahrung, die niemals die lebendige, leibliche Erfahrung ersetzen kann. Wir machen Erfahrungen, aber Erfahrungen *durchmachen* bedeutet mehr als Erfahrbares *herstellen*. Jene Verfahren, die wir als technizistisch und digitalistisch brandmarken, resultieren aus einem *quid pro quo*, aus einer Ontologisierung methodisch gewonnener Funde. Eine Phänomenotechnik, wie wir sie im Auge haben, läßt dagegen Raum für ein *prätechnisches* Woraus, mit dem die Technisierung sich selbst vorausgeht, und für ein *hypertechnisches* Darüber-hinaus, mit dem sie über das technisch Machbare hinausgeht, letzteres aber nicht als ein Mehr an Technik, sondern als ein Mehr als Technik. Dieses Voraus und Über-hinaus jeder Technologie prägt auch den expandierenden Bereich des Digitalen.

Das erwähnte Mehr bedeutet, daß es nicht nur *beispielhafte* Erfahrungen gibt, sondern daß uns auch ein Überschuß an *Beispiellosem* begegnet, wann immer der normale Gang der Erfahrung durch erstaunliche oder erschreckende Ereignisse durchbrochen wird (vgl. HYP 215-197). Was abweicht, ist nicht gegeben wie Fehler in einer Fehlerliste, es entsteht, indem es abweicht. Die Rückführung von Daten auf wiederkehrende Muster, die zum Grundverfahren einer Digitalisierung der Erfahrung gehört, gelangt hier an eine Grenze, die oftmals bedenkenlos überquert wird.

Ich gebe ein Beispiel. Es gibt inzwischen Verfahren, mit denen man Handschriften auf der Grundlage von Schreibbeispielen maschinell imitiert bis hin zur angestrebten Ununterscheidbarkeit von Original und Imitat. Dies funktioniert allerdings nur, solange es dem Schreiber einzig und allein auf die Wiedergabe von etwas ankommt, das sich *nahezu als dasselbe* wiederholt. Aber das Nahezu läßt Raum für Nuancen. Dies beginnt schon mit dem Erlernen der

Handschrift, bei dem mancherlei Nuancen eine Rolle spielen, so der Abstand zwischen den Buchstaben, die Flüssigkeit des Schreibduktus oder die Motorik der Druckstärke, die Rücksichtnahme auf Linkshänder bis hin zur mehr oder weniger ausgeprägten Physiognomie des Schreibstils, der niemals restlos auf einer digitalen Tastatur wiederzugeben ist. Unwiederholbares, wie Kierkegaard es in seinem so hellsichtigen Essay *Wiederholung* ins Auge faßt, kommt erst gar nicht ins Spiel, wenn man sich mit Daten und Algorithmen begnügt. Dem dänischen Philosophen ging es bei seinem Daseins-Experiment nicht um Gegebenes, das sich als solches wiederholt oder nicht wiederholt, sondern um Erfahrungen, die jemand wiederholt durchlebt, etwa derart, daß er eine Tat bereut oder sich an ihr erfreut, daß er eine Erklärung widerruft oder Erlittenes vergißt. Daten lassen sich löschen; Erfahrungen lassen sich zwar verdrängen, doch Verdrängtes wirkt untergründig nach in unseren Affekten. Schon die alltägliche und mehr als alltägliche Unterschrift, mit der jemand sich verpflichtet, führt an eine Grenze des Technischen. Sie hat es mit dem Schreibakt zu tun, nicht mit bloßen Schriftbildern und Schreibinhalten, die als Daten registrierbar sind. Sprech- oder Schreibakte sind als Sprechereignisse einzigartig und geschichtsträchtig. Ähnliches wird uns weiter unten begegnen, wenn vom Gesicht die Rede ist, aus dem ein Anderer zu uns spricht und uns anblickt. Stimme und Blick sind keine Daten, sondern appellative Ereignisse, in denen jemand sichtbar und hörbar wird.

Wo es Technisches gibt, gibt es auch *Atechnisches*, das gemäß dem griechischen Alpha privativum nicht dem Technischen widerspricht, sich wohl aber dem Technischen entzieht, ähnlich wie sich das Unsagbare dem Sagen, das Unsichtbare dem Sehen entzieht. Das Technische hat insofern teil an einem generellen Entzugscharakter des Fremden (vgl. BE 457). Dies bedeutet, daß es Technik gibt, so wie es Sinn gibt, doch das initiierende ›es gibt‹ entzieht sich gleich dem Leiden unter der Technik einer restlosen technischen Kontrolle. Eine Pantechnik, die ihre eigenen Grenzen mißachtet, gehört in den Bereich eines szientistischen Aberglaubens, den Aldous Huxley als Kern seiner *Brave New World* entlarvt hat. Für deren Bewohner gilt die behavioristische Glücksformel: »People are happy; they get what they want, and they never want what they can't get.« (1955, S. 173)

6. Technische Kunststücke

Zur Veranschaulichung der Debatte werde ich im folgenden einige besonders umstrittene Proben herausgreifen. Sie beziehen sich auf typische Lebenssituationen, auf deren Herausforderungen wir mit geeigneten Techniken zu antworten versuchen. Die ausgewählten Proben bieten sich in ihrer Mischung aus menschlichem Verhalten und maschinellen Vorgängen als Standardbeispiele an. Unser Vorgehen entspricht einer Technik von unten, die ähnlich wie eine Ethik oder eine Logik von unten auf den Boden der Erfahrung zurückgeht und derart dem Prozeß der Technisierung auf der Spur ist. Wegweisend ist eine aufweisende Hinführung, aristotelisch gesprochen eine Epagoge, die dem Einzelfall beispielhafte Züge entlockt. In Analogie zur genetischen Phänomenologie könnte man von einer genetischen Technologie sprechen, die Modelle und Konstrukte einsetzt, aber nicht selbst auf Konstrukten basiert, sondern auf Fällen. Eine philosophische Kritik, die mit dieser Ausgangslage rechnet, stößt auf Grenzen der technologischen Vernunft, die sich bemerkbar machen, bevor deren Produkte einem utilitären Kalkül unterworfen und einer endlosen Steigerung ausgesetzt werden.

6.1. Ortssinn, Ortsbewegung und Raumberechnung

Die digitale Raumtechnik, die als Verkehrstechnik weit in unseren Alltag und in unser Berufsleben eingreift und die mit dem automatischen Fahren einem neuen Höhepunkt zustrebt, weist zurück auf elementare leibliche Bewegungen und Orientierungen im Raum, wie sie uns schon bei der sinnlichen Erschließung von Landschaft begegnet sind. Das Wort ›Orientierung‹ erinnert sprachlich an den geographischen Orient und astronomisch an den Tagesanbruch bei Aufgang der Sonne. Die Bezeichnungen Morgenland und Abendland gehören in das Grenzgebiet einer Astro-geographie. In seiner 1786 erschienenen Schrift »Was heißt sich im Denken orientieren?« statuiert Kant einen genuinen Zusammenhang zwischen Denken und Raum, der den cartesischen Dualismus von *res cogitans* und *res extensa* unterläuft. Das Ich, das im Cogito so eruptiv in der ersten Person hervortritt, entdeckt seine Leibhaftigkeit in der Frage: »Wo bin ich?«, einer Frage, die sich meldet, bevor Wer und Was, Subjekt und Objekt ihr bekanntes Spiel mit verteilten Rollen treiben. Heidegger, der mit dem Da-sein eine originär räumliche Bedeutung verbindet, weist im Anschluß an Wilhelm von Humboldt auf den engen Bezug von Ortsadverbien und Personalpronomina hin (*Sein und Zeit*, 1953, S. 119). Passend dazu eröffnet Manfred Sommer, ein Phänomenologe aus der Schule von Hans Blumenberg, seine lebensweltliche Topik, die er unter dem Titel *Suchen und Finden* entfaltet (2002), mit der Wo-Frage. Ich selbst gehe ähnlich vor, nur daß ich in der Konzentration auf Orts- und Zeitverschiebungen der Fremdheit des Anderswo größeren Tribut zolle, desgleichen dem pathischen Finden, das dem gezielten Suchen vorauseilt.

Entscheidend ist wie schon bei Husserl das jeweilige Hier als der Nullpunkt, der sich von einem vielfältigen Dort abhebt. Das Hier ist seiner Herkunft nach kein Raumdatum, das man in einen Rechenapparat einspeisen oder einem Smartphone anvertrauen kann; es bezeichnet den Ort der Messung und Berechnung und hat selbst keinen Meßwert. Ebensowenig ist das Hier ein Begriffswort, das sich in Begriffssysteme einordnet. Es empfängt seine konkrete Bedeutung okkasionell, indem es jeweils zeigt, von woher jemand über etwas spricht. Hier ist dort, wo jemand ›hier‹ sagt. Raumtechnik beginnt nun damit, daß Hier und Dort ebenso wie Nähe und Ferne durch Berechnung in anonyme Raumstellen und Raumstrekken verwandelt und in ein Raumnetz transferiert werden, bis hin zur Markierung des roten Punkts, der auf Ortskarten den jeweiligen Ort des Kartenbenutzers vermerkt. Für die automobile Navigation, die Manfred Sommer uns in seinem Raumbuch in allen Details vor Augen führt, besagt dies: »Wir delegieren Selbstlokalisierung und Zielsuche an technische Einrichtungen.« (2002, S. 12) Der Navigator ist imstande, Abstände zwischen beliebigen Raumstellen zu berechnen, ohne selbst zu wissen, wo er ist. Das Hier ist unberechenbar, weil es der Ort ist, an dem Berechnungen und Messungen stattfinden. Zum Sich-orientieren bedarf es eines leibhaftigen Ortssinns und einer Apprehension, die noch keine Konzeption ist. Das Sich-hier-befinden bedeutet mehr als die datierbare Tatsache, daß etwas irgendwo im Raum vorkommt.

Zu dieser Selbstbefindlichkeit gehört die Unterscheidung von Rechts und Links, die Kant im Hinblick auf unsere rechte und linke Hand einem leiblichen Gefühl zuschreibt, einem »Gefühl an meinem eigenen Subjekt«, dem kein merklicher Unterschied im äußeren Raum entspricht (Werke, Bd. III, S. 269). Mit dem Unterschied zwischen rechter und linker Gehirnhälfte ist es schon eine andere Sache, da das fungierende Gehirn als »Beziehungsorgan« selbst zur Verortung im Raum beiträgt (vgl. Fuchs 2017). Zum Ortssinn gehört ferner das Vor und Zurück, das jeder gezielten Bewegung unabhängig von Tempo und Fahrtziel innewohnt, so wie das Hinauf und Hinab den Auf- und Abstieg und die Flugbewegung bestimmt. In der Kinästhese des »ich bewege mich« greifen Kinesis und Aisthesis auf vielfältige Weise ineinander.

Die Verortung des Fahrers im Raum beschreibt Sommer präzis als Aufenthalt in einem »Gehäuse«, einem Haus im Kleinformat, das ein »Stück mobiler Lebenswelt« darstellt (2002, S. 391). Sind Fahrer und Auto also doch eins, wie vielfach behauptet wird? Hören wir dazu nochmals unseren Autor: »Wie eng auch immer mit meinem Auto verwachsen ich mich fühlen mag, es bleibt – an sich und für mich – doch etwas, das mich wie ein Gehäuse umgibt. Es ist geräumig. Ich habe es nicht nur zu eigen wie einen erweiterten Leib, sondern befinde mich überdies in ihm wie in einem Wohnraum ...« (S. 339). Ein erweiterter oder, wie es bei Marx heißt, ein »verlängerter Leib« ist kein Makroleib, der das leibliche Selbst einschmilzt. So trivial dies klingen mag, der Fahrer, der sich im Auto fortbewegt, mag zwar auf dem Bildschirm auftauchen, doch er befindet sich nicht leibhaftig auf dem Bildschirm oder in einem sonstigen Netzwerk als ein Datum unter anderen. Was das Gefühl des Einsseins angeht, so erweist auch dieses sich nicht als bruchlos. Bei einem Unfall, der jederzeit passieren kann, erfährt der Fahrer Schocks oder Verletzungen, die vom Sachschaden bei Beschädigung des Vehikels wohl zu unterscheiden sind. Desgleichen ist die vorgenommene Reparatur vom spontanen Prozeß des Heilens zu unterscheiden. Das »Ich bin mein Auto«, das einer Ausstellung der Kunsthalle Baden-Baden, an der Käte Meyer-Drawe als Phänomenologin der Technik teilnahm, zum Motto diente, ist Ausdruck einer gezielten Übertreibung. Eine Überidentifikation beruht wie jede Identifizierung auf keiner schlichten Identität, die es einfach gibt oder die man an sich trägt wie ein Etikett. Jemand oder etwas ist identisch, mit wem oder mit was? Identität ist eine Relation, keine selbständige Qualität. Deshalb klingt jeder Ruf nach Identität so schrill, man reklamiert für sich, was man nicht hat, sondern bestenfalls erwirbt. Das »Haben eines Autos« oder das »Haben eines Hauses« ließe sich auf ähnliche Weise befragen wie das Haben einer Identität. Die lateinische Wiedergabe des Habens durch ein »mir ist ein Haus« (*mihi est domus*) oder die russische Wiedergabe durch ein »bei mir ist ein Haus« (у меня есть дома) bringt den Unterschied zwischen Sein und Haben stärker zum Ausdruck als das possessive Verb ›haben‹, das der französische Linguist Benveniste mit gutem Grund als »pseudo-transitiv« einstuft, da der Akkusativ in diesem Falle lediglich suggeriert, das Haben ginge auf etwas über (Benveniste 1974, S. 219). Vielmehr gibt es ein »Haben im Sein«; *proprium* im logischen und dasselbe im possessiven Sinne, also »Eigenschaft« und »Eigenheit«, sind wohl zu unterscheiden (Serres 205, S. 51).

Beim sogenannten autonomen Fahren, das ebenfalls einem Akt des Delegierens entspringt, kommen moralisch-rechtliche Aspekte ins Spiel, die nicht selbst endlos delegiert werden können. Schon die juristisch relevante Fahrlässigkeit, die auf einem Außerachtlassen der erforderlichen Sorgfalt beruht, ist nichts, was man einem technischen Gerät anlasten kann, die Schuld liegt beim Benutzer oder beim Hersteller. Dabei wird vom Gesetz unterschieden zwischen der zivilrechtlich zu beurteilenden Schadenverursachung und der strafrechtlich zu ahndenden Verschuldung.[15] Darin zeigt sich erneut, daß der Umgang mit technischen Geräten und Apparaturen nicht selbst technisch zu beschreiben und zu bewerten ist. Diese Einschränkung hat nichts zu tun mit einer humanistischen Selbstverliebtheit, sie liegt in der technisch geprägten Sache, die sich selbst als nicht durch und durch technisch erweist.

Ferner gilt es zu beachten, daß die Fortbewegung mit einem Fahrzeug stets mehr bedeutet als eine bloße räumliche Ortsveränderung. Zur Ortsbewegung gehören nicht bloß Wegbewegung von einem Startort und Hinbewegung zu einem Zielort, sondern dazu gehört auch das Unterwegssein, das wir mit dem Reisen verbinden und das in der reichhaltigen Reiseliteratur zum wechselnden Thema wird, in Goethes Bildungsreise nach Italien anders als in Jack Kerouacs wildem Umherirren *On the Road*.[16] Das mobile Unter-

15 Vgl. den Kommentar des Juristen E. Hilgendorf, »Maschinen in der Verantwortung? Zur Haftung für Fehler autonomer Systeme«, in: *Forschung & Lehre*, 6/2016, S. 480-481. Auf diesen Autor beruft sich auch M. Lenzen in einem Abschnitt über Roboter und Recht (2018, S. 139-141).

16 Jan Rüdiger macht als Historiker des Mittelalters darauf aufmerksam, daß Mobilität keineswegs ein Monopol der Moderne bildet, daß vielmehr das Mittelalter eigene Formen der Mobilität kennt. Vgl. »Sitzen bleiben! Über Mobilität in Mittelalter und Moderne«, in: *Forschung und Lehre* 6/19, S. 520-523.

wegssein (frz. *chemin faisant*, wörtlich ›seinen Weg machend‹) verliert allerdings an Gewicht, wenn der Reisende sich befördern läßt wie ein Reisekoffer. Man achte einmal darauf, wie wenig Zugpassanten heute noch aus dem Fenster blicken und die vorbeiziehende Landschaft mit ihrem Blick verfolgen und wie viele umgekehrt in den Bildschirm ihres Laptops oder Handys versunken sind. Ich fragte einmal eine einheimische Flugnachbarin in den USA: »Sind das da unten die Rocky Mountains?« und bekam die desinteressierte Antwort: »I don't know.« Nicht fern davon hält sich der ungezügelte Gebrauch eines Navigators, der dazu führt, daß man sich blindlings durch eine Stadt bewegt; man gelangt zwar pünktlich ans Ziel, bekommt aber bei einem solchen Ortsverzicht von der Eigenart der Stadtanlage so gut wie nichts mit.

Wie bei jeglichem Einsatz technischer Geräte stellt sich auch hier die Frage, ob und wieweit etwas einem Lernen durch Erfahrung förderlich ist, so wie wir laut Aristoteles das Kitharaspielen »lernend tun und tuend lernen« (*Nik. Ethik*, II, 1), oder ob umgekehrt etwas einem Verlernen von Erfahrung Vorschub leistet, so wie der unbedachte Schriftgebrauch uns laut Platon Vergessen lehrt, nicht Erinnern (*Phaidr.* 275a). Das Verlernen, das mit dem Vergessen im Bunde steht, ist keineswegs als Sündenfall des Lernens zu betrachten ist, sondern als dessen Kehrseite. Dies zeigt uns auch die Erziehungswissenschaft, solange sie an der leiblichen Orientierung festhält. So betont Käte Meyer-Drawe in den grundlegenden Ausführungen ihrer *Diskurse des Lernens* im Anschluß an den Pädagogen Günther Buck, daß das »Lernen *als* Erfahrung« aus einem sachhaltigen Vorwissen erwächst, ganz im Gegensatz zur »Inhaltsarmut« eines formalisierten Lernens (2008, S. 27, 206 f.).

Die Desorientierung, gegen die eine Raumtechnik ankämpft, betrifft vor allem die Vogelperspektive, die einen Überblick gewährt und weite Blickfelder eröffnet, weniger das sogenannte Routenwissen, das sich episodisch am Ablauf der Bewegung und an konkreten Merkmalen orientiert. Insgesamt unterliegt der Ortssinn beim Menschen zwar dauerhaften individuellen Prägungen je nach Zugehörigkeit zu einer bestimmten kulturellen Lebenswelt, doch ist er weitaus weniger stark festgelegt als die Ortsprägung tierischer Territorien. Man denke etwa an die Umwelt von Hunden, die ihrer Nase folgen, von Ameisen, die einen »Schrittintegrator« benutzen, von Zebras, die sich kilometerweit am Grünwerden der

Landschaft ausrichten, oder von Zugvögeln, die sich vom Magnetfeld der Erde lenken lassen. Die Beschränktheit des Repertoires wird durch Einzelfinessen ausgeglichen.[17] Dem Menschen erlaubt es seine vielseitige Prägsamkeit, den Ortssinn zu kultivieren, doch dies schließt nicht aus, daß dieser Sinn trotz aller Reiselust verkehrstechnisch verkümmert. Eine Reiseschule ist durch keine Fahrschule zu ersetzen.

Wieviel sich unter dem wechselnden Einfluß der Reisetechnik geändert hat und weiterhin ändert, zeigt die schon erwähnte *Geschichte der Eisenbahnreise* von Wolfgang Schivelbusch, die immer noch voller Überraschungen steckt. So bedeutsame Motive wie der wandernde Blick aus dem Zugfenster, das Eingeschlossensein in einem Zugabteil, die unterhaltsame Reiselektüre oder der schockartige Unfall begegnen dem Leser so lebendig, als sähe und hörte er davon zum ersten Mal. Alltägliches verfremdet sich. Die Tatsache, daß moderne weltläufige Romane wie Tolstois *Anna Karenina* oder Musils *Der Mann ohne Eigenschaften* mit einem Verkehrsunfall beginnen, gibt ebenfalls zu denken. Singuläres meldet sich in der Form von Abweichungen, nicht als Spitzenleistung.

6.2. Automatisches Übersetzen

Wechseln wir nun die Szene, und betreten wir das Feld der Sprache. Fragt man sich, was Übersetzungsmaschinen leisten können und was nicht, so kommt alles darauf an, was man unter Übersetzung versteht und was man demgemäß von entsprechenden Automaten erwartet. Ich nähere mich dieser komplexen Frage, indem ich von einer Unterscheidung ausgehe, die in der neueren Linguistik gang und gäbe ist, nämlich von der Unterscheidung zwischen Sagen und Gesagtem, zwischen Aussage als Aussagegehalt (*énoncé*) und als Aussagevorgang (*énonciation*).[18]

17 Vgl. hierzu einen vielseitigen, tierische Orientierungsleistungen einbeziehenden Artikel aus der *Süddeutschen Zeitung* vom 17./18. 11. 2018: »Sie haben ihr Ziel erreicht. Ohne das Navigationsgerät im Auto wären viele Menschen längst aufgeschmissen. Dabei kann man den Orientierungssinn trainieren – bis zu einer gewissen Grenze.« Diese Grenze gilt es zu erproben, aber ebenso zu beachten.

18 Zur Verdopplung der Rede in Sagen und Gesagtes mitsamt den linguistischen Raffinessen, wie wie sie bei grundlegenden Autoren wie R. Jakobson, L. S. Wygotski, É. Benveniste oder O. Ducrot zu finden sind, vgl. AR Kap. II, 2-3, sowie speziell im Anschluß an Levinas: *Idiome des Denkens* (2005), Kap. 11.

Bei einer derartigen Verdopplung der Rede zeichnen sich zwei extreme Tendenzen ab. Das erste Extrem, das an die Schwelle der Sprache führt, nähert sich einem *Sagen ohne Gesagtes*. Hierbei deutet sich etwas an, aber es gibt nahezu nichts, was explizit mitgeteilt, weitergegeben und korrekt wiedergegeben wird. Man denke an den Ausruf, den Schrei oder auch an den Gruß. Levinas spricht in seiner Ethik des Anderen von einem »*Dire sans Dit, apparemment ›un parler pour ne rien dire‹* – Sagen ohne Gesagtes, offenbar ein ›Sprechen, um nichts zu sagen‹« (1978, S. 183, dt. S. 315). Dies entspricht der phatischen Funktion in der Linguistik, die es keineswegs mit einem bodenlosen Gerede zu tun hat, sondern mit dem Redekontakt. Auf der Theaterbühne begegnet uns häufig ein Pathos des Erstaunens oder Erschreckens, das sich in Exklamationen wie ›ah‹ oder ›oh‹ Luft macht. Damit gleiten wir zurück auf eine Vorsprache, die sich noch an kein Worüber heftet und noch nicht wahr oder falsch ist wie der λόγος τινός. Die »Pathosformeln« der Warburg-Schule machen sich diesen expressiven Humus zunutze in einer Typologie des leiblichen und mimischen Verhaltens.

Das zweite Extrem deutet hin auf *Gesagtes ohne Sagen*, wie es sich in Floskeln, Formeln und Klischees niederschlägt, in Sprachformen also, die von keinem Sprecher verantwortet werden, auf keinen persönlichen Adressaten abzielen und nur schwach im Redefeld verankert sind. So flüchtet sich der Schreiber Bartleby in Melvilles gleichnamiger Erzählung in ein stereotypes *I would prefer not to*, um seinen Dienst ohne weitere Begründung aufzukündigen. In Thomas Manns *Doktor Faustus* ist es der hochgestochene Dichter Daniel zur Höhe, der sich mit einem vagen »Jawohl, jawohl, so übel nicht, o freilich doch, man kann es sagen« ebenso umständlich wie nichtssagend aus der Affäre zieht und seinen gewaltträchtigen Dichterträumen nachhängt, bis schließlich das Dritte Reich für Ordnung sorgt. Auf diese und ähnliche Weise bilden sich Sprachinseln, die in keine Wechselrede eingebunden sind, sich aber in ihrer hartnäckigen Wiederkehr besonders aufdrängen und sich in ihrer Suggestivkraft nicht nur als besonders reklametauglich erweisen, sondern auch als ideologieanfällig. Man gibt vor zu sehen, was man sich, geleitet von Wünschen und Interessen, ausdenkt.

Verwandt mit dem zweiten Extrem ist die Ablösung des *Wie des Sagens* vom *Was des Gesagten*, wie sie in *Stilübungen* wie denen von Raymond Queneau und in der Form des Pastiche ihr parodistisches

Spiel treibt und wie sie neuerdings in Textgeneratoren (wie GPT = Pre-Trained Transformer-3) digitale Anwendung findet. So läßt sich auf der Grundlage von möglichst vielen Mustervorlagen ein typischer Hölderlin-Vers oder ein typischer Rilke-Vers erzeugen. Woher aber bezieht das Atypische, Überraschende, das Abweichende sein Gewicht? Gewichtigkeit im Sinne der Bedeutsamkeit erklärt sich weder allein durch Seltenheit noch durch Häufigkeit. Wodurch wird das Beispiellose zum Beispielhaften, das Einmalige zum Einzigartigen? Angenommen, der Generator würde je Verse ausspucken wie »O flaumenleichte Zeit der dunkeln Frühe!« oder »Die Mauern stehn sprachlos / und kalt, im Winde / klirren die Fahnen«, so wären dies pure Eintagsfliegen. Der statistisch gelenkte Kunstgenuß würde sich der Lotterie annähern. Eine Maschinenästhetik wäre ebenso parasitär wie eine Maschinenethik. Beide arbeiten mit Versatzstücken, selbst wenn sie diese neu kombinieren.

Zwischen den beiden Extremen eines tendenziellen Sagens ohne Gesagtes und eines tendenziellen Gesagten ohne Sagen bewegt sich die Urform eines *Sagens im Gesagten*, das mehr oder weniger über das gemeinhin Gesagte hinausgeht, doch ohne das Normale zu verleugnen. Auf diese Weise sagt man mehr, als man ausdrücklich sagt. Dazu gehört das *sotto voce* Mitgesagte, der Ton, der die Musik macht, das indirekt Gesagte in ironischen Anspielungen, aber auch das höfliche Zurückhalten (besonders häufig im Japanischen) oder das Verschweigen. Das Mitgesagte umfaßt schließlich mannigfache Zwischentöne, Pausen in der Rede, das Zögern im Ablauf, womit der Redefluß sich der Melodik annähert. Pausen sind keine bloßen Leerstellen, sondern Phasen des Verweilens, die in der Atempause eine elementare leibliche Form annehmen. Ohne Pausen und Zäsuren gäbe es keinen Platz für das, was zur Sprache drängt und am Ende zur Sprache kommt (vgl. BE 215-222). Das Zögern, mit dem das Ja oder Nein hinausgeschoben wird, schillert zwischen Schongesagtem und Noch-zu-sagendem, das Warten paßt den rechten Zeitpunkt ab. Kreative Rede, die sich dadurch auszeichnet, daß sie Neues hervorbringt, unterliegt generell einem Paradox des Ausdrucks, das Merleau-Ponty im Anschluß an Proust als »Wunder der Rede« bezeichnet. Dieses Wunder erlaubt es uns, »eine Erfahrung zu *übersetzen*, die doch erst zum Text wird durch das Wort, das sie selbst wachruft« (1968, S. 41). Eine Rede, die sich selbst ins Wort fällt und in der zur Sprache kommt, was nicht schon vor und in der Sprache gegeben ist, geht deutlich hinaus über ein sinnhaftes Verstehen, das von einem Vorverständnis zehrt; sie geht ferner hinaus über eine konsensuelle Verständigung, die sich auf Bewährtes stützt; erst recht geht sie hinaus über eine algorithmisch gesteuerte Verarbeitung von Daten. Die kreative Rede schafft sich einen Boden, der, wenn alles gutgeht, potentiellen Lesern und Hörern zugute kommt.

In spezifischem Maße prägt dieser Übergangcharakter die zwischensprachliche Übersetzung und die Rolle von Übersetzern und Übersetzerinnen, die sich ähnlich wie Richter, Zeuge oder Therapeut als Übergangsfiguren zu bewähren haben (siehe oben, S. 105). Das Original, ohne welches es keine Übersetzung gäbe, läßt sich im Falle einer kreativen Übersetzung in actu fassen als das *Woraus und Woher der Übersetzung*. Kreative Rede, ob innerhalb der eigenen Sprache oder zwischen verschiedenen Sprachen auftretend, basiert in ihren Kreationen weder auf Daten noch auf Regeln, noch auf Evidenz; doch dabei ist sie keineswegs willkürlich und beliebig, da sie sich auf ein bestimmtes Woher bezieht, auf das sie antwortet und an das sie anknüpft.

Von einer Rede, die in den Tiefen der Erfahrung verankert ist, ist es ein gewaltiger Sprung hin zum automatischen Übersetzen. Dieses ist mit seinen immer raffinierteren Verfahren längst hinaus über ein Wort-für-Wort-Übersetzen, das sich auf Lexikon und Grammatik stützt. Man zieht ganze Textkorpora, wiederkehrende Sprachmuster, Schablonen und Korrekturprogramme heran, arbeitet mit einer Kombination aus Regeln, Statistiken und mit einem Deep Learning, das über das Syntaktische hinaus in semantische Tiefen vorstößt, man nutzt Trainingsdatensätze, um das Programm zu verbessern, und so fort (vgl. Lenzen 2018, S. 64-67). »Laßt die Daten sprechen«, so heißt es bei euphorischen Computerfreaks, doch sprechen Daten überhaupt, während sie abgerufen, während sie aufgeladen und abgeladen werden? Antworten sie auf Fragen? Halten wir uns an die erwähnte Unterscheidung von Sagen und Gesagtem, so bezieht sich automatisches Übersetzen primär auf Gesagtes, das in der verschlüsselten Form von Daten zugänglich ist, und keinesfalls auf einmalige Sprachereignisse, die wie der Sprechakt oder wie die Unterschrift und der Amtseid nicht beliebig wiederholbar sind und die in den äußersten Fällen der Liebes- oder der Kriegserklärung einen Rubikon überschreiten.

Doch inwieweit erweist sich Datenverarbeitung überhaupt als eine Form zwischensprachlicher Übersetzung? Gehen wir, ähnlich wie im Falle des automatischen Fahrens, von alltäglichen Herausforderungen aus, so steht am Anfang des Übersetzens die Konfrontation mit einer Sprachwelt, die uns mehr oder weniger fremd und unzugänglich ist. Jede Übersetzung überquert aliquo modo einen Graben zwischen Muttersprache und Fremdsprache, zwischen Eigenwelt und Fremdwelt, zwischen Eigenausdruck und Fremdausdruck. Dabei erweist sich die Muttersprache als eine Sprache, die nicht nur vergleichbare Vorzüge besitzt wie jede Sprache, sondern sich dadurch auszeichnet, daß jedes Kind durch sie in das Feld der Sprache Einlaß findet und auf diese Weise allererst sprechen lernt. Als Sprache, die von Erwachsenen gesprochen wird, beginnt die Muttersprache für das Kind sozusagen als autochthone oder intime Fremdsprache. Der Sprachpsychologe Wygotski macht darauf aufmerksam, daß ein Kind die erste Fremdsprache anders lernt als die Muttersprache, weil jene die Kenntnis der Muttersprache zur Grundlage hat; umgekehrt hebt das Erlernen einer Fremdsprache auch das »muttersprachliche Niveau« des Kindes (*Denken und Sprachen*, 1969, S. 186 f.). Der russische Autor zitiert aus Goethes *Maximen und Reflexionen*: »Wer fremde Sprachen nicht kennt, weiß nichts von seiner eigenen.« (Werke, Bd. 9, S. 508)

Die Urdifferenz zwischen Muttersprache und Fremdsprache läßt sich aber nicht ohne weiteres auf maschinelle Übersetzungsvorgänge übertragen. Denn *sub specie machinae* gibt es genaugenommen keine Fremdsprache, sondern jeweils nur *eine Sprache* und *eine andere* und *noch eine andere*. Andersheit im Sinne der Verschiedenheit ist nicht gleichzusetzen mit Fremdheit, dies gehört zu den Grundannahmen einer Phänomenologie des Fremden. Wenn Ausgangs- und Zielsprache sich unterscheiden, so aus der Sicht des jeweiligen Benutzers. In der Übersetzung wird eine fremde Äußerung in der eigenen Sprache derart wiedergegeben, daß das Über*setzen* zu einem *Über*setzen wird und der Übersetzende gleichsam an das andere Ufer über-setzt, wie Heidegger in seiner Heraklit-Auslegung formuliert (GA 55, S. 45). Im Gegensatz dazu beschränkt sich die maschinelle Übersetzung auf eine digitale Transformation von Textdaten, die zwar dem Verständnis dient, aber das Aufgezeichnete selbst nicht versteht oder verfehlt. Nicht umsonst vergleicht Husserl sinnloses Sprechen, das eigentlich kein Sprechen ist, mit dem »Gerassel einer

Maschine« (*I. Log. Untersuchung*, § 19), das sich auch bei einer hohen Maschinenkunst nicht in verständige Rede verwandelt.

Tun wir nochmals einen Sprung. Wäre die am besten gelungene Übersetzung nicht jene, der man gar nicht anmerkt, daß es sich um eine Übersetzung handelt? Die Differenz zwischen Original und Übersetzung ginge gegen null, wenn alles korrekt wiedergegeben wäre. Nehmen wir beispielsweise Flugdaten; werden sie ver- und entschlüsselt, so gehen keine relevanten Informationen verloren, wenn die Botschaft auf russisch statt auf englisch weitergegeben wird. Nehmen wir dagegen Walter Benjamins 1923 erschienenen Essay *Die Aufgabe des Übersetzers* zur Hand, so betreten wir ein völlig anderes Terrain. Die Welt des Schreibens und Lesens blüht auf. Der jüdische Autor orientiert sich an großen Texten wie der Bibel, wie den Schriften von Homer, Sophokles, Shakespeare, Goethe, Hölderlin oder Baudelaire. Man könnte sie als Stiftungs- oder Schlüsseltexte bezeichnen, da sie nicht bloß einer bestimmten kulturellen Welt zugehören, sondern die Welt neu zum Sprechen, auch zum Klingen bringen, gemäß dem Wunder des Ausdrucks, von dem oben die Rede war. Solche Texte erhalten einen paradigmatischen oder kanonischen Charakter, der immer wieder neu zu erproben ist und der ausschließt, daß jeder den Sprachnarren auf eigene Faust spielt. Benjamin bezieht sich ausdrücklich auf markante Übersetzungen wie die von Luther, Schlegel oder Hölderlin. Er denkt an eine Art der Übersetzung, die aus dem »Überleben« des Originals erwächst (1961, S. 58), die bemüht ist, sich »mit der Fremdheit der Sprachen auseinanderzusetzen« (S. 62), die als »Echo in der eigenen den Widerhall eines Werkes der fremden Sprache zu geben vermag« (S. 64) und einen Rest an »Nicht-Mitteilbarem« zurückläßt (S. 66). Unübersetzbarkeit erscheint dann nicht als bloßer Mangel, der dem Noch-nicht-Gelungenen anhaftet, sondern als Ausdruck von Fremdartigem, das sich inmitten der Übersetzung als Überschuß an Sinn bemerkbar macht und sich einer endgültigen Wiedergabe entzieht. Der Grundgedanke klingt bei Benjamin an in dem Satz: »Die wahre Übersetzung ist durchscheinend, sie verdeckt nicht das Original, steht ihm nicht im Licht, sondern läßt die reine Sprache, wie verstärkt durch ihr eigenes Medium, nur um so voller aufs Original fallen.« (S. 66) Der Doppelgänger, der als eine zentrale Figur des Fremden bekannt ist, meldet sich zurück in einer Art von Doppelsprache.

Nun wäre es gewiß unfair, Maschinen zu überfordern und ihre unstrittigen Leistungen schlechtzureden wie bei mißratenen Schülern. Dennoch sollte man sich hüten, all das, was derzeitige maschinelle Kapazitäten übersteigt, als etwas darzustellen, was *noch nicht* soweit ist, und man sollte keine endlosen Erwartungen wekken mit Äußerungen wie: »Auf absehbare Zeit können die Maschinen die menschlichen Übersetzer nicht komplett ersetzen, aber sie sind dabei, ihre Berufsziele zu ändern.« Wie die Autorin, der wir diesen Satz entlehnen, hinzufügt, geht es nicht ohne menschliche Übersetzer, und zwar schon deshalb nicht, weil jemand die »Trainingsdatensätze« bereitstellen muß (Lenzen 2018, S. 66 f.). Doch mit Konzessionen, die sich auf den digitalen Bestand beschränken, ist es nicht getan. Das Liebäugeln mit einem endlosen Noch-nicht verstellt den Blick für all das *Atechnische*, das nicht etwa das Technische negiert, wohl aber über das technische Know-how hinausgeht, beginnend mit dem, was uns widerfährt, überrascht, erschreckt und verletzt und was nur in unseren Antworten seine Wirkung entfaltet. Wir stoßen dabei auf »schwarze Löcher des Alltags«, für die es keine technischen Füllsel gibt. Das Übersetzen, das mit Leerstellen zu rechnen hat, wäre so besehen selbst eine Art des Antwortens; in Gang gehalten würde es durch Unübersetzbares, das jenseits aller Routine das Wort des Übersetzers wachhält, angesiedelt zwischen *Noch nicht und Nicht mehr* (Ortmann 2015, Kap. II).

6.3. Gesichts(v)erkennung

Eine dritte und letzte Digitalisierungsprobe liefert uns die Gesichtserkennung, durch die wir mit der Andersheit Anderer konfrontiert werden. Ähnlich wie bei den beiden vorausgehenden Proben stellt sich die Frage, bis zu welchem Grad und mit welchem Recht bei diesem technischen Verfahren überhaupt von Gesicht, Angesicht oder Antlitz, *visage, face* oder griechisch von πρόσωπον (wörtlich das ›Anblickende‹) gesprochen werden kann. Die Gesichtserfahrung tritt nicht isoliert auf, sondern eingebettet in eine umfassende leibliche und zwischenleibliche Erfahrung. Man wendet sich dem Anderen zu oder wendet sich von ihm ab, jemand zeigt sich oder versteckt sich bis hin zum Versteckspiel, an dem Kinder ihre große Lust haben. Freud hat dies am Fort-da-Spiel seines Enkels durchexerziert. Stets geht es dabei nicht um reales Sein oder Nichtsein, sondern um die An- oder Abwesenheit des Anderen als solchen.[19]

Das appellative Gesicht des Gegenübers, dem man nichts hinzufügen und dem man nichts wegnehmen kann, ohne ihm seine Eigentümlichkeit zu nehmen, verflüchtigt sich im digitalisierten Gesicht wie ein Gespenst. Die gewöhnliche KI-Forschung behandelt das Gesicht umstandslos als etwas zu Identifizierendes, als ein zu lösendes Rätsel, als Trainingsmaterial, letztlich als einen »Datenträger«, der aus verborgenen Mikrodaten besteht; so funktioniert es ähnlich wie die Fingerabdrücke eines Einbrechers und wie ein »kriminelles Gesicht«, bei dem unser Blick auf das Bild keine Rolle mehr spielt.[20] Unter digitaler Gesichtserkennung versteht man fortan biometrische Verfahren, bei denen das Gesicht einer Person mit einer Kamera aufgenommen und mit gespeicherten Gesichtsbildern abgeglichen wird, etwa mit Chips im Paß wie bei der Grenzkontrolle. Zur Erleichterung des Erkennens werden physiognomische Merkmale bevorzugt, die anders als die Mimik nicht in ständigem Wandel begriffen sind. Besonders geeignet sind die relativ stabile Augenregion und die Mundregion.[21] Digitale Bilder werden gemeinhin frontal aufgenommen bei möglichst neutralem Ausdruck. So gewinnt der Bildbenutzer einen typischen, umrißhaften Eindruck, wie es schon der alte Terminus ›Typus‹ nahelegt, der sich zunächst auf wiederkehrende Züge der Erfahrung bezieht.[22] Mit Hilfe des digital aufgenommenen Bildes lassen sich gezielte Fragen beantworten wie: »Wer ist diese Person auf dem Bild?«, »Wo hielt jemand sich auf?« oder »Mit wem traf er sich?« Definiert man Individuen durch ihre Position in Raum und Zeit, so dienen solche Aufnahmen ihrer Identifizierung bis hin zur Erstellung eines digitalen Face ID.

Die Gesichtserkennung ist schon neurophysiologisch betrachtet

19 Zur Phänomenologie des fremden Angesichts, in seinen alltäglichen und seinen emphatischen Formen vgl. ausführlich: AR (1994), S. 314 f., 532-538, *Das leibliche Selbst* (2000), Kap. VIII und speziell zu Levinas: *Idiome des Denkens* (2005), Kap. 10.

20 Vgl. hierzu Hans Belting, *Faces. Eine Geschichte des Gesichts*, 2013, S. 234-249.

21 Vgl. den Beitrag »Soziale Aufmerksamkeit« von A. Flechsenhar, M. Rubo, M. Gamer in dem Band *Aufmerksamkeit*, hg. von Müller u. a. 2016.

22 Schon Aristoteles verwendet das Begriffswort τύπος in seiner Tugendlehre, vgl. *Nik. Ethik* II, 7, 1107b14; V, 1, 1129a11; zum vielseitigen interdisziplinären Gebrauch, zu dem auch Phänomenologen wie Husserl und Schütz und Soziologen wie Max Weber beigetragen haben, siehe den Artikel »Typos, Typologie« im *Historischen Wörterbuch der Philosophie*, Bd. 10 (1998).

ein komplexes Geschehen, das über eine gestufte Beteiligung verschiedener Hirnareale läuft. Doch es gibt extreme Abweichungen vom normalen Geschehen, die sich nicht bloß digital bemerkbar machen, sondern im leiblichen Verhalten offen zutage treten. Auf der einen Seite finden wir den *Super Recognizer*, der sich außerordentlich viele Gesichter auf den ersten Blick merken kann. Diese höchst seltene, absonderliche Begabung erinnert an die des Gedächtnisakrobaten, von dem Jorge Luis Borges in seiner Erzählung »Das unerbittliche Gedächtnis« berichtet, dem die ungebremste Datenfülle allerdings zum Verhängnis wird. Alles sehen bedeutet am Ende nichts und niemanden sehen.

Auf der klinischen Seite begegnet uns der *Prosopagnostiker*, der zwar gewöhnliche visuelle Daten mühelos aufnimmt, doch unfähig ist, sie individuellen Personen zuzuordnen und auf diese Weise bekannte Personen wiederzuerkennen. Phänomenologisch betrachtet hieße dies: Jemand sieht einen anderen, ohne ihn *als diesen anderen* oder *als diese andere* zu sehen, ohne also jene Gnosis zu vollziehen, die in der Agnosie vermißt wird und die im ›der da‹ oder ›das da‹ (griech. ὅδε oder τόδε) den deiktischen Charakter der Rede und ihre Bindung an das leibliche Hier offenbart. Das hinweisende »dieses« ist kein Name, der auch in Abwesenheit seines Trägers gebraucht werden könnte (Wittgenstein, *Phil. Untersuchungen*, § 44). In der Bindung an das, was vorliegt, liegt die gleichzeitige Stärke und Schwäche des ostensiven Ausdrucks. Wie geht ein Computer damit um, der irgendwo im Raum ist, sich aber niemals hier an seinem Platz oder dort fehl am Platz fühlt? Was die Gesichtserkennung angeht, so sind auch wir Menschen uns nicht immer des Gesehenen sicher. In seltenen Augenblicken eines nur flüchtigen Hinsehens kann es uns passieren, daß wir eine unbekannte Person als bekannte begrüßen oder umgekehrt eine bekannte Person ignorieren. Solche Täuschungen lassen sich durch genaueres Hinsehen beheben, dies trifft aber nicht zu auf die besagte Gesichtsblindheit. Hier helfen nur Ersatzformen weiter, so etwa das Achten auf eine seltene Frisur oder eine besondere Kleidung oder aber das Ausweichen auf das akustische Merkzeichen der Stimme, auf die Gangart des Unbekannten. In der *Odyssee*, dieser exemplarischen Seefahrer- und Heimkehrergeschichte, ist es die Narbe am Bein, an der die Magd und ehemalige Amme den heimkehrenden Sohn des Hauses beim Fußwaschen wiedererkennt.

Generell bedeutet Wiedererkennen, daß wir jemanden *an etwas* Eigentümlichem erkennen, auch wenn wir ihn *als jemanden* erkennen. In der Prosopagnosie löst sich das Anzeichen vom Anblick der Person. Doch Gesichtsblindheit bedeutet kein völliges Blackout, sondern ein Verpassen und Verfehlen, wie es auf jede Form der Blindheit zutrifft; denn auch der Blinde lebt mit Anderen in einer gemeinsamen Welt, die ihre Merkzeichen hat oder bekommt, und nicht in einer isolierten Black Box. Computer oder Roboter können im strengen Sinne nicht erblinden, da ihnen die Fremdheit des fremden Blicks ebensowenig besagt wie die des eigenen. Das ›an etwas‹ und das ›als jemand‹, an dem das Wiedererkennen hängt, gehört zum transformativen Charakter der Erfahrung, nicht zu den binären Daten, die einer künstlichen Datenbank entnommen werden. Der Streit um die Annahme schlichter Sinnes- oder Empfindungsdaten, der einst in der Gestalttheorie und der Kognitionspsychologie ausgetragen wurde, wiederholt sich hier unter digitalen Vorzeichen.

Vertauschen wir die kognitive mit der praktischen und politischen Ebene, so dient die Gesichtserkennung der *Überwachung* durch einen Dritten, der sich als *Aufseher* vom gewöhnlichen Sehenden unterscheidet und der wiederum, wenn es auf die bloße Erkennungsleistung ankommt, durch Maschinen wie die Überwachungskamera ersetzt werden kann. Szenerien der Überwachung sind eine alte Angelegenheit. Schon die politischen Agenten in Platons *Politeia* werden als Wächter (φύλακες) vorgestellt. In der Moderne hat die politische Überwachung technologisch ausgeklügelte Institutionen erzeugt, von Benthams *Panopticon* über Huxleys *Brave New World* und Orwells *1984* bis zu Foucaults Überwachungsstaat; kognitive Leistungen werden in politische Kontrolle umgesetzt. Das Problem der Omnivisibilität schaut inzwischen durch die Ritzen unseres Alltags. In westlichen Demokratien wird es in Schranken gehalten durch defensive Formen von Datenschutz und Datensouveränität, die bei der »Digitalisierung der Sicherheitspolitik« ein Gleichgewicht zwischen Freiheitsrechten und Sicherheitsbedürfnis herzustellen zu suchen (vgl. J. Lanfer in: Schnell, Dunger 2019, S. 32 ff.). Anders geht es zu in autoritären Parteienstaaten wie dem derzeitigen China, wo offensive Formen staatlich gelenkter Überwachung den Ton angeben. Das »Wahrheitsministerium« aus Orwells *1989* wird zur alltäglichen Wirklichkeit in der totalen Überwachung durch die »Augen des Staates«. Mitmenschliches Vertrauen, das den unerläßlichen Hintergrund unseres Verhaltens bildet, wird zum Objekt der Manipulation. Man setzt auf ein »System sozialen Vertrauens«, innerhalb dessen Vertrauen nicht geschenkt, sondern kontrolliert, vernetzt und verwaltet wird wie wertvolles Kapital. Dazu gehört die wechselseitige Überwachung von Betriebsangehörigen und die Anlage von People Analytics, in denen Human-Resources-Daten gesammelt werden wie digitale Faustpfänder. Man stützt sich auf ein »Sozialkreditsystem«. In der Lobby einer großen chinesischen Firma, die im Hinblick auf Spracherkennung mit dem Polizeiministerium zusammenarbeitet, hing ein großes Banner mit der Aufschrift: »Laßt die Maschinen hören und sprechen, laßt sie verstehen und bewerten.«[23]

Wo enden Beschränktheit und Naivität, wo beginnt die Infamie? Wie hängen Gesichtserkennung und Gesichtsverkennung zusammen? Hätten wir es bei letzterer nur mit Rechenfehlern und Datenlücken zu tun, so wäre die Verkennung nicht allzu gravierend, Fehlendes ließe sich nachholen. Anders steht es, wenn die Digitalisierung mittels einer Art von Gesichtsenteignung in die Substanz von Leib, Leben und Tod eindringt und auf technologischer Deutungshoheit pocht. Wird das Gesicht anonymisiert, wie man Texte zu anonymisieren pflegt, so kann strenggenommen nicht einmal mehr von Gesichtsverlust gesprochen werden.

Zur technologischen Bevormundung der Erfahrung gehört die grundlegende Annahme, das Gesicht sei zu definieren als etwas, das wir sehen, beobachten, berechnen und fabrizieren können. Gegen eine unbekümmerte Vermarktung und Überwachung des Gesichts richten sich warnende Stimmen wie die des deutschen Bundespräsidenten, der eine »Ethik der Digitalisierung« anfordert, und auch der Deutsche Ethikrat hat sich der digitalen Zudringlichkeit angenommen.[24] Doch reicht dies aus? Jede Ethik der Technisierung und der Digitalisierung bleibt bloßer Verputz, wenn sie nicht aus den Ansprüchen der leibhaftigen Selbst- und Fremderfahrung erwächst und sich an deren Ansprüchen mißt.

23 Vgl. den Artikel »Augen auf« des damaligen China-Korrespondenten Kai Strittmatter in der *Süddeutschen Zeitung* vom 2. 2. 2018.

24 Peter Dabrock, der Vorsitzende des Ethikrates, tritt der Datenökonomie, die sich einseitig auf Mustererkennungen und Vorhersagesysteme verläßt, entgegen mit Worten aus Jeremias 29,7, die sich an die zu Babel gefangenen Juden richten: »Suchet der Stadt Bestes« (*Frankfurter Allgemeinen Zeitung* vom 24. 12. 2018).

Ein ethnographisch-literarischer Einschub möge verdeutlichen, worum es hierbei geht. Der japanische, medizinisch geschulte Romancier Kobo Abe beschreibt die Erfahrungen eines Chemikers, der infolge eines Laborunfalls buchstäblich sein Gesicht verlor. Die blutigen Narben seines von Säure zerfressenen Gesichts verbirgt er hinter Bandagen, bis er sich dazu entschließt, eine Plastikmaske anzufertigen, mit der er sich ein anderes Gesicht zulegt. Das *Gesicht des Anderen* lautet der vieldeutige Titel des 1964 auf japanisch, 1992 auf deutsch erschienenen Romans. Dabei geht es nicht wie beim Prozeß der Digitalisierung um die Identifizierung eines gesehenen Gesichts, bei der eine Apparatur einspringen kann, sondern es geht um das sehende Gesicht, mit dem der Patient sich dem Blick von Freunden und Fremden, nicht zuletzt dem kundigen Blick seiner Frau, ausgesetzt weiß. Auf der leiblichen Seite der Gesichtsbildung spielt das weibliche Make-up eine besondere Rolle. Das performative Gesicht hat es aber generell mit dem sozialen ›Ansehen‹ zu tun, das man erwirbt und eben auch verlieren kann und das in einer höfisch geprägten Kultur wie der japanischen eine besonders empfindliche Rolle spielt bis hin zur Selbstentleibung bei gespürtem Gesichtsverlust.

Die Maske fungiert in dieser Erzählung als Symbol eines Gesichts, in dem der Einzelne sich selbst kundgibt, sich aber jeweils *als dieser* oder *als diese* darstellt, sich enthüllt, verhüllt, und dies gilt nicht nur für den vorliegenden Fall einer körperlichen Gesichtsverletzung. Es kommt hinzu, daß die Maske, mit der sich das wirkliche Ich verdoppelt, ein Eigenleben führt, wenn auch nur bis zu einem gewissen Grad. Wie der Ring des Gyges, der uns bei Herodot und Platon als Mittel der Selbstverbergung begegnet, verführt die Maske, die den Träger wie ein »Zaubermantel« umhüllt, zu kriminellen Gewalttaten. In unserer Geschichte ist es nicht die Polizei, die das Maskenspiel des Protagonisten durchschaut, sondern ein geistig zurückgebliebenes Mädchen aus der Nachbarschaft, das sich nicht durch gelerntes Wissen ablenken läßt, und schließlich ist es die eigene Frau, die der Patient maskiert zu verführen sucht, die ihn aber zu gut kennt, um sich täuschen zu lassen.

Die Pointe der Geschichte, die über klinische Sonderfälle weit hinausgeht, liegt in der Fremdheit des eigenen Gesichts, das im Blick der Anderen lebt, im liebevollen Blick des Anderen auflebt, unter dem feindlichen oder gleichgültigen Blick leidet. Als Emblem des gesamten Leibes ist das Gesicht etwas, das man ist, aber nie ganz und gar zur Verfügung hat. Die Geschichte beschwört die Gesichtslosigkeit einer Gesellschaft, die sich in abstrakten Beziehungen verhakt. »Die Menschen kämpfen, um sich gegen die Übergriffe anderer zu schützen, indem sie sich Jalousien vor die Gesichter ziehen und sie festhaken. Geht alles gut, träumen sie vom Unmöglichen [...], sie wünschen sich selbst zu entfliehen und unsichtbar zu werden.« (S. 220) Die Geschichte läßt auch die Erinnerung an die zerstörerische Gewalt von Hiroshima aufblitzen, die ihre Spuren in der Nachwelt hinterlassen hat. Sie lehrt uns ferner, daß die Wirkung des Gesichts interkulturell variiert, woran auch die uniformierende Kraft der Technik wenig ändert.

Nach dieser Abschweifung in den fernen Osten greife ich nochmals zurück auf den klinischen Fall der Prosopagnosie, nun aber nicht aus der Sicht einer ausgeklügelten Somatotechnik, sondern aus der Perspektive einer Therapie, die Technisches einschließt, sich aber nicht mit der technischen Funktionalität begnügt. Oliver Sacks, ein Neuropsychologe aus der Schule von Kurt Goldstein und Alexander Lurija, geht aus von einem aufschlußreichen Krankheitsfall. Dahinter steht eine singuläre, namhafte Krankheitsgeschichte, die sich nicht in einer Ansammlung von Patientendaten erschöpft. Berichtet wird von einem Patienten, der niemanden von Gesicht zu Gesicht erkannte, weder seine Frau, seine Kollegen, seine Studenten noch sich selbst. Er taucht hier auf als *Der Mann, der seine Frau mit einem Hut verwechselte*. Der Patient blieb auf besondere Kennzeichen angewiesen.

> Aber ihm fehlte nicht nur das Erkennungsvermögen, die g*nosis* – seine ganze Vorgehensweise war irgendwie grundfalsch. Er ging an diese Bilder [...] heran, als handle es sich um abstrakte Puzzles oder Tests. Er betrachtete sie nicht, er setzte sich selbst nicht in Beziehung zu ihnen. Kein Gesicht war ihm vertraut, kein einziges war für ihn ein ›Du‹. Jedes von von ihnen stellte für ihn ein ›Es‹, eine Ansammlung von Elementen dar. Dr. P. verfügte also über eine formale, aber über keinerlei personale Gnosis. (Sacks 1990, S. 29)

Er flüchtet aus der visuellen Störung seines Körperbilds in eine innere »Körpermusik«, in der er sich als gelernter Musiker fließend bewegt (S. 36). Ich zitiere diese Fallstudie so ausführlich, weil der neuropsychologisch geschulte und philosophisch gebildete Autor auf prägnante Weise das Ineinander von menschlichem und maschinellem Verhalten darstellt, ohne beides zu vermengen oder gleichzuschalten. Der Patient, der uns vor Augen geführt wird, benimmt sich zwar streckenweise wie ein Computer, der auf Programmlücken stößt, und er kommentiert dieses Versagen nahezu wie ein Computerspezialist. Doch das Leiden unter dem fehlenden mitmenschlichen Kontakt ist nicht selbst etwas, was ein Computer lernen könnte. Durch Leiden lernen bedeutet mehr als im Stile von *trial and error* durch Fehler lernen.

Was aber ist an dem Computerblick so »grundfalsch«? Wer mit der Feststellung beginnt, daß der Patient nicht erkennt, wen er vor sich hat, geht nach cartesianischem Muster von einem *video* aus, das gleich dem *cogito* einem Ego zugeschrieben wird. An erster Stelle steht der Sehende, heute oftmals vertreten durch das Sehzentrum des Gehirns, das wie ein Homunkulus fungiert, und davon abgesehen gibt es nur Gesehenes oder Nicht-Gesehenes. Daß es dem *alter ego* umgekehrt ebenso geht wie mir, ändert nichts an der genuinen Egozentrik, die sich in anonymer Form auf die Erkennungsapparatur überträgt. Doch was hier wirklich verkannt wird, ist kein Objekt, das ich entweder sehe oder nicht sehe, richtig oder falsch einschätze, sondern was verkannt wird, ist die *Alterität* des Anderen. Diese bekundet sich auf originäre Weise darin, *daß ich mich vom Anderen angesehen oder angeredet weiß* und daß ich mich von Anfang an im Blickfeld und Redefeld einer Mitwelt vorfinde.

Das fremde Gesicht ist ein »Gesicht, das spricht«, wie Levinas betont (1961, S. 37, dt. 87). Als begehrendes und begehrtes Gesicht enthält es auch erotischen Zündstoff, beginnend mit Vergils *risu cognoscere matrem*, einem leisen Lächeln, mit dem das Kind auf den Anblick der Mutter antwortet – sofern dieser nicht ausbleibt. Bei Proust kondensiert sich die erwachende Liebe des Erzählers zur Herzogin von Guermantes, der er bei ihren morgendlichen Straßenspaziergängen förmlich auflauert, in einem verheißungsvollen, aber auch rätselhaften Lächeln, das alle Höhen und Tiefen von Nähe und Ferne durchmißt und erst in der Betrachtung ihres Photos zur Ruhe kommt (*Recherche* II, S. 361-379, dt. III, S. 82-107).[25] Im weiteren Verlauf des Romans, in dem wir die adelsbewußte Welt der Guermantes betreten, spielt das fremde Lächeln, von dem man

25 Vgl. dazu meinen Kommentar im Schlußkapitel von: *Sinne und Künste* (2010), speziell S. 360 f.

nicht weiß, wie man darauf antworten soll, ebenso wie das eigene Lächeln, von dem man nicht weiß, ob man dem Anderen damit zu nahe tritt, eine zentrale strategische Rolle bei der gesellschaftlichen Positionierung. Man lächelt sich zu oder lächelt weg, macht Avancen oder wartet ab. Die Geselligkeit, die stets einen Hauch von Ungeselligkeit atmet, wird probeweise inszeniert (vgl. ebd., II, S. 717, dt. III, S. 594f.). Letztlich ist der erste Blick als provozierter Blick schon ein zweiter Blick. Diese ursprüngliche Nachträglichkeit deutet sich an in den Vorsilben ἀνα- (vgl. ἀναγιγνώσκειν), *re-* (vgl. *recognoscere*, *reconnaissance*, *recognition*) oder *wieder-*, die dem Fremderkennen einen Wiederholungscharakter zuerkennen. Dies entspricht der generellen Zeitverschiebung unserer pathischen Erfahrung, die mit Überraschungen zu rechnen hat.

Auch das uralte Gefühl der Scham, das schon Adam und Eva am Rande des Paradieses zu spüren bekamen, rührt her von der Wirkung des fremden Blicks. Es steigert sich zu einem Erleiden von Gewalt, wenn wie in Benthams *Panopticon*, auf das Foucault in seinem Gefängnisbuch zurückgreift, die Sichtbarkeit dessen, der gesehen wird, ohne seinerseits zu sehen, zur Falle wird, in der ein Häftling festsitzt (Foucault 1977, S. 257). Man wird sicher lange darauf warten müssen, daß ein Computer sich schämt. Gilbert Ryle spricht in Fällen unpassender und irregeleiteter Erwartung von Kategorienfehlern, deren sich nicht nur Philosophen, sondern auch Fachleute schuldig machen.

Das *videor*, das dem *video* zuvorkommt, markiert einen blinden Fleck im eigenen Gesichtsfeld. Die Fremdheit beginnt am eigenen Leib und im eigenen Haus. Selbst Descartes, der vom denkenden Ich ausgeht, legt sich die Frage vor, welche Sonderbefugnis es mir erlaube, einen bestimmten Körper »meinen«, also auch ein bestimmtes Gesicht »meines« zu nennen (siehe oben, S. 133). Müßte man nicht ebenso fragen, mit welchem Recht ich einen Körper »deinen« und ebenso ein Gesicht »deines« nenne? Das Du, an das auch Oliver Sacks erinnert, ist gleichursprünglich mit dem Ich, das im Zuge der Ichwerdung das Pronomen ›ich‹ und ebenso seinen Namen aussprechen *hört, bevor es ihn selbst ausspricht.* Die genetische Phänomenologie trifft sich hier mit Martin Bubers Dialogphilosophie, die zwischen Ich und Du ihren Weg nimmt, und ebenso mit der Säuglings- und Kleinkindforschung, die von der mütterlichen Pflege ausgeht, und mit einer Psychoanalyse im Stile von Lacan, Laplanche oder Winnicott, die dem Anderen und der Vorzeit des Ich größeren Raum zugesteht, als es noch bei Freud der Fall ist.

Die Gesichtsverkennung wandert von der Klinik hinüber ins technologische Labor, wenn das fremde Gesicht nicht nur methodisch, sondern systematisch auf Daten reduziert wird. Die Technologie nimmt damit selbst pathogene Züge an, nicht unähnlich der »industriellen Pathologie«, die Marx im *Kapital* (Bd. I, MEW 23, S. 384) anprangert. Die Verkennung, die den Blick auf das fremde Gesicht verstellt, läßt sich nur rückgängig machen, wenn die digitale Verarbeitung des fremden Gesichts zurückgespult wird auf ihren ständigen Ausgang in der lebensweltlichen Erfahrung. Dies betrifft von Grund auf die Erfassung von jemandem *als jemand* und von etwas *als etwas*, also jenes Als, das sich in der Prosopagnosie als so labil erweist. Sacks weist darauf hin, daß es in der Gesichtserkennung entscheidend auf das Urteilsvermögen ankommt (1990, S. 38). Genauer gesagt gilt dies für die reflektierende Urteilskraft, die vom Besonderen ausgeht, und weniger für die bestimmende Urteilskraft, die das Besondere unter allgemeine Begriffe subsumiert.

7. Heuristische Technologie

Der fragwürdige Wettstreit zwischen Mensch und Maschine, der alte Gegensätze und auch alte Ressentiments wachruft, könnte sich als fruchtbar erweisen, würde das Streitfeld sich in ein Suchfeld verwandeln, innerhalb dessen die verschiedenen Techniken zugleich ihre Stärken und ihre Schwächen unter Beweis stellen. Von einer solchen Konfrontation könnten beide Seiten profitieren.

Bedeutsam ist zum einen der plurale Charakter der Technik, der es ihr erlaubt, sich an verschiedene *Berufsfelder* anzuschließen. Die mannigfaltige *Digitalisierung der Lebenswelt*, wie sie sich in Anknüpfung an Husserls *Krisis* skizzieren und aufschlüsseln läßt (vgl. Schnell, Dunger 2019), erfordert weniger eine argumentative als eine deliberative Vernunft, die das Für und Wider abwägt und die Gewichte neu verteilt. Vieles wäre hier langfristig zu berücksichtigen. Exemplarisch erwähnt seien das Rechtswesen, das Gesundheitswesen, das Erziehungswesen, die Stadtplanung, die Großindustrie, der Handel, die Agrikultur, dazu mehr und mehr die Klimapolitik, gefolgt von den verschiedenen Künsten, die dem altüberlieferten Doppelsinn von Techne und Ars zu neuem Gewicht verholfen haben. Schließlich wäre es unrealistisch, das Militärwesen außer acht zu lassen, als hätten Werkzeug und Waffe nur gelegentlich miteinander zu tun und als wäre nicht schon Kain der Mörder seines Bruders Abel. Die fachliche Aufteilung der Technik bringt es mit sich, daß das Wirken der Technik, das weitgehend auf Rechenprozessen beruht, eingebunden wird in diverse Lebens- und Handlungsbereiche. Dies geht weit hinaus über Bindestrich-Disziplinen wie Heiltechnik, Rechtstechnik, Lehrtechnik oder Verkehrstechnik, die sich auf punktuelle Kontakte und auf Spezialaufgaben beschränken.

Berufsfelder haben samt und sonders einen übergreifenden lebensweltlichen Hintergrund, selbst wenn sich hochspezialisierte Sonderbereiche herausbilden. Dies beginnt bereits mit der Architektur, die sich als »Bauen und Wohnen in der Stadt« (Waldenfels 2017) mehr oder weniger in eine städtische Umgebung einfügt. Das lebensweltliche Umfeld gewinnt verstärkte Bedeutung in Krisensituationen, in denen das Leben im ganzen auf dem Spiel steht, wie es sich in den vorausgehenden Kapiteln gezeigt hat. Nehmen wir als exemplarisches Berufsfeld die Jurisprudenz. Die Billigkeit, bei Aristoteles Epikie genannt, ist ein altes Motiv, das wie ein Maulwurf jede rigide Rechtsdogmatik untergräbt und so auch einer Digitalisierung der Rechtsprechung Grenzen auferlegt. Hierbei geht es zunächst nicht um eine engere oder weitere Datenbasis, sondern um die Berücksichtigung singulärer Ansprüche, die durch keine Rechtsmaschine wahrzunehmen und zu befriedigen sind. Die Ungewißheit erweist sich als eine besondere Chance für die Rechtsprechung.[26] Ein weiteres Berufsfeld wäre das Gesundheitswesen. Klaus

26 Vgl. den von I. Augsberg herausgegebenen Band *Ungewißheit als Chance* (2009), in dem der produktive Umgang mit Unsicherheit im Rechtssystem zur Sprache kommt, siehe besonders den Beitrag von Thomas Vesting. Zum Rechtsprechen als einem Prozeß, der sich zwischen Anrecht und Anspruch abspielt, und zur Stimme des Gesetzes, die über Geltungsansprüche hinausgeht, vgl. meine Ausführungen in *Schattenrisse der Moral* (2006), Kap. V. Vgl. ferner zur verwickelten Geschichte von Recht und Billigkeit den von M. Armgardt und H. Busche herausgegebenen Band zu diesem Thema (2012). Vesting berührt in seiner Abhandlung *Die Medien des Rechts: Schrift* (2011) auch die Digitalisierung, ohne sie überzubewerten. Bei der Digitalisierung der Schriftsprache bezieht er sich auf eine »Achse von analoger Dichte zu differenzierter Artikuliertheit« und bemerkt dazu: »Die in der Lautsprache verwendeten Artikulationen sind in ihren Gren-

Dörner plädiert in seinem Lehrbuch der ärztlichen Grundhaltung für eine »Technik-Moral-Balance«, die ein Zuviel an Technik ebenso ausschließt wie ein Zuviel an Moral (2001, S. 310 f.). Barbara Schellhammer hat jüngst (2021) ein interdisziplinäres Gespräch initiiert, in dem es um einen Austausch zwischen Phänomenologie und Psychoanalyse beziehungsweise Psychotherapie geht und die Technologie ihren Platz innerhalb der Therapie sucht, ohne diese digital zu überwuchern. Als tonangebend erweist sich das Phänomen des Fremden, das die Grenzen von Disziplinen und Techniken unaufhörlich überschreitet und sich nicht digital verschlüsseln und entschlüsseln läßt.

Nicht weniger bedeutsam als die diversen Berufsfelder sind *Randfelder*, nämlich Grenzzonen und Schattenbereiche des Außerordentlichen, des Abwegigen, des Essayistischen, des Spielerischen, des Szenischen, des Genießerischen, des Ungeselligen, des Rebellischen, des Humorvollen, des Kindlichen und des Altbewährten. Darunter fallen auch die oftmals rein methodisch ins Feld geführten »Intuitionen«, hinter denen sich nichts Mysteriöses verbirgt, sondern die unerläßliche Kraft unserer Erfahrung und Empfindung (Taube 1966, S. 39). Was sich in den Randzonen abspielt, entzieht sich einer funktionellen Regelung, Steuerung, Perfektionierung, Nutzung und Organisation, es trägt anarchische Züge.

Dazu gehört der Mensch als ein Tier, das lacht, das im Lachen und Weinen auf Unbeantwortbares antwortet. Das Lachen hat in der Komödie seinen signifikanten Ort gefunden, und selbst Spinoza hat es, wenngleich zögernd, in seine geometrisch bemessene Ethik aufgenommen (*Ethik*, II, XL). Für die Tragödie als den Ort des Weinens und Klagens gilt ähnliches. Nietzsche hat mit seiner Neubewertung des Pathischen einiges zurechtgerückt, ohne das Pathische gegen das Technische auszuspielen. – Zu den Randzonen gehört ferner die schon erwähnte Wichtigkeit, die sich mit ihrem Mehr oder Weniger an Gewicht von dem binären Ja oder Nein digitaler Prozesse abhebt. Die Gewichtung ist ein dynamischer Prozeß, der es mit der Zunahme und Abnahme von Bedeutsamkeit zu tun hat. Wir sagen nicht umsonst, etwas »fällt ins Gewicht«. Wir reden von »Relevanz« in dem Sinne, daß etwas sich aufwölbt oder

zen notwendigerweise schwach konturiert. [...] Lautsprache ist also semantisch notwendigerweise analog organisiert, nur in ihrer Syntax weist die gesprochene Phrase digitale Elemente auf.« (S. 16 f.)

abhebt. Die Gewichtigkeit der Erfahrung, die wir *abwägen*, fällt nicht zusammen mit der Häufigkeit von Daten, die wir *abzählen*. Die Gleichsetzung von Wichtigkeit mit Häufigkeit gehört zu den Kategorienfehlern, nicht zu den Rechenfehlern. – Für das Erziehungswesen wäre eine ähnliche Rechnung aufzumachen. Es geht nicht bloß darum, Lernende zu trainieren und sie kompetent zu machen für digitale Prozeduren, sondern auch darum, sie für das zu Lernende zu erwärmen. Auch die Technik ist, platonisch gesprochen, angewiesen auf Impulse einer Philotechnik, die über das bloß Technische hinausschießt und verhindert, daß der *homo technicus* sich auf einen »Annex der Maschine« reduziert.

Werden analog verfaßte Grenzbereiche und sanfte Übergänge beim Vergleich zwischen Mensch und Maschine vernachlässigt, so bleibt all das außer acht, was auf unersetzliche Weise zum Menschen als einem »nicht festgestellten Tier« gehört und teilweise auch das Lebewesen im allgemeinen auszeichnet, sofern es in einer Umwelt lebt und nicht in einem festen Gehäuse. Fragt man, ob ein Computer oder ein Roboter sich über seine Leistung freut oder umgekehrt einem besseren Programm nachtrauert, ob er vergeßlich, mißgünstig oder gelangweilt ist, ob seine Aufzeichnungen als ironisch oder ernsthaft zu verstehen sind, ob eine Information aufrichtig oder betrügerisch gemeint ist – so klingt dies nach einem schlechten Witz, doch ist es nicht mehr als das? Geht es hier nicht um Pascals *esprit de finesse*, der sich durchaus gegenüber dem *esprit de géométrie* behaupten kann? Bei Maschinen, die nach einem festen Programm ablaufen, spricht man gern von Trivialmaschinen; sie machen oder machen weiter, was man ihnen vormacht. Doch sind jene Menschen, mit denen man Maschinen vergleicht, nicht oftmals selbst bloße Trivialmenschen oder, mit Nietzsche zu reden, bloße »Normalmenschen« (KSA 3, 490)? Mißt der Technizismus den Menschen nicht einseitig an den Erfolgen eines handwerklich versierten *homo faber*? Der *homo faber* ist eine respektable Figur, aber doch eine einseitige, gemessen an einem *homo respondens*, der sich herausfordern und mitreißen läßt von dem, was ihm widerfährt. Wenn Technik ihren Ort findet in der Erfahrung, so scheint dies nur denkbar auf den Spuren einer responsiven Technik, die mehr ist als bloß technisch, weil sie ihren Sitz im Leben hat und ihre Impulse aus dem Leben empfängt.

VII. Ausbruch der Viruspandemie

> Über alles hinaus, womit wir zu rechnen haben, kam ein einziges Ereignis hinzu, stärker als alle Erwartung – die Pest.
> Thukydides, *Der peloponnesische Krieg,* II (Perikles-Rede)

Ein überraschend auftretendes Virus ist etwas, das uns widerfährt, bevor das kritische Für und Wider einsetzt. Wie kann man davon reden, ohne es wegzureden? Was kann ein Philosoph dazu beisteuern? Ereignisse, die im buchstäblichen wie im übertragenen Sinne virulent sind, kündigen sich an in Wirkungen, die bis hin zu körperlichen Symptomen buchstäblich ›mit vorfallen‹ (vgl. gr. συμπίπτειν). Nietzsches Mahnung in Aphorismus 269 der *Fröhlichen Wissenschaft*, die »Gewichte aller Dinge« seien neu zu bestimmen (KSA 3, 519), legt in heiklen Fällen wie der herrschenden Viruspandemie ein Umdenken nahe. Doch nur wer in den Wolken lebt, wird gleich aus allen Wolken fallen. Oft genügt es zurückzublättern.

In der Einleitung zu seinen *Weltgeschichtlichen Betrachtungen*, die kurz vor der vorvorigen Jahrhundertwende erschienen, empfiehlt Jacob Burckhardt eine »pathologische« Betrachtung, die vom »duldenden, strebenden und handelnden Menschen« ausgeht unter Verzicht auf den spekulativen Charakter einer Geschichtsphilosophie, die sich durch Widersprüche hindurch auf ein Ganzes zubewegt. Damit erteilt er den aktivistisch und futuristisch ausgerichteten posthegelianischen Projekten seiner Zeit eine Absage, doch ähnlich auch der von Friedrich Engels formulierten Erwartung, daß einst »die Menschen ihre Geschichte mit vollem Bewußtsein selbst machen werden«. Daß dieses Machen sich heute in weitem Maße von Menschen auf Maschinen verlagert hat, mindert nicht den demiurgischen Überschwang; es verführt im Gegenteil dazu, Rechenschaftsabgabe durch Berechnung, Phänomene durch Daten, qualitative Beschreibung durch Vernetzung zu ersetzen und eine »Maschinenethik« als Alibi zu nutzen. Der letztgenannte Begriff, der uns neuerdings angeboten wird, ergibt strenggenommen nur einen Sinn, wenn man Handlungen auf pure Leistungen, wenn man Heilungen auf Reparaturen reduziert und die aristotelische Unterscheidung von Praxis und Poiesis aufkündigt. Davon war im vorigen Kapitel bereits ausführlich die Rede.

Im folgenden beschränke ich mich darauf, mit Kant an das »fruchtbare Bathos der Erfahrung« zu erinnern, an eine Tiefe, die auch ihre fürchterlichen Seiten hat. Ereignisse, die uns hier und jetzt bewegen und die aufgrund ihrer technischen und medialen Verstärkung inzwischen den gesamten Globus erfassen, äußern sich weiterhin in Widerfahrnissen, die unserer Eigeninitiative vorauslaufen und auf die wir wohl oder übel und immer wieder neu zu antworten haben. Für eine responsive Phänomenologie der Erfahrung, die von fremden Anstößen ausgeht, bedeutet die ausgebrochene Pandemie eine schmerzliche Probe aufs Exempel.

1. Virus zwischen Pathos und Response

Die Krankheit Covid-19 (Abkürzung von Corona Virus Disease) erinnert mit der individuellen Namensgebung, die sie mit einem gefährlichen Hurrikan oder Taifun teilt, und mit der Angabe des Entstehungsjahres an die sowohl kultur- wie naturgeschichtliche Kontingenz ihrer pathologischen Herkunft. Sie ist etwas, das vielen von uns hier und jetzt am eigenen Leib widerfährt, das uns überfällt, überrascht und uns förmlich heimsucht. Früheres Denken, das man gern in beruhigtem Ton als klassisch bezeichnet oder aber als prämodern abtut, hat durchaus von solchen Abgründen gewußt.

Während in der alten jüdischen Tradition gefährliche Krankheiten wie der Aussatz noch ganz in eine Welt religiöser Rituale und Gebote eingebettet sind (vgl. *Mose* 3, 13) und während Siechenhäuser noch im Mittelalter von einer kultischen Aura umgeben waren, von der Grünewalds Isenheimer Altar ein lebendiges Zeugnis ablegt, schildert Thukydides in Der *peloponnesische Krieg* (II, 47-54) die Pest bereits mit einem nüchtern medizinhistorischen Blick, der das Leid aber keineswegs ausspart. Er beschreibt die Pest wörtlich als ein *Pathos* (54,1), das die Athener mitten im Krieg befällt und als physiologisch indizierte Anomie die gewohnten Gesetze des gemeinsamen Lebens außer Kraft setzt. Das Erleiden steigert sich hinein in einen verzweifelten Hedonismus, der ganz auf den Augenblick setzt und weder durch Gottesfurcht noch durch Menschenrecht gehemmt wird. Die Beschreibung erinnert an vieles, was uns anderweitig aus der langen Geschichte der Seuchen vertraut ist, darunter die Cholera, der Hegel zum Opfer fiel, oder die Spanische

Grippe am Ausgang des Ersten Weltkriegs, der Max Weber erlag. Die außerordentliche Gewalt einer solchen Krankheit ist κρεῖσσον λόγου, so heißt es bei Thukydides, sie geht über jede vernünftige Erklärung hinaus, und ihre Gewalt übersteigt die menschliche Natur (50, 1-2). Bei der Pflege steckt einer den anderen an, man stirbt dahin wie das Vieh. Doch es gibt auch einen Hoffnungsschimmer. Wer einmal von der Krankheit erfaßt wurde, fühlt sich nachher inmitten der Toten und Leidenden sicher, denn »zweimal erfaßt sie keinen« (51, 9). Die Herkunft der Krankheit gibt von Anfang an Rätsel auf; man glaubt sie zurückverfolgen zu können bis ins ferne Äthiopien, man spielt aber auch mit dem Gedanken einer förmlichen »Brunnenvergiftung«, die den peloponnesischen Kriegsfeinden angelastet wird (48, 2). Dieser verstörende Ausbruch der Seuche, der den militärstrategisch geregelten Verlauf des Peloponnesischen Krieges abrupt unterbricht, findet sein späteres Echo bei Lukrez, der seine grandiose Vision *Von der Natur der Dinge* mit einer grausigen Beschreibung der Seuche enden läßt. »Er hat den gesteigerten Schluß dem Verneinenden, dem Unaufgelösten, dem Erschütternden abgewonnen«, so der Kommentar des Latinisten Friedrich Klingner (1956, S. 193).

Hat der enorme Fortschritt der Medizin mit diesen Horrorgeschichten aufgeräumt? Modern gesprochen ist das Virus weder eine Tatsache, die objektiv gegeben ist, noch Resultat eines Akts, der einem Subjekt zuzurechnen wäre. Es handelt sich um etwas, das uns trifft wie der »Flammenpfeil«, den der Gott der »verheerenden Pest« auf das Volk der Athener herabschleudert (*Oedipus Rex*, 27 f.). Die mythische Sprache der alten Tragödie hat einen realen Kern. Trifft es jemanden oder stößt jemandem solches zu, so sind diese zwar daran beteiligt, aber nicht im *Nominativ* eines Sprechers oder Täters, sondern im *Dativ* oder *Akkusativ* eines *Patienten* im ursprünglichen Sinne dieses Wortes. Wir befinden uns, mit Freud zu reden, zunächst im Revier des Es, nicht in dem des Ich. Die erste Person meldet sich erst, wenn wir als *Respondenten* antworten auf das, was uns zustößt, was uns zufällt, auffällt, einfällt oder uns befällt wie eben die zu erduldende Krankheit. Das leibhaftige Ich, das in solche Erfahrungen verwickelt ist und sprachlich vom Mich oder Mir zum Ich überwechselt, ist ein gespaltenes Ich, das – mit Helmuth Plessner zu reden – sein Leib *ist* und einen Körper *hat*. Diese Differenz nimmt medizinische Gestalt an in der von Viktor von Weizsäcker neu bedachten Differenz zwischen dem Kranken, der ich *bin*, und der Krankheit, die ich *habe*. In dem, was uns leibhaft im Guten und wie im Üblen widerfährt, offenbart sich eine Verletzlichkeit, die dem Menschen als einem sterblichen Wesen auf besonders empfindliche Weise anhaftet, die aber ein Merkmal alles Lebendigen ist. Verletzlichkeit bedeutet ein Ausgesetztsein, das durch keine Setzung einzuholen ist, auch nicht mit den Mitteln einer digital ausgerüsteten Medizin, die mehr und mehr zu leisten verspricht.

Selbst das Philosophieren, das sich viel auf seine Autonomie zugute hält, entspringt nach alter Lehre einem Pathos, nämlich dem Pathos des Staunens (*Theait.* 155d), und nicht etwa einem einsamen Entschluß oder einer äußeren Einwirkung; Schleiermachers Wiedergabe von πάθος mit »Zustand« wird dem Charakter des Pathischen zu wenig gerecht. Mit Seitenblick auf die erwähnte pathologische Betrachtung können wir indessen von einer Geburt des Logos *aus dem Pathos* sprechen, die jeglichem Reden *über das Pathos* vorausgeht. Die Geburt, die von Geburtswehen begleitet wird und die auf Geburtshelfer angewiesen ist, wie sich auch in der sokratischen Maieutik zeigt, bildet ein zeitlich verschobenes Doppelereignis, ohne welches es keine radikal neue Erfahrung gäbe. Was uns außerhalb der gewohnten Ordnung begegnet, kommt *verfrüht*, so daß es niemals gänzlich durch Vorsorge aufzufangen ist. Umgekehrt kommen unsere Antworten immerzu *verspätet* mit einer unaufhebbaren Nachträglichkeit, wie Freud sie der Behandlung traumatischer Ereignisse zuschreibt. Die zeitliche Verschiebung haftet aber auch anderen Erlebnissen an, so etwa der Danksagung, der Reue, der Gedächtnisbildung oder dem Gefühl des Entronnenseins einer Gefahr, die uns heimgesucht hat.

Die neuerliche Rede von einer »Philosophie in Echtzeit« entspringt einer gedankenlosen Wichtigtuerei. Prometheus und Epimetheus sind ein Zwillingspaar, mehr nicht. Vorsicht und Nachsicht fügen sich nicht in eine Übersicht, als ob Tun und Leiden letztlich eins wären.[1] Der Stolperschritt, der dieser Zeitverschiebung entspricht, schließt jeden eindeutigen Fort- oder Rückschritt

1 So trägt der von Ulrike Kadi und Martin W. Schnell herausgegebene Schwerpunkttext »Corona«, auf den wir uns weiter unten beziehen, den treffenden Titel »Nachdenken im Voraus« (*Journal Phänomenologie*, 54/2020).

aus. Dies bedeutet, daß die Zukunft immer schon begonnen hat, nämlich in Form einer Vorzeit, die sich nie gänzlich aufhellen wird. Auch die allgemeine Geschichte der Individuen und der Völker hat ihr Unbewußtes, das sich in Störungen bemerkbar macht. Der pathische Anteil an Tyche, der unserem Handeln innewohnt, läßt sich niemals völlig in die Suchfelder der Techne eingliedern. Es gibt Unberechenbares im Berechnen, so wie es Unsagbares im Sagen gibt und Unbewußtes im Bewußten.

2. Virus als Koaffektion und Infektion

Der zweite Gesichtspunkt betrifft die sozialen Aspekte von Pathos und Response, die in der Viruserkrankung auf eigentümliche Weise hervortreten. Was sich wie das Virus als Pathos kundtut, reduziert sich nicht auf subjektive Gefühlsregungen und Gefühlszustände, die sich abseits einer physischen Außenwelt in den Winkeln einer psychischen Innenwelt einnisten. Das Virus ist nicht etwas, das primär und parasitär einen individuellen Organismus bewohnt und sich erst sekundär durch Einfühlung oder Analogisierung auf andere Wesen überträgt. Die Egozentrik, die eine Hypothek der Moderne ist, wird durch die Wirkungsweise des Virus auf besonders nachdrückliche Weise als Vorurteil entlarvt. Epidemie und Pandemie lassen sich, wie der sprachliche Bezug auf den Demos als auf Land und Leute andeutet, nicht in individuelle Lebenskreise einschließen. Affektionen greifen um sich. Alles, was mir widerfährt, widerfährt mir zusammen mit Anderen, mit denen ich, mal mehr, mal weniger, die Welt teile. Mit anderen Worten, in unserem leiblichen Verhalten antworten wir auf etwas, das *uns* widerfährt. Das pathische Wir, das sprachlich in Form des Uns zutage tritt, bildet sich im Medium einer Zwischenleiblichkeit, in der Eigenes und Fremdes ineinandergreifen wie die Stimmen eines musikalischen Quartetts. Jede Affektion hat Züge einer *Ko-affektion*, jedes Pathos Züge eines *Sym-pathos*, die selbst durch die schrillen, antipathischen Töne der Feindschaft nicht zu übertönen sind. Darin gleicht die Viruspandemie der Naturkatastrophe, die nicht an den eigenen Landesgrenzen haltmacht, oder dem Kriegsausbruch, der alle Bewohner verfeindeter Länder in Mitleidenschaft zieht, und einem Terrorakt, der in aller Welt Gegenaktionen eines Antiterrors hervorruft. Koaffektionen sind ganz und gar eingebettet in ein soziales Milieu.

Schauen wir, wie in der griechischen Ethik das κοινόν, lat. das *commune*, als Gemeinsames und Verbindendes zur Sprache kommt, so stoßen wir auf ein Mitleben (συζῆν), ein Mitsein (συνουσία), ein Mitleiden (συμπάσχειν) und ein schmerzhaftes Mitempfinden (συναλγεῖν) oder wie in der sophokleischen *Antigone* auf ein Mitlieben und Mithassen (συμφιλεῖν, συνέχθειν). Dieses soziale Mit, das uns immer wieder begegnet, nicht nur im Mittun, sondern auch im Konsens, entspringt nicht der Koordination individueller Handlungen und Äußerungen, die in erster Linie ihre eigenen Ziele verfolgen; vielmehr läßt die Zusammengehörigkeit gleitende Übergänge zu, die keinem binären Ja/Nein-Schema unterliegen wie Akte der Stellungnahme oder wie das Feuern von Neuronen. Der Einzelne ist mehr oder weniger mitbetroffen. Dies bedeutet auch, daß das Mit analog fungiert, bevor es digitalen Anweisungen unterliegt.

Ein treffendes Beispiel liefert gerade die Infektion, die nicht auf Aktionen, auch nicht auf Interaktionen beruht, sondern auf *Interpassionen*, die niemand völlig in der Hand hat. Der Bereich des im aristotelischen Sinne Tunlichen (πρακτόν), ganz zu schweigen vom Machbaren (ποιητόν), stößt hier an seine Grenze. Man kann sich und andere, so gut es geht, gegen fremde Eindringlinge schützen, etwa durch das Anlegen von Gesichtsmasken oder das Einhalten von Abständen. Doch wie schützen wir uns gegen etwas, mit dem wir einander bedrohen und gefährden rein dadurch, daß wir uns in einem sozialen Raum aufhalten, uns einander nähern oder voneinander entfernen? Die Wechselwirkung, die beim Kontakt ins Spiel kommt und die in der afrikanischen Begrüßungsformel »Ich sehe dich!« ihren gestischen Ausdruck findet (vgl. Buber 1962, S. 90), geht jedem Vertragsverhältnis voraus, und sie ist deshalb auch frei von den Gültigkeitsansprüchen, mit denen normative Sozialtheorien rechnen. Wir haben es mit einer diffusen und diffundierenden Sozialität zu tun, wie sie auch anderswo anzutreffen ist, etwa in Gestalt von Panik, Gerücht, Resonanz oder Mode; etwas breitet sich zwischen uns aus, ohne daß es sich individuell zurechnen und kontrollieren läßt. Die Sozialmedien entfalten ihre Wirkung, wohl oder übel, ebenfalls in solchen Übergangszonen. Das soziale Mit zerfließt also keineswegs in der Anonymität einer unförmigen Masse oder eines Man, selbst wenn es im Massenwahn, dem Freud besondere Aufmerksamkeit geschenkt hat, der individuellen Lenkung entgleitet.

In der öffentlichen Debatte ist vielfach von Anzeichen einer neu erwachenden Solidarität die Rede; solche Anzeichen lassen sich, ungeachtet vieler Sorglosigkeit und Rücksichtslosigkeit, tatsächlich im alltäglichen und im klinischen Umgang mit Erkrankten entdecken, wenn man nicht dauernd nach spektakulären »Haupt- und Staatsaktionen« Ausschau hält, als beruhe jede geübte Rücksichtnahme auf einem moralischen Kraftakt. In außerordentlichen Fällen kann sich die Zusammengehörigkeit steigern bis zu einer »Solidarität der Erschütterten«. So äußert sich Jan Patočka, ein mehrfach gebranntes Kind seiner Zeit, indem er auf die Kriege des 20. Jahrhunderts zurückblickt (1988, S. 158). Auch bei den sozialen Folgen der Pandemie wird es also nicht zuletzt darauf ankommen, die Gewichte der Dinge nach Bedarf neu zu verteilen, anstatt alte Gegensätze wie Individualismus und Kollektivismus in neoliberalistischer oder populistischer Manier wieder aufzuwärmen. Dies führt uns zum dritten Schritt unserer Überlegungen.

3. Bekämpfung des Virus

Hinter allen momentanen Antworten öffnen sich weite Felder einer geduldigen und anhaltenden *Antwortarbeit.* Ich gebrauche dieses Wort ähnlich, wie Freud von Trauerarbeit spricht. Dabei kommt es weniger auf eine Arbeitsleistung an, die sich bestimmte Mechanismen zunutze macht, als vielmehr auf Prozesse der Verarbeitung und Umarbeitung, die aus einer »Schwerkraft der Seele«, dem augustinischen *pondus animi*, erwachsen. Würden Antworten, mit denen wir auf überraschende und neuartige Widerfahrnisse eingehen, sich auf das beschränken, was uns der Augenblick eingibt, so bliebe es bei Blitzeinfällen, die wirkungslos verpuffen. Daß es dabei nicht bleibt, zeigen die laufenden Debatten, die um das Virus kreisen, die allerdings nicht selten dazu neigen, das Pathische gegenüber allem Technischen und Administrativen zu unterschätzen oder es auf eine Nebenbühne unabänderlicher, privater Restgefühle abzudrängen. In diesem Zusammenhang drängen sich zentrale Gesichtspunkte auf, die sich nicht auf die Bearbeitung und

Verarbeitung des Virus beschränken, aber hier eine besondere Färbung und Schärfe annehmen.

3.1. Identifizierung des Krankheitsherdes

Die Identifizierung, mit der ein vages Mißbefinden oder Unwohlsein oder ein gesteigertes Schmerzerleben sich in einen präzisen Krankheitsbefund verwandeln, setzt voraus, daß man den schädlichen Eindringling als etwas Bestimmtes erfaßt, indem man ihn eingrenzt, abgrenzt, lokalisiert, verzeitlicht und ihn schließlich auch benennt. So bezieht sich Thukydides in seinem Krankheitsbericht auf ein *Eidos*, eine Grundgestalt der Krankheit (II, 50), die sich im Leidensprozeß wiederholt, die in der Pflege umsorgt wird und mit ihrer Ausdruckskraft zum Mitleiden anregt. Eine lebensweltliche Beschreibung, die sich auf eine Krankheitsszenerie und eine Krankengeschichte stützt, hat noch nichts von dem individualistischen Sensualismus der europäischen Neuzeit, der von einem Mosaik von Empfindungsdaten ausgeht. Die Krankheitserfahrung, die in eine Welt der Krankheit eingebettet ist, schließt keineswegs aus, daß der medizinische Krankheitsbefund Eingang findet in eine Nosographie und Nosologie, mittels deren die gelebte Krankheit sich in einen präzisen Befund und einen kausal erklärbaren Naturvorgang verwandelt. In seiner Phänomenologie der Erfahrung unterscheidet Husserl hartnäckig, aber ohne einseitige Auf- und Abwertung zwischen einer personalistischen Einstellung, die wir mit unseren Mitmenschen teilen, und einer naturalistischen Einstellung, die sich auf objektivierbare, meßbare und manipulierbare Sachverhalte richtet (vgl. Hua IV, §§ 49-53). Der Leib fungiert auch hier als Bindeglied, das es erlaubt, medizinische Behandlung und medizinische Forschung miteinander zu verflechten. Schauen wir uns in der Gegenwart um, so führt die Erforschung des Coronavirus nach China; sie führt auf abgelegene Spuren wie den Huanan-Markt, zumal den Tiermarkt in Wuhan, der Anfang 2020 geschlossen wurde; sie führt in nahe gelegene städtische Labore oder auf Berghöhlen im Hinterland, in denen Fledermäuse nisten. Die medizinische Forschung nimmt Züge einer Detektivtätigkeit an, die der Verfolgung von Verbrechen ähnelt. Daß sich hier auch die Krankheitspolitik einmischt, ist nicht zu verwundern.

3.2. Abwehrversuche

Nun ist das Virus kein bloßer Schadstoff, der irgendwo eine physikochemische Wirkung ausübt, sondern ein Schädling, der den Organismus von Patienten befällt, so daß diese merklich oder unmerklich unter den Folgen der Ansteckung leiden. Das Virus ist Bestandteil eines Widerfahrnisses, das mich trifft oder dich, den Nächsten oder Fernstehende, Einzelne oder ganze Milieus. Wenn wir in der Therapie von Abwehr oder Bekämpfung des Virus reden, so benutzen wir ein quasi-militärisches Vokabular, als stünde der Arzt an einer Krankheitsfront, wo Körper gegen Antikörper kämpfen. Dies ist sicher nicht falsch, aber es verlockt zu einer systemischen Betrachtung, die einseitig von Systemrisiken und Systembrüchen ausgeht sowie von der Anfälligkeit instabiler Systeme, so daß Krankheit sich als eine Art funktionaler Betriebsstörung darstellt. Doch die methodische Funktionalisierung, die zum klinischen Alltag gehört, sollte nicht über sachliche Differenzen hinwegtäuschen. Die Tatsache, daß *jemandem* etwas zustößt oder fehlt, erschöpft sich nicht darin, daß Mechanismen versagen oder ausfallen. Der leibliche Organismus ist kein bloßes Gerät und keine bloße Apparatur. Krankheit, die sich als »mangelnde Responsivität« bestimmen läßt, gehört als Leidenserfahrung zur Pathologie, sie bedeutet mehr als eine Anomalie, die lediglich vom Gewohnten abweicht. Nicht alles Anomale ist sogleich pathologisch (vgl. Goldstein 2014, S. 330-347). Deshalb ist wohl zu unterscheiden zwischen dem Paradigma der Vulnerabilität, das nach ärztlicher Sorge und Pflege ruft, und dem Paradigma mangelnder Immunität, das in der Abwehr von fremden Eindringlingen nach Schutzmaßnahmen und Abwehrstoffen verlangt.[2]

Entsprechende Unterschiede zeigen sich in den Abwehrmaßnahmen, mit denen nicht nur die Medizin, sondern mehr oder weniger die ganze Gesellschaft gegen das Virus ankämpft. Nehmen wir zwei zentrale Formen der Abwehr, zum ersten die *Kontaktsperre*, die in der Bezeichnung als Quarantäne (d. h. 40 Tage) eine zeitliche Befristung erkennen läßt. Sie greift einschränkend in soziale Kontakte ein, mittels deren wir *aneinander* rühren oder *voneinander* Abstand halten. Der *Kontakt* als ein Sich-mit Anderen-Berühren,

2 Vgl. hierzu die Beiträge von Martin Huth und Christina Schües in dem erwähnten Corona-Heft des *Journal Phänomenologie*.

das in der autistischen Berührungsscheu oder in der Anklammerung an Bezugspersonen seine pathogenen Seiten offenbart, unterscheidet sich grundlegend von der bloßen *Kontiguität* als einer räumlich-zeitlichen Nachbarschaft, wie sie auch zwischen Dingen auftritt. In der Medizin spricht man speziell von *Kontagion*, um die Ansteckung eines Körpers durch Krankheitserreger zu bezeichnen. Die Berührung, die sich an den Tastsinn anlehnt, erweist sich als Kern einer sozialen Ästhesiologie, die weit über Fragen eines bloßen Realitätsbezugs hinausweist (vgl. Kapust 1999 sowie BE Kap. II).

Eine zweite Form der Abwehr liegt in der *Maskenpflicht*. Mit der Maske schirmen wir uns voreinander ab. Dies betrifft den Atemausstoß, aber auch den Anblick, den wir einander gewähren oder vorenthalten. Die Maske, die den direkten Kontakt in einen indirekten verwandelt und verhindert, daß jemand sieht, wie ihn jemand sieht, erinnert an kulturelle Gebräuche wie die Verschleierung, das Maskenspiel oder auch an den militärischen Gebrauch von Gasmasken. Sie erinnert aber auch an das Maskenhafte eines Gesichts, das sich in seinen eigenen Blick einhüllt. Helmuth Plessner, der den vermittelten, indirekten Charakter zwischenmenschlicher Beziehungen betont, verbindet die Maske, die wir tragen, generell mit der Rolle, die wir spielen. Beides gehört zu einer Grunderfahrung des Doppelgängertums, das darin besteht, daß wir einander nicht schlichtweg, sondern *als jemand* begegnen (Plessner 1974, S. 28). Jedenfalls ist die Maske mehr als ein neutrales Utensil, das unser Selbst unberührt läßt. Das Beispiel aus der japanischen Kultur, das wir im vorigen Kapitel im Zusammenhang mit der Gesichtserkennung angeführt haben, zeigt, wie sehr die Medizin interkulturell variiert.

Der anthropologische Hintergrund, der in solchen Vorkehrungen zum Vorschein kommt, erinnert daran, daß das Virus unser leibhaftiges Selbstsein und unser In-der-Welt-sein in toto in Mitleidenschaft zieht. Von dieser leiblichen und zwischenleiblichen Veränderung bleibt wenig übrig, wenn man die Virusbehandlung auf einen bloßen Datenaustausch zwischen Patienten, Pflegern, Ärzten und Angehörigen zurückführt, etwa nach dem Muster: »Wer hatte wann mit wem Kontakt, wer muß in Quarantäne, wer hat sich infiziert, wer hat das Gebäude wann verlassen, und wer hat es wann betreten?« So unentbehrlich solche Datenerhebungen auch sind, um den Ablauf der Krankheit zu verfolgen und gezielt in ihn einzugreifen, so bedarf die Behandlung oder Heilung eines Kranken dennoch einer ständigen Rückübersetzung in die Körpersprache und einer stetigen Verortung in der Lebenswelt. In Anlehnung an Kurt Goldstein läßt sich von einer »responsiven Therapie« sprechen. Dazu gehören Krankengespräche, die als Gespräche über eine Datengewinnung hinausgehen und eine responsive Therapie ermöglichen, die letzten Endes im Zeichen der Sorge steht (vgl. GN Kap. 6 u. 11 und Waldenfels 2019, Kap. 9).

3.3. Verteilungskonflikte

Sobald Heilmittel wie die benötigten Impfstoffe knapp werden und die Weitergabe von Heilmitteln auf Hindernisse stößt, stellt sich die Frage, wie Lasten und Chancen zu verteilen sind. Gibt es Prioritäten, und wie wären sie zu begründen? Welche Rolle spielen soziale Gefühle wie Mitleid, Neid und Mißgunst? Wir betreten den Boden einer verteilenden Gerechtigkeit, die nach Maßstäben verlangt. Die Medizin, die sich genötigt sieht, auf solche Fragen zu antworten, nimmt unweigerlich politische und ökonomische Züge an, die nicht erst einer Unterordnung unter ein fremdes Subsystem entspringen, sondern den sachlichen Anforderungen einer Therapie, die von Berufs wegen auf fremdes Leid antwortet und damit über eine bloße Heiltechnik hinausgeht. Max Webers eindringliche Vorträge über Wissenschaft und Politik als Beruf wären jederzeit zu ergänzen durch eine Besinnung auf Medizin als Beruf, wobei es eben um mehr geht als um zweckrationale Heiltechniken.

Ähnliche Bedenken melden sich, wenn manche Berufe und Berufsfelder als »systemrelevant« herausgehoben werden. Bei Fragen der Erkrankung und Gesundung geht es niemals nur um bloße Systemerhaltung und Beseitigung dysfunktionaler Störungen, sondern stets um Lebensheilung und Lebensbewahrung. Bei der Relevanz, auf die man sich in diesem Zusammenhang beruft, handelt es sich nicht um die bloße Wiederherstellung partieller Funktionen, sondern um eine Bedeutsamkeit für das Leben im Ganzen, die sich an einem Gut-Leben orientiert und nicht am nackten Überleben – falls es so etwas überhaupt gibt.[3] Wenn wir annehmen dürfen, daß

3 In dem Gespräch, das Sokrates im Schatten des bevorstehenden Todes führt, unterscheidet er zwischen der »Wahl des Besten« als der wirklichen Bewegkraft und den physiologischen Bedingungen des Handelns als einem bloßen *sine qua non*, als etwas, »ohne welches die Ursache nicht Ursache sein könnte« (*Phaid.* 99b).

der Mensch, mit Nietzsche zu reden, ein »nicht festgestelltes Tier« ist, so läßt sich die strittige Frage, wie wir leben sollen und was für uns im Leben bedeutsam ist, weder rein technisch noch formalrechtlich beantworten. Eben deshalb reduziert sich Therapie nicht auf Technik, wenn sie nicht ihre innere Aufgabe verfehlen will

3.4. Schuldzuweisungen

Für bloße Heiltechniker mutet der Schuldaspekt wie ein moralischer Appendix an. Doch in Wirklichkeit handelt es sich bei der Verschuldung um einen höchst zentralen und prekären Aspekt, der geradezu atavistische Gelüste weckt. Man fragt sich: Wer war es, der uns dies zugefügt hat? Man neigt dazu, die Frage nach dem Wovon des Getroffenseins und nach dem Worauf des Antwortens durch die Fahndung nach dem Wer eines Übeltäters zu ersetzen, und bildet sich womöglich ein, diese Bezichtigung könne das Leid wiedergutmachen oder es wenigstens lindern. Das Abwälzen der Last auf eine fremde Instanz, das uns schon bei Thukydides in seinem Bericht von der Pest in Athen begegnet ist, zieht sich wie ein schwarzer Faden durch die europäische Seuchengeschichte, wenn Juden, Hexen und Zauberer oder Fremde verantwortlich gemacht werden. Ähnliches taucht auch heute wieder auf, verstärkt durch die weltweite Wirkung der Massenmedien. So redete der jüngst abgewählte amerikanische Präsident zu Beginn des Virusausbruchs umstandslos von einem »chinesischen« Virus, über den die USA bald einen »totalen Sieg« erringen würden, und so nahm er es in Kauf, durch gedankenlose Bezichtigungen Haßattacken gegen asiatisch aussehende Mitbürger im eigenen Land zu schüren. Umgekehrt machten seine chinesischen Kontrahenten US-Truppen für das Aufkommen des Virus in Wuhan verantwortlich. Aber auch in unserem politischen Alltag, der nicht zentral gesteuert wird von einer Parteidiktatur oder einem gewählten Großsprecher, erleben wir Tag für Tag Hygienedemonstrationen und Antiimpfkampagnen, deren Teilnehmer sich aus einem bunten Gemisch von Wissenschaftsskeptikern, Esoterikern, Verschwörungssektierern, rechtsextremen Populisten und notorisch Unzufriedenen zusammensetzen. Man kämpft um jeden Preis, und sei es gegen Windmühlen.

Einiges wiederholt sich, anderes ändert sich. Blicken wir zurück in die frühe Neuzeit, so stoßen wir auf das Erdbeben von Lissabon, das Allerheiligen 1755 die portugiesische Hauptstadt verwüstete und europaweit seismographische, aber auch gedankliche Spuren hinterließ. Dabei wurden religiöse Stimmen laut, die mit Gott haderten oder ein göttliches Strafgericht heraufbeschworen. Zu Beginn von *Dichtung und Wahrheit* erinnert Goethe sich daran, wie er als Sechsjähriger im heimischen Frankfurt von diesem »furchtbarsten Unglück« hörte und wie er dies mit der überkommenen Vorstellung eines weisen und gütigen Weltenlenkers nicht zu vereinbaren wußte. Voltaire goß seinen Spott aus über Leibnizens Vision der besten aller Welten. Nicht weniger entschieden, aber weit differenzierter beschreibt Kant das »Mißlingen aller philosophischen Versuche in der Theodizee«; dabei betrachtet er aber die altjüdische Gestalt des leidenden Hiob weiterhin als vorbildlich. Adorno erinnert in seinen »Meditationen zur Metaphysik«, die er in seine *Negative Dialektik* eingefügt hat, ebenfalls an das Erdbeben von Lissabon, doch steigert er die »Katastrophe der ersten Natur« in eine »zweite gesellschaftliche«, für die der Name Auschwitz steht (1966, S, 352).

In unserem vielfach als »nachmetaphysisch« deklarierten und auch begrüßten Zeitalter steht zu befürchten, daß zusammen mit metaphysischen Scheinlösungen auch die Frage nach dem Leiden verblaßt und daß dieses einerseits hinter moralisch-rechtlichen Diskursen, andererseits hinter Gesundheitstechniken und hygienischen Hochrechnungen verschwindet. Auch das »Verflachende des Alltags«, das Max Weber sich zwischen Charisma und Tradition ausbreiten sieht (1968, S. 507), macht vor Leid und Schuld nicht halt, es sei denn, ein halb erzwungener, halb gesuchter »Urlaub vom Leben« wie bei Musil oder aber tiefgehende Erschütterungen des Lebens und Zerwürfnisse des Zusammenlebens führen zur Besinnung auf das, was unser Leben trägt und unser gemeinsames Leben wohl oder übel zusammenhält. Die Epoché, die uns anhalten, innehalten läßt und uns Zurückhaltung auferlegt, greift über alles Methodische hinaus in unser Leben ein, wie es auch Husserl anläßlich der von ihm diagnostizierten Krisis der Lebenswelt vorschwebte. Eine elementare Form der Epoché ist das Anhalten des Atems, das in der Atemlosigkeit den Lebensfluß zugleich stokken läßt und spürbar macht. Eine Krisis, die den normalen Gang der Dinge unterbricht, bewirkt einen Umschwung, der sich nicht durch futuristische Hochrechnungen abfangen oder auf einen puren Paradigmenwechsel reduzieren läßt.

4. Konklusionen

Unsere Konklusionen sind als handlungsleitende Aperçus gedacht, die das Feld des Pathischen und Responsiven offenhalten.

1. Antworten besagt wenig, wenn man lediglich zur Antwort gibt, was man selbst oder ein anderer schon weiß. Tritt Neuartiges auf, so fehlt es an fertigen Antworten, Antworten sind zu erfinden. Dabei erfinden wir nicht, worauf wir antworten, wohl aber das, was wir zur Antwort geben. In diesem Sinn sind Antworten auf je spezifische Weise kreativ und innovativ.

2. In Goethes *Tasso* heißt es: »… gab mir ein Gott zu sagen, was ich leide«. Was besagt dieser schlichte Satz? Eine pathologische Betrachtung, wie sie von Jacob Burckhardt empfohlen wird, bedeutet nicht, daß man bloß *über* das Leiden redet oder gar dem Leidenden sein Leiden ausredet, sie besagt vielmehr, daß man als Zeuge *vom Leiden her* redet, indem man ihm sein Ohr leiht und eine Stimme verleiht, sei es im Beiwort der Anteilnahme oder im im Nachwort der Erinnerung.

3. Wir kennen das alte Sprichwort: πάθει μάθος, durch Leiden lernen. Die Erwartung, die sich darin ausspricht, wird oft genug enttäuscht oder mißverstanden. Wenn wir durch Leiden lernen, so besagt dies nicht, daß wir das Leiden erlernen wie eine Lektion: Lernen ist kein Allheilmittel, Erfahrung kein unaufhaltsamer Lernprozeß, Leiden und Mitleiden kann man so wenig lernen wie Erstaunen und Erschrecken. Auf Fremdes, das uns als Pathos widerfährt, kann man nur antworten, man kann es nicht endgültig beantworten und nicht lösen wie ein verwickeltes Problem.

VIII. Zeugnis im Bild und Zeugnisse der Gewalt

> Noch die reinste Kunst ist stets in tiefen Schichten verankert, sie taucht nur mit der Spitze aus einem Sockel aus Fleisch und Blut hervor, ohne den sie nicht wäre.
>
> André Leroi-Gourhan, *Le geste et la parole*

Daß Bilder neben vielem anderen auch Gewaltszenen darstellen und daß sie ihrerseits Gewalt provozieren können, steht außer Frage. Die Bildtradition ist voll von Kriegsszenen, Folterungen, Kreuzigungen, Erniedrigungen bis hin zu den technisch raffinierten Gewaltdokumenten der jüngsten Zeit. Zum Bestand des Bochumer Museums »Situation Kunst« gehören Arbeiten von Dirk Reinartz, Arnulf Rainer und Richard Serra, in denen Holocaust, Hiroshima und Irakkrieg ins Bild gesetzt werden. In ihrem Begleittext zum zugehörigen Museumskatalog unterscheidet Antje Kapust präzis zwischen der *Gewalt*, die *in das Bild* kommt, und der Art und Weise, wie sie dort *als Gewalt* sichtbar wird, ohne sich in Darstellungen *über Gewalt* aufzulösen.[1] Die Kriegsphotos von Anja Niedringhaus, die im hiesigen Kubus zu sehen waren, werfen ähnliche Fragen auf. Dies bedeutet, daß Themen aus Politik, Recht und Moral seit eh und je in das Arkanum der nicht mehr schönen Künste eindringen und daß sie auch die Unterhaltungskultur des Alltags aufwühlen. Dies erspart uns aber nicht die Frage, wie denn die Welt der Bilder mit der Welt eines politisch, moralisch, ökonomisch und militärisch bestimmten Handelns zusammenhängt.

1. Bilder zwischen Politisierung und Ästhetisierung

Die Deutung des Zusammenhangs von Bilderwelt und Handlungswelt läßt zwei extreme Lösungen zu. Ein erster Versuch läuft auf eine *Verschmelzung* hinaus. Dies führt einerseits zur *Moralisierung*, *Politisierung* und *Ökonomisierung* der Kunst. Kunst bedeutet dann Moral, Politik oder Ökonomie mit anderen Mitteln. Die Künste

1 Vgl. den Band *Situation Kunst – für Max Imdahl. Die Erweiterung 2006*, hg. von S. von Berswordt-Wallrabe und F. Wappler (2008), S. 159.

treten im Gewand von Dienerinnen auf, als *artes serviles*, wie man früher zu sagen pflegte. Einst war es Hölderlin im Soldatengepäck, der die vaterländische Opferbereitschaft verstärkte. Später war es der sozialistische Realismus, der sich in den Dienst einer von der Einheitspartei verordneten Volkskultur stellte. Heute lernen wir, wie im Alltag eine bestimmte Wandfarbe die Arbeitsleistung steigert und eine musikalische Geräuschkulisse die Konsumfreude anfacht. Andererseits führt die Verschmelzung zur *Ästhetisierung* von Politik und Moral. Über die liturgische Inszenierung von Parteitagen, Siegesmärschen und Todesfeiern und über deren optische und akustische Verführungskraft ist viel geschrieben worden. Heutzutage erleben wir, wie Politik als Tagesschautheater inszeniert wird, wie Katastrophenbilder als eine Form des Alltags-Thrill genutzt werden und Smartphones als digitale Voyeure zur Stelle sind, wenn sich etwas Aufsehenerregendes ereignet. Die Image-Pflege ist längst Teil einer politischen Kosmetik. Doch eine Ästhetisierung im großen Stil greift um sich, wenn Anselm Kiefer einem Bin Ladin bescheinigt, beim Anschlag auf das World Trade Center von 9/11, der vor allem in Afghanistane eine nicht abreißende Kette von Gewalt erzeugt hat, sei es ihm nicht um einen terroristischen Akt gegangen, sondern um eine Produktion symbolträchtiger Bilder.[2]

Das andere Extrem steuert hin auf eine *Separierung* von Ästhetik und Moral. Einerseits führt dies zu einer *Entmoralisierung* und *Entpolitisierung* der Kunst. Kunst reduziert sich auf eine Art ästhetischer Spielwiese, auf der man im Modus des Als-ob Möglichkeiten durchprobiert oder Wirkliches zur Steigerung des Konsums verschönert. Andererseits kommt es zu einer *Entsinnlichung* der Moral, so daß Bilder und Stimmen nur noch als Hilfsmittel dienen. Kant nähert sich dieser Grenzzone, wenn er in der *Metaphysik der Sitten* zwar eine »Ästhetik der Sitten« vorsieht, sie aber als eine Art »ästhetischer Maschinerie« behandelt; sie hat es demnach lediglich mit moralisch relevanten Gefühlen wie Ekel oder Grauen zu tun,

2 Ich beziehe mich auf eine Veröffentlichung der *Frankfurter Allgemeinen Zeitung* vom 2. Februar 2011, in der zehn Jahre später über Anselm Kiefers Vorlesung am Collège de France und die anschließende Diskussion berichtet wird. Ähnlich äußerte sich der Komponist Karl-Heinz Stockhausen, indem er den Terroranschlag als ein Kunstwerk deutete, von dem »wir in der Musik nie träumen könnten«. Vgl. zwanzig Jahre später Th. Steinfeld in der *Süddeutschen Zeitung* vom 9. 9. 2021: »Ist das nicht ungeheuerlich?«

»welche die nötigende Kraft des moralischen Gesetzes begleiten« und ihre Wirksamkeit »versinnlichen« (Werke, IV, 538).

Eine Alternative zu dieser polarisierenden Sichtweise bietet die *Überschneidung* von Bild und Ethos im Felde einer sich vielfältig verzweigenden Erfahrung. Dies stellt uns vor eine doppelte Frage. Wie können Bilder als Bilder ethische Impulse aufnehmen und weitergeben, und wie kann das Ethos als Ethos aisthetische, pathische und leibliche Aspekte annehmen? Unsere Alternative richtet sich sowohl gegen den Purismus einer reinen Kunst wie gegen den Purismus einer reinen Moral. Ähnlich, wie Husserl von einem »Logos der ästhetischen Welt« spricht (Hua XVIII, 297), können wir von einem »Ethos der ästhetischen Welt« sprechen. Im folgenden werde ich diesen umfassenden Fragehorizont einschränken, indem ich von der spezifischen Rolle des Zeugnisses und des Zeugen ausgehe und die Zeugenschaft als ein ästhetisch-ethisches Übergangsphänomen betrachte. Dies bedeutet, daß das Zeugnis gegenüber traditionellen Einschätzungen aufzuwerten ist. Betroffen davon ist zwar nicht ausschließlich, aber doch nicht zuletzt das Zeugnis, das uns im Bild entgegentritt und das als Zeugnis von Gewalt eine besonders herausfordernde Form annimmt.

2. Zeugnis als Wissen aus zweiter Hand

Es gibt eine alte Formel, auf die ich immer wieder zurückkomme. Wer sich auf Zeugnisse verläßt, hat ein Wissen vom *Hörensagen* (ἐξ ἀκοῆς, *ex auditu*). Es handelt sich um Gesagtes, das zunächst nur als Gehörtes oder Gelesenes existiert. Ähnlich verhält es sich, wenn jemand uns etwas sehen läßt, das weiterer Beglaubigung bedarf, weil wir es nur bildhaft vor Augen haben. Die Rolle des Zeugnisses verteilt sich auf bevorzugte Lebensbereiche, die sich durch eine je verschiedene Ferne des Zu-Bezeugenden unterscheiden. An erster Stelle nenne ich den *Gerichtszeugen.* Er hat die Aufgabe, vergangene Ereignisse wiederzugeben, die außerhalb der Reichweite der Urteilenden liegen. Daneben gibt es den geschichtlichen *Zeitzeugen*, der berichtet, was er zu einer vergangenen Zeit miterlebt hat. Schließlich gibt es den religiösen *Glaubenszeugen*, der für eine göttliche Botschaft einsteht und der einst als Märtyrer zum Zeugen *kat'exochen* aufrückte. Die paulinische Formel von der *fides ex auditu* (*Röm.* 10, 17) kennzeichnet das Gehör als Quelle des Glaubens.

Das Zeugnis zeichnet sich bei aller kulturellen Variabilität und technischen Mittelbarkeit durch einige Wesenszüge aus.[3]

(1) Das Bezeugte ist ein *einmaliges* oder *seltenes Ereignis*, das jemandem unerwartet oder unverhofft widerfährt. Wäre es ein wiederholbares Ereignis, so könnte es jeder von uns unter geeigneten Umständen am eigenen Leibe spüren oder es selbsttätig herbeirufen. Bei wissenschaftlichen Experimenten ist die Wiederholbarkeit geradezu verlangt.

(2) Das Medium des Zeugnisses besteht in erster Linie in der fremden *Stimme*, die etwas mitteilt, und aus dem eigenen *Gehör*, mit dem das Verlautbarte empfangen wird. Darin unterscheidet sich das Zeugnis von einem bloßen Indiz, das etwas anzeigt, ohne sich anschaulich an jemanden zu wenden. Doch es gibt Übergänge. Robbe-Grillets Roman *Le voyeur – Der Augenzeuge* stellt einen interessanten Grenzfall dar, da der Roman sich einem geschriebenen Stummfilm annähert. Doch dieser Vergleich erinnert daran, daß wortlose Gesten sich als besonders beredt erweisen können. Ich erinnere mich in diesem Zusammenhang an einen Bochumer Vortrag von Robbe-Grillet im Juni 1992, in dem sich der Autor gegen die seinen Romanen unterstellte Enthumanisierung der Welt zur Wehr setzte, indem er sich auf eine phänomenologische Beschreibung und Verfremdung der Welt aus dem Blickwinkel des Subjekts berief. Bei dieser Gelegenheit bezog er sich auf Kafka, der genauestens beschreibt, wie jemand im Café die leeren Gebärden des Trinkens vollführt – ohne Glas: das *Fehlen von etwas* als Generator von Sinn. Abgesehen davon stößt die Personalisierung des Zeugens auf deutliche Grenzen. Nichts, was leibhaftig geschieht, läßt sich restlos auf Intention und Regelbefolgung reduzieren. Es gibt lebendige Zeugen wie die Kraniche des Ibykus, die mit ihrem Geschrei die fehlende menschliche Stimme ersetzen, falls jemand Ohren hat zu hören. Ferner gibt es das Zeugnis der Dinge; Steine können schreien, wenn die menschliche Stimme versagt, im äußersten Fall sprechen Ruinen.

(3) Der Zeuge tritt als *Vermittler* oder *Stellvertreter* auf. Das la-

3 Zur Geschichte des Zeugnisbegriffs vgl. den Artikel »Zeuge; Zeugnis« im *Historischen Wörterbuch der Philosophie*, Bd. 12 (2004).

teinische Wort *testis* leitet sich her von *tri-stis* und bedeutet wörtlich einen Dritten, der dabeisteht und so in der Lage ist, Zeugnis abzulegen. Der Augenzeuge ist jemand, der uns etwas mit fremden Augen sehen läßt.

(4) Die Bezeugung leidet unter einer besonderen Schwäche. Solange wir uns auf das fremde Zeugnis verlassen, sind wir dem Anderen ausgeliefert, allerdings nicht blindlings. Das Zeugnis erfordert ein gewisses Maß an *Glaubensbereitschaft* auf seiten des Empfängers und an *Glaubwürdigkeit* auf seiten des Zeugen. Für dieses soziale Zwischenphänomen haben die alten Sprachen das eine Wort *pistis* beziehungsweise *fides*. Wer etwas bezeugt, teilt nicht nur etwas mit, sondern steht für das Gesagte ein.

(5) Das Zeugnis verkörpert sich; es bildet ähnlich wie die Gabe oder das Versprechen eine *Institution in nuce*, die über den augenblicklichen Zeugnisakt hinausweist und spezifische Formen annimmt. Doch der Ereignischarakter setzt der Zeugenschaft eine bestimmte Grenze. Jemand kann beruflich als Berichterstatter eingesetzt oder auch als »Geschäftszeuge« herangezogen werden, doch der »Zufallszeuge« entzieht sich der Professionalisierung.

Das Zeugnis findet gemeinhin seinen Ort an Bruchstellen der Erfahrung, die sich durch einen *ethischen Überschuß* auszeichnen. Ein Zeuge, der falsches Zeugnis ablegt, begeht nicht nur einen Fehler, sondern auch ein Unrecht, indem er Ansprüche auf Wahrhaftigkeit verletzt, und zwar doppelt, einerseits im Hinblick auf Ansprüche seitens des bezeugten Opfers, andererseits im Hinblick auf Ansprüche seitens des Zeugnisempfängers. Dies ist der Grund, warum die Zeugenschaft von alters her rituell abgesichert wird. Dazu gehört die förmliche Vereidigung, die schriftliche Unterzeichnung oder die Steigerung der Glaubwürdigkeit durch Erhöhung der Zeugenzahl.[4] Zu den wichtigen Anlässen gehört die Bekundung des letzten Willens durch das Testament. Doch wie beim Akt des Versprechens bleibt eine Leerstelle zurück. Würden wir immerzu nach weiteren Zeugen verlangen, die uns die Glaubwürdigkeit des jeweiligen Zeugen bestätigen, so würde dies zu einem unendlichen Regreß führen. Dies ist der Preis dafür, daß sich zwischen uns etwas abspielt, was sich weder einseitig vom einzelnen herbeiführen noch

4 Nach altem jüdischen Recht bedurfte es bei Strafurteilen zumindest zweier rechtsfähiger Zeugen. Vgl. Ch. Cohn, *Der Prozeß und Tod Jesu aus jüdischer Sicht* (1977), S. 136.

wechselseitig aufrechnen und am Ende gar in Form von Daten und Algorithmen digitalisieren läßt.

Beurteilt man das Zeugnis primär nach dem etwaigen Erkenntnisgewinn, so kommt es zu einer *epistemisch bedingten Unterbewertung*, die eine lange Tradition hat. Schon in Platons *Theaitet* (201 b-c) gilt das Zeugnis, das sein Wissen dem Hörensagen verdankt, als unzulänglicher Ersatz für eine Autopsie, die uns etwas mit eigenen Augen sehen läßt. Doch können wir den eigenen Augen und Ohren uneingeschränkt vertrauen, und können wir auf fremde Zeugnisse gänzlich verzichten? Man pflegt immer wieder auf die pragmatisch bedingten Grenzen des eigenen Wissens hinzuweisen. Der Lernende muß dem Lehrenden einen Wissensvorschuß einräumen, er »muß vertrauen oder glauben (πιστεύειν)«, wie Aristoteles in seinen logischen Schriften feststellt (*Soph. El.* I, 3). Ähnlich äußert sich Goethe in seinen *Maximen und Reflexionen*: »Eigentlich lernen wir nur von Büchern, die wir nicht beurteilen können. Der Autor eines Buchs, das wir beurteilen könnten, müßte von uns lernen.« (Werke, Bd. 9, S. 534) Darüber hinaus betont Augustinus, daß schon die Kenntnis der eigenen Geburt auf dem beruht, was wir von Anderen (*ex aliis*) erfahren haben (*Conf.* I, 6, 10). Doch als Wissen im strengen Sinne gilt durchweg ein allgemein zugängliches Wissen, das uns von den besonderen Umständen unabhängig macht. Die argumentative *ratio* wäre dann der narrativen *historia* überlegen. Je mehr der Mensch sich als Vernunftwesen betätigt, um so weniger bedürfte er fremder Zeugnisse. Der Weise wäre nur sein eigener Zeuge, so wie die Wahrheit laut Spinoza als *index sui et falsi* fungiert. »Sapere aude! Habe Mut, dich deines *eigenen* Verstandes zu bedienen!« – und auch deiner eigenen Augen, so können wir hinzufügen.

Unter diesen Voraussetzungen erscheint die Annahme eines speziellen Bildzeugnisses, bei dem wir von Anderen abhängig wären, als geradezu abwegig, dient doch das Bild gerade dem Sichtbarwerden und Sichtbarmachen. Selbst wenn wir etwas im Medium des Bildes sehen, so sind doch wir selbst es, die sehen. Die Autopsie scheint vor dem Bild nicht haltzumachen. Zwar ist das bildliche Sehen mannigfachen Täuschungen ausgesetzt, doch die Irreführung des Blicks läßt sich prinzipiell durch genaueres Hinsehen beheben, so wie der Taschenspielertrick versagt, wenn wir dem Zauberer auf die Finger schauen. Heißt dies, daß jede von Anderen bewirkte

Bildtäuschung letzten Endes auf einer nicht durchschauten Selbsttäuschung beruht? Hat das »Mich der Wahrnehmung« also das letzte Wort, auch wenn es um das Sehen in Bildern geht?[5]

3. Zeugnis als Wiedergabe fremder Erfahrung

Die Situation ändert sich, wenn Bilderfahrung nicht als bloße mediale Autopsie gedacht wird, sonder als eine *Heteropsie* inmitten der Autopsie. Nur wenn die Autarkie aus Präsenz und Evidenz aufgesprengt wird, gewinnt das Bildzeugnis eine Bedeutung, die über eine bloße Bebilderung hinausgeht. Die bloße Wieder-gabe des Gesehenen würde dann überboten durch eine originäre Gabe des Zeugnisses, die zu sehen gibt, was man nicht schon kennt und hat. Greifen wir eine bekannte Unterscheidung von Max Imdahl auf, so haben Bildzeugnisse es nicht lediglich mit dem wiedererkennenden Sehen zu tun, sondern ebenso und in erster Linie mit dem sehenden Sehen.

Die folgenden Überlegungen stützen sich auf spezifische Annahmen einer responsiven Phänomenologie, darunter einer responsiven Phänomenologie des Bildes, wie ich sie an anderer Stelle ausführlich entwickelt habe.[6] Gehen wir nicht von fertigen Bildern aus, sondern von einer Genealogie der Bilder, so führt der Weg von der *Bildgestalt* (Eidos) über die *Bildspur* (Ichnos) zurück zur *Bildwirkung* (Pathos). Das bildliche Sehen entspringt dem *Blick* als einem Ereignis des Sichtbarwerdens. Etwas wird im Bild sichtbar, indem der Blick auf eine Bildwirkung antwortet; dies gehört zu den elementaren Bedingungen der Bildlichkeit. Die Bildwirkung kann als ungezielte Bildaffektion auftreten oder als gezielter Bildappell. Wir fühlen uns so oder so von Fremdem angerührt oder angesprochen. Unsere erstaunte, erschreckte oder neugierige Antwort kommt stets von anderswoher; sie äußert sich nachträglich in Form einer raumzeitlichen Verschiebung, außer wir sehen, was wir im

5 Ich beziehe mich auf Lambert Wiesings Buch *Das Mich der Wahrnehmung* (2009). Hier kulminiert das Sehen in einer perzeptiven Selbstspiegelung, die jedes fremde Zeugnis letzten Endes entbehrlich macht.

6 Vgl. zuletzt *Sinne und Künste im Wechselspiel* (2010), ferner zum Wirkungsradius der phänomenologischen Bildauffassung in der Gegenwartskunst: Kapust, Waldenfels 2010.

Grunde schon kennen. Diese Fremderfahrung setzt sich fort in einem Prozeß der Bildwerdung. Das, wovon wir affiziert oder angesprochen werden, kommt ins Bild, es nimmt Gestalt an. Dabei treten wir selbst als Erfahrende in zweierlei Rollen auf, als Patient, dem etwas widerfährt, und als Respondent, der darauf antwortet. Genauer gesagt, der Patient verwandelt sich in einen Respondenten, ohne daß er seine pathischen Anfänge je hinter sich bringt. Das Pathos des Erstaunens und Erschreckens ist kein bloßes Anfangsstadium der Erfahrung, das uns den »rohen Sinnen« ausliefert, vielmehr verleiht es der Erfahrung eine unauslotbare Tiefe. Infolge dessen erklimmt die Erfahrung niemals den Gipfel einer reinen Präsenz.

Was uns *ad oculos* begegnet, kommt anderswoher. Woher? Es kommt *ex auditu* oder *ex affectu*. Es hinterläßt eine Spur wie jemand, der hier vorbeigegangen ist. Mit Levinas und Derrida gehen wir aus von einer ursprünglichen Spur.[7] Die Spur läßt sich als eine *implizite* Form des Zeugnisses betrachten. Es handelt sich um Protozeugnisse, die in den Dingen selbst verkörpert sind. So wie die Dinge eine originäre Bildhaftigkeit und Zeichenhaftigkeit aufweisen, so muß man ihnen auch einen originären Zeugnischarakter zubilligen. Von dem impliziten Zeugnis der Dinge unterscheidet sich das *explizite* Zeugnis von Personen, die unter besonderen Bedingungen als Zeuge auftreten. Die Bedingungen einer expliziten Bezeugung sind gegeben, wenn einschneidende, seltene, ungewohnte Ereignisse auftreten, die affektiv als erstaunlich, erschreckend, beunruhigend oder belebend erfahren werden. Der Hiatus zwischen Pathos und Response, zwischen Widerfahrnis und Antwort nimmt die Form eines Bruchs an, wenn der Patient geblendet oder betäubt ist von dem, was ihm widerfährt, so daß ihm die Antwort aus dem Mund genommen wird. Autismus und Mutismus, Selbstverfangenheit und Antwortlosigkeit verstärken sich wechselseitig.[8] Brucherfahrungen dieser Art können vorübergehend auftreten wie Schock und Ohnmacht oder dauerhaft als Traumatisierung und chronische Erkrankung.

Damit nähern wir uns dem *Ort* des Zeugen und des Zeugnisses *in der Erfahrung*. Jemand springt für andere ein und steht für an-

7 Vgl. Levinas 1983, Derrida, »Freud und der Schauplatz der Schrift«, in: Derrida 1972, ferner AR 545-556.

8 Vgl. hierzu Antje Kapust, *Der Krieg und der Ausfall der Sprache* (2004), S. 118-124.

dere ein, denen der Blick oder das Wort versagt ist. Vollzieht sich das Bezeugen in sprachlicher Form, so beginnt es nicht mit bloßen Zeugenaussagen, die *über etwas* Geschehenes sprechen; Zeugen sprechen zuallererst *von etwas her*, das jemandem widerfahren ist. Der Zeuge ist mehr als ein kompetentes, verantwortliches Subjekt, das als Beobachter, Berichterstatter, Prüfer oder Protokollant seinen Dienst tut; er ist ein Ko-Patient oder eine Ko-Patientin, dem oder der etwas mitwiderfährt. Sym-pathie ist im wörtlichen Sinne zu nehmen, ähnlich wie das »Mitlieben (συμφιλεῖν)« und »Mithassen (συνέχθειν)« im Munde der Antigone: »Nicht mitzuhassen, mitzulieben bin ich da.« Als »Zufallszeugen« werden wir zu Zeugen, indem wir in eine Situation geraten, von der wir mitbetroffen sind, ob wir es wollen oder nicht. Die Zeugenschaft gehört derart zu den kollektiven Herausforderungen, um die es uns hier immer wieder geht. Juristisch kann jemand wegen der Unterlassung einer zumutbaren Hilfeleistung belangt werden. Das Wegschauen und Weghören gehört zu den Vermeidungsstrategien, mit denen man sich dem fremden Anspruch zu entziehen versucht, obwohl dieser als Widerfahrnis etwas Unausweichliches hat. Der Zeuge ist dazu aufgerufen, stellvertretend eine Antwort zu geben, dem Anderen sein Ohr, seine Stimme und sein Auge, seinen Blick zu leihen. Dabei haben wir es mit einer originären Substitution zu tun, weil bestimmte Widerfahrnisse einzig auf diese Weise sichtbar und hörbar werden (siehe unten, S. 236 f.).

Die Institutionalisierung des Zeugnisses geht einher mit seiner partiellen Anonymisierung. Das leibliche Responsorium der Erfahrung erweitert sich so zu einem kollektiven Responsorium, worin Zeugnisse aufbewahrt und von wo sie abgerufen werden. Das kollektive Gedächtnis besteht zu einem beachtlichen Teil aus kollektiven Antworten. Dazu gehört die Verwendung von *Dokumenten*, die belehren, von *Monumenten*, die mahnen und aufrufen, aber auch von sogenannten *Pathosformeln*, die Freude und Leid, Lust und Schmerz wachrufen. Dies entspricht der Trias von *docere, movere, delectare aus* der klassischen Poetik von Horaz.

4. Verkörperung von Zeugnissen im Bild

Der spezielle Status von Bildzeugnissen stellt uns vor eine Reihe weiterer Fragen. Zunächst fragt es sich, ob alle Arten von Bild, also Monets *Seerosen* genauso wie Goyas *Capriccios*, sich als Bildzeugnisse darstellen. Legt man den Akzent auf den Spurencharakter der Bilder, so speisen sie sich alle aus einem Bildpathos, das sie auf elementare Weise bezeugen, es sei denn, sie beschränken sich aufs Dekorative oder Illustrative.

Beginnen wir im *pianissimo* mit einem Beispiel *gemalter Abwesenheit*. Bei Vermeer, dem Meister der Diskretion, finden sich Funken eines aus der Ferne zu uns dringenden Lebens. In Bildern wie der *Briefleserin* aus Dresden wird der Betrachter eingelassen in einen Raum, der sich auf wundersame Weise öffnet und schließt. Wir nähern uns dem versunkenen Blick von Figuren, die um keinen fremden Blick buhlen und sich in ihre Abwesenheit einhüllen wie in einen Schleier. Wir sehen eine Lesende, ohne das Gelesene vor Augen zu haben, das Briefgeheimnis hütet sich selbst. Man rätselt, ohne auf eine Lösung zu warten.[9]

Springen wir nun über zum *fortissimo* von *Ereignisbildern* oder *Erregungsbildern* im Sinne der Warburg-Schule, mit denen abwesende Geschehnisse ins Bild kommen. Ihre Wirkung hängt nicht von bestimmten Bildsujets ab, denn dann hätten Historienbilder einen besonders starken Zeugnischarakter. Entscheidend ist vielmehr eine bestimmte Darstellungsweise, so wenn ein Totenkopf in einem barocken Stilleben auftaucht oder wenn in den Waldlandschaften von Jacob van Ruisdael ein toter Baumstumpf den Blick auf sich zieht. Solche Motive, die den Bildrahmen sprengen, verleihen der Bilderfahrung eine pathische Tiefendimension, die in der Darstellung von Abwesendem an den Tod rührt (vgl. Därmann 1995).

Der bildlichen Darstellung von Gewalt und Katastrophen, um die es uns hier in besonderem Maße geht, haftet eine konstitutive *Ambivalenz* an. Das Bild bringt etwas zum Vorschein, selbst wenn es davor warnt oder uns zurückschrecken läßt. Die Faszination von Gewalt läßt sich nie völlig ausschließen. In Buch IV der *Politeia* (430 e) führt Platon uns, auf der Suche nach geeigneten »Spuren

9 Der später von fremder Hand hinzugefügte Liebesgott verstößt gegen diese Bildlogik.

(ἴχνη)« der Besonnenheit, einen merkwürdigen Fall von Nekrophilie vor Augen. Da ist von einem Athener die Rede, der zufällig außerhalb der Stadt auf Leichname Hingerichteter stieß und »zugleich Lust bekam, sie zu sehen, zugleich aber auch Abscheu fühlte und sich wegwendete und so eine Zeitlang kämpfte und sich verhüllte, dann aber von der Begierde überwunden mit weitgeöffneten Augen zu den Leichnamen hinlief und sagte: »da habt ihr es nun, ihr unseligen, sättigt euch an dem schönen Anblick!« (439e-440a). Der schöne Anblick, das schöne Schauspiel (καλὸν θέαμα) ist offensichtlich von zweifelhafter Schönheit. Dabei geht das Zeugnis, das die Sinne dem überraschten Betrachter darbieten, nicht auf ein bewertendes Urteil zurück, es entspringt einem Sehkonflikt, in dem Anziehung und Abstoßung gegeneinander ankämpfen. Gewalt kommt auf gesteigerte Weise ins Spiel, da der Blick nicht bloß auf Tote fällt, sondern auf Getötete, deren Hinrichtung wiederum mehr besagt als einen bloßen Rechtsvollzug. Platon, den man allzu gern auf eine reine Ideenschau festlegt, entrollt hier in Worten eine Bilderfolge, worin Eidos und Pathos miteinander verschmelzen und Einsichten der Psychoanalyse vorweggenommen werden.

Spuren einer solchen Ambivalenz finden sich auch in Kants *Kritik der Urteilskraft*, nämlich dort, wo er das Dynamisch-Erhabene als ein Kräftespiel der Natur behandelt. Die Absicherung gegen das Pathos setzt eine Faszination frei, die aber nur dann wirksam ist, wenn in der Phantasie Momente der Unsicherheit fortdauern. Die Sicherheitsmarge ist in Fällen wie Tschernobyl und Fukushima infolge der Zunahme selbstgeschaffener Risiken längst zusammengeschmolzen. Zum 10. Jahrestag der Tschernobyl-Katastrophe, von der schon in Kapitel IV die Rede war, entstand ein Projekt »Echo des Schweigens«, in dem russische Künstler die Anblicke und Reste der Zerstörung in Photomontagen festgehalten haben. Das Mathematisch-Erhabene und das Dynamisch-Erhabene werden in solchen Bildfolgen verdunkelt durch ein schwarzes Erhabenes, das keinen moralischen Mehrwert erkennen läßt.

Gewisse Bildzeugnisse enthalten *Gewaltszenen*, in denen Opfer dem Blick preisgegeben sind, in denen sich aber die Grenzen von Opfer und Täter verwischen. Das Kriegsgeschehen läßt sich nicht auflösen in individuell zurechenbare Handlungen. Ruinenstädte und Kraterlandschaften bilden ein Ambiente, das sich nicht wie üblich kartographieren läßt. Städte wie Sarajewo bildeten zur Zeit der serbischen Belagerung eine Gewaltkulisse, so daß Straßenzüge sich in Schußbahnen verwandelten. Nicht weit von der Lateinischen Brücke, wo Gavrilo Princip das Attentat auf den österreichischen Thronfolger verübte und damit den Ersten Weltkrieg auslöste, schlugen erneut Granaten ein. Spuren davon finden sich bis heute am Schauplatz des Geschehens und in bildkräftigen Photodokumenten. Was können solche Dokumente ausrichten? Man muß sich fragen, ob Gewaltbilder in ihrer Eigenschaft als Bilder eine *Katharsis*, eine Reinigung der Affekte, bewirken können, wie sie der antiken Tragödie zugeschrieben wurde, oder ob sie nicht auch zerstörerische Affekte wachrufen. Natürlich hängt dies von der Art der Rezeption ab, von deren Ambivalenz schon die Rede war.

Schließlich kommt es bei der Darstellung darauf an, wie *dokumentarische* und *fiktionale* Bildaspekte sich zueinander verhalten. Photobilder nehmen eine Zwischenstellung ein, da sie als Belichtungsbilder einen speziellen indexikalischen Charakter aufweisen und da Photographien sich nicht von der Einwirkung ihrer Bezugsobjekte ablösen lassen. Darauf weist auch Roland Barthes hin, der unserem Ansatz einer Bildphänomenologie sehr nahesteht. In seinen *Bemerkungen zur Photographie* unterscheidet er zwischen dem *studium* als einer gezielten, anhaltenden Bemühung um eine adäquate Bilderfassung und dem *punctum* einer Photographie als »jenes Zufällige an ihr, das mich besticht (mich aber auch verwundet, trifft)« (vgl. Barthes 1989, S. 35 f., ferner S. 13). Der Autor, der mit der Phänomenologie von Husserl und Sartre herangewachsen ist, spult die intentionale Phänomenologie zurück bis auf eine affektive Phänomenologie, die vom Pathischen ausgeht.

Generell kommen bei der Bildlichkeit zwei Perspektiven ins Spiel, eine *historische* und eine *ästhetische*. Man denke etwa an die *Übergabe von Breda*, wie sie von Velázquez gemalt wurde, oder auch an die bereits erwähnten Gewaltbilder aus der »Situation Kunst«, die im Falle von Arnulf Rainers *Hiroshima* und von Dirk Reinartz' Blickausschnitten aus Konzentrationslagern jeweils zwischen Reportage und Bildentwurf oszillieren. Es sind dieselben Bildnisse, die sich sowohl auf ihre historische Zuverlässigkeit wie auf ihre darstellerischen Qualitäten hin betrachten lassen. Dies setzt eine gemeinsame Matrix voraus, in die sich historische und fiktionale Elemente einzeichnen, ohne sich zu decken. Diese Matrix bildet sich aus Pathischem, das sich von keiner Sichtweise restlos vereinnahmen läßt.

Erläutern läßt sich dies anhand von Kapitel 9 der aristotelischen *Poetik*. Der Autor unterscheidet dort zwischen *Poesie* (gr. ποίησις: allgemein die Herstellung) und *Geschichte* (gr. ἱστορία: generell die Kunde). Die Poesie gilt ihm als die philosophischere Darstellungsweise, weil sie sich nicht auf das beschränkt, was wirklich geschehen ist, sondern mit in Betracht zieht, was geschehen könnte. Den Vorzug der Dichtkunst erblickt er darin, daß sie den Spielraum des Möglichen aus dem Wesen der Sache entfaltet und ihn nicht von zufälligen Umständen abhängig macht. Doch mit der Bevorzugung des Allgemeinen gerät das Pathische, das doch den Grundton der Tragödie bildet, ins Hintertreffen. Das Pathos, das hier und jetzt und immer wieder neu entspringt, weist singuläre Züge auf, die sich nicht verallgemeinern lassen. Der alte äschyleische Spruch πάθει μάθος meint kein Lernen des Leidens, sondern ein Lernen durch Leiden, und selbst dieses ist nicht eindeutig verbürgt.

5. Exemplarische Schlüsselmotive

Mit der bildlichen Darstellung von Gewalt stoßen wir auf Phänomene, die einer besonderen begrifflichen Wachsamkeit bedürfen. Gewalt ist nicht gleichzusetzen mit Kriegsgewalt und vor allem nicht mit den diversen Formen sozialer Macht und Kraft.[10] Zunächst ist strukturell zu unterscheiden zwischen dem *Wettkampf* (gr. Agon) und der kriegerischen Auseinandersetzung (gr. Polemos). Im Wettkampf, der im Sport einen bevorzugten institutionellen Rahmen gefunden hat, tritt der *Gegner* auf als ein Gegenspieler, der im institutionell abgesteckten Rahmen des Spiels als Mitspieler agiert, eingebunden in soziale Regeln und Rituale. Der mögliche Gewinn beschränkt sich auf symbolische Trophäen, die als Auszeichnung verliehen werden. Selbst die dubiose Bezeichnung ›Widersacher‹ wahrt noch einen Rest an Sachlichkeit. Der *Kriegskampf* hat es dagegen mit einem *Feind* zu tun, auf dessen Abwehr, Schädigung und etwaige Vernichtung die Auseinandersetzung hinausläuft. Der Kampf nimmt drastische Formen an in der blutigen Schlacht. Der mögliche Gewinn liegt in der Wegnahme oder in der Rückeroberung fremder Güter. Natürlich werden auch Kriegsorden verliehen,

10 Ergänzend verweise ich auf meine Ausführungen zu dieser Thematik in *Schattenrisse der Moral* (2006), Kap. VI-VIII, und in *Hyperphänomene* (2012), Kap. 10-11.

doch dies sind Gaben von der Front, an denen Blut klebt, keine gemeinsam ausgeteilten Ehrengaben wie der Pokal im friedlichen Wettkampf. Außerdem gibt es eine hybride Form von Kriegsrecht, das sich in Form von internationalen Gerichtshöfen einem allgemeinen Staatsrecht annähert. Meine idealtypische Kennzeichnung bricht hier ab, sie bedarf in der Praxis mancherlei Retuschen. Ich beschränke mich darauf, noch einige Schlüsselmotive vor Augen zu führen, aus denen der bildliche Zeugnischarakter und sein Gewaltbezug beziehungsweise der generelle Bezug auf einbrechende Ereignisse auf exemplarische Weise hervorleuchten.

Kriegsszenen. – In Goyas *Desastres de la guerra* begegnen uns durchwegs Szenen der Gewalt: Hinrichtungen, Vergewaltigungen, Folterungen zusammen mit Opfern, Tätern und Begleitfiguren. Was wir vor Augen haben, sind keine ausgedehnten Schlachtfelder, die der Blick durchwandert wie eine sinistre Landschaft; es sind keine strategischen Sandkastenspiele, auch keine Chroniken, in denen große Namen und wichtige Orte verewigt sind. Stattdessen begegnen uns »Paraphrasen über das Thema Grausamkeit, die sich kaum je im erzählerischen Detail verlieren, sondern als verdichtete Mementos, als Parabeln aufzufassen sind«; sie zeigen »jedes Ereignis als Komprimat«.[11] Der Betrachter wird distanzlos mit dem Geschehenden konfrontiert und in das Geschehen hineingezogen wie in einen Sog. Dabei vermeidet der Maler jede einseitige Parteinahme. In bunter Mischung begegnen uns franzosenfreundliche Liberale, spanische Patrioten und klerikale Reaktionäre. Die Bilder sprechen für sich selbst ohne propagandistische Nebentöne.

Die Einzelszenen entfalten ein ganzes Zeitspektrum, mit dem das Ereignishafte des Bildgeschehens beleuchtet wird. Das bekannte Gemälde aus dem Prado, *Der 8. Mai 1808*, bannt den Augenblick der Erschießung in einen Lichtkegel. Das ist *Violence Now.* Eine Radierung mit dem Titel *Die Einkerkerung ist ebenso grausam wie das Verbrechen* zeigt die gequälten Bewegungen eines Gefesselten, dessen Ketten nicht zerspringen wollen, die Zeit ist eingefroren. Eine andere Radierung weist in eine drohende Zukunft: *Triste Vorahnungen dessen, was geschehen wird*, eine Anspielung auf ein Ölbergbild von Tizian, aber ohne tröstenden Engel. Eine »Vergan-

11 So lautet der Kommentar von Werner Hofmann im Katalog der Hamburger Kunsthalle: *Goya. Das Zeitalter der Revolutionen 1789-1830* (1980), S. 119, 121; dem Katalog habe ich weitere Bildhinweise entnommen.

genheit, die niemals Gegenwart war« (Merleau-Ponty 1945, S. 280, dt. 283), bildet den Hintergrund der Radierung *Ich sah es*. Sie zeigt den erschreckten Blick von Flüchtenden, darunter eine Mutter, die ihr Kind zu retten versucht. Das Panik auslösende Ereignis tritt nur indirekt und nachträglich zutage in den abwehrenden Gesten derer, die es erleiden. Man sieht nicht die Akteure, sondern nur das, was ihre Taten anrichten. Die Bezeugung solcher Greuelszenen durch den Maler entspringt keiner spontanen Reaktion, sondern einer Bildarbeit, die Züge einer kollektiven Trauerarbeit aufweist. Auch die Bildtitel, die wie bei Paul Klee von ganz eigenem Gewicht sind, gehören dazu. Goya benutzt durchaus Vorlagen, auch Chroniken, so daß überlieferte »Pathosformeln« ebenso in die Darstellung eingehen wie historisches Rohmaterial.

Kontrastweise verweise ich auf den Münchener *Lepanto-Zyklus* von Cy Twombly. Der Titel verweist auf die historische Entscheidungsschlacht 1571, bei der Okzident und Orient aufeinanderstoßen. Hier haben wir es also, anders als bei Goya, tatsächlich mit einer Schlachtenmalerei zu tun; doch die Seeschlacht verwandelt sich in Spurenelemente von Wasser, Sturm und Blut. Was vor unseren Augen auftaucht, bedeutet mehr Untergang als Zerstörung. Es hält sich fern von allem kriegsgeschichtlichen Heroismus à la Skagerrak.

Zu erwähnen ist in diesem Zusammenhang auch Picassos Bild *Guernica* von 1937, das sich nicht nur auf den Spuren Goyas und des Spanischen Bürgerkriegs bewegt, sondern mit dem schmerzhaft sich aufbäumenden Pferdekörper an ein älteres Vorbild erinnert. In Palermo, im Palazzo Abatellis, befindet sich ein großes Wandgemälde aus der Hand eines unbekannten Malers aus dem 15. Jahrhundert, das den Titel *Trionfo della morte* trägt. Ein bis auf seine Rippen abgemagertes Todespferd fegt über eine höfische Szene hinweg wie ein apokalyptischer Aufschrei. Picasso soll dieses Bild gekannt haben. Die Physiognomie des Grauens gleitet über Zeitschwellen hinweg.

Bekehrung, Berufung. – Auf dem Bild *Pauli Bekehrung* aus Santa Maria del Popolo stellt Caravaggio die religiöse Verwandlung des späteren Völkerapostels als einen plötzlichen Ein-fall dar, zugleich als einen Fall aus der Höhe, gleichsam als ein *falling in faith*. Paulus liegt zu Füßen des Pferdes, vom Schlag getroffen, die Hände hilflos ausgestreckt. Der himmlische Appell rauscht nicht auf Engelsflügeln heran, er bricht gewaltsam in eine bestehende Lebenswelt ein.

Der Kern des Ereignisses wird wie mit Scheinwerfern ausgeleuchtet. In der *Berufung des hl. Matthäus* in S. Luigi dei Francesi bedient sich der Maler ähnlicher Effekte, auch hier dringt das Sakrale in den Alltag ein, ohne ihn zu überhöhen. Die Wende ins Außeralltägliche, die sich als Bekehrung und Berufung vollzieht und wie alles einbrechende Neue etwas Gewaltsames hat, braucht die Folie des Alltäglichen, um ihre Wirkung zu entfalten.

Todeskammern. – Die Installation *Personnes* von Christian Boltanski, die 2010 in der kühlen Eisen-Stahl-Architektur des Pariser Grand Palais zu sehen war, spielt im Titel mit dem Doppelsinn von Niemand und Jedermann. Die Erinnerungskünste, die für diesen Sohn eines jüdischen Pariser Arztes einen starken autobiographischen Hintergrund haben, verfremden das, woran sie erinnern. Die Erinnerung ist keine Er-innerung. Wir stoßen auf Altkleider, Blechdosen, Tonaufnahmen von schlagenden Herzen, auf abfallartige Zeugnisse. Kleider verlieren alles Modische, sie »stiften eine Beziehung zu den Körpern von Toten, genau wie Fotografien«, wie der Künstler selbst bemerkt. Im Gegensatz zur *grande mémoire* der ereignisgeschichtlichen Chronik rechnet er dies alles einer *petite mémoire* zu; sie enthält »die kleinen, rasch vergessenen und sehr persönlichen Erinnerungen, die mit irgendwelchen vermeintlich belanglosen oder wertlosen Objekten verknüpft sind«.[12] Der Kunstkritiker Werner Spies spricht von einer »Weißglut statistischer Langeweile«, einer »dem Horror abgeschauten pedantischen Buchführung«.[13] Dieses wie aus Feuer und Wasser gemischte Arrangement zeigt an, daß wir es mit der singulären Darstellung eines ins Anonyme absinkenden Prozesses des Verschwindens zu tun haben. Statistiken zählen Leiden, die nicht zu zählen sind; sie erzählen von Leiden, die tatsächlich gezählt, und von Leidenden, die tatsächlich mit Nummern versehen wurden. Das Zählen von Opfern gehört zum Hexeneinmaleins: »Ich nenn' euch die Zahl. / Und ich die Namen. / Und ich die Qual.« (Fontane, *Die Brück' am Tay*) Im Kölner Wallraf-Richartz-Museum steht eine Tafelwand des erwähnten Künstlers mit Photos und Kurzbeschreibungen von Kindern, die in den Kriegs- und Vertreibungswirren von 1945 förmlich

12 Die Zitate stammen aus einem von Johannes Willms mit dem Künstler geführten Gespräch über die Erinnerung, *Süddeutsche Zeitung* vom 13./14. 2. 2010.

13 Besprechung der Pariser Ausstellung in der *Frankfurter Allgemeinen Zeitung* vom 13. 1. 2010.

verlorengingen und die hier wie aus einem Limbus des Vergessens auftauchen. Die Suchbilder sind zugleich Appellbilder; wer sich an der Tafelwand wiederfindet, ist aufgefordert, dem Künstler zu schreiben. Abwesende werden anwesend. »Die Gesichter werden in eine Abwesenheit entrückt, die ihnen ihre eigene Aura und eine fremde Existenz verleiht.« (Belting 2013, S. 244)

Rettungsanker. – Schließlich ein Blick auf Richard Serra, einen Hausgeist des Bochumer Museums. Für die Synagoge Stommeln, die verlassen und vergessen im Kölner Umland stand und von Bürgern der Gemeinde Pulheim wiederentdeckt wurde, hat der amerikanische Künstler eine Skulptur gegossen, die inzwischen in dem neueingerichteten Kölner Kirchenmuseum St. Kolumba zu sehen ist. Es handelt sich um eine Schmiedearbeit aus zwei Eisenwinkeln, die einander stützen. Aus einem Roman von Primo Levi stammt der Titel *The Drowned and the Saved – Die Untergegangenen und die Geretteten.*[14] In ihrer kargen Sprache betont die Skulptur das Rettende der Zeugenschaft, ohne das Desaster zu verbergen. Darin deutet sich ein eigentümliches Bildethos an, das genau dann zum Vorschein kommt, wenn das Eidos der Bildgestalt etwas von seiner Geburt aus dem Pathos durchscheinen läßt.

14 Vgl. dazu den Band *Art Projects/Synagoge Stommeln/Kunstprojekte* (2000). Aufmerksam gemacht wurde ich auf dieses Synagogenprojekt durch Mischa Kuball, der mit einer eigenen Lichtinstallation daran beteiligt war.

IX. Fremde Zukunft und Ansprüche künftiger Generationen

> Es besteht eine geheime Verabredung zwischen den gewesenen Geschlechtern und unserem. Wir sind auf der Welt erwartet worden.
>
> Walter Benjamin, *Geschichtsphilosophische Thesen*

> Die Zukunft und das Fernste sei dir die Ursache deines Heute.
>
> Friedrich Nietzsche, *Also sprach Zarathustra*

1. Der problematische Ort der Zukunft

In ihrer Mischung aus Ungewißheit und Unausweichlichkeit gleicht die Zukunft dem Tod, in ihrer ständigen Wiederkehr gleicht sie einer stetigen Geburt. So wenig wie Geburt und Tod läßt sie sich aneignen; Zukunft, der nichts Fremdes beigemischt wäre, wäre keine Zukunft. Diese untilgbare Fremdheit betrifft mich selbst ebenso wie die Anderen. Gibt es ein Ethos der Zeit, so zeigt es sich darin, wie wir mit ihr umgehen, wie wir sie gestalten, wie wir unter ihr leiden.

Die Unfaßlichkeit der Zukunft hat etwas Anstößiges, das man möglichst zu beseitigen sucht. Man kann sie einem bleibenden Menschheitsziel einverleiben. Man kann sich in künstlicher Apathie von ihr distanzieren. Man kann sie moralisch zu regulieren suchen. Man kann sie ökonomisch nutzen und technisch berechnen bis hin zu einem *digital afterlife,* das man einer digitalen Kühltruhe entnimmt, indem man Videos von Verstorbenen, die zu Lebzeiten aufgenommen wurden, nach Belieben ablaufen läßt. Doch zusammen mit dem Sterben schafft man auch das Leben ab. Den Nachlebenden bliebe jede Trauerarbeit erspart. Das allmähliche Abschiednehmen von Verstorbenen und das Fortleben in der Erinnerung, das Zeit braucht, würde sich reduzieren auf das digitale An- und Abschalten von Gedächtnismaschinen, die Suche nach Gespenstern des Vergangenen würde unterstützt von »Geisterjägern«; man tut so, als wäre Vergangenes noch da. Schließlich kann man die künftigen Folgen eigenen Tuns auf spätere Generationen abwälzen nach dem bekannten Motto »Nach uns die Sintflut«. Den Skandal der Zukunft: *Lo scandalo del futuro* (2016) hat Ferdinando Menga zum Anlaß genommen für eine kritische Bestandsaufnahme, die als *Etica intergenerazionale* (2021) auf Erfordernisse einer intergenerationellen Gerechtigkeit abzielt. Unsere nachfolgenden Überlegungen schließen sich daran an.

Behalten individuelle Selbsterhaltung und Selbstbehauptung das erste und letzte Wort wie in der politischen Anthropologie von Thomas Hobbes, einem Fanal der frühen Neuzeit, so wird die Frage »Wie hast du's mit dem Anderen« zur modernen Gretchenfrage. »Bin ich der Hüter meines Bruders?« Oder: »Was ist Hekuba für mich?« Emmanuel Levinas, der in seiner Ethik des Anderen diese alten Fragen neu aufruft, begnügt sich nicht mit gutem Zureden, mit Moralpredigten, mit einer vagen Fortschrittshoffnung oder einer ebenso vagen Zukunftsangst, sondern vollführt eine phänomenologische Geste, die zeigt, worum sich im Grunde alles dreht. Er weist darauf hin, daß jeder, der so nach dem Anderen fragt, sich einer *petitio principii* schuldig macht, indem er schlicht voraussetzt, »daß das Ich sich nur um sich sorgt, nur Sorge ist um sich selbst« (Levinas 1974, S. 150, dt. 260). Was hingegen die Fremdsorge angeht, die in der sokratischen Epimeleia als der gleichzeitigen Sorge um die Seele und um die Polis beschlossen ist (*Apol.* 36c), so verankert Levinas sie in einem Doppelakkord. *Le temps et l'autre* (1947), so lautet der Titel der frühen Vorlesungen aus der Nachkriegszeit. Darin ertönt ein fernes Echo aus Zarathustras Rede »Von der Nächstenliebe«, die gebietet: »Die Zukunft und das Fernste sei dir die Ursache deines Heute: in deinem Freunde sollst du den Übermenschen als deine Ursache lieben.« (KSA 4, 78) Entscheidend ist in beiden Fällen die Bewegung des Über-hinaus, die im Heute entspringt, sich aber nicht um das eigene Heute dreht.

Unsere folgenden Überlegungen, die sich weiterhin von den Impulsen einer responsiven Phänomenologie leiten lassen, konzentrieren sich auf den Zusammenhang von Alterität und Temporalität. Sie fahren dort fort, wo die *Schattenrisse der Moral* (2006) enden, nämlich bei einem genuinen Ethos der Zeit, einer speziellen Zeit des Ethos, was beides im Antworten auf fremde Ansprüche sein eigentümliches Gepräge erhält. Der Ton liegt auf dem, was zwischen fremdem Anspruch und eigener Antwort geschieht. Damit verbindet sich die Frage, wie die Singularität des Anderen sich mit der Sozialität des Mitseins verflicht. Die Ethik *des Anderen* weitet sich aus zu einer Politik *der Anderen*, innerhalb deren der Dritte die Rolle einer Brückenfigur spielt. Levinas erklärt: »Die Epiphanie des Antlitzes als eines Antlitzes erschließt die Menschheit«; aus dem fremden Antlitz blickt uns die »ganze Menschheit« an, das Du gebietet uns »vor dem Hintergrund eines *Wir*« (1961, S. 188, dt. 308). Es fragt sich jedoch, ob der Weg vom frontalen Gegenüber zum lateralen Mitsein hierbei nicht so sehr verkürzt wird, daß der Überschuß des Außerordentlichen sich vom Bestand des Ordentlichen abzulösen droht. Demgegenüber werden wir die Zukunft durchgehend als ein Phänomen der Schwelle behandeln, auf der Außerordentliches sich von Ordentlichem scheidet.

2. Antworten auf das, was uns widerfährt

Unter dem Antworten, das sich in den verschiedensten Registern des Tuns, Redens, Hantierens, Wahrnehmens, Sichbewegens und Begehrens entfaltet, verstehe ich ein Verhalten, das anderswo beginnt, nämlich bei dem, was uns angeht und anrührt, was uns affiziert und an uns appelliert. All unser Tun beginnt im Medium des Pathischen. Dieses Pathische, das unser leibhaftiges Verhalten auf untergründige Weise trägt und bewegt, tritt offen zutage in starken Formen des Pathos wie dem Erstaunen oder Erschrecken, das unsere Erfahrung aus der Fassung bringt und dabei katastrophale wie auch traumatische Formen annehmen kann. Ich benutze vielfach das griechische Wort ›Pathos‹, das sowohl die Passivität, das Leiden wie die Leidenschaft bezeichnet. Widerfahrnisse, die uns überkommen, zeigen sich nirgends anders als in der Antwort, die sie hervorrufen.

Was unsere spezielle Thematik angeht, so kommt es auf die eigentümliche Zeitlichkeit an, die dem Doppelereignis von *Pathos* und *Response*, von Anspruch und Antwort innewohnt. Die beiden Glieder dieses Doppelereignisses folgen nicht aufeinander nach Art von Stimulus und Response, die sich unabhängig voneinander beschreiben lassen, vielmehr beziehen sie sich aufeinander in einer originären Form von Zeitverschiebung, die ich mit einem Ausdruck, der sich schon bei Plotin und später bei Levinas findet, als *Diastase* bezeichne; wörtlich bedeutet dies ein Auseinandertreten, das zugleich verbindet und trennt.

Sehen wir von normalen Abläufen der Erfahrung ab, in denen die Erfahrung ihren gewohnten, mehr oder weniger geregelten Gang nimmt, so stoßen wir einerseits auf überraschende Widerfahrnisse, die gemessen an unseren Erwartungen und Vorkehrungen zu früh kommen, und andererseits auf Antworten, die gemessen an dem, was uns beunruhigt, aufschreckt und befällt, zu spät kommen. Zwischen Noch-nicht und Nicht-mehr öffnet sich eine Kluft, die sich weder vorwegnehmend noch nachholend schließen läßt, die aber den Raum eröffnet für mancherlei gedankliche, literarische und organisatorische Virtuositäten.[1] Dies bedeutet, daß die Erinnerung, mit der wir Vergangenes dem Vergessen entreißen, an *Unvordenkliches* rührt, das gleich unserer Geburt einer Vergangenheit angehört, die nie Gegenwart war; es bedeutet umgekehrt, daß Erwartungen, mit denen wir Künftiges vorwegnehmen, an *Unerwartbares* rühren, das gleich dem eigenen Tod nie Gegenwart sein wird. Hier begegnen wir also nicht nur einer Urvergangenheit, in deren Erkundung Phänomenologie und Psychoanalyse sich berühren, wir stoßen ebensosehr auf eine Urzukunft, die sich nur vom Anderen her erschließt. Auf eine solch radikale Zukunft bezieht sich Jehova, wenn er sich »Ich werde sein, der ich sein werde« nennt (*Mose* 2, 14). Auf sie bezieht sich auch der jüdische Talmud, wenn er versichert: Die Zukunft »ist nicht die Zeit, die man braucht, um das begonnene Werk zu beenden. Die Zukunft ist ein von allem Vorhandenen qualitativ verschiedenes ›Dorthin‹, ein Jenseits, dem jeder Tag entgegenstrebt« (Mosès 2004, S. 61). Wir rühren hier an eine Tiefentheologie, wie Christian Lehnert sie in seinen Besinnungen auf Kult und Gebet unter dem Titel *Der Gott in einer Nuß* (2017) anvisiert. Die Archäologie Gottes, die sich hier abzeichnet, greift zurück auf einen Uranfang, der ohne eine menschliche Sicht auf den Entzug eines radikal Fremden allerdings nicht denkbar ist.

Die Wörter ›Zu-kunft‹ oder ›a-venir‹ besagen, daß etwas auf uns zu*kommt*, bevor wir selbst darauf zu*gehen*. Kommen und Gehen geraten aus dem Gleichgewicht, wenn Neues einbricht und den normalen Erfahrungsaustausch mitsamt seiner symmetrischen Standortwechsel unterbricht. Solch Unalltägliches dringt immer

1 Vgl. hierzu die reichhaltige Blütenlese von Günther Ortmann: *Noch nicht/Nicht mehr* (2015), die mit dem Untertitel *Wir Virtuosen des versäumten Augenblicks* einen weiten Boden schlägt, in dem auch der Bezug auf künftige Generationen seinen Platz findet.

wieder in das Alltägliche ein, wenn uns etwas auffällt oder einfällt, ohne daß wir wissen, wie uns geschieht. So heißt es in *Jenseits von Gut und Böse* (KSA 5, 31): »Ein Gedanke kommt, wenn ›er‹ will, nicht, wenn ›ich‹ will.« Hier begegnet uns eine Zukunft, die das Nächste in die Ferne rückt, aber, wie Nietzsche betont, im Heute entspringt, indem sie den Kern der Gegenwart sprengt. Selbst in der Gegenwart sind wir nicht völlig bei uns selbst zu Hause, *chez nous.* So erklärt sich, daß die grammatische Form des Futurs von Sprache zu Sprache etwas Labiles hat, umschrieben durch Hilfsverben wie ›werden‹ im Deutschen oder *going to do* im Englischen, schwankend zwischen Indikativ, Imperativ und Voluntativ, so etwa in dem Wechsel zwischen *I shall* und *I will* im Englischen und in einem starken Futur im Hebräischen, das den fehlenden Imperativ vertritt und das im Französischen in der von Levinas übernommenen Formel *tu ne tuera pas* durchschimmert.

3. Verzögerte Antworten

Was auf uns zukommt, kann plötzlich kommen wie aus heiterem Himmel, aber es kann auch einsickern oder sich unmerklich einschleichen wie der Dieb in der Nacht. In keinem Fall ist das Jetzt, in dem uns etwas anrührt, ein ausdehnungsloser Jetzt-Punkt.[2] Informationstheoretisch gesprochen hat das Kommen einen analogen, keinen digitalen Charakter, mit dieser Eigenart haben alle Zukunftstechnologien zu rechnen. Das Jetzt reduziert sich aber auch nicht, wie Husserl meint, auf den Kern einer »lebendige(n) Selbstgegenwart« (Hua I, 62). Die Zeitverschiebung zwischen Pathos und Response hat eine Kernspaltung zur Folge. Sie führt dazu, daß unsere Antworten immer mit einer gewissen Verzögerung auftreten. Zukünftiges kündigt sich an in *Vorahnungen* an und in *Vorzeichen*, die auf ihre Deutung warten oder sie geradezu erzwingen wie das warnende Menetekel, das in Heines Gedicht *Belsazar* als »Flammenschrift an der Wand« auftaucht. In diesem Clair-obscur hat auch die traditionelle Mantik ihren Ort, die selbst Freud noch zur

2 Zu Husserls Kritik an einer punktuellen Zeitauffassung vgl. Hua X, 40: Das reine Jetzt ist »etwas Abstraktes, das nichts für sich sein kann«, eine »ideale Grenze«; somit ist die Zukunft gleich wie die Vergangenheit in der Gegenwart beschlossen in Form von impliziten Protentionen und Retentionen.

Vorgeschichte der psychoanalytischen Traumdeutung zählt (GW II/III, 3-5, dazu Hogrebe 1992).

Zur Verzögerung gehören Übergangsphänomene wie das Abwarten, Zögern, Abtasten oder die Probehandlung, die allesamt an den Bruchstellen der Erfahrung auftreten; sie gehören einer Inkubationsphase an, in der sich Kommendes anbahnt in Form von Vorahnungen, »Aktregungen« oder »Handlungsinitiien« (vgl. SA 288). Was den grammatischen Ausdruck dieser Übergangsweisen angeht, so bietet sich die Verlaufsform des *Gerundiums* an wie im Englischen: *I am going to do* und im Italienischen *sto facendo*, während im Russischen die Differenz zwischen imperfektiven und perfektiven Verben wie etwa делать: ›ich mache, tue‹ und сделать: ›ich mache fertig‹ den Handlungsrhythmus bestimmt. Was die gelebte Zukunft angeht, so reicht sie tiefer als alle eigenmächtig vorgestellte Zukunft: »Das Zukünftige sehen ist ebenfalls Physiognomik«, bemerkt Lichtenberg in seinen *Sudelheften* (*Schriften*, I, S. 463). Wir nähern uns dem Zukünftigen nur über »Fremdheitsschwellen« hinweg, die wir wie alle Schwellen überqueren, aber nicht überwinden. Davon geht eine affektive Unruhe aus, die zwischen Angst und Hoffnung oszilliert. Zukunftsangst erweist sich als eine besondere Form der Schwellenangst; sie ruft nach sozialen Ritualen, mit denen man die Zukunft ›beschwört‹.[3] Illusionäre Zeitauffassungen nähren den Glauben, man könne diesseits oder jenseits der Schwelle Fuß fassen, so daß entweder die Zukunft von der Vergangenheit oder die Vergangenheit von der Zukunft beherrscht wird. Futurismus und Passeismus, die daraus resultieren, sind feindliche Brüder.

Zeitverschiebung besagt dagegen, daß Vergangenes und Zukünftiges sich ineinanderschieben. Dies geschieht in einer Form, die man mit Lacan und Merleau-Ponty als eine besondere Form von *zweitem Futur* verstehen kann (vgl. AR 268, 623). Das zweite Futur hebt sich ab vom gewöhnlichen ersten Futur, das sich auf etwas bezieht, das noch nicht ist, von dem wir aber hoffen oder befürchten, es werde eintreten, und in das wir aktiv mit unseren Entwürfen eingreifen. Diese normalisierte Zukunft betrachten wir als unsere eigene Zukunft, selbst wenn sie sich im Dunkel des Unvor-

3 Zur Schwellenerfahrung vgl. SA Kap. 7 und zum schwankenden Charakter der Elpis, die im Griechischen sowohl als neutrale Erwartung wie als gute Hoffnung verstanden wird, Waldenfels 2017, Kap. VII.

hersehbaren verliert. Das zweite Futur deckt sich aber auch nicht mit der grammatischen Figur des *futurum exactum*, das Künftiges als schon geschehen ansetzt. Gemeint ist vielmehr, daß ein fremder Affekt oder Appell meiner eigenen Antwort zuvorkommt, und zwar in der Weise, daß ich genötigt werde, ihm nachzukommen. Das Selbst, das sich zerteilt in einen Patienten, dem etwas widerfährt, und einen Respondenten, der darauf zu antworten hat, geht sich selbst voraus und bleibt hinter sich selbst zurück, es ist, mit Platon zu sprechen, älter wie auch jünger als es selbst (vgl. *Parm.* 141a). Dem entspricht die grammatische Form des *Gerundivs*, das etwa in der Aussage *mihi faciendum est* anzeigt, was von mir zu tun ist, ohne daß es der Initiative des Ich entstammt. Wenn die Grammatik das *mihi* als Dativus auctoris versteht, so schreibt sie mir genaugenommen etwas zu, was nicht aus mir stammt; die Antwort, die mir abverlangt wird, ist niemals gänzlich meine eigene. Nicht ohne Grund tritt Laotse in Bertolt Brechts *Legende von der Entstehung des Buches Taoteking* als jemand auf, der dem Zöllner dankt: »Darum sei der Zöllner auch bedankt: / Er hat es ihm abverlangt.« Mit diesem Gespräch, das der emigrierende Weise an der Landesgrenze führt, nähern wir uns bereits einer gemeinsamen Zukunft, die auch in der Bitte um Nachsicht anklingt, die der Dichter seinem Gedicht *An die Nachgeborenen* anfügt.

Doch dabei müssen wir beachten, daß zwischen Pathos und Response keine vorgängige Korrespondenz und Konsonanz herrscht. Pathos und Response suchen einander. Sie können sich in extremen Situationen weit voneinander entfernen, und zwar in Annäherung an ein *Pathos ohne Response* oder eine *Response ohne Pathos*. Auf der einen Seite begegnet uns der Schock, der den Schockierten in Sprachlosigkeit erstarren läßt, ihn in einen Zustand der Lethargie versetzt und jeden Antrieb lähmt. Auf der anderen Seite kommt es zu einem Leerlauf des Verhaltens, in dem sich ein eingerostetes Antworten automatisch wiederholt. Diese extremen Verhaltensweisen sind Vorboten einer Pathologie, die in Form von Traumatisierung oder Wiederholungszwang das Zusammenspiel von Pathos und Response dauerhaft und nachhaltig beeinträchtigt. Die Polarität der Extrembildung beeinflußt auch das Zeiterleben, indem sie den Patienten entweder auf vergangene Verletzungen fixiert, als geschähen sie jetzt, oder aber den Patienten unansprechbar macht, so daß er nur noch stereotype und zukunftsleere Antworten fabriziert. *Hyperpathie* und *Apathie* erzeugen ein extremes Ungleichgewicht. Die Pathologie des Zeiterlebens, die sich hier andeutet, hat sozialpathologische Seiten, so etwa in Form kollektiver Massenpsychosen oder eines Ressentiments der Moral, wie es von Freud und Nietzsche diagnostiziert und von Scheler phänomenologisch beschrieben wurde.

4. Unausweichlichkeit des Antwortens

An dieser Stelle meldet sich erneut die eingangs erwähnte Gretchenfrage. Was nötigt uns, auf fremde Ansprüche zu antworten? Die moderne Unterscheidung von Sein und Sollen schiebt sich wie ein Sperriegel vor alles, was uns aus dem Schlummer des Eigenen wecken könnte. Nehmen wir an, ein Durstiger bittet mich um ein Glas Wasser, ein Umherirrender fragt dich nach dem Weg, oder ein Flüchtling begehrt Einlaß. Aus dem bloßen Faktum, daß jemand etwas von uns verlangt, folgt nicht, daß wir zwangsläufig auf seine Aufforderung eingehen. Die traditionelle Sitte der Gastfreundschaft hilft auch nicht weiter, sobald es hart auf hart und um den eigenen Kragen geht. Der fremde Anspruch schiene seine verbindliche Kraft erst zu entfalten, wenn der Andere kein Fremder ist, sondern einer von uns, ein Angehöriger, wenn also hinter dem Fremdanspruch ein kollektiver Selbstanspruch steht. Ähnlich stünde es, wenn man den fremden Anspruch auf einen allgemeinen Rechtsanspruch reduziert, der mich dem Anderen und ihn mir gleichsetzt.

Mit der *Einordnung* in ein Gemeinwesen, das vorweg auf ein Gemeinwohl ausgerichtet ist, oder der *Unterordnung* unter ein Gesetz, das jederzeit für jeden von uns gilt, lösen sich Ethos oder Moral von der genuinen Zeit. Wenn es unter diesen Voraussetzungen Zeitlichkeit gibt, so in Beschränkung auf die Verwirklichung von Ordnung; auf dem Boden einer vorgängigen Zeitordnung gäbe es keine genuine Zeit des Ethos, keinen Kairos. Die Festsetzung einer Zahlungsfrist oder die Berechnung der Arbeitszeit berühren lediglich das gesetzlich Verordnete, nicht den Setzungscharakter des Gesetzes.

Allerdings laufen alle teleologisch oder nomologisch ausgerichteten Lösungen, die ihren maßgeblichen Ausdruck einerseits bei Aristoteles, andererseits bei Kant gefunden haben, ins Leere, wenn

Ordnungen als Ordnungen einer Genealogie unterliegen, wenn sie auf *Stiftungen* zurückgehen, wenn es, mit Foucault zu reden, *Ordnung gibt, aber nicht die Ordnung*, wenn also in diesem Sinne selbst die Moral ihren blinden Fleck hat (vgl. AR 584). Wenn Hobbes die Verbindlichkeit des Gesetzes aus einem wechselseitigen Vertrag herleitet, so führt dies zwar ebenfalls auf die Bahnen einer nicht linear ablaufenden Zeit, da jeder Vertragsschluß im performativen Akt des Versprechens seiner Geltung vorauseilt. Doch ein derartiger Vertrag bleibt brüchig; er nutzt das individuelle Selbstinteresse, ist aber außerstande, dieses in ein genuines Fremdinteresse zu verwandeln. Ein Kontrakt bewirkt keine Konversion, auch keine Umkehr, keine Umlenkung, keine περιαγωγή, wie Platon sie in seinem Höhlengleichnis vorsieht (*Politeia* VII, 518d). Fremde Ansprüche sind und bleiben konkurrierende Ansprüche, der Andere bleibt ein potentieller Feind, ein Wolf im Schafsfell. Nietzsche spielt mit dem Gedanken einer Feindschaft in der Freundschaft, wenn er Zarathustra in seiner Rede »Vom Freunde« verkünden läßt, man solle *für den Freund* Krieg führen, man solle *im Freund* den Feind ehren, man sei ihm mit dem Herzen *am nächsten*, sofern man ihm widerstrebt (KSA 4, 71 f.). Darin äußert sich zwar eine Feindschaft besonderer Art, die nicht auf Vernichtung des Anderen abzielt, sondern auf ein Pathos der Distanz, auf ein Austragen und Aushalten von Differenzen, auf eine Ferne in der nächsten Nähe. Dennoch ist dieses Spiel mit dem Gedanken der Feindschaft ein Spiel mit dem Feuer, da die blutigen Kriege, die wir Menschen allzu gut kennen, ganz zu schweigen von staatlich gelenkten Vernichtungsmaschinen, sich weit entfernt halten von einem Ehrenhandel. Wenn es einen Widerstand gibt gegen den feindseligen Vernichtungsdrang, von wo ist er zu erwarten?

Levinas, der die bedrohliche Menschenvernichtung leibhaft in seiner eigenen Familie erfahren mußte, rechnet mit dem Schlimmsten, wenn er dem Anderen den Satz »Du wirst nicht töten« in den Mund legt.[4] Er versteht diese Aufforderung nicht als Appell an ein Wohlwollen, das von günstigen Umständen abhinge, nicht als Ver-

4 Er gibt den entscheidenden Satz aus dem Dekalog wie folgt wieder: *Tu ne commettra pas de meurtre / Du wirst keinen Mord begehen,* oder einfach: *Tu ne tuera pas / Du wirst nicht töten.* Belegstellen und ein ausführlicher Kommentar dazu finden sich in meinem Buch *Idiome des Denkens* (2005), Kap. 10: *»Das Angesicht des Anderen«.* Auch in Kants Imperativ »Handle so …« ist die Stimme des Anderen mitzuhören.

kündung eines allgemeines Gesetzes, dessen Geltung wie jeder Geltungsanspruch angezweifelt werden könnte, sondern als Ausdruck eines leibhaftigen Anspruchs, dem wir uns nicht entziehen können, sobald wir ihn vernommen haben. Darin bekundet sich ein ethischer Widerstand, der keinem bloßen Kräftemessen entstammt. Kants Faktum der Freiheit nimmt die Form einer Interfaktizität an, von der im Zusammenhang mit der Generativität noch die Rede sein wird. Das Antworten auf den fremden Anspruch liegt ebensowenig wie die eigene Freiheit in unserem Belieben; es unterliegt der Unausweichlichkeit (*ne-cessitudo*) einer praktischen Notwendigkeit, nämlich der Unmöglichkeit, nicht zu antworten. Wir können nicht nicht antworten, keine Antwort wäre auch eine Antwort; eine Antwortverweigerung könnte den gehörten Anspruch nicht ungeschehen machen. Dies gehört zum ABC einer Antwortlogik, die sich diesseits von Gut und Böse, von Sein und Sollen situiert. Es liegt an uns, wie wir antworten, nicht aber, ob wir antworten wollen. Als responsive Freiheit erwächst Freiheit anders als die spontane Freiheit aus einem fremden Anspruch (HYP 182f.)

5. Einstehen für Ansprüche künftiger Generationen

Doch das Antworten auf künftige Ansprüche stellt uns vor eigene Probleme. Wie können wir auf Ansprüche derer antworten, die noch nicht am Leben und noch nicht in der Lage sind, Ansprüche zu erheben? Haben künftige Ansprüche nicht etwas von einer Flaschenpost, die ohne Absender und ohne Adresse herumirrt? Oder sind Ansprüche Künftiger strenggenommen gar keine künftigen Ansprüche, sondern durchaus gegenwärtige? Dies sind Fragen, an die wir uns behutsam herantasten werden.

Die fremde Zukunft gehört sicherlich in verstärktem Maße zu den Orten, an denen wir nicht in eigener Person sind und sein können, auch wenn wir uns dies einbilden. Wir können uns nur stellvertretend auf sie beziehen, indem wir anstelle des Anderen, *au lieu de l'autre* sprechen. Bei Levinas geht die Substitution jeder Konstitution des Anderen voraus. Doch dabei ist zu unterscheiden zwischen einer normalen, sekundären und einer originären, primären Form der Stellvertretung (HYP Kap. 8). Erstere besteht darin, daß jemand provisorisch für Unmündige eintritt wie der Vormund, definitiv für Verstorbene wie der Testamentsvollstrecker oder auftragsgemäß wie der Volksvertreter. Diese Art der Stellvertretung hat einen sekundären Charakter, weil sie auf indirekte Weise an den Verfügungswillen der Vertretenen gebunden ist, selbst wenn Erbschleicherei oder Paternalismus nicht auszuschließen sind. Etwaigen Nachgeborenen kommt sie überdies nur anonym zugute in der Aussparung von Leerstellen, die durch individuelle Variablen zu füllen sind. Es gibt noch niemanden, der zu vertreten wäre. Im Gegensatz zu den verschiedenen Formen der normalen Stellvertretung besteht die originäre Stellvertretung jedoch darin, daß jemand zwar für sich und von sich aus spricht, *zugleich* aber für den Anderen und vom Anderen aus. Gemessen an den eigenen Möglichkeiten handelt es sich um eine *gelebte Unmöglichkeit*, ganz im Sinne einer radikalen Fremderfahrung, die sich durch eine »Zugänglichkeit des original Unzugänglichen« auszeichnet (Hua I, 144).

An dieser Stelle stoßen wir auf die Figur des *Dritten* als jemand, der mich mit dem Anderen gleichsetzt und der durch ein »Vergleichen des Unvergleichlichen« den singulären Anspruch des Anderen in ein allgemeines Anrecht, den Überschuß der Gerechtigkeit in ordentliches Recht und *den* Anderen in *einen* Anderen, in ein »Mitglied der Gesellschaft« unter anderen verwandelt (Levinas 1974, S. 202, dt. 345).[5] Auf solche Weise greifen Alterität und Sozialität ineinander. Die Geselligkeit, die uns einander gleichsetzt, behält einen Überschuß an Ungeselligkeit; der Andere ist jemand wie ich selbst, aber zugleich mehr als das. Das Ich weitet sich aus zu einem Wir; es geschieht etwas zwischen uns, doch Ich und Du sind keine bloßen Glieder eines Wir, da das Wir aus meiner Antwort auf deinen und euren Anspruch erwächst. Nicht das Wir sagt ›wir‹, sondern ich oder sonstjemand sagt ›wir‹.[6] Selbst das inklusive Wir

5 Zur sozialen Rolle des Dritten, die sich nicht zuletzt bei Phänomenologen besonderer Aufmerksamkeit erfreut, vgl. AR 293-301 sowie Delhom 2000, Bedorf 2003 und andere.

6 Erst recht gibt es kein Kollektiv, kein soziales Gebilde aus Menschen, Dingen und Artefakten, das ›Wir‹ sagt, wie Bruno Latour in seinem neuen Essay *Cogitamus* (2017) suggeriert. Im übrigen ist die Pluralisierung des cartesischen Ego nichts Neues; das *nos cogitamus* findet sich gelegentlich bei Husserl (vgl. Hua VIII, 316). Ich selbst benutze diese Formel an zentraler Stelle in *Das Zwischenreich des Dialogs* (1971), S. 55, 132; später habe ich wohlweislich von dieser Formel keinen Gebrauch mehr gemacht, weil sie immer noch cartesianisch verstanden werden kann.

ist nie völlig inklusiv, wie es eine in sich ruhende Totalität, sei es Familie, Gemeinde, Volk, Kultur oder eine allumfassende Menschheit, vermuten läßt. Die Rede von ›der Menschheit‹ ist ganz und gar ideologieanfällig, da sie Gefahr läuft, die konkreten Forderungen der mitmenschlichen Erfahrung zu überspringen. Deshalb postuliert Levinas einen »Humanismus des anderen Menschen«, der den Fremdbezug nicht in einem allgemeinen Beziehungsgefüge aufgehen läßt. Doch führt dies weit genug? Ist der andere Mensch als Mensch der Zukunft mehr als eine Projektion der Gegenwart? Es bleibt die Frage, ob und wie Ungeborene und kommende Geschlechter zu Wort kommen.

6. Generative Zukunft

Die prädikative Feststellung, Künftiges existiere nicht oder noch nicht, macht sich die Sache zu einfach. Gibt es nicht eine Erfahrung des Zukünftigen und einen Sinn für die Zukunft? Ist es nicht so, daß Spuren der Zukunft bereits untergründig in der Gegenwart zutage treten und sich nicht erst später bewahrheiten als etwas, das nachfolgt? Wie Merleau-Ponty in der Zeitanalyse seiner *Phänomenologie der Wahrnehmung* (1945, S. 418, dt. 417) hervorhebt, besteht lebendige Zeit darin, daß das Leben immerzu *sich selbst vorangeht* und *sich selbst überlebt.* Doch auch dies läßt sich auf verschiedene Weise denken und pflegen.

Schon der Begriff des Überlebens ist ein schillernder Begriff. Antike Autoren pflegen zu unterscheiden zwischen dem bloßen Leben (ζῆν, *vivere*) und dem Gut-Leben (εὖ ζῆν, *bene vivere*). Im ersten Fall geht es darum, ob wir leben oder nicht, ob wir also unser Leben sichern oder retten, während es im zweiten Fall darum geht, auf welche Weise wir leben wollen und sollen und worauf das Ja zum Leben beruht. So unterscheiden wir zwischen Lebenserhaltung und Lebensführung.

(1) Zur bloßen *Lebenserhaltung* gehört die Möglichkeit, daß etwas oder jemand *sich überlebt*, nämlich dann, wenn die Lebenskraft aus ihm weicht, wenn etwas oder jemand nur noch vegetiert, aber nicht mehr aus sich selbst heraus lebt. Man denke an die toten Seelen aus Gogols gleichnamigem Roman, die nur in Registern fortleben, oder an sogenannte Zombies, die lediglich den Anschein

des Lebenden erwecken. Noch ein Schritt weiter, und wir stoßen auf einen »zweiten Tod«, einen Tod »ohne eine Spur, die überlebt«, in dem das bloße Leben definitiv vom Gut-leben abgetrennt wäre – falls so etwas denkbar wäre, was zu bezweifeln ist.[7]

(2) Die rechte *Lebensführung* zielt dagegen über die bloße Lebenserhaltung hinaus. Das Gut-leben zehrt von der Möglichkeit, daß etwas oder jemand *über sich hinauswächst*, so wie der Mensch laut Pascal »sich selbst unendlich übersteigt«. Das Überleben gewinnt auf diese Weise die Bedeutung einer Lebenssteigerung im Gegensatz zum bloßen Fristen des Lebens, einem Leben auf Kredit oder auf Abruf.

(3) Aber es gibt noch etwas dazwischen, nämlich das Leben des *Normalmenschen* (Nietzsche), der geltenden Konventionen folgt und so lebt, wie es zumeist geschieht. Dieses Durchschnittsleben hält sich in der Mitte zwischen Lebensbewahrung und Lebenssteigerung, solange es nicht durch außerordentliche Ereignisse aus dem gewohnten Trott herausgerissen wird oder solange nicht jemand sich freiwillig an den Rand des Lebens begibt, etwa als extremer Bergsteiger oder Wellenreiter.[8]

(4) Doch darüber hinaus gibt es als letzte Möglichkeit des Überlebens das *Sich-überleben im Anderen*. Um diese Möglichkeit soll es uns im folgenden gehen.

Beginnen wir mit Alfred Schütz, der Husserls Lebenswelt als genuine Sozialwelt versteht. Bei ihm steht im Zentrum eine soziale *Umwelt*, die strikt aus einer Wir-Beziehung hervorgeht. Sie weitet sich aus zu einer nahen und fernen *Mitwelt*, in der Gleichzeitigkeit herrscht. Die Mitwelt ist wiederum umschlossen von einer *Vorwelt* der Vergangenheit und einer *Nachwelt* der Zukunft. Im zeitlichen Geschehen geht eine Welt kontinuierlich in die andere über. Doch was speziell die »Folgewelt« des Zukünftigen betrifft, so gilt sie laut Schütz als absolut unbestimmt und unbestimmbar:

7 Vgl. zu dieser Restproblematik Dorothée Legrand, »Den Tod überleben«, in: *Journal Phänomenologie*, 54/2020, S. 61 f. Die Autorin bezieht sich nicht nur auf Lacans Ethik der Psychoanalyse, sondern auch auf Agamben, dessen Trennung von ζωή und βίος allerdings, abgesehen von sachlichen Einwänden, dem antiken Sprachgebrauch zuwiderläuft.

8 Vgl. die Aufzeichnung eines Gesprächs mit einem Big-Wave-Surfer, der sich mehr als 20 Meter hohen Wellen aussetzt, wartend auf die nächste Riesenwelle. »Überleben«, in: *Süddeutsche Zeitung* vom 18./19. 3. 2017.

Nur dort, wo unsere Umwelt und Mitwelt als Folgewelt interpretiert werden kann, weil sie uns überleben wird, wo also die künftige Folgewelt aus einer echten Wir- oder Ihr-Beziehung hervorzuwachsen im Begriffe ist, vermögen wir die Deutungsprinzipien, die für unsere Mit- und Umwelt gelten, chancenmäßig auch auf die Folgewelt zu übertragen.

Diese Chancen nehmen ab, je weiter die Folgewelt sich vom jeweiligen Jetzt entfernt (Schütz 1974, S. 301). Dieser Aufbau einer zeitlich gegliederten sozialen Welt findet jedoch seine Grenze in den Vorgaben einer verstehenden Soziologie, die sich einzig auf den Sinn verlegt, den wir mit eigenem wie mit fremdem Handeln verbinden. Fremdheit in all ihren Formen wäre dann stets eine relative Fremdheit, die sich an den Grenzen der Normalität ausbreitet, die in einer Ursphäre der Vertrautheit gründet und sich mit den Mitteln eigener Vor- und Rückerinnerungen bewältigen läßt. Die Fremdheitsfiguren des Fremden und des Heimkehrers, die Schütz ausgiebig behandelt hat, finden hierin ihre Grenze.

Fremdes, das der Zukunft innewohnt, bekommt dagegen ein eigenes Gewicht, wenn wir die *Generativität* in Betracht ziehen. Für Husserl gehört sie in eins mit der Geschichtlichkeit zu den Grundbestimmungen des menschlichen und mitmenschlichen Daseins. So schreibt er in der *Krisis*: »Ich bin faktisch in einer mitmenschlichen Gegenwart und einem menschheitlichen offenen Horizont, ich weiß mich faktisch in einem generativen Zusammenhang, im Einheitsstrom einer Geschichtlichkeit«, und »diese Form der Generativität und Geschichtlichkeit ist unzerbrechlich« (Hua VI, 256).[9] Damit erhält die Zukunft einen Platz inmitten unserer Erfahrung, doch bleibt auch die daraus resultierende »intentionale Gemeinschaft« (Hua I, 157) gefangen in den Grenzen jener intentionalen Phänomenologie, die von unserer responsiven Phänomenologie auf den Bahnen des Pathischen und Responsiven überschritten wird.

Für uns sind zwei Aspekte der Generativität von besonderem Gewicht, die *Zeugung* (*generatio*), die eine Verbindung zwischen Erzeugern und Erzeugten herstellt, und die *Altersdifferenz*, die Er-

9 Zum Thema der Generativität vgl. *Das Zwischenreich des Dialogs*, S. 200-218, 341-353. Die Generativität, die auf einer »personalen Wirkungsgemeinschaft« aufbaut (Hua VIII, 137), fügt sich ein in die Horizonte des Dialogs im Hinblick auf eine generativ verkettete Gemeinsamkeit, die als »Interfaktizität« an einer »Urfaktizität« partizipiert (S. 352). Bei Anthony Steinbock wird daraus eine veritable Phänomenologie der Generativität (2003).

zeuger und Erzeugte voneinander trennt, dafür aber eine Verbindung zwischen den Gliedern einer Altersgruppe entstehen läßt, die einheitlich als eine bestimmte Generation bezeichnet wird. Wenn wir in diesem Zusammenhang von ›Erzeugung‹ sprechen, so unterscheiden wir nicht explizit zwischen männlichem und weiblichem Elternteil. Zudem beschränkt die Erzeugung von fremdem Leben sich nicht auf die leibliche Fortpflanzung. Schon Platon verwendet im *Symposion* dort, wo er die Werke des Eros preist, einen weiten Begriff von Zeugung. Die »Zeugung (τόκος) im Schönen« (206b), bei der zwischen Geburt und Zeugung nicht streng unterschieden wird, betrifft nicht nur Leib und Seele des Zöglings, sondern auch die Sitten und Werke der Kultur. Im Rahmen einer kulturell variablen Familienstruktur weitet sich der Begriff der Elternschaft zusätzlich aus auf Adoptiveltern und Pflegeeltern, und ebenso ist an Verwandte und an Mitglieder von Großfamilien zu denken, die an der Fürsorge partizipieren.

Der generative Konnex stellt sich nicht nur im direkten Kontakt her, sondern auch über Prozesse der *Vernetzung*, so daß nahe und ferne Beziehungen sich mehr oder weniger verflechten. Er läuft ferner über Prozesse der *Verkettung*, da jeder Andere wiederum seine Anderen hat, so daß jede Verwandtschaft oder Bekanntschaft mögliche Kontakte zu Verwandten der Verwandten und Bekannten der Bekannten nach sich zieht in Form einer endlosen Iteration (vgl. Hua I, 158). Wenn Levinas hierbei der Brüderlichkeit besonderes Gewicht beimißt (vgl. 1974, S. 203, dt. 346), so deshalb, weil sie eine Singularität im Plural zuläßt, die über alle »gattungsmäßige Gemeinschaft« hinausgeht, indem sie mit dem »familiären Anderen« beginnt (Delhom 2000, S. 129). Ich selbst spreche in diesem Zusammenhang von einer »intimen Fremdheit«, die alle bedeutsamen Anderen im Sinne von G. H. Mead umfaßt (SA 71). Bei Nietzsche nimmt auch der Freund diese Stelle ein. »Ich und Mich sind immer zu eifrig im Gespräche: wie wäre es auszuhalten, wenn es nicht einen Freund gäbe? Immer ist für den Einsiedler der Freund der Dritte; der Dritte ist der Kork, der verhindert, daß das Gespräch der Zweie in die Tiefe sinkt.« (KSA 4, 71) Narziß, der in seiner eigenen Spiegelung versinkt, kann auch verstanden werden als ein Freundloser, ein ἄφιλος.

Was den zweiten Aspekt der Altersdifferenz angeht, so unterscheiden Alt und Jung sich nicht bloß nach der Zahl der kontinuierlich anwachsenden Lebensjahre, vielmehr bilden Zeugung und

Geburt eine Zäsur, die den »Einheitsstrom« der Lebensgeschichte unterbricht. Was neu ankommt, führt nicht nur fort, was vorausging. Dies rührt nicht bloß daher, daß Kinder sich als Erzeugnisse vom Akt des Machens ablösen, wie es laut Aristoteles auf jede Art von Poiesis zutrifft, vielmehr erklärt es sich damit, daß das Kind als eigenständiges Wesen kein bloßes Machwerk (ποίημα) ist, kein »Gemächsel«, wie es bei Kant heißt.[10] Wie aber läßt sich ein Akt der Zeugung denken, der das Wunder vollbringt, von außen her etwas zu schaffen, das innerlich aus sich heraus lebt? Kann es ein Etwas geben, das sich in Jemanden verwandelt? Was bedeutet dies für ein Denken der Zukunft?

Levinas stellt sich ausdrücklich diese Frage, die allzu leicht im Alltagsrealismus von Geburt und Tod, von »Realgeburt« und »Realtod« untergeht. In *Totalität und Unendlichkeit* (1961, S. 244-247, dt. 390-395) behandelt er vornehmlich das Verhältnis von Vater und Sohn, und zwar unter dem Thema der Fruchtbarkeit. Daß hier nicht von Vater und Tochter, von Mutter und Sohn oder von Bruder und Schwester die Rede ist, gehört zu einer maskulinen Tradition, von der auch Levinas sich nicht gänzlich befreien konnte. Das Weibliche kommt auf eine andere Weise ins Spiel als Empfänglichkeit, die den Eros erst fruchtbar werden läßt. Fragen nach der Ausprägung der Geschlechterdifferenz lassen wir in unserem Zusammenhang außer acht, obwohl gerade das Austragen und Nähren des Kindes einen besonders engen zwischenleiblichen Bezug zwischen den Lebensrhythmen von Mutter und Kind herstellt. Im Hinblick auf das Kind spricht Levinas von einer »totalen Transzendenz«; der zufolge »ist das Ich im Kind ein anderer. Die Vaterschaft bleibt eine Identifikation des Ich, aber in der Identifikation auch eine Unterscheidung; dies ist eine Struktur, die in der formalen Logik unvorstellbar ist.« Und weiter heißt es in ausdrücklichem Anschluß an die Tradition der jüdischen Bibel: »Mein Sohn [...] gehört mir nicht nur, sondern er *ist* ich. Der Sohn, das bin ich, der ich mir selbst fremd bin (*c'est moi étranger à soi*).« Die Fremdheit des Anderen schlägt zurück auf die eigene Fremdheit, wenn ich, ähnlich wie ich mein Leib bin, selbst der Andere bin.

10 Vgl. den Paragraphen 28 der *Rechtslehre*, der das Elternrecht behandelt. Dabei ist zu beachten, daß τέκνον, das griechische Wort für Kind, zunächst allgemein das Erzeugnis bedeutet, entsprechend dazu die τεκνοποία als Kinderzeugung, als Kindermachen. Auch die Biotechnik hat ihre Vorläufer.

Dieses Überleben im Anderen als einem Anderen enthält nichts, was sich völlig aneignen ließe. Die »Verschiebung« zum Anderen hin in der Elternschaft bedeutet von Anfang an eine »Selbstrelativierung« der Elternschaft (Mühleis 2014, S. 125-227). Von einer Dialektik à la Hegel sind wir weit entfernt, und erst recht gilt dies für die Kunstfertigkeit des Pygmalion, dem im eigenen Werk ein künstliches Alter ego entgegentritt. Die klassische Dialektik, die aus dem Gegensatz von Selbem und Anderem erwächst, spielt sich im Gehalt des Gesagten ab, nicht aber im Ereignis des Sagens, das als Anruf aus der Fremde kommt und das Gesagte jederzeit überschreitet. Ähnliches gilt für die Zukunft, die als *Ankunft* mehr bedeutet als jemand oder etwas, der, die oder das ankommt. Das hereinbrechende Ereignis der Ankunft besagt schließlich auch mehr als eine Möglichkeit, die sich entfaltet, als meine Möglichkeit, die ich ergreife. Die Beziehung zum Kind unterliegt nicht meinem Können, sie ist selbst Fruchtbarkeit, wie es bei Levinas heißt.

Manches, so scheint es, ließe sich einfacher und deutlicher sagen als in der biologischen Metaphorik von Wachstum und Befruchtung. Was bedeutet es, daß ein Kind erwartet wird? Liegt etwa schon im Verborgenen bereit, was lediglich ans Licht tritt? Unterliegt die Genese einer halb natürlichen, halb kulturellen Präformation? Nötigen uns nicht auch Kinder ein Warten ab, das – »wartend, wartend, doch auf nichts« – nicht völlig leer ist und dennoch nicht auf Bestimmtes wartet, als könne es das Erwartete vorwegnehmen, um es am Ende demographisch einzuplanen und künstlich zu erzeugen? Würde eine Fortpflanzungsmedizin, die sich als reine Biotechnik versteht, nicht letzten Endes nur noch Totgeburten produzieren (vgl. BE 427-459)? Betrachten wir den Blick des milchjungen Knaben, wie Gottfried Keller ihn uns vor Augen führt: »Du milchjunger Knabe, / wie siehst du mich an? / Was haben deine Augen / für eine Frage getan?« Das Gedicht schließt, fern altkluger Besserwisserei, mit dem Hinlenken des Ohrs auf ein »leeres Schneckhäusel«, in dem es »brümmelt«. Verbirgt sich nicht auch in Vergils *risu cognoscere matrem*, in dem Lächeln, mit dem das kindliche Selbst die Mutter erkennt, eine Verheißung? Und was geschieht, wenn dieses Lächeln ausbleibt? Spuren des Zukünftigen lassen sich zur Genüge im leiblichen Verhalten entdecken, zusammen mit jener »Dialogverschiebung« zwischen Anspruch und Antwort, die uns bei jeder neuartigen, überraschenden Kontaktnahme aus dem Gleichtakt geraten läßt (vgl. BE 226).

Gehen wir einen Schritt weiter. Wie steht es mit der Gemeinsamkeit der Zukunft, ohne die es keine Generationen im Sinne von Altersgruppen gäbe? Wenn etwas darüber Aufschluß geben kann, so sind es elementare Erfahrungen. Hebt Erfahrung mit dem an, was mir widerfährt, so bestimmt sich dies Widerfahrnis *a limine* als etwas, das nicht mir allein erfährt, sondern uns allen, die wir eine Situation miteinander durchleben. Es blitzt und tönt nicht in meiner einsamen Seele, wie es die Lehre von individuellen Empfindungs- oder Sinnesdaten nahelegt. Was hier und jetzt aufscheint, anklingt oder rumort, ist gleichsam auf der Suche nach einem Empfänger; es breitet sich aus in einem zeit-räumlichen Merk- und Wirkfeld, an dem die Natur partizipiert. Jede Affektion bedeutet insofern eine originäre »Koaffektion« (vgl. SA Kap. 2). Der Ko-affektion entspricht eine Kor-response mit Momenten der Ko-intention und Ko-motion, der Mitmeinung und der Mitbewegung. Die Individualität besteht nicht darin, daß jeder zunächst allein antwortet, sondern darin, daß ein jeder von uns auf seine Weise antwortet. Dies gilt für lokale Ereignisse wie etwa eine Hitzewelle oder eine Detonation, aber auch für Großereignisse wie Erbeben oder Überschwemmung, von der die Bewohner einer ganzen Stadt oder eines ganzen Landes betroffen sind, oder für die Viruspandemie, von der schon die Rede war. Eine Kriegs- oder eine Nachkriegsgeneration besteht aus der Gemeinschaft derer, die etwas gemeinsam durchgemacht und darunter miteinander gelitten haben. Ähnliches gilt aber auch für das Erwachen neuen Lebens im Frühling oder für das gemeinsame Erleichterungsgefühl von Geretteten. Aus solchen Umbrüchen, von denen die Welt voll ist, erwächst eine Zukunft im Sinne des erwähnten zweiten Futurs, aber dies eben auch als gemeinsame Zukunft. Ereignisse solcher Art sind es, die gefeiert werden, wenn etwas fortlebt unter mannigfachen Gefährdungen und einem drohenden Verfall ausgesetzt ist. Wer nichts zu feiern hat, dem mangelt es an Zukunft.

Die Altersdifferenz zwischen den Generationen bringt es mit sich, daß Zeitfelder sich ineinanderschieben in der Form von *Verschränkungen* und *Überschneidungen*. Die Erfahrungen der Älteren prägen, stützen, belasten und entlasten die der Jüngeren, umgekehrt mildert die relative Sorglosigkeit der Jüngeren die Bedenken der Älteren. Jung und Alt leben in einer gemeinsamen Zeit, wie Schütz zu Recht betont, aber sie durchleben sie nicht *pari passu*. Die Kinder von Emigranten erleben indirekt mit, was ihren Eltern einst direkt widerfuhr. Traumatisierungen können auf diese Weise stufenweise fortwirken. Traumatisierungen durchlaufen eine verschachtelte Geschichte. Dies ist ein wichtiges Kapitel der psychoanalytischen Traumabehandlung, die in starkem Maße nicht nur durch die Behandlung individueller Verletzungen geprägt ist, sondern auch durch die der Folgen von Verfolgung und Vertreibung, von Krieg und Diktatur. Erfahrungen werden gemeinhin von Mitbetroffenen verinnerlicht wie das gehörte Sprechen. Die Zeitverschiebung zwischen Jugend und Alter führt mithin zu verschiedenen Zeitrechnungen, die nicht aufeinanderfolgen wie Zeitalter, sondern »verschiedenzeitig« auftreten (Hua X, 205), nämlich gleichzeitig und ungleichzeitig zumal. Generationskonflikte treten früher auf als ihre verbale Austragung. Sie entwickeln sich daraus, daß Erwartungen divergieren, daß nämlich das, was Jüngere tun oder unterlassen, die Erwartungen Älterer enttäuscht, und daß umgekehrt das, was Ältere getan oder unterlassen haben, den Erwartungen Jüngerer zuwiderläuft und ihnen zur Last wird. Es ist so, als würde man in verschiedenen Währungen zahlen. Fungierende und thematisierte Vulnerabilität bilden ein »Relief« von Vulnerabilitäten (Huth 2020, S. 18-22).

Wenn es einen Generationenvertrag gibt, so zunächst in der stillschweigenden, gestischen Form eines impliziten Gebens und Nehmens. Der Vorform eines *tacit knowledge* im Sinne von Michael Polanyi entspricht nicht nur eine *tacit sociality*, sondern auch eine Form von *tacit future*. So bemerkt Walter Benjamin in seinen *Geschichtsphilosophischen Thesen* mit einem messianischen Unterton: »Die Vergangenheit führt einen zeitlichen Index mit sich, durch den sie auf die Erlösung verwiesen wird. Es besteht eine geheime Verabredung zwischen den gewesenen Geschlechtern und unserem. Wir sind auf der Erde erwartet worden.« (1961, S. 268 f.)

Die explizite Frage nach der gerechten Verteilung von Rechten und Pflichten unter verschiedene Generationen stellt uns am Ende aber vor die Frage nach einem »Gleichsetzen des Nichtgleichen«, mit der sich jede Rechtsgebung konfrontiert sieht. Diese Formel nimmt bei Marx, Nietzsche oder Levinas eine paradoxe Form an in Anbetracht der Tatsache, daß nicht gleich *ist*, was gleichgesetzt *wird*, so daß jedem Recht ein Moment der Ungerechtigkeit innewohnt (siehe oben, S. 153 f.). Normative Regelungen sind demnach als Antworten zu betrachten, die einem Feld kollektiver Ansprüche und Herausforderungen entwachsen und die ihre Motivationskraft ebendiesen situativen Ansprüchen verdanken. Dabei stoßen wir auf einen »Mitanspruch des Gesetzes«. »Das Gesetz *gilt*, aber es gilt nicht ohne eine Stimme des Gesetzes, die *spricht*, genauer: die *mitspricht*, wenn jemand mich anspricht.« (AR 308) Das bekannte Diktum aus Kants Transzendentalphilosophie, das Begriff und Anschauung zusammenfügt, ließe sich responsiv umformen in den Satz: Geltungsansprüche ohne Erfahrungsansprüche sind leer. Die originäre Umsetzung singulärer Erfahrungsansprüche in Rechte und Pflichten ist folglich nicht zu verwechseln mit der Anwendung allgemeiner Gesetze und Gebote, als gäbe es diese vorweg schon ohne eine solche Genese.

7. Nahe und ferne Zukunft

Eine letzte Frage richtet sich auf die Differenz von naher und ferner Zukunft. Nah nennen wir die Zukunft jener, mit denen wir als Zeitgenossen zusammenleben, fern dagegen die Zukunft später Geborener und Ungeborener, mit denen wir niemals persönlich zusammentreffen werden. Die relative Anonymität der Mitwelt scheint in der absoluten Anonymität einer Nachwelt zu versinken, als würde die Welt der Nachkommen mit all ihren Erlebnissen lediglich weiße Blätter der Geschichte füllen. Doch so ist es nicht. Persönliche wie kollektive Zukunftsentwürfe, gleich ob technisch, ökonomisch, politisch oder ästhetisch, graben in die Lebenswelt ihre Spuren ein, die weit über die Lebensränder der Verantwortlichen hinausreichen. Werke überleben uns. Sie hinterlassen leere Stellen, die aber nicht völlig unbestimmt sind, sondern in ihrer typischen und strukturellen Beschaffenheit Nachfolgenden als Vorlage dienen. Hinzu kommen individuelle und kollektive Erbschaften, die ausdrücklich vermacht werden und mit denen sich materielles und kulturelles Kapital ansammelt. Der Satz »Was du ererbt von deinen Vätern, erwirb es, um es zu besitzen« betont die Zukunftsträchtigkeit eines Besitzes, der buchstäblich *praegnans futuri*, schwanger mit Zukünftigem ist, ausgerichtet darauf, daß jemand darin fortlebt, seine eigene Zukunft gestaltend. Im Über-geben und Über-nehmen des Tradierten kehrt die Zäsur wieder, die das Widerfahrnis von der Antwort trennt. Der Imperativ »Erwirb!« erfordert eine Antwort, die gegeben wird. Von »Computergenerationen« läßt sich deshalb im eigentlichen Sinne nicht sprechen, als gäbe es eine rein technologische Form der Zeugung und Überlieferung.

Doch es bleibt die Frage, ob und inwiefern ein Erbe als verpflichtend angesehen werden kann. Wer verpflichtet wen wozu? Levinas behandelt, wie wir gesehen haben, die Moral nicht als etwas Selbstverständliches. Er beschwört den Absturz der menschlichen Zukunft in eine *gesichtslose Zukunft*, in ein ganz und gar unbestimmtes »Nichts der Zukunft«, das beherrscht ist von »Göttern ohne Gesicht«, und ruft darin das Schreckensbild eines nur mythisch faßbaren »Es gibt« wach (1961 S. 114f., dt. 200-203). Es versteht sich, daß aus einem solchen Abgrund keine Verpflichtung aufsteigen kann. Doch dieses Manko läßt sich auch ohne mythische Verkleidung wiedergeben. Die sprichwörtliche Beschwörung der Sintflut taucht inmitten der Fortschrittseuphorie des 19. Jahrhunderts auf, wenn Marx im *Kapital* erklärt: »Après moi le déluge! ist der Wahlruf jedes Kapitalisten und jeder Kapitalistennation. Das Kapital ist daher rücksichtslos gegen Gesundheit und Lebensdauer des Arbeiters, wo es nicht durch die Gesellschaft zur Rücksicht gezwungen wird.« (Bd. I, MEW 23, S. 285) Geld, das nur noch eigenen Gesetzen folgt, geht nicht nur über Leichen, es »wirft lebendige Junge oder legt wenigstens goldne Eier«, indem es sich selbst verwertet (ebd., S. 169). Marx spielt hier mit dem Doppelsinn des Wortes τόκος, das nicht nur Junge bedeutet, sondern auch Zinsen. Symptome einer »industriellen Pathologie« (ebd., S. 384) zeigen sich auch im Umgang mit der Zukunft. Daß die Arbeitswelt in ständigem Wandel ist, schließt nicht aus, daß durch die Kapitalisierung der Zeit auch die heutige Zukunft ihres Gewichtes beraubt wird. Wenn Marx in Band III des *Kapitals* (MEW 25, S. 784) versichert, die Menschen seien nicht Eigentümer, sondern Besitzer und Nutznießer der Erde und sie hätten sie »als boni patres familias den nachfolgenden Generationen verbessert zu hinterlassen«, so beruft er sich guten Willens, aber allzu unbekümmert auf ein moralisches Erbe.

Machen wir einen Sprung in das martialische 20. Jahrhundert. Levinas weiß, wovon er spricht, wenn er aus dem menschlichen Antlitz den Befehl »Du wirst nicht töten« sprechen läßt. Dieses

Gebot macht nicht halt an den Lebensklippen dessen, der sich als mögliches Opfer sieht, es spricht im Namen aller, die gefährdet und verfolgt sind. So steht das Buch *Autrement qu'être* unter einer doppelten, auf französisch und hebräisch verfaßten Widmung, die an keiner Landesgrenze haltmacht. Dies entspricht dem erwähnten Mitanspruch eines Gesetzes, das nicht gesichtslos ist, wohl aber vielgesichtig. Die Nächstenliebe wird nicht ergänzt durch eine Fernstenliebe, sie ist selbst eine Form der Fernstenliebe.

Zwei kritische Aspekte seien zuletzt noch hervorgehoben. Die Umsetzung des ethischen Appells erfordert eine *responsive Politik*, die mit Antwortkonflikten, mit einem Widerstreit zwischen verschiedenen Antworten zu rechnen hat (AR 358 f.). Rechte, Pflichten und Lebenschancen werden gerade so verteilt und nicht anders. Zarathustra warnt vor einer Euphorie der Nächstenliebe, indem er beteuert: »Die Ferneren sind es, welche eure Liebe zum Nächsten bezahlen; und schon wenn ihr zu fünfen mit einander seid, muß immer ein sechster sterben.« (KSA 4, 78) Politische Antworten, die in die Zukunft weisen, deren Folgen sich nur partiell absehen lassen und die mehr und mehr über technische Zwischeninstanzen laufen, erfordern eine »Tele-Moral«. Politische Antworten sind zu erfinden, sie sind gegeneinander abzuwägen, sie liegen nicht parat, und sie lassen sich auch nicht aus der Negativität eines ethischen Widerstands herleiten. Levinas überzieht das Menschheitskonto, wenn er in der »Epiphanie des Antlitzes« die »gesamte Menschheit« aufscheinen sieht und folgert: »Jede soziale Beziehung geht wie ein Abgeleitetes darauf zurück, daß sich der Andere dem Selben [besser: dem Selbst] ohne Vermittlung eines Bildes oder eines Zeichens präsentiert, allein durch den Ausdruck des Antlitzes.« (1961, S. 188, dt. 309) Dieses ›ohne‹ täuscht eine Unmittelbarkeit vor, es verführt zu einer negativen Sozialethik.[11] Doch wie jede Ordnung, so ist auch die soziale Ordnung selektiv und exklusiv, gleichwie sich in jeder Sprache alles sagen läßt, aber eben nur auf bestimmte Weise. Wenn der polnische Aphoristiker Stanisław Lec in seinen *Unfrisierten Gedanken* empfiehlt: »Lernt Sprachen. Auch die nicht vorhandenen« (1964, S. 14), so spricht er eine hyperbolische Emp-

11 Zur negativen Sozialethik, die sich bei Levinas nur andeutet und die bei Autoren wie Bataille, Blanchot, Badiou oder Nancy einer offenkundigen Überbetonung des Außerordentlichen entspringt, vgl. die Kritik in SA 67-72, ferner in Vanni 2009.

fehlung aus, die uns davon abhält, Ansprüche vorweg an bestehenden Möglichkeiten zu messen. Hyperbolik bedeutet ein Mehr, wie Levinas oft genug betont, einen Überanspruch, keine Überfülle des Wünschbaren. Der Übermensch, der über sich selbst hinauswächst, ist kein »totaler Mensch«, der sich auf »allseitige Art« sein »allseitiges Wesen« aneignet und alle Fremdheit abstreift, wie Marx in seinen Frühschriften, angeleitet von Ludwig Feuerbach, verkündigt (MEW, Ergänzungs-Bd. 1, S. 539). Feuerbach, der frühzeitig solch zündende Parolen wie Leib, Sinnlichkeit und Beziehung von Ich und Du ausgegeben hat, beginnt seine *Grundsätze der Philosophie der Zukunft* mit einem anthropo-theologischen Paukenschlag, in dem das Hegelsche Vermittlungsdenken nachhallt: »Die Aufgabe der neueren Zeit war die Verwirklichung und Vermenschlichung Gottes.« (1966, S. 145) Der Abschied von der alten Philosophie, mit dem diese Schrift endet, geht einher mit einem Appell an die Zukunft, der auf ein »Bedürfnis der Menschheit« setzt (S. 219). Die Zukunft bleibt gefangen in einem anthropologischen Zirkel.

Der zweite Aspekt betrifft die Frage nach den Adressanten und Adressaten von Ansprüchen, die einer fernen Zukunft nicht zu entnehmen sind, und damit stellt sich nochmals die Frage, wieweit Ansprüche künftiger Generationen sich überhaupt als verbindlich erweisen können. Sind diese Ansprüche wirklich namenlos und gesichtslos? Wenn die Zukunft ein Gesicht hat, so nicht ausschließlich in der Person des Anderen, wie Levinas es nahelegt, doch sicher auch nicht ohne den Anderen, in dem die Zukunft leibhaftige Gestalt annimmt. In Hochrechnungen zeigt sich, wo ferne Gefahrenherde liegen, welche Klimaänderungen künftig zu erwarten sind, wie diese auf die leibliche Existenz der Erdbewohner durchschlagen; doch was kümmert uns all dies, wenn uns niemand vorschwebt, dem es schaden könnte? Gibt es eine Brücke in die Zukunft, die tragfähiger ist als eine Schneebrücke, die über Nacht wegschmelzen kann? Merleau-Ponty, der diesen Vergleich benutzt, denkt in diesem Zusammenhang an den glücklichen Menschen oder an den Schriftsteller: »Sie fragen sich nicht, bevor sie sprechen, ob die Sprache denn möglich sei«, »sie machen sich zu Anderen, indem sie ihr Eigenstes ausdrücken«, »sie überqueren die Schneebrücken, ohne zu sehen, wie zerbrechlich diese sind« (1969, S. 201 f., dt. 159 f.). Müssen wir uns also lösen aus dem Bann der Frage nach den Möglichkeitsbedingungen jedweder Erfahrung?

8. Antwortgeben und Zeitgeben

Halten wir uns ein letztes Mal an Nietzsches *Zarathustra*. Dieses Buch wendet sich mit der rätselhaften Widmung »Ein Buch für Alle und Keinen« an die Gemeinde der Leser, indem es alle zuläßt und niemanden beim Namen nennt. Diese Zurückhaltung erhält ihren guten Sinn, wenn wir nochmals auf das Antworten zurückkommen und darunter strikt ein *Antwortgeben* verstehen, und zwar ein »Geben und Nehmen im Übermaß«, ein »Geben à fonds perdu« (AR 609-626). Ein Antworten, das anderswo beginnt, hat nicht vorweg schon einen Adressaten, als handle es sich um einen abgesteckten Dialog, es findet oder verfehlt seinen Adressaten nirgendwo anders als in der Antwort selbst. Und gilt nicht ähnliches für den sogenannten Autor? Die Frage, worauf er antwortet, beantwortet sich nirgends anders als im Schreiben selbst. Ob das Schreiben Zukunft hat, wie wir zu sagen pflegen, hängt davon ab, wie weit es sich auf unbestelltes Gelände vorwagt und das Risiko eingeht, im Niemandsland zu enden. Doch ähnliches gilt für jegliches radikale Geben, das gibt, was es nicht schon hat. Es gilt auch für eine responsive Politik, die auf fremde Ansprüche eingeht, indem sie sich in einem antwortenden Wir inkorporiert und organisiert.[12] Das Antwortgeben richtet sich auf Zukünftiges, aber nur derart, daß es dieses ankommen, auf sich zukommen läßt und ihm einen Platz einräumt. Im Zuge dieses Lassens und Überlassens, das sich in einer Haltung der Gelassenheit niederschlägt, *gibt es Zukunft*.

Im *Zarathustra* findet sich eine Abschiedsrede »Von der schenkenden Tugend«. Sie erinnert an eine alte ethische Tradition, deren Tugendkanon über Rechte und Pflichten hinausgeht. Die Generosität, die als *generositas* auf das *genus* als Geschlecht und Abstammung zurückgeht, ist sprachlich verwandt mit der Generativität als einem zukunftsgerichteten Zeugungsgeschehen, und sachlich kommt sie der Freigebigkeit nahe. Diese ist traditionell umstrahlt von einer Aura des Grandiosen, so die aristotelische

12 Ich verweise ergänzend auf ein Buch von Michel Vanni: *L'adresse du politique. Essai d'approche responsive* (2009). Der Autor spielt mit dem Doppelsinn des französischen Wortes *adresse*, das sowohl die Adresse einer verschickten Sendung wie die Geschicklichkeit meint; er versucht zu zeigen, daß die Antwort auf den fremden Anspruch stets ein Moment der Ungeschicklichkeit (*maladresse*) enthält, daß sie nie endgültig ankommt, so daß immer Künftiges aussteht.

Tugend der Großgesinntheit (μεγαλοψυχία), der Großartigkeit (μεγαλοπρέπεια). Paulus verbindet mit der Liebe ein μακροθυμεῖν, das Luther treffend mit ›Langmut‹ wiedergibt (*1. Kor.* 13, 4). Nehmen wir das deutsche Wort ›Freigebigkeit‹, dem auf griechisch die ἐλευθηρία entspricht, beim Wort, so gelangen wir zu einem Freigeben und Freilassen, das eine fremde Zukunft eröffnet, zu einem Zeitgeben wie in Derridas Essay über die Gabe. Die »Antwort der Verantwortung« (Levinas 1974, S. 180, dt. 311) bildet den Kern einer Antwortethik, die weiter ausgreift als die Verantwortungsethik, da sie nicht nur für die Folgen dessen einsteht, was gesagt und getan wurde, sondern von dem ausgeht, was hier und jetzt zu sagen und zu tun ist, von der »Forderung des Tages«, mit der Max Weber seinen Vortrag über Wissenschaft als Beruf beschließt.

X. Ausklang mit Musil: Zwischen Kakanien und Paradies

> Speisen ohne Salz sind unerträglich, aber Salz ohne Speisen in großen Mengen ist ein Gift; Phantasten sind Menschen, die von Salz allein leben wollen.
>
> Aus: *Die Reise ins Paradies.* Früher Entwurf

Die Wege zwischen Kakanien und Paradies, die ich nachzeichnen werde, kreisen nahezu ausschließlich um die Frage, wie die Untergangs- und Übergangsphase der österreichisch-ungarischen Monarchie sich mit dem utopischen Reich der mystischen Liebes- und Gottseligkeit verträgt und wie Ulrich sich als Wanderer zwischen den zwei Welten situiert. In der sachlichen Beschreibung liegt der Ton auf dem nuancenreichen Kontrast von Wirklichem und Möglichem sowie auf dem gesuchten und verpaßten Bezug zwischen Ordentlichem und Außerordentlichem, zwischen Alltäglichem und Außeralltäglichem, zwischen Eigenem und Fremdem. Beiläufig beziehe ich mich auf Husserl, der mit seinem erneuten Insistieren auf den Sachen selbst und mit seiner Phänomenologie der Erfahrung ein ferner Nachbar von Musil war. Ich beziehe mich aber auch auf Platon, dessen Wanderungen aus der Höhle und zurück in die Höhle zu den Urbildern philosophischer Grenzgänge gehören. Damit versuche ich, den gelehrten Umgang mit Musils Texten, dem ich mich als intensiver, aber philologisch laienhafter Leser nähere, durch einige zündende Gesichtspunkte zu bereichern.

1. Niemand als Nicht-jemand

Der Mann ohne Eigenschaften, der als ein evasiver Held durch Musils Roman geistert, entspringt einem Widerstreit von Wirklichkeit und Möglichkeit, der nicht nur die Dinge betrifft wie Kants hundert Taler, sondern auch mich selbst, der ich zusammen mit Anderen die Welt bewohne. Ulrich, der mit dem bloßen Vornamen allen bürgerlichen Namens- und Standesregistern entschlüpft, ähnlich wie sich K. in Kafkas *Schloß* mit dem bloßen Anfangsbuchstaben begnügt, fühlt sich selbst mit einemmal als ein »Mann ohne Eigenschaften«, da er »auch sich selbst gegenüber keinen Wirklichkeitssinn aufbringt« (18).[1] Sein Jugendfreund Walter, der selbst zu den gewöhnlichen Menschen gehört, die zu wissen glauben, was und wer sie sind, bestätigt ihn darin: »Er ist ein Mann ohne Eigenschaften.« Auf die Frage, was denn dies sei, gibt er die lapidare Antwort: »Nichts. Eben nichts ist das!« (64)

Das Spiel mit vorhandenen oder fehlenden Eigenschaften entfaltet ein vielfältiges soziales Geflecht innerhalb der bunten Gesellschaft Kakaniens, mit der Musil die k. u. k. Monarchie persifliert. Ulrich macht drei Anläufe, um in beruflichen Sonderwelten Fuß zu fassen. Zunächst versucht er es mit der Welt des Militärs, mit der er als Kriegsberichterstatter und als Kriegsverletzter an der österreichisch-italienischen Front in Berührung kam; dann betritt er die Welt der Forschung und Technik im Schatten des Empiriokritizisten Ernst Mach; schließlich übt die Welt der Mathematik in ihrer Mischung aus »Herzens- und Hirnkraft« einen intellektuellen Zauber auf ihn aus. Doch die Enttäuschung läßt nicht auf sich warten: »Man hat Wirklichkeit gewonnen und Traum verloren.« (39) Bei Husserl, der ebenfalls als Mathematiker begonnen hat, klingt es nüchterner. In seinem *Krisis*-Werk, das auch in den dreißiger Jahren entstand und zunächst als Fragment in Belgrad erschien, moniert er das Überspringen der lebensweltlichen Erfahrung, das dazu führe, daß wir der lebensweltlichen Erfahrung Konstrukte unterschieben.

Ulrich begnügt sich mit der Rolle eines Zaungastes der Wiener Gesellschaft, indem er provisorisch als Ehrensekretär der großangelegten österreichischen »Parallelaktion« einspringt. Ihm ergeht es ähnlich wie Sokrates, der zwar als Bürger im heimatlichen Athen seinen Ort hat, aber aufgrund seiner »Wunderlichkeit« (Schleiermacher), wörtlich seiner »Ortlosigkeit« (ἀτοπία: *Symp.* 221d), nicht ganz dazu gehört, obwohl er, anders als der Kyniker Diogenes, nicht in eine Tonne flüchtet, sondern seine Bürger- und Militärpflichten erfüllt. Eine besondere Form des Ortlosen bildet der »Stadtlose« (ἄπολις), der uns in dem großen Chorlied der *Antigone* (v. 370) begegnet. Das *alpha privativum* markiert eine Leerstelle, die Fremdes anzeigt, indem sie es ausspart. So ist nun auch Ulrich einer unter

1 Ich zitiere den *Mann ohne Eigenschaften* mit bloßen Seiten- bzw. Kapitelangaben nach der Ausgabe von Adolf Frisé von 1972.

anderen, aber nicht ganz und gar, da ihn gerade seine Andersheit aussondert. Er gesteht sich selbst einen Charakter zu, wenn »auch ohne einen zu haben« (150). Sein und Haben klaffen auseinander. Dazu paßt, daß Musil seinen Protagonisten zunächst auch ›Anders‹ nannte. Wer niemand ist, ist nicht schlechterdings niemand. Im ›Niemand‹ steckt der Bezug auf ›Jemand‹, mit dem schon Homer im neunten Gesang seiner *Odyssee* spielt, wenn er erzählt, wie der umherirrende Odysseus sich vor dem fürchterlichen Zyklopen hinter dem Namen ›Niemand‹, wörtlich ›Nicht-Jemand‹ (οὔτις), versteckt. Doch wie läßt sich vermeiden, daß der Nicht-Jemand sich in der Namenlosigkeit eines Irgendjemand verflüchtigt gemäß dem abgefälschten Motto: Hier stehe ich, ich kann auch anders? Die Gleichzeitigkeit von Namensbezug und Namensentzug enthält einen Zündstoff, der Andersheit in Fremdheit verwandelt. Wir werden am Ende darauf zurückkommen.

2. Abschaffung oder Überbietung der Wirklichkeit?

Was nun die Wirklichkeit betrifft in ihrem Gegensatz zur Möglichkeit, so bezieht sich Musil gut phänomenologisch auf einen *Wirklichkeitssinn*, der durch einen *Möglichkeitssinn* auszubalancieren ist. Alles Wirkliche und Mögliche wird *als* Wirkliches und Mögliches erfahren. Damit entfernen wir uns von dem post-cartesianischen Streit um die Existenz einer physischen Außenwelt, die in der psychischen Innenwelt ihre ebenso abstrakte Ergänzung findet. Musil begibt sich ohne viel Worte auf den Boden einer phänomenologischen Erfahrung im Sinne von Husserls intentionalem Bewußtsein oder von Heideggers In-der-Welt-sein. Die Wirklichkeit, auf die es ankommt, ist nicht in erster Linie Sache des Wissens oder des Tuns, sondern eines »Urglaubens« (Hua III, 259), der in unserer Erfahrung verankert ist und jeder positiven oder negativen Stellungnahme vorausgeht. Außerdem verbindet sich der Aufweis der Wirklichkeit mit der Frage nach ihrer *Bedeutsamkeit* oder *Wichtigkeit*, die auch bei Musil immer wieder durchbricht. Beim förmlichen Abwägen verschiedener Möglichkeiten, das in dem lateinischen Verb *pensare* und seinen romanischen Derivaten nachklingt, fragt es sich, welches Gewicht das einzelne hat, worauf es jeweils ankommt und wieweit uns etwas angeht.[2] In Dostojewskis phantastischer Erzählung vom *Traum eines lächerlichen Menschen* geht der Gewichtsverlust so weit, daß dem lebensmüden Täter »alles gleich ist«. Die Indifferenz, die einem ethischen Nihilismus entspricht, raubt dem Leben seine Spannkraft; das »Gefühl der unzureichenden Gründe«, das auch Ulrich verspürt (35), steigert sich bis zur Grundlosigkeit. Mit der immer wieder aufflackernden Frage, warum es sich zu leben lohne, geraten wir auf die Bahnen einer Phänomenologie, die das vielfältige Für-mich und Für-uns des Wirklichen nicht einem An-sich der Sache anfügt wie ein subjektives Preisschild, sondern es zur Sache selbst zählt. Die Parole »Zu den Sachen selbst!« bewahrheitet sich auf eigene Weise, wenn Ulrich in seinen Gesprächen mit seiner Schwester Agathe versucht, es den Mystikern gleichzutun und »rein bei den Erscheinungen« zu bleiben, ohne sich mit dem eigenen Urteil einzumengen (754).

Es geht also im *Mann ohne Eigenschaften* keineswegs darum, Wirklichkeit und Möglichkeit gegeneinander auszuspielen, und auch nicht darum, Mögliches in Wirkliches zu überführen, es am Ende zu »verwirklichen« (275). Gesucht wird eine »mögliche Wirklichkeit« (17), nicht bloß die Möglichkeit einer Wirklichkeit, die wir ersinnen, erträumen und gegebenenfalls verwirklichen. Husserl unterscheidet in diesem Zusammenhang zwischen »leeren logischen Möglichkeiten«, die wir uns ausdenken, und »motivierten Möglichkeiten«, die sich aus dem Erfahrungszusammenhang ergeben (Hua III, 112). Wirklichkeit und Möglichkeit greifen ineinander, und dies führt zu verschiedenen Gewichtungen.

Unsere Erörterung der Ausgangsfrage führt über verschiedene Stufen. Beginnen wir mit der ersten Hälfte des Romans im Lande Kakanien, so ergibt sich eine deutliche Stoßrichtung. Ulrich richtet seine skeptischen Attacken gegen eine festgefügte Wirklichkeit, die einen »festen Rahmen« hat wie die Tür, durch die wir ein Haus betreten; er besteht darauf, daß die Wirklichkeit als Wirklichkeit *erfunden* ist (16). Kants produktive Einbildungskraft wird ausgedehnt auf das Leben im ganzen. Wir stoßen auf ein »Verlangen

2 Zur Wichtigkeit von Erfahrungen im Gegensatz zur Richtigkeit von Urteilen vgl. vom Verf., *Ordnung im Zwielicht* (1987, Neuausgabe 2014, Kap. B. 8). Unsere Ordnung im Zwielicht entspricht in weitem Maße Musils Ordnung im Potentialis, wie er sie gleich am Anfang seines Werks skizziert. Vgl. dazu meine ausdrückliche Anknüpfung an Musil im Eingangskapitel von *Der Stachel des Fremden* (1990).

nach Unwirklichkeit«, das sich bis zur zur *Abschaffung der Wirklichkeit* versteigt (288 f.). Dieses Verlangen wird angestachelt durch die Konfrontation mit Ideen wie Seele, Geist, Leben, Ideal oder Macht, die sich wie Luftballons aufblähen und ständig zu zerplatzen drohen. Zu bedenken ist freilich, daß ein einseitiger Kampf gegen einen übersteigerten Wirklichkeitssinn ins Gegenextrem eines übersteigerten Möglichkeitssinnes umzuschlagen droht. Die Schwächung des Wirklichkeitssinnes erweist sich als ebenso pathogen wie die des Möglichkeitssinnes. Musil erwähnt selbst den Umschlag langandauernder Zwangsvorstellungen in eine Ideenflucht, mit der die Wirklichkeit sich selbst abschafft (289). In der Tat sind Derealisierung und Depersonalisierung aus der Klinik ebenso bekannt wie die Fixierung auf eine »erstarrte Mondlandschaft des Gefühls« (130).[3] Die Auswüchse einer allzu unbekümmerten Virtualisierung und Digitalisierung von allem und jedem erzeugen mehr und mehr ein erhöhtes Maß an Beliebigkeit, so daß alles Erreichte im Augenblick des Erreichens entwertet wird, »als ob die Früchte nach Schatten schmeckten, wenn alle Äste voll sind« (1102). Werden in unserer digitalen Welt Daten, die nicht mehr gebraucht werden, gelöscht, so steht man immer wieder am Nullpunkt einer gedächtnislosen Zukunft.

Wechseln wir über zu den utopischen Gefilden, die sich in der zweiten Hälfte des Romans wie eine Sommerwiese vor uns ausbreiten, so vernehmen wir andere Töne, die auf keine bloße Abschaffung der Wirklichkeit hindeuten, sondern auf deren *Überbietung* durch eine beginnende »Überwirklichkeit« (1218). Die mystischen Töne, die Musil anschlägt, erinnern an die negative Theologie mit ihrem Doppelweg von *via negationis* und *via eminentiae*. Er führt dazu, daß das anfängliche Nein durch ein überschwengliches Ja wettgemacht wird. Ein vorbehaltloses Ja des Lebens zum Leben, das dem binären Ja/Nein vorausgeht, wäre durchaus im Sinne Nietzsches, auf den Musil sich oftmals beruft. Doch dann stellt sich notgedrungen die Frage nach dem Bindeglied zwischen den beiden Buchhälften und nach einem möglichen Kreuzweg, an dem die Wege durch Kakanien und der Weg in einen »anderen Zustand« aufeinandertreffen. Ulrich würde nur dadurch dem ursprünglichen

3 Was die Polarität von Wirklichkeits- und Möglichkeitssinn angeht, so verweise ich auf meine Erörterungen in GN Kap. 10: »Experimente mit der Wirklichkeit. Herausforderung der Phänomenologie durch Phänomenotechnik«.

Namen »Anders« Ehre machen, daß er selbst »ein anderer« würde. Betrachten wir daraufhin den Gang der Erzählung.

3. Ulrich als Zaungast in einer allzu normalen Welt

Die erste Hälfte des Romans trägt in ihrem zweiten Teil den Untertitel *Seinesgleichen geschieht*. Der schöne Augusttag des Jahres 1913 läßt den Ausbruch des Ersten Weltkriegs ahnen, und der Leser schaut von Anfang an hinter die Kulissen des Geschehens. Schauplatz ist die Residenzstadt Wien. Wie jede Großstadt hat sie eine eigentümliche Physiognomie, deren Bedeutung der Autor allerdings herunterspielt. Die Eigenschaftslosigkeit des Protagonisten färbt ab auf dessen Wohnort. Auch auf den Namen der Stadt wird kein besonderer Wert gelegt. Dennoch kann Musils Wien seine Eigenart ebensowenig verleugnen wie das Prag von Kafka, wie das Dublin von Joyce oder die *unreal city* in Eliots *Waste Land*; man ist nicht nur auf je besondere Weise heimisch, sondern auch fremd.

Der Roman setzt ein mit einem Verkehrsunfall, also nicht mit einer Handlung oder einer Redeäußerung, sondern mit einem Vorfall, der hier und jetzt geschehen ist und an dem der Fahrer eines Lastwagens ebenso beteiligt ist wie das Opfer, das wie tot auf dem Bürgersteig liegt. Das Ereignis tritt einmalig auf, aber beschrieben wird es nicht als einzigartig, sondern *als etwas seinesgleichen*. Dies gilt für Amtspersonen wie das herbeieilende Rettungspersonal, aber auch für ein unbeteiligtes Passantenpaar: eine Frau, die sich immerhin beunruhigt zeigt, und ihren Mann, der sich ganz und gar sachkundig gibt. Mit dem Hinweis auf die Bremswege des Automobils macht er aus dem Unglücksfall ein technisches Problem, das die Passanten nichts angeht; Verkehrsstatistiken aus den USA beweisen, daß es sich um ein »gesetzliches und ordnungsgemäßes Ereignis« handelt (11). Diese spontane Normalisierung, die jede Besonderheit sogleich einebnet, gießt das, was im Einzelfall geschieht, in eine feste Form, bevor sich Unruhe breitmacht. »Ruhe ist die erste Bürgerpflicht«, so hieß es einst.

Mit ähnlichen Prozessen der Normalisierung hat es die Erzählung unaufhörlich zu tun. Der Erzähler bleibt selbst davon nicht verschont. Anläßlich seiner polizeilichen Festnahme, die sich hinterdrein als übereilig herausstellt, notiert er mit süffisanter Ironie die »statistische Entzauberung seiner Person«, mittels deren alle gefühlten Eigenheiten, beginnend mit Name, Gesicht und Körpergröße, sich auf genormte Daten reduzieren (159). Die Erfahrung wird abgebremst, bevor sie sich entfalten kann. Der Mann ohne Eigenschaften sieht sich systematisch seiner Eigenheiten beraubt. Der Verkehrsunfall, mit dem die Erzählung beginnt, berichtet von einem alltäglich-unalltägliches Ereignis, das den Einbruch von Neuem in unsere Erfahrung illustriert. Ähnlich aber steht es mit historischen Ereignissen wie dem Balkankrieg. Ulrich läßt sich auch hier nicht aus der Ruhe bringen. »War eigentlich Balkankrieg oder nicht? Irgendeine Intervention fand wohl statt; aber ob es Krieg war, er wußte es nicht genau« (359) – und wollte es wohl auch nicht so genau wissen.[4]

Erfahrung im starken Sinne beginnt jedoch nicht damit, daß wir gezielt etwas zur Kenntnis nehmen wie ein Detektiv, sie beginnt damit, daß uns etwas auffällt und unsere Aufmerksamkeit weckt, bevor es im Laufe der Gewöhnung seine Besonderheit einbüßt und Gras darüber wächst, wie wir zu sagen pflegen, und bevor »Aufmerksamkeitsmechanismen« das Erfahrene modellieren und sortieren. Die »Unverantwortlichkeit und Halbfertigkeit der Einfälle« tut der Autor in seinem Streben nach Genauigkeit allzu rasch als bloße »Subjektivität« ab, obwohl das von Lichtenberg über Nietzsche bis hin zu Freud hochgeschätzte »es denkt« zur produktiven Unterströmung der Erfahrung gehört und obwohl Einfälle als »Wirklichkeitskeime« dienen, die Wirkliches vorwegnehmen (GN 203). Folgen wir Nietzsche darin, daß »ein Gedanke kommt, wenn ›er‹ will, und nicht, wenn ›ich‹ will«, so stoßen wir auf Impersonales, das nicht mit der unpersönlichen Sachlichkeit von »Eigenschaften ohne Mann« gleichzusetzen ist. Einfälle gehen nicht von einem Ich aus, doch sie kommen Mir oder Dir. Das Ich entdeckt sich im Gebefall des Dativs oder im Anklagefall des Akkusativs, bevor es im Nominativ des Täters auftritt.

Anstatt Unmögliches zu versuchen, nämlich das Kaleidoskop

4 Einige Jahrzehnte später begegnet uns Peter Handke, wie er auf seiner winterlichen Reise über die Drina hinweg in das Kriegsgebiet blickt und aus sicherer Ferne nicht zu unterscheiden weiß zwischen dem Rauch eines qualmenden Rauchfangs und dem Rauch, der aus Ruinen aufsteigt. Vgl. *Eine winterliche Reise zu den Flüssen Donau, Sawe, Morawa und Drina oder Gerechtigkeit für Serbien* (1996), dazu mein Kommentar in: *Topographie des Fremden* (1987), S. 128.

normalisierter Ereignisse und Figuren, das auf Hunderten von Seiten vor uns ausgebreitet wird, im einzelnen durchzugehen, blende ich einen Text ein, den ich 2004 in Hannover für die *Theaterformen* verfaßt habe und in dem ich in aller Kürze über meine bis dahin erfolgte Beschäftigung mit Musil Auskunft gebe.

*

Streifzüge durch Kakanien. – Oft, wenn ich auf die Postmoderne angesprochen werde, sage ich mir: lest doch Musil, der ist postmodern genug, experimentierend, neugierig, vagabundierend, zwischen den Fronten sich bewegend, Normales anomalisierend, Anomalien normalisierend, aber er ist auch modern genug, um etwas zu haben, mit dem sich experimentieren läßt.

Natürlich ist das Buch, über 1000 Seiten lang, viel zu dick, um in den alltäglichen Koffer zu passen. So habe ich es nie zu Ende gelesen, seit ich vor Jahrzehnten den orangefarbenen Band (vorletzte Ausgabe, von der ich mich nicht trenne) im pfingstlich grünen Münchner Luitpoldpark aufschlug. Man muß das Buch nicht zu Ende lesen, es wurde ja auch nicht zu Ende geschrieben, und eine Lösung enthält es weiß Gott nicht. Man kann aber immer wieder darin lesen, kann ein Autor sich Besseres wünschen? Ich habe längst meine Fundorte und Dschungelpfade, mit vielen Wegweisern am Seitenrand und auf Merkzetteln, denn Ariadnefäden gibt es zu viele.

So besuche ich dann und wann das reformfiebrige Kakanien, das Parallelaktionen startet, sich in Wertelisten verheddert, aber nicht recht weiß, wo ihm der Kopf steht. Am Rande finde ich schlichte Schulaufsätze, die der Frage nachgehen, warum man sein eigenes Vaterland nicht das beste finden dürfe. Dann gerate ich in intime Gespräche, in denen man das Gras wachsen hört und die Seele entmöbelt wird. Mystik und Mathematik begegnen sich wie Warm- und Kaltwasserströme und erzeugen einen erregenden Saunaeffekt. Zuspitzungen, keine Verallgemeinerungen, Konsense auf der Nadelspitze. Dann ein Besuch im Gerichtssaal, wo der angebliche Lustmörder Moosbrugger – lange vor Foucault – Richter und Gerichtsmediziner kopfscheu macht, indem er seinen Irrsinn eingesteht. Irritationen auch und Gegenskepsis.

Männer (und Frauen?) ohne Eigenschaften, Erlebnisse ohne jemanden, der sie hat? Muß man nicht Eigenschaften haben, um keine zu haben? Das Ohne wäre nicht als leeres Blatt zu verstehen, auch nicht als cleveres und cooles *code switching*, sondern als Ferne, Fremdheit, als Entzug. Was sonst bliebe, wäre farblos, fungibel, bestenfalls eskapistisch. Zu den Hitlers hätte ihm vielleicht doch etwas mehr einfallen sollen. Ein Buch also auch, an dem weiterzuschreiben ist. Ein Stimulans für das eigene Schreiben und Nachdenken.

Geographische Schatten. Das gelbe Geburtshaus in Klagenfurt, gleich neben dem Bahnhof, als hätte der eben Geborene das Fortgehen nicht abwarten können. Im Wiener Bezirk »Landstraße« (der Name klingt selbst schon nach Musil), neben dem Haus, in dem der Autor schrieb, eine zugewachsene Villa, in dem Ulrich, das Alter ego, gewohnt haben soll, gegenüber ein Palast, in dem Beethoven oftmals zu Gast war. Lokales Flair wie bei Kafka, Proust oder Joyce, dazu ein Weltatem, kein Globalismus.

Vielleicht werde ich das Buch, dessen Lektüre selbst romanhafte Züge annimmt, nun doch noch zu Ende lesen, ich habe mich selbst neugierig gemacht. Aber wenn es kein Ende gibt?

Nestroys Wiener Grabspruch fällt mir ein: »Net emal das Tote ist in Wien so tot, wie sich's gehört.«

*

Inzwischen habe ich das große Buch tatsächlich bis ans Ende gelesen, obwohl es sich im strengen Sinne nicht zu Ende lesen läßt. Ich nehme die neuerliche Anfrage aus Klagenfurt zum Anlaß, mir die Frage zu stellen, wie Buch I mit Buch II zusammenhängt. Der Riß, der die beiden Buchhälften voneinander trennt, bedeutet nicht nur einen Orts- und Klimawechsel, sondern stellt uns vor eine Zerreißprobe. Als Phänomenologe, der den Bruchstellen der Erfahrung große Aufmerksamkeit schenkt, sehe ich mich auf besondere Weise herausgefordert.

4. Ulrich und Agathe auf der Schwelle zu einem Reich mystischer Vereinigung

Auch die zweite Buchhälfte setzt ein mit einem einschneidenden Ereignis, das sich allerdings nicht in aller Öffentlichkeit abspielt, sondern abseits im familiären Bereich einer Provinzstadt. Wie auf der Drehbühne wechselt die Szene. Eine »Umkehrung« der Erfahrung, die an die »Umlenkung der Seele« und den Ausstieg aus der Höhle in Platons *Politeia* erinnert (518d), ergibt sich für Ulrich aus dem »Ableben seines Erzeugers«. Er fühlt sich mit einemmal ganz allein auf der Welt. »Als wäre ein Ankertau zerrissen«, gerät er in »einen sich nun ganz herstellenden Zustand der Landesfremdheit in einer Welt, der er durch seinen Vater noch verbunden gewesen war« (655). Diese Trennung, die Geschiedenheit und nicht nur Verschiedenheit hervorruft, ähnelt einer nahezu klinischen Operation, da von einer wechselseitigen Neigung zwischen Sohn und Vater zeitlebens wenig zu spüren war. Die frühverstorbene Mutter wird in der Erzählung nur erwähnt, aber nirgends vermißt. So bleibt in den Gefühlen Raum für Agathe, die »vergessene Schwester«, die Ulrich nach langer Zeit wiedersieht. Das Wiedersehen findet statt auf den »Trümmern seiner Kindheit« (675), in seinem Geburtshaus, das sich in ein »Trauerhaus« verwandelt hat. Die Tatsache, daß hierbei der Vergangenheit ein besonderes Gewicht zufällt, führt unwillkürlich in die Nähe der Freudschen Psychoanalyse, der unser Autor so geflissentlich aus dem Weg geht. Die wirkliche Welt von »Menschen mit Eigenschaften« macht sich auch in der Todesstunde bemerkbar. Der sterbende »Wirkliche Geheime Rat« inszeniert seinen Tod *ante mortem*, indem er nicht nur das übliche Testament aufsetzt, sondern in einem an den hinterbliebenen Sohn gerichteten Telegramm den Tod gleichsam vordatiert: »Setze dich von meinem erfolgten Ableben in Kenntnis« (672). Das schreibende ›ich‹ wird im Stil älterer Familienpost ausgespart, karger geht es kaum. Die später von Clarissa eingefädelte Fälschung des Testaments ruft in Ulrich noch einmal das bürgerliche Gewissen wach, das gewisse äußere Regeln *nolens volens* zu achten gebietet (795). Ulrichs Weg verläuft auch hier alles andere als geradlinig.

Auf den Blick über die Todesschwelle, der uns mit Relikten der gewohnten bürgerlichen Welt vertraut macht, folgen »heilige Gespräche« und »wundersame Erlebnisse«, die uns in eine andere Welt entrücken. Um sich in den ersehnten Zustand der »Gottesergriffenheit« zu versetzen, greift Ulrich zu den frommen Schriften von Mystikern.[5] Er entdeckt darin »Abenteuer der Seele«, ganz im Stil einer offenen Erfahrung, die auf Subjekt und Objekt verzichtet und sich

5 Die Tatsache, daß er hierbei auch Martin Bubers Sammlung *Ekstatische Konfessionen* konsultiert, kann nicht darüber hinwegtäuschen daß von einem Du im emphatischen Sinne bei ihm wenig zu finden ist.

nicht an Seele und Gott klammert wie an »zwei Türpfosten [...], zwischen denen sich das Wunderbare öffnen wird« (754). Agathe, die durch eine enge klösterliche Erziehung vorbelastet ist, lernt, daß Gefühle sich nicht anbinden lassen. Auch der Glaube darf »nicht eine Stunde alt sein« (755). Man kann Gefühle nicht auf Eis legen, um sie bei Bedarf wieder hervorzuholen. Doch schwerlich läßt sich leugnen, daß es auch Gefühlseinstellungen gibt im Sinne der aristotelischen Hexis, die dem Gefühlsleben eine gewisse Richtung geben.

Die gemeinsame Reise der Geschwister hat mit heiklen Unsicherheiten zu rechnen. Sie führt an den »Rand des Möglichen«, vorbei an den »Gefahren des Unmöglichen und Unnatürlichen« wie dem Inzest und hin zu einer rückhaltlosen Gottesergriffenheit ohne Gott. Die Reise kann irgendwo beginnen. Um uns in den Bereich eines anderen Lebens zu versetzen, genügt der Anblick einer weidenden Rinderherde oder das Sitzen auf einem umgestürzten Baum (761). Die Alltagsmystik, die sich hier andeutet, könnte aus der holländischen Landschaftsmalerei schöpfen, ohne auf Angebote einer religiösen Malerei zu warten. Unterwegs begegnet dem Geschwisterpaar Unmögliches, »ohne daß irgenderlei geschah« (1081). Wie in Parabeln, die mehr sind als bloße Gleichnisse, genügt »ein wenig Wirkliches mit sehr viel Übertreibung«, um etwas »Unwiederholbares« hervorzulocken, das die »Natur des Gesteigerten« hat (1084). Das Jenseits beginnt im Diesseits, es beginnt, platonisch gesprochen, mit einem »Mehr an Sein«. In dem Zaubergarten, den wir »unter Mondstrahlen bei Tage« betreten (1087-95), ist es das Grasgrün des Rasens oder das Grün eines Kleides, das als »Unfaßbares« aus einem faßbaren Einzelerlebnis hervorleuchtet.[6]

6 Dieser Passus enthält Reminiszenzen an Nietzsche und Ernst Mach, gemahnt aber auch an Platons hyperbolisches Denken, bei dem sich das »Jenseits des Seins« (*Politeia* VI, 509b) mit einem »Mehr an Sein« (VII, 515d) verbindet, bei dem ebenfalls Nacht und Tag ineinanderspielen (521c) und das Gute seinen Glanz ausstrahlt (518c). Diese Zusammenhänge habe ich an anderer Stelle unter dem Titel »Grasgrün bei Musil und Nietzsche« kommentiert (*Sinne und Künste im Wechselspiel* (2010), S. 74-77). Zur Sinneslehre bei Platon, die sich bei weitem nicht in dem Dualismus von Noesis und Aisthesis erschöpft und auf versteckte Weise für Musils Werk Pate gestanden hat, vgl. vom Verf., *Platon. Zwischen Logos und Pathos* (2017), besonders Kapitel II zum Höhlengleichnis. Bekanntlich gehen neben dem Wahn, der als μανία kein leerer Wahn ist (vgl. *Phaidr.* 265a), auch die »Sachen selbst« als αὐτὰ τὰ πράγματα bis auf Platon zurück (vgl. *Gorg.* 459b), ganz zu schweigen von dem utopischen »Nirgendwo auf Erden« (*Politeia* IX, 592a).

Die »taghelle Mystik«, die hier aufblüht, unterscheidet sich in Ulrichs Augen deutlich von einem »verschämten Stelldichein mit der Natur«, von einer gottseligen Einfalt, »die sich einbildet, wenn sie kaum den Kopf ins Gras lege, kitzle sie schon Gott am Hals, obzwar sie an Wochentagen nichts dawider hat, daß die Natur an der Fruchtbörse gehandelt wird« (1088). In der »Schleudermystik zu billigem Preis«, die ihre Sumpfblüten hervortreibt, klingen Stimmen aus Kakanien nach, so die Schwärmerei der von Dämonen heimgesuchten Clarissa, die in manchen Augenblicken nur noch »inwesend« zu sein scheint (443), sowie der »mystische Antisemitismus« Gerdas im Hause Fischel (308) oder die weltumspannende »Vereinigung von Seele und Wirtschaft« in Gestalt des Großschriftstellers Arnheim (108).

Die »verarmte Vernunft des Tages« ist es, vor der die Geschwister in einen gemeinsamen Zustand fliehen (1085). Das gedämpfte Licht des Mondes, den Goethe als »Schwester von dem ersten Licht« anruft (*An Luna*), begleitet sie auf ihren Wegen, die an die Ränder der Alltagswelt führen. Die Wahl des Namens ›Agathe‹, mit dem Platons ›Agathon‹ auf weibliche Weise personifiziert wird, deutet ebenso wie die säkularisierte Gestalt Diotimas auf eine platonische Unterströmung hin, die nicht in den Gewässern eines sensualistischen Empirismus versickert. Ulrich sucht sich zu befreien von der »philosophischen Kinderkrankheit« des Empirismus, von der Eigenart des empirischen Menschen, der immer nur im gleichen Erfahrungskreis verbleibt und das »gewinnreich erscheinende riesenhafte Einerlei des technischen Zeitalters erzeugt hat« (1121).

5. Rückreise in die gewohnte Welt oder Ausreise in eine andere Welt?

Wo endet die Reise, die sich als Reise ins Paradies ankündigt? Wer versuchsweise den Flug in eine andere Welt mitvollzieht, gerät in dem Nachlaßkapitel 47 in eine unerwartete Fallgrube. Hinter dem unverdächtigen Titel »Wandel unter Menschen« verbirgt sich nicht mehr und nicht weniger als eine Rückkehr in die alte Welt. Auch in Platons *Politeia* VII führt der Abstieg in die Höhle zurück, doch dort geschieht dies im Nachglanz der Idee des Guten. Anders bei Musil. Die Wende beginnt mit der Mitteilung, daß Ulrich und

Agathe »eine Reise vorschützten und sich auf keine Weise erreichen ließen«. Sie meiden zwar das bekannte Milieu, doch überlassen sie sich in der Suche nach seelischer Entlastung anspruchslosen »Großstadtströmungen«, und noch nie war ihnen ihre Stadt so »schön und fremd zugleich« vorgekommen. Für uns von der Viruspandemie Heimgesuchte klingt dies nach zeitweiliger Aufhebung der Quarantäne. »Die Geschwister nahmen diese Einladung, sich der Welt zuzuwenden, nicht ungern an.« (1096) Doch war mit dem »Urlaub vom Leben« nicht ganz anderes gemeint als bloß ein vorübergehender Ausflug?

Folgen wir dem Lauf dieses Textes, so verschwindet die Welt einer »erträumten Möglichkeit« hinter der allzu bekannten Welt, in der lediglich »Seinesgleichen geschieht«. Frei nach Hobbes gebietet das »erste Gesetz des Lebens«, sich selbst zu erhalten (1098). Doch hinzu kommt in unserem technisch bestimmten Zeitalter die »Erzeugung und Erhaltung eines mittleren Lebenszustands«. Von diesem Kräftespiel profitiert der Durchschnittsmensch, also Nietzsches Herdentier, in der Erwartung, daß »eins so möglich sei wie das andere«.[7] Es entsteht eine »Welt der Unruhe ohne Sinn« (1101), worin der statistische Zufall regiert und das Wahrscheinliche an die Stelle des Wahren tritt (1098 f.). Solche Äußerungen werden, zusammen mit ähnlichen Erzeugnissen des Zeitgeists, dem Liebespaar in den Mund gelegt, als seien auch sie mit einemmal nur noch Ihresgleichen. Dieses überraschend eingeschobene Kapitel endet damit, daß Ulrich sich für das Gespräch entschuldigt, er sei darin abgeirrt, »obwohl ein zärtlicher erster Anhauch den Anfang gebildet hatte« (1102), ein »Hauch, der ungreifbar auf der dargebotenen Wirklichkeit ruht«, wie es an einer früheren Stelle heißt (129). Das als Kapitel 55 nachgeschobene Fragment »Atemzüge eines Sommertags«, an dem der Autor laut Auskunft seiner Frau bis kurz vor dem Tod gearbeitet hat, wäre dann nur ein Nachzügler der vielversprechenden heiligen Gespräche.

Doch die vorliegende Abfolge der Kapitel hat etwas Rhapsodisches. In einem späteren Kapitel taucht inmitten vieler Nachlaß-

7 Indem er von »Kraftfeld« und »Kräftespiel« spricht (vgl. etwa 250 f.), benutzt Musil den zwischen Moral und Physik oszillierenden Kraftbegriff ebenso unbekümmert, wie Nietzsche dies tut; daraus resultiert eine Lebensmetaphysik mit physikalischen Zügen, die der Kultur und auch der Politik der Vor- und Zwischenkriegszeit ihre oftmals verwirrenden Züge verleiht.

entwürfe die geplante »Reise in das Paradies« nochmals auf. Dieser Textdschungel nährt Spekulationen über den möglichen Fortgang und Ausgang der Erzählung, die ich den Textexperten überlasse. Als philosophisch interessierter Leser beschränke ich mich auf Vermutungen, wie ein Übergang vom gewöhnlichen zum anderen, vom ordentlichen zum außerordentlichen Zustand zu denken ist, wofern wir uns an Musils Erzählungen halten, so fragmentarisch sie auch sein mögen.

6. Das offene Ende des Romans und die Unfertigkeit der Sache

Zwei Bemerkungen, die ich abschließend zur Hilfe nehme, stammen aus dem Nachlaß, nämlich aus Studien und Notizen, die der Autor selbst auf das Jahr 1932 datiert hat. Sie gehören nicht mehr zum Korpus der Erzählung, wohl aber zu ihren bedeutsamen Rändern. Wichtige Aspekte daraus laden abermals zu einer Engführung von Musil- und Husserl-Lektüre ein.

In dem ersten der beiden Texte (1587-91) betont der Autor, sich selbst korrigierend, es gehe ihm beim Schreiben nicht um eine neue Theorie, sondern rein um das Erzählen des Geschehens. Doch dahinter verbirgt sich eine Doppelbödigkeit des Redens und Schreibens. Auf einer ersten Ebene geht es um das Zur-Sprache-Bringen der Erfahrung. Schon Goethes Maxime aus seiner Farbenlehre »Man suche nur nichts hinter den Phänomenen: sie selbst sind die Lehre« liest sich wie eine frühe Vorwegnahme phänomenologischer Beschreibungskunst. So erklärt Husserl in seinen Pariser Vorlesungen von 1929: »Der Anfang ist die reine und sozusagen noch stumme Erfahrung, die nun erst zur Aussprache ihres eigenen Sinnes zu bringen ist.« (Hua I, 77)[8] Was für eine erfahrungsnahe Beschrei-

8 Soweit mir bekannt ist, hat Musil zwar Husserls Bedeutungslehre der frühen *Logischen Untersuchungen* interessiert zur Kenntnis genommen (vgl. u.a. Cellbrot 1988), nicht aber die späteren Bemühungen um eine genetische Phänomenologie; doch dies schließt sachliche Bezüge auch hier nicht aus. Bedeutsam für das Verhältnis von Musil und Husserl ist dessen Beziehung zu Mach und Avenarius, die nicht nur kritischer Art ist. Vgl. die eindringlichen Analysen von Manfred Sommer: *Husserl und der frühe Positivismus* (1985). Zu möglichen Anknüpfungen an die Sozialphänomenologie vgl. Peter L. Berger, »Das Problem der mannigfachen Wirklichkeiten: Alfred Schütz und Robert Musil«, in: Grathoff, Waldenfels 1983.

bung gilt, läßt sich mutatis mutandis auf die Erzählung übertragen: schon das Erzählte enthält die Lehre.

Doch damit betreten wir eine zweite Ebene. Zur Erzählung gehört nicht nur der erzählende Erzähler, zu ihr gehören auch erzählte Erzähler. Dabei berichtet der Erzähler nicht bloß von dem, was jemandem widerfährt und was dieser dazu sagt, er ist selbst jemand, dem schreibend etwas widerfährt, so wie der Leser jemand ist, dem lesend etwas widerfährt. Ich beziehe mich hierbei auf den russischen Literaturtheoretiker Michail Bachtin, der von einer inneren Dialogizität und Vielstimmigkeit der Rede ausgeht. Schon das Zitieren bedeutet nicht bloß, daß wir *über* eine fremde Rede reden, sondern daß wir *von* einer fremden Rede *her* reden und fremde Stimmen mit eigener Stimme laut werden lassen.[9] Mit dieser Verquickung von eigener und fremder Rede hat jede Lektüre zu rechnen. Ulrich ist nicht geradezu Musil, aber er ist es doch auch.

Im zweiten der beiden Texte (1598) erläutert Musil seinen eigenen Standpunkt, indem er sich nicht etwa auf Absichten des Autors zurückzieht, sondern sachliche Voraussetzungen des Erzählens ins Spiel bringt. Er beruft sich hierbei auf eine »Unfertigkeit der Sache«. Diese hat auch Husserl im Sinn, wenn er ausdrücklich versichert, als Phänomenologe ziele er nicht auf eine »fertige Welt«, sondern auf eine Welt im Werden (Hua VI, 180). Nicht die Skepsis des Autors ist es also, gegen die Musil ankämpft, vielmehr ist er überzeugt, daß die Sache selbst nur einen »Teil der Wahrheit« freigibt. Ähnlich wiederum Husserl. Für ihn hat die Wahrheit ihre eigentümlichen »Horizonte« mit all den Relativitäten und Unbestimmtheiten, die weder einem skeptischen Negativismus oder Relativismus noch einem logischen Absolutismus entstammen (Hua XVII, 207f.). Was Musil angeht, so verspricht er, das Leben im »Original« zu bieten und nicht nur einen subjektiven oder literarischen »Widerschein des Lebens«; gleichzeitig fordert er von seinen Lesern, daß sie »ihr Vorurteil suspendieren« und auf ein unmögliches Ganzes verzichten. Was wiederum Husserl betrifft, so greift er seinerseits zur Grenzidee einer göttlichen Erkenntnis, indem er feststellt, daß nicht nur für uns Menschen, sondern auch für Gott Dinge im

9 Vgl. hierzu M. M. Bachtin, »Das Wort im Roman«, in: ders., *Die Ästhetik des Wortes* (1979) und dazu meinen Kommentar in: *Vielstimmigkeit der Rede* (1999), Kap. 7: »Hybride Formen der Rede«.

Raum sich perspektivisch darstellen in wechselnder Orientierung (Hua III, 371). Musil stößt auf eine ähnliche Frage, wenn er im Hinblick auf die unwirklichen, mystischen Erfahrungen in Band II programmatisch fordert, »sich der Unwirklichkeit (zu) bemächtigen«, aber zugleich feststellt, als Abschluß sei dies »fast ein Unsinn«. Damit nähert er sich der paradoxen Form einer Fremderfahrung, die laut Husserl eine besondere Art von »Zugänglichkeit des original Unzugänglichen« erfordert (Hua I, 144). Eine Aneignung des Fremden würde, so sie gelänge, die gesuchte Unwirklichkeit in eine schlicht negative Form der Nichtwirklichkeit verwandeln mit der Folge, daß auch der Mann ohne Eigenschaften schlechthin Niemand wäre. Warum wäre ein solches Ende nur *fast* ein Unsinn, gibt es etwas, das dieses Ende aufschiebt? Walters früher Vorschlag, die Sache umzukehren und anzunehmen, etwas »sei unmöglich, aber wirklich« (369), klingt nach einem bloßen Bonmot.

Wir stutzen nochmals, wenn wir im gleichen Text lesen: »Die Geschichte dieses Romans kommt darauf hinaus, daß die Geschichte, die in ihm erzählt werden sollte, nicht erzählt wird.« Was könnte mit dieser ausgelassenen Erzählung gemeint sein, wenn nicht der Übergang von Kakanien in das Paradies, mit dem der Mann ohne Eigenschaften nicht nur feste Eigenschaften ablegt, sondern über jede Eigenheitssuche und Eigensucht hinausgelangt? Gäbe es keinen solchen Übergang, so zerfiele die Erzählung in zwei separate Geschichten, so daß die Hauptperson sich in zwei Personen aufspalten würde. Musil beschließt die vorliegende Notiz mit dem Eingeständnis, Band II ende auf dem Höhepunkt einer Wölbung, die auf der anderen Seite »keine Stütze« finde. Träfe dies zu, bliebe dann von dem Roman mehr zurück als ein utopisches Luftschloß?

7. Geschehnisse und Widerfahrnisse

Kehren wir abschließend nochmals zurück auf den Boden der Gesamterzählung. Gibt es wirklich nichts, das die fehlende Stütze ersetzen oder überflüssig machen könnte? Von dem Motto »Seinesgleichen geschieht«, das uns wie in Leuchtschrift durch Wiens Straßen und Paläste begleitet, geht eine entzaubernde Wirkung aus. »Es ist passiert, sagt man dort, wenn andre Leute anderswo glaubten, es sei wunder was geschehen ...« Doch man könnte den Slogan, der längst in eine Wiener Wochenzeitung Einlaß gefunden hat, fortsetzen mit einer Frage: »Seinesgleichen geschieht – aber wem?« Geschieht, was geschieht, irgendwem?

Wir schlagen vor, sprachlich und sachlich zu unterscheiden zwischen einerseits *Geschehnissen*, die sich irgendwo und irgendwann ereignen, auch wenn sich niemand um sie kümmert und niemand von ihnen getroffen ist, und andererseits *Widerfahrnissen*, die mir, dir oder sonst jemandem zustoßen und die ohne den Bezug auf Beteiligte gänzlich ihren Sinn verlieren würden wie ein anonymer Schmerz. Solche Widerfahrnisse nehmen eine gesteigerte Form an in den Grundaffekten des Erschreckens und des Erstaunens, die uns erschüttern und aus dem Gleichklang des Vertrauten herausreißen. Widerfahrnisse lassen sich zwar als bloße Geschehnisse beobachten, beschreiben und einordnen, dennoch sind sie von sich aus und in sich selbst mehr als etwas Seinesgleichen, das in Zeitungen nachzulesen ist unter den *faits divers*. Ulrich neigt zu ironischen Übertreibungen. Als Zuschauer im Moosbrugger-Prozeß äußert er die Vermutung, Ungewöhnliches erfahre man heute viel eher durch die Zeitung, als daß man es selbst erlebe: »[...] im Abstrakten ereignet sich heute das Wesentlichere, und das Bedeutungslosere im Wirklichen.« (69) Eine solche Enteignung und Entwertung leibhaftiger Erfahrung durch die Medien gibt es sicher, doch nimmt Ulrich nicht als *fait accompli*, was zur Formation und Deformation der Erfahrung gehört?[10]

Zur Bezeichnung einer Erfahrung, die wir ›machen‹, aber im Sinne eines Durchmachens, nicht im Sinne eines Herstellens, benutze ich häufig das griechische Wort *Pathos*, das uns sowohl aus der griechischen Tragödie wie aus der griechischen Philosophie bestens vertraut ist. Das Wort, das sich von dem Verb πάσχειν herleitet, bezeichnet dreierlei, das Erleiden im Sinne des Passivs, das Leiden unter Widrigem und die gesteigerte Form der Leidenschaft. Was uns derart unter wechselnden Umständen widerfährt, ist ursprünglich nicht *etwas* Wirkliches oder Mögliches, das der Fall

10 Vgl. hierzu aus neuerer Zeit Cornelius Castoriadis, *La montée de l'insignifiance* (1996). Der griechisch- französische Autor erklärt den Anstieg der Bedeutungslosigkeit in unserer Gesellschaft mit einer Ausdünnung des gesellschaftlich Imaginären. Was die Bedeutung der leiblichen Präsenz angeht, so haben die Erfahrungen mit der Viruspandemie einiges zurechtgerückt.

ist oder der Fall sein könnte, sondern etwas, *wovon* wir affiziert werden und *worauf* wir mit unserer gesamten leiblichen Existenz antworten, sooft wir etwas sagen, tun oder fühlen. Dabei ist zu unterscheiden zwischen mehr oder weniger fertigen Antworten, die man parat *hat*, und Antworten die man *gibt*, indem man sie bis zu einem gewissen Grad erfindet. Der *homo respondens* gibt, was er nicht hat.[11] Die fremde *Wirkung*, der wir ausgesetzt sind und die in unserem Antworten zutage tritt, geht jeder Qualifizierung oder Disqualifizierung voraus. Pathos und Response entziehen sich somit der propositionalen Differenz von Subjekt und Objekt, von Subjektivität und Objektivität. Dies betrifft nicht nur individuelle, sondern auch kollektive und historische Ereignisse wie Krieg, Reformation oder Erfindung. Jacob Burckhardt, der ähnlich wie Nietzsche auf eine historistische Aufweichung der Geschichte reagiert, fordert daher eine »pathologische« Betrachtung, die gleichermaßen vom »duldenden, strebenden und handelnden Menschen« ausgeht (siehe oben, S. 196).

Betrachten wir daraufhin nochmals den Verkehrsunfall, mit dem die Erzählung in Gang kommt. Da taucht als möglicher Täter der Lenker des Lastwagens auf, der »grau wie Packpapier« dasteht, überrascht von dem, was er nicht ohne eigene Mitwirkung angerichtet hat, und hinzu kommt das Opfer des Unfalls, das »wie tot« daliegt. Die Beschreibung des Unfalls als eines alltäglichen Ereignisses endet mit einem schwachen Lebenszeichen: »Ich hoffe, er lebt«, erklärt der Passant seiner besorgten Frau.[12] Damit scheint die Sache abgetan, selbst wenn die Sicherung des Tatbestandes noch weiterer Nachforschung bedarf. Wiederholt sich ähnliches nicht immer wieder im Verlauf der Erzählung? Es geschieht etwas, aber nichts Besonderes. Diese Einebnung der Erfahrung setzt voraus, daß sämtliche Geschehnisse letzten Endes aus der Perspektive der dritten Person bezeichnet und beobachtet werden, als erschöpfe sich die Lebens- und Todeswelt in der funktionalen Maschinerie

11 Dies entspricht einer alten Definition der Liebe. Vgl. J. Derrida, *Falschgeld* (1993), S. 10 f., unter Hinweis auf Lacan und Heidegger. Zur Figur des *homo respondens* vgl. das Eingangskapitel von SA.

12 Beiläufig tritt hier auch eine Geschlechterdifferenz zutage. Das Staunen über die Tatsache, daß der Mensch zu zweien vorkommt, als Mann und als Frau (687), erwacht aber erst im zweiten Teil des Romans, wenn die Geschwister aufeinandertreffen.

sozialer Systeme und als könne man das Wie einer Sache von ihrem Was absondern (65).[13]

8. Moosbruggers Lektion

Daß Ulrich als Mann ohne Eigenschaften sich der Einordnung in funktionale Ordnungen widersetzt, liegt auf der Hand. Doch auch andere, mit denen er verkehrt, sind nicht allesamt Menschen mit besonders festen Eigenschaften. In Gestalt der gerichtsnotorischen Figur eines Moosbrugger stößt Ulrich auf eine Art Alter ego. Der Prozeß gegen diesen Zimmermannsgesellen, der freundlos durch die Lande zieht und schließlich als »Lustmörder« angeklagt wird, beginnt in Kapitel 18 und setzt sich in weiteren sechs Kapiteln fort gleich einem pathologischen *basso ostinato.* In Kapitel 110 deutet sich schließlich eine professionelle Digitalisierung des persönlichen Geschehens an, die weit in die Zukunft weist.

Der Angeklagte wird von »Justizsoldaten« in den Gerichtssaal geführt und fällt auf durch ein schwer zu definierendes Lächeln. Er gerät in das Fadenkreuz juristischer und psychiatrischer Befragungen; Experten streiten sich darüber, ob der Delinquent als zurechnungsfähig anzusehen sei oder nicht, ob er also in die rettende Klinik gehöre oder in die Todeszelle des Gefängnisses. Auf solch professionelle Weise wird der Außenseiter in einen Mann *mit Eigenschaften* umgemodelt, es fragt sich nur, mit welchen. Hauptwidersacher sind für ihn die Richter, die aus ihm einen »besonderen Fall« machen, während er sich selbst eine eigene »Welt« zuerkennt und zugleich ein »wahres Leben«, das »nur für ihn vorhanden« ist (75 f.). Gleichzeitig beteuert er, daß er nicht an seinem Leben hänge. »Was hätte er daran lieben sollen?« (212) Das »erste Gesetz des Lebens«, das auf Selbsterhaltung abzielt, verliert bei ihm offenbar seine Kraft, wie wir es auch heute von Selbstmordattentätern kennen. Voller Entschlossenheit und mit einem gewissen Stolz verteidigt er aber die von überall her zu ihm dringenden Stimmen *als leibhaft gehörte*, mögen sie von innen oder von außen zu ihm dringen, mögen psychiatrische »Klugköpfe« sie als Halluzinationen

13 Diese Systeme gibt es wirklich, sie sind nicht einer bloßen Methode zuzuschreiben, wenn wir Niklas Luhmanns Erklärungen folgen. Vgl. *Soziale Systeme* (1984), S. 30.

bezeichnen oder als was sonst (239). Ohne sein eigenes Leiden zu durchschauen, beharrt er auf der Eigenart pathologischer Erfahrungen, die in der Tat mehr sind als ein bloßes Defizit.[14] Er wehrt sich gegen die »Grausamkeit eines Denkens, das mit den ihm genehmen Begriffen schaltet, ohne sich um das Gewicht von Leid und Leben zu kümmern« (532). Darin zeigt er eine gewisse Nähe zu Ulrichs gesellschaftlicher Abstinenz, selbst wenn diesem die »Mischung von Grausamkeit und Leiden« wie auch die »Mischung von Genauigkeit und Fahrlässigkeit«, die der Angeklagte an den Tag legt, von Anfang an zuwider ist (244). Die Allianz zwischen Opfer und Beobachter zeigt Lücken, doch auch so fungiert Ulrich, ethnographisch gesprochen, als Beobachter, der am Leiden des Patienten Anteil nimmt.

Die entscheidende Sitzung, in der das Urteil verkündet wird, endet mit einem Schlußwort des Angeklagten, mit dem dieser das Urteil zwar annimmt, die Zustimmung aber durch das Eingeständnis seines Irrsinns erheblich abschwächt: »Ich bin damit zufrieden, wenn ich Ihnen auch gestehen muß, daß Sie einen Irrsinnigen verurteilt haben!« (76) Für jeden Performationstheoretiker wäre es ein leichtes, einen performativen Widerspruch zu statuieren. Die Selbstaussage eines Irren hebt sich selbst auf, sie braucht nicht widerlegt zu werden, dennoch gehört sie zum gerichtsmedizinischen Befund und so auch zur Erzählung.

Ulrich, der den Winkelzügen der Verhandlung atemlos gefolgt ist, gibt sich mit dieser Lösung jedoch nicht zufrieden. Für ihn steht die sogenannte normale Erfahrung insgesamt auf dem Spiel: »Das war deutlich Irrsinn, und ebenso deutlich bloß ein verzerrter Zusammenhang unsrer eignen Elemente des Seins.« (76) Demnach wäre unsere normale Erfahrung keineswegs intakt, und unsere Träume wären keineswegs bloßer Schaum. Hören wir dazu nochmals Husserl. In seiner Analyse der weltlichen Erfahrung setzt er sich selbst, wie schon Descartes, dem »Einwand der Verrücktheit« aus. Bei ihm bedeutet dies nicht gleich wie bei Ulrich eine »prästabilierte Disharmonie der Schöpfung« (1099). Doch auch er gibt zu bedenken, daß die Harmonie der Erfahrung keineswegs fest verbürgt ist. Denkbar wäre, daß sie sich in das »sinnlose Durcheinan-

14 Zur patientenbezogenen Interpretation pathologischer Phänomene wie der verbalen Halluzination vgl. aus der Sicht der Phänomenologie und phänomenologisch inspirierter Psychiater GN 138 f.

der« eines »Erscheinungsgewühls« verwandelt, so daß der Mensch, dem dies geschieht, geradezu »verrückt« wird (Hua VIII, 55). Dies hieße gewiß nicht, daß es gar keine Welt gibt, wie Ulrich vor seinem Abschied aus Kakanien *en passant* verlauten läßt (664), doch es hieße, *daß es die Welt gibt*, nicht weniger aber auch nicht mehr.[15]

Die Brüchigkeit unserer Erfahrung hätte zur Folge, daß es in unserer Welt eben nicht völlig mit rechten Dingen zugeht; es hieße, daß Seinesgleichen nur geschieht auf der Folie des Ungleichen. Unsere alltägliche Erfahrung wäre demnach mit Außeralltäglichem, unsere ordentliche Erfahrung mit Außerordentlichem, alles Heimische mit Fremdem durchsetzt. Demnach gälte, wie sich wiederholt gezeigt hat: Was normalisiert wird, *ist* nicht normal, so wie das, was gleichgesetzt wird, nicht gleich *ist*. Würde die Scheidung der Menschheit in Menschen mit und ohne Eigenschaften ganz ohne Wenn und Aber der Erfahrung aufgezwungen, so käme es zu den extremen Formen eines Ordentlichen ohne das Salz des Außerordentlichen und umgekehrt eines Außerordentlichen ohne die Speise des Ordentlichen. Erfahrung ohne das Salz des Fremden wäre gleichsam witzlos (nicht umsonst bedeutet das lateinische Wort ›sal‹ auch ›Witz‹). Von daher könnte man all das, was in Kakanien im Zuge einer sozialen »Laboratoriumserfahrung« (31) fabriziert wird, im Anschluß an Nietzsches *Fröhliche Wissenschaft* (KSA 3, 490) als eine vielfältige Erzeugung von »Normalmenschen« betrachten, die in der Fixierung auf feste Eigenheiten alle Spuren der Fremdheit verwischt. Fremdheit im radikalen Sinne besagt jedoch mehr als Andersheit im Sinne des Verschiedenen, es bedeutet, daß etwas da ist, indem es sich *entzieht*, indem es von uns *geschieden* und *anderswo* ist. Dies betrifft bereits mich selbst und die Dinge der Umwelt, aber in besonderem Sinne trifft es zu auf die Fremdheit der Anderen, die oft ›Alterität‹ genannt und im Französischen einem indeklinablen *autrui* zugesprochen wird. Die Fremdheit des Eigenen wie die Fremdheit des Fremden schwindet, sobald Eine(r) gegen den Anderen oder gegen die Andere austauschbar scheint, aber auch wenn Eine(r) mit dem oder der Anderen verschmilzt wie in einer *unio mystica*.

15 Diese Urtatsache ist in der Phänomenologie bekannt durch die von Heidegger, Merleau-Ponty, Foucault oder Derrida auf je eigene Weise benutzte Formel *es gibt*, frz. *il y a*: Es gibt Wahrheit, Sinn, Ordnung etc.

Man könnte sich am Ende fragen, ob uns der Roman nicht vor eine untaugliche Alternative stellt. Einerseits gälte die Vorliebe einem *vielleicht, peut-être, maybe*, das hieße: etwas kann sein, kann aber auch *nicht oder anders* sein; andererseits würde sich die Sehnsucht auf etwas richten, das *ganz anders* ist. Doch eine solche Alternative scheint nicht mehr zu sein als ein Konstrukt, das der Erfahrung aufgezwungen wird, oder als ein »Ideenkleid« (Hua VI, 52), das dem, was uns widerfährt, übergestülpt wird. Als Probefall nehme ich nochmals die gewaltsame Tötung, die Moosbrugger zur Last gelegt wird. Ulrich kommt mit einer solchen Tat offenbar leicht zurecht. Wie er nonchalant erklärt, steht der alte Satz »Du sollst nicht töten« weder für Wahrheit noch für Subjektivität. Bestenfalls steckt dahinter eine »Forderung«, die in den Dogmen der Religion und in den Gesetzen verankert ist, und sie hat den Charakter einer »abgeleiteten Wahrheit«, die eine Menge Ausnahmen zuläßt (254).[16] Das Gefühl, das dieser Satz beim Menschen auslöst, wäre dann nur ein »Gemisch von vernageltem Gehorchen« und »gedankenlosem Plätschern auf einer Woge voll Möglichkeiten«. In dieser geistreichen, aber überaus leichtfertigen Skizze, die der Besucher von Kakanien hinterläßt, gerät völlig aus dem Blick, daß das »Du sollst« schon rein sprachlich von jemandem ausgeht, der oder die von Angesicht zu Angesicht an mich appelliert, so daß ich mich in der zweiten Person angeredet weiß, ob ich will oder nicht. Von der uralten Botschaft bleibt für unseren Protagonisten nur ein Gefühl des Ergriffenseins, »als wäre ihm eine selige Übertreibung in die Brust gefallen«. Damit öffnet sich immerhin ein Spalt hin zu der Liebesmystik, der Ulrich später zusammen mit Agathe nachspürt. Doch in Kakanien bliebe alles, wie es ist und war – und sein wird.

Damit stehen wir wieder vor der Frage nach dem ausstehenden Ende des Romans. Wäre etwa das ›vielleicht‹ das letzte Wort? Ich

16 Die Gestalttheorie, die zu Musils Zeit im Kommen war und auf die wir uns im Vorwort beziehen, operiert dagegen mit »Aufforderungsqualitäten« und »Gefordertheiten«, die über schlichte Gegebenheiten hinausgehen, die aber dennoch nicht der Kommandosprache und einem prinzipiellen Sollen entstammen, sondern schon von der Gestalt der Dinge selbst ausgehen und zur Revision der empiristischen Lehre von bloßen Empfindungsdaten nötigen. Auch die Waffe in den Händen Moosbruggers hat eine Aufforderungsqualität (vgl. 71).

versuche es mit einer letzten Volte. Musil legt Ulrich ein essayistisches Bekenntnis in den Mund. Das Bekenntnis gilt einem »Essayismus«, für den der Essay mehr besagt als eine bloße Überzeugung, die zwischen Wahrheit und Irrtum hin- und herschwankt; er gilt als »einmalige und unabänderliche Gestalt, die das innere Leben eines Menschen in einem entscheidenden Gedanken annimmt« (253). Ein großes Wort! Bevor ich die zahlreichen Widerrufe und Vorbehalte anführe, die einer solchen Entschiedenheit widersprechen, frage ich mich, ob nicht der Essayismus eines unentwegten Schreibens zu ergänzen wäre durch den Essayismus eines unaufhörlichen Lesens, das kein Ende findet.

Ich denke dabei nicht an die schlechte Unendlichkeit eines endlosen Und-so-weiter, sondern an *Unerzählbares* inmitten des Erzählten als eine Form des Außerordentlichen, die sich der Einordnung entzieht. Jenseits von purer Wiedergabe und purer Erfindung hätte radikales Erzählen es mit einer Erfahrung zu tun, die erst im Erzählen und Wiedererzählen Gestalt annimmt. Das Unerzählbare beträfe in besonderem Maße den Anfang des Erzählens, der immer schon gemacht ist, und das Ende des Erzählens, das immer noch aussteht. Es beträfe aber auch die Unterbrechungen, die aus der Literaturanalyse als *blanc* bekannt sind und in denen das Sprechen und Schreiben wie bei unserem Geschwisterpaar Atem holt, getragen von der Vorstellung eines »Geschehens, ohne daß etwas geschieht« (1148). Dies entspräche dem Unerzählbaren, das inmitten des Erzählten auftaucht und das in Kapitel III unserer *Phänomenologie der Aufmerksamkeit* ausführlich zur Sprache kommt. Die Kluft, die sich auf dem Weg zwischen Kakanien und Paradies auftut, ließe sich dann als ein Hiatus verstehen, der seine Stütze nirgendwoanders findet als im Zuge eines Erzählens, das sich auf Fremdes einläßt. Auch dies wäre der »Unfertigkeit der Sache« zuzuschreiben.

Ich breche hier ab und werfe nur noch einen Seitenblick auf die offenen Horizonte des Romangeschehens. Leser, die sich in Musils Roman vertiefen, stoßen unwillkürlich auf Spuren eines Zeitgeschehens, das zwar den Rahmen des Erzählens überschreitet, das man aber nicht einfach ignorieren kann, ohne sich in ein ästhetisches Wolkenkuckucksheim zu flüchten. Eine literarische Epoché, die außerliterarische Bezüge suspendiert, unterhält immer noch einen Bezug zur Lebenswelt, aus der sie hervorgeht. Zeitgenössische Ereignisse und Umstände sind nicht einfach außerhalb der Literatur angesiedelt, sie sind in verwandelter Form gegenwärtig als das, *was in der Erzählung zur Sprache drängt.*

Bei der Lektüre Musils habe ich mich wiederholt gefragt, ob in dem, was Ulrich sagt, was er denkt und tut, ein hinreichendes Potential an Widerstandskraft steckt, das den Herausforderungen des bevorstehenden Ersten Weltkriegs und den desaströsen Tendenzen des nachfolgenden anderen, Tausendjährigen Reiches standgehalten hätte. Die Frage bleibt, selbst wenn wir annehmen dürfen, daß Ulrich bei etwaiger Fortsetzung des Romans durch seine Ideenskepsis vor den schlimmsten Verführungen und Verirrungen bewahrt worden wäre. Es genügt ein Blick auf Werke, die zur gleichen Zeit erschienen und deren Autoren unter ähnlichen Voraussetzungen schrieben wie Robert Musil, so etwa Alfred Döblins *Alexanderplatz*, Heinrich Manns *Untertan*, Thomas Manns *Doktor Faustus*, Annette Kolbs *Schaukel* oder Carl Zuckmayers *Als wär's ein Stück von mir.* Seinesgleichen geschieht also, doch nichts, was geschieht, gleicht sich aufs Haar.

Nachwort zur Ukraine: *Nostra res agitur*

7.3.2022, elfter Kriegstag in der Ukraine.

Der Krieg, der seit dem 24. Februar dieses Jahres die Ukraine heimsucht, kommt nicht aus heiterem Himmel, er wurde sorgfältig geplant. Ich erinnere mich an meinen früheren Besuch in Kyiv im Oktober 2004. Bei der Tagung, die von der dortigen Universität und der Akademie der Wissenschaften veranstaltet wurde, ging es um »Phänomenologie und Kultur«. Zu den Teilnehmern gehörten Gäste aus Städten wie Charkiw, Odessa, Minsk und Sankt Petersburg. Man überquerte die Grenzen zwischen Ukraine, Belarus und Rußland noch ungeniert. Ich selbst beteiligte mich mit Vorträgen zur »Genealogie der Kultur« und zur »Phänomenologie auf den Spuren des Fremden« und erlebte angeregte Diskussionen, in denen phänomenologische Traditionen wach wurden. Doch es kündete sich bereits ein Umschwung an, der einen Monat später mit der Orangen Revolution auf dem Maidan tatsächlich einsetzte. Zehn Jahre später, im Jahre 2014, folgten die blutigen Demonstrationen auf dem Euromaidan, vorbereitet durch die russische Okkupation der Krim und die Herauslösung von grenznahen Gebieten der Ostukraine. Man ahnte schon damals, daß damit noch nicht das Ende erreicht sein würde. Ich erlaube mir, aus einem Brief zu zitieren, den ich am 28.7.2014 an Karl Schlögel schickte:

> Ich las heute in der *Süddeutschen Zeitung*, wie Sie zum Ukrainekonflikt stehen, den ich ebenfalls Tag für Tag verfolge. Glücklicherweise gehören Sie nicht zu denen, die alte deutsche Schuld an Rußland gegen neue Machtgelüste aus Rußland aufrechnen und das alte Blockdenken über die Köpfe von »Randvölkern« hinweg fortsetzen. Ich erinnere mich daran, wie man 1981 von rechts und links den polnischen Solidaritätsanhängern nahelegte, die Ostpolitik nicht zu gefährden, und wie man 1995 das, was in Sarajewo und Srebenica geschah, mit dem Holocaust klein redete. Ich denke, daß es im Guten wie im Üblen eine historische und geographische Singularisierung gibt, die nicht mit Provinzialisierung gleichzusetzen und nicht einer Universalisierung oder Globalisierung zu unterwerfen ist. Im übrigen ist es eine Infamie, Leute vom Maidan wie Juri Andruchowytsch unter einen globalen Faschismus-Verdacht zu stellen.

Karl Schlögel, bekannt als ausgezeichneter Kenner der russischen Geschichte, führt in einem an der Münchner Siemens-Stiftung gehaltenen, 2014 veröffentlichten Vortrag zur *Archäologie des Kommunismus oder Rußland im 20. Jahrhundert* den andauernden Eroberungsdrang auf einen »postimperialen Phantomschmerz« zurück. Dabei stellt er fest (S. 127):

> Die Annexion der Krim im März 2014 und die fortgesetzte Aggression gegen die Ukraine verweisen indes auf eine Dynamik, in der die Flucht nach vorn – in die chirurgisch präzis ausgeführte militärische Aktion – und die Flucht in den Ideen- und Formenbestand des sowjetischen wie des imperialen Russlands Hand in Hand gehen und sich zu etwas Neuem zusammenfügen, auf das die nichtrussische Welt nicht vorbereitet war.

Inzwischen sprechen die russischen Machthaber in einer quasimilitärischen Tarnsprache von einer »militärischen Spezialoperation«; wer den Krieg beim Namen nennt, macht sich im eigenen Land strafbar. Wenn aber nicht Krieg, worin unterscheidet sich dann dieses gezielte und anhaltende Töten von Privatpersonen von einem schlichten Morden wie jenem, das seine Spuren in der Todesschlucht Babyn Jar hinterlassen hat? Für polizeiliche Aktionen fehlt der Strafbefehl. Sprachverdrehungen, mit denen man Gewalt wegredet, gehören von alters her zu den Mitteln propagandistischer Kriegsführung, in der bei uns in Deutschland Joseph Goebbels ein Meister war. »Der Tod ist ein Meister aus Deutschland«, so die Stimme Paul Celans, der besonderes Gehör verdient, stammt er doch aus Czernowitz, einer einst vielsprachigen Grenzstadt Galiziens, die heute ebenfalls bedroht ist. Den todbringenden Meister gibt es auch in anderer nationaler Färbung.

*

Seitdem in der Ukraine das Erwartet-Unerwartete eingetroffen ist, haben sich viele Opfer, Zeugen und Kenner in den Medien zu Wort gemeldet, an Informationen herrscht kein Mangel. Das war nicht immer so. Jene, die sich in Deutschland anfangs als »Putinversteher« hervortaten, sind kleinlaut geworden. Die Stereotype über die Ukraine, die im Westen lange im Schwange waren, lassen sich in einem 2019 in Kyiv erschienenen, von Volodymir Yermolenko herausgegebenen und von maßgeblichen einheimischen Intellektuellen bestrittenen Band *Ukraine in History and Stories* genauestens nachverfolgen.

Als jemand, der die Randländer der ehemaligen Sowjetunion nach deren Zerfall mehrfach bereist hat, von Litauen über Belarus und die Ukraine bis zu Georgien (siehe mein 2020 erschienenes *Reisetagebuch eines Phänomenologen*), und als jemand, dessen väterliche Großeltern unter polnischen Namen aus Ostpreußen und Niederschlesien in das Ruhrgebiet eingewandert sind, begnüge ich mich an dieser Stelle damit, ein grundlegendes Motiv herauszugreifen, das den gegebenen Anlaß übersteigt. Den Ausbruch des Ukrainekriegs zähle ich zu der Vielzahl kollektiver Herausforderungen, die jeweils von lokalen Ereignissen ausgehen, aber globale Ausmaße annehmen, verstärkt durch digitale Mechanismen.

Mit dem Leitsatz, der im Titel meines Beitrags auftaucht, beziehe ich mich auf eine alte lateinische Redensart. Horaz verwendet sie in einem seiner Briefe, indem er eine Brücke schlägt vom persönlichen zum gemeinsamen Geschick, das uns alle zu Schicksalsgenossen (*consortes*) macht: »*Nam tua res agitur, paries cum proximus ardet* – Denn es geht um deine Sache, wenn es nebenan brennt, wörtlich: wenn die Wand des Nachbarn brennt.« Mit dem Singular *tua* ist jeder und jede einzelne direkt angesprochen. Mit dem Übergang in den Plural *nostra* deutet sich an, daß Widerfahrnisse keine einsamen Empfindungen sind, die erst nachträglich assoziativ und sozial verarbeitet werden, sondern originäre Mitempfindungen.

Die Geschichte Europas verzeichnet einschneidende Ereignisse: den Perserkrieg, in dem erstmals die Bewohner des europäischen Festlands um ihre Eigenexistenz kämpften – die Pest in Athen, die Thukydides als ein verstörend-zerstörendes Pathos beschreibt – den Ausbruch des Vesuvs, der ganze Städte unter sich begrub – das Erdbeben von Lissabon, das unter der Regie Voltaires wie auch Kants ererbte Fragen der Theodizee in Fragen einer Soziodizee verwandelte – schließlich die Französische Revolution, laut Kant etwas, das »sich nicht mehr vergißt«. Was in solchen Fällen in das gewohnte Leben einbricht und in Form bedeutsamer »Geschichtszeichen« gesellschaftliche Tendenzen erkennen läßt (siehe Kants Schrift *Der Streit der Fakultäten*), geht keineswegs bloß mich als einzelnen an, es trifft mich selbst zusammen mit Anderen, mit denen ich das Leben teile. Norbert Elias, der Soziologe aus der Schule Husserls, spricht 1987 in seinen Studien zur *Gesellschaft der Individuen* von einer störanfälligen »Ich-Wir-Balance«, die weder auf einen atomistischen Individualismus noch auf einen kompakten Kollektivismus zurückzuführen ist, die sich vielmehr zwischen uns einpendelt. Was uns in der Berührung, im Anblick, in der Anrede widerfährt, nimmt die Form einer *Ko-affektion* an, auf die wir in Form einer *Kor-respondenz* antworten. Das Wir, das in dem Präfix *cum/mit* anklingt, ist keine fertige Substanz und keine fixe Instanz, es bildet sich immer wieder neu im Medium einer pathisch getränkten Erfahrung, die uns mit Willkommenem wie auch mit Widrigem konfrontiert.

Hören wir dazu eine Stimme aus dem Osten Europas, in der sich ein nicht-imperiales Rußland bekundet. Für den Literaturtheoretiker Michail Bachtin, dem unsere responsive Phänomenologie Wichtiges verdankt, bedeutet jedes Wort, das aus meinem Mund kommt, ein »halbfremdes Wort«; es entstammt nämlich einer »Antwortlichkeit (*otvetnost'*)«, die in der Provokation durch fremde Rede und in der Verflechtung mit fremder Rede einen jeden Monologismus hinter sich läßt (1979, S. 185, 233). Im Gegensatz dazu entspringt der Monologismus einer imperialen oder autokratischen Macht, die alles Fremde verstummen läßt. Sie wird uns neuerdings von Putin und seinen Gefolgsleuten drastisch vor Augen geführt in Gestalt eines kollektiven Größenwahns, der mit einer »Allmacht der Gedanken« liebäugelt. Europa ist jedoch nur lebendig als vielstimmige Union, die für einen Polylog Raum läßt. In dem Wendejahr 1989 wurde leider auf östlicher Seite die Chance verpaßt, die sowjetische Hegemonie durch eine eurasische Variante von Vereinigten Staaten zu ersetzen, unter Einschluß islamisch geprägter Länder. Sollte es dafür endgültig zu spät sein? »Lernt Sprachen. Auch die nicht vorhandenen«, so lautet einer der »unfrisierten Gedanken« des polnischen Aphoristikers Stanisław Lec. Es genügt nicht, fremde Sprachen zu sprechen, wie es auch Geheimdienstlern gelingt, es kommt darauf an, in fremden Sprachen zu denken und nicht nur in der eigenen. Nur so entsteht ein veritabler Polylog.

Der Polylog rührt an die Wurzeln von Geselligkeit und Ungeselligkeit. Damit komme ich zu dem entscheidenden Stichwort *Solidarität*, das in dem pluralen Titel meines Beitrags anklingt. Es ist bemerkenswert, wie häufig zur Zeit, ungeachtet aller Zwistigkeit, von Solidarität die Rede ist, und zwar im Sinne einer generellen Lebenseinstellung, im Sinne spezifischer Handlungsimpulse und eines gelebten Mitseins – und dies alles jenseits von faktischem Sein und normativem Sollen, jenseits von subjektivem Gefühl und transsubjektiver Regel. Vieles davon findet sich in dem von Kurt Bayertz herausgegebenen Band *Solidarität* (1998). Das Motiv der Solidarität, das auf das frühsozialistische Gemeinschafts- und Genossenschaftswesen aus dem Frankreich des 19. Jahrhunderts zurückgeht, kehrt im Sommer 1980 wieder als Kernidee der polnischen Solidarność-Bewegung und als Parole des Warschauer Aufstandes, der in eine Reihe tritt mit den Ereignissen von Berlin 1953, Budapest 1956 und Prag 1968. Was sich zur Zeit in der Ukraine abspielt, gehört zu den Wendemarken eines rebellierenden Europas, das um seine freie Lebensart kämpft.

Nicht zu übersehen sind zahlreiche Zeugnisse von Russen wie etwa Alexej Nawalny, sonderlich auch von Weißrussen, die sich ebenso wie nun die Ukrainer dem alten und neuen Großmachtdenken unter erheblichen Risiken entgegenstellen. Es fehlt nicht an Stimmen aus Kunst und Wissenschaft. Kirchliche Institutionen wie das Moskauer Patriarchat äußern sich allerdings nur zögernd. In Deutschland wird man *horribile dictu* an die »Deutschen Christen« aus der Nazizeit erinnert. Auf alle Fälle hat die Solidarität, die zur Zeit unter den Opfern der russischen Aggression, aber auch unter den Ukrainern und ihren Nachbarn von Tag zu Tag unter breiter Anteilnahme der Weltöffentlichkeit ans Licht tritt, etwas Erstaunliches, verglichen mit einer lang und weit verbreiteten Sozialideologie, die individuelle und kollektive Formen der Selbsterhaltung und das Profitstreben über alles stellt und die unter postkommunistischen Oligarchen eine neokapitalistische Renaissance feiert. Vielleicht ist diese in Europa überraschend auflodernde Solidarität der ungewollte Beitrag Putins zu einem Europa, das mühsam um seine Einheit ringt. Wenn laut Platon das Philosophieren aus starken Affekten des Erstaunens und des Erschreckens erwächst, so gilt dies auch für die Besinnung auf die Bindekraft einer Gesellschaft. Platons Polis findet in der »Gemeinschaft von Lust und Unlust« (*Politeia* V, 462b) ihren affektiven, pathischen Fundus, der durch keine normative Regelung und durch keinen Nutzenkalkül zu ersetzen ist.

Was in Zeiten der Krise, wie wir sie gerade durchleben, zutage tritt, erlaubt sicher keine rasche Lösung; dennoch gibt es Lichtblicke und Hoffnungsschimmer, die darauf hindeuten, daß mit alltäglichen Sprüchen wie »Rette sich, wer kann«, »Mitgehangen, mitgefangen« oder dem fatalistischen »Nach uns die Sintflut« eben nicht alles gesagt und getan ist. Der Prager Philosoph und Dissident Jan Patočka, der zuerst unter dem Einmarsch der Nazis und dann nochmals unter den ›Schutzmaßnahmen‹ seitens des russischen ›Brudervolkes‹ zu leiden hatte, spricht in einem Essay, in dem er »Die Kriege des zwanzigsten Jahrhunderts und das zwanzigste Jahrhundert als Krieg« Revue passieren läßt, von einer »Solidarität der Erschütterten«, die dazu befähigt, ›nein‹ zu sagen zu allen Mobilisierungsmaßnahmen, die den Kriegszustand verewigen« (1988, S. 162 f.). Der Autor denkt hierbei an Fronterlebnisse, wie sie von Teilhard de Chardin und Ernst Jünger zu ihrer Zeit beschworen wurden und die längst durch eine raffinierte Kriegstechnologie überholt wurden. Doch entscheidend ist der Gedanke, daß der Alltag unter außerordentlichen Umständen außer Fassung gerät, so daß eingefahrene Frontlinien sich verwischen. Dies setzt allerdings voraus, daß wir das *nostra res agitur* nicht als bloße Feststellung verstehen, sondern als Appell zur Umkehr.

*

Das Umdenken müßte eine radikale Form annehmen. Putins lapidarer Satz: »Die Ukraine gehört historisch zu uns« rekurriert auf eine unerschütterte Position, mittels deren das grandiose Ich mit einem angemaßten Wir verschmilzt. Dabei wird auf geradezu absurde Weise ein Genozid an der russischen Bevölkerung herbeigeredet und Ukrainern, nur weil sie russisch sprechen, eine Protektion aufgezwungen. Doch wie sähe es aus, wenn wir Deutschen an Landesgrenzen rütteln würden mit Parolen wie: »Kaliningrad alias Königsberg« oder »Wrocław alias Breslau gehört zu uns«? Was wäre, wenn alle Welt die Geschichte als ideologische Vorratskammer nutzen würde? Was nämlich Rußland recht ist, das ist China billig. Daß China sich bei der anvisierten »Wiedervereinigung« mit Taiwan an Putins völkischer Politik ein Beispiel nimmt, ist leider zu befürchten. *Russia* oder *China first*, dazu als schrilles westliches Echo Trumps einstiges *America first* – wie läßt sich verhindern, daß psychopathische Kriegsverbrecher an die Regierung kommen und, jedes Völkerrecht mißachtend, in ihrer jeweiligen »Wolfsschanze« mit Atomwaffen spielen? *Though this be madness, yet there is method in it.*

Schließen möchte ich mit einer hellsichtigen Bemerkung, die aus dem derzeit umkämpften Land zu uns gelangt. In seinem 2003 erschienenen Essayband *Das letzte Territorium* propagiert der ukrainisch-galizische Schriftsteller Juri Andruchowytsch, im eigenen Namen und im Namen seiner Landsleute, ein Mitteleuropa besonderer Art: »›Mitteleuropa‹ ist ein besonderer Seelenzustand, eine besondere Einstellung zur Welt, [...] es ist eine Provinz, wo jeder weiß, daß er sich in Wirklichkeit im Zentrum befindet, denn das Zentrum ist überall und nirgends.« (S. 69) Eine solche Dezentrierung wäre geeignet, jedem Imperialismus, ob einem vom Westen oder vom Osten, den Wind aus den Segeln zu nehmen.

Literatur

Abe, K., *Das Gesicht des Anderen*, übersetzt von O. Benl, Frankfurt/M. 1992.

Ackermann, F., *Mein litauischer Führerschein. Ausflüge zum Ende der Europäischen Union*, Berlin 2017.

Adorno, Th. W., *Negative Dialektik*, Frankfurt/M. 1966.

–, *Ästhetische Theorie*, Frankfurt/M. 1973.

Alloa, E., *Das durchscheinende Bild. Konturen einer medialen Phänomenologie*, Berlin 2011.

Andruchowytsch, J., *Das letzte Territorium*, übersetzt von A. Woldan, Frankfurt/M. [6]2015.

Armgardt, M., Busche, H. (Hg.), *Recht und Billigkeit. Zur Geschichte der Beurteilung ihres Verhältnisses*, Tübingen 2021.

Art Projects / Synagoge Stommeln / Kunstprojekte, Pulheim 2000.

Augsberg, I., *Ungewißheit als Chance. Perspektiven eines produktiven Umgangs mit Unsicherheit im Rechtssystem*, Tübingen 2009.

Bachtin, M. M., »Das Wort im Roman«, in: ders., *Die Ästhetik des Wortes*, München 1979.

Barthes, R., *Die helle Kammer*, übersetzt von D. Leube, Frankfurt/M. 1989.

Bayertz, K. (Hg.), *Solidarität. Begriff und Problem*, Frankfurt/M. 1998.

Beck, U., *Risikogesellschaft*, Frankfurt/M. 1986.

Bedorf, Th., *Dimensionen des Dritten*, München 2003.

Belting, H., *Faces, Eine Geschichte des Gesichts*, München 2013.

Benjamin, W., »Die Aufgabe des Übersetzers« und »Geschichtsphilosophische Thesen«, in: *Illuminationen*, Frankfurt/M. 1961.

–, *Kurze Schatten* (Gesammelte Schriften IV. 1), Frankfurt/M. 1972.

–, *Passagen-Werk*, 2 Bde., Frankfurt/M. 1983.

Benveniste, É., *Probleme der allgemeinen Sprachwissenschaft*, übersetzt von W. Bolle, München 1974.

Berger, P., »Das Problem der mannigfachen Wirklichkeiten: Alfred Schütz und Robert Musil«, in: R. Grathoff, B. Waldenfels (Hg.), *Sozialität und Intersubjektivität. Phänomenologische Perspektiven im Umkreis von Aron Gurwitsch und Alfred Schütz*, München 1983.

Bernhard, Th., *Gehen*, Frankfurt/M. 1971.

Berswordt-Wallrabe, S., Rattemeyer, V. (Hg.), *Weltsichten. Landschaft in der Kunst seit dem 17. Jahrhundert*, Bonn 2010 (zitiert: Katalog).

Blumenberg, H., *Wirklichkeiten in denen wir leben*, Stuttgart 1981.

Brecht, W., *Unser Leben in Augsburg, damals. Erinnerungen*, Frankfurt/M. 1987.

Buber, M., *Ich und Du*, in: ders., *Werke*, Erster Bd., München 1962.
Burckhardt, J., *Weltgeschichtliche Betrachtungen*, Pfullingen, o. J.
Buytendijk, F. J. J., *Mensch und Tier. Ein Beitrag zur vergleichenden Psychologie*, Hamburg 1958.

Castoriadis, C., *La montée de l'insignifiance. Les carrefours du labyrinthe*, Paris 1996.
Cellbrot, H., *Die Bewegung des Sinnes. Zur Phänomenologie Robert Musils im Hinblick auf Edmund Husserl*, München 1968.
Cheung, Chan-fai, *Kairos*, Hongkong 2009.
Cohen, H., *Über das Eigentümliche des deutschen Geistes*, Berlin 1914.
Cohn, Ch., *Der Prozeß und Tod Jesu aus jüdischer Sicht*, übersetzt von Ch. Wiese, H. Liron, Frankfurt/M. 1977.

Därmann, I., *Tod und Bild. Eine phänomenologische Mediengeschichte*, München 1995.
Delhom, P., *Der Dritte. Levinas' Philosophie zwischen Verantwortung und Gerechtigkeit*, München 2000.
Derrida J., *Die Sprache und die Differenz*, übersetzt von R. Gasché, U. Köppen, Frankfurt/M.1972.
–, *Donner le temps I: La fausse monaie*, Paris 1991, deutsch: *Falschgeld. Zeit geben I*, übersetzt von A. Knop, M. Wetzel, München 1993.
–, *Das andere Kap. Die vertagte Demokratie. Zwei Essays zu Europa*, übersetzt von A. G. Düttmann, Frankfurt/M. 1992.
–, *Von der Gastfreundschaft*, übersetzt von L. Sedlaczek, Wien 2001.
Descartes, R., *Der Briefwechsel mit Elisabeth von der Pfalz*, hg. von I. Wienand u. O. Ribordy, Hamburg 2015.
Descola, Ph., *Jenseits von Natur und Kultur*, übersetzt von E. Moldenhauer, Berlin 2011.
Dörner, K., *Der gute Arzt. Lehrbuch der ärztlichen Grundhaltung*, Stuttgart 2001.
Dreyfus, H., *Die Grenzen künstlicher Intelligenz. Was Computer nicht können*, Königstein 1985.
–, »Was Computer noch immer nicht können«, in: *Deutsche Zeitschrift für Philosophie* 41 (1993), S. 653-680.
Dünne, J., Günzel, St. (Hg.), *Raumtheorie*, Frankfurt/M. 2006.

Elias, N., *Die Gesellschaft der Individuen*, Frankfurt/M. 1987.
Eribon, D., *Rückkehr nach Reims*, übersetzt von T. Haberkorn, Berlin 2016.
Eßbach, W., *Religionssoziologie 1. Glaubenskrieg und Revolution als Wege neuer Religionen*, Paderborn 2014.

Feuerbach, L., *Grundsätze der Philosophie der Zukunft*, in: *Kleine Schriften*, Nachwort von K. Löwith, Frankfurt/M. 1966.

Feyerabend, P., *Wider den Methodenzwang*, Frankfurt/M. 1977.

Flasch, K., *Die geistige Mobilmachung. Die deutschen Intellektuellen und der Erste Weltkrieg*, Berlin 2000.

Foucault, M., *Überwachen und Strafen. Die Geburt des Gefängnisses*, übersetzt von W. Seitter, Frankfurt/M. 1977.

Freud, S., *Gesammelte Werke*, London und Frankfurt/M. 1940 ff.

Fuchs, Th., *Das Gehirn – ein Beziehungsorgan*, Stuttgart [5]2017.

–, *Verteidigung des Menschen. Grundfragen einer verkörperten Anthropologie*, Berlin 2020.

Gessmann, M., *Was der Mensch wirklich braucht. Warum wir mit Technik nicht mehr zurechtkommen und wie sich aus unserem Umgang mit Apparaten wieder eine sinnvolle Geschichte ergibt*, München 2010.

–, »Maschinenethik – Vom Schmuddelkind zum Hoffnungsträger«, in: *Phil. Rundschau* Nr. 66, Heft 2 (2019), S. 89-117; Heft 3/4 (2029), S. 217-304.

Goethe, W., *Maximen und Reflexionen*, in: Sämtliche Werke, Bd. 9, Zürich 1977.

Goldstein, K., *Der Aufbau des Organismus*, Paderborn 2014.

Goya. Das Zeitalter der Revolutionen. 1789-1830, Katalog der Hamburger Kunsthalle München 1980.

Griesecke, B., *Fremde Wissenschaft?*, Berlin 2014.

Habermas, J., *Einbeziehung des Anderen*, Frankfurt/M. 1996.

Handbuch der Politischen Philosophie und Sozialphilosophie, hg. von St. Gosepath, W. Hinsch, B. Rössler, Berlin 2008.

Handke, P., *Eine winterliche Reise zu den Flüssen Donau, Sawe, Morawa und Drina oder Gerechtigkeit für Serbien*, Frankfurt/M. 1996.

Heidegger, M., *Sein und Zeit*, Tübingen [7]1953.

–, *Vorträge und Aufsätze*, Pfullingen 1954.

, *Heraklit* (GA 55), Frankfurt/M. 1979.

Hilgendorf, E., »Maschinen in der Verantwortung? Zur Haftung für Fehler autonomer Systeme«, in: *Forschung & Lehre*, 6/2016, S. 480-481.

Hogrebe, W., *Metaphysik und Mantik. Die Deutungsnatur des Menschen*, Frankfurt/M. 1992.

Hölderlin, F., *Werke*, Bd. 5, Stuttgart 1952.

Holenstein, E., *Kulturphilosophische Perspektiven. Schulbeispiel Schweiz – Europäische Identität auf dem Prüfstand – Globale Verständigungsmöglichkeiten*, Frankfurt/M. 1998.

Husserl, E., *Husserliana* (Hua), Den Haag/Dordrecht 1950 ff.
–, *Briefwechsel*, hg. von K. Schumann, Dordrecht 1994.
Huth, M., »Phänomenologie der Vulnerabilität«, in: *Journal Phänomenologie*, 54/2020.
Huxley, A., *Brave New World*, London 1955.

Jabès, E., *Der Fremde*, übersetzt von J. Rütte, München, Wien 1993.
Jakobson, R., *Kindersprache, Aphasie und allgemeine Lautgesetze*, Frankfurt/M. 1969.
Janich, P., *Kein neues Menschenbild. Zur Sprache der Hirnforschung*, Frankfurt/M. 2009.
Jean Paul, *Der Maschinenmensch nebst seinen Eigenschaften*, in: Sämtliche Werke, Abt. II, Bd. 2, München 1976.
Johne, M., Allert, G. u. a. (Hg.), *Veränderung im psychoanalytischen Prozeß – Entwicklung und Grenzen*, Gießen 2018.
Journal Phänomenologie: »Corona«, 54/2020.
Jullien, F., *Das große Bild hat keine Form*, übersetzt von M. Sedlaczek, München 2005.

Kant. I., *Werke* (in sechs Bänden), hg. von W. Weischedel, Darmstadt 1956-1966.
Kapust, A., *Berührung ohne Berührung. Ethik und Ontologie bei Merleau-Ponty und Levinas*, München 1999.
–, *Der Krieg und der Ausfall der Sprache*, München 2004.
Kapust, A., Waldenfels, B. (Hg.), *Kunst. Bild. Wahrnehmung. Blick. Merleau-Ponty zum Hundertsten*, München 2010.
Kertész, I., *Ich – ein anderer*, übersetzt von I. Rakusa, Berlin 1998.
Kierkegaard, S., *Die Krankheit zum Tode. Furcht und Zittern. Die Wiederholung. Der Begriff der Angst*, Köln, Olten 1956.
Klingner, F., *Römische Geisteswelt*, München 1956.
Klose, J., Schmitz, W. (Hg.), *Wer ist Deutschland? Aspekte der Migration in Kultur, Gesellschaft und Politik*, Dresden 2017.
Kolb, A., *Die Schaukel*, Frankfurt/M. 1982.
Konik, A., *A Grain of Sand in the Pupil of the Eye. Video works 2000-2015* (auf polnisch und englisch), Warschau 2016.
–, *Silence Heard Loud*, Poznań 2021.
Kwan, T., »Bodily Dasein and Chinese Script Components«, in: *Yearbook for Eastern and Western Philosophy*, Vol. 2, Berlin 2017.

Latour, B., *Die Hoffnung der Pandora. Untersuchungen zur Wirklichkeit der Wissenschaft*, übersetzt von G. Roßler, Frankfurt/M. 2000.
–, *Cogitamus*, Berlin 2017.

Lec, St. J., *Unfrisierte Gedanken*, übersetzt von K. Dedecius, München [6]1964.

Lehnert, Ch., *Der Gott in einer Nuß. Fliegende Blätter von Kult und Gebet*, Frankfurt/M. 2017.

Lenzen, M., *Künstliche Intelligenz. Was sie kann & und was uns erwartet*, München 2018.

Leroi-Gourhan, A., *Hand und Wort*, übersetzt von M. Bischoff, Frankfurt/M. [2]1984.

Levinas, E. *Le temps et l'autre*, Paris 1947, Montpellier 1979, deutsch: *Die Zeit und der Andere*, übersetzt von L. Wenzler, Hamburg 1984.

–, *Totalité et Infini*, Den Haag 1961, deutsch: *Totalität und Unendlichkeit*, übersetzt von W. N. Krewani, Freiburg, München 1987.

–, *Autrement qu'être ou au-delà de l'essence*, Den Haag 1974, deutsch: *Jenseits des Seins oder anders als Sein geschieht*, übersetzt von Th. Wiemer, Freiburg, München 1992.

–, *Die Spur des Anderen*, übersetzt von W. N. Krewani, Freiburg, München 1983.

Lévi-Strauss, C., *Das Rohe und das Gekochte*, übersetzt von E. Moldenhauer, Frankfurt/M. 1964.

–, *Strukturale Anthropologie*, Bd. I, Bd. II, Frankfurt/M. 1967/1974.

–, *Die elementaren Strukturen der Verwandtschaft*, übersetzt von E. Moldenhauer, Frankfurt/M. 1981.

Lewin, K., »Kriegslandschaft«, in: *Feldtheorie*, K.-L.-Werkausgabe, Bd. 4, Bern, Stuttgart 1982.

Lichtenberg, G. Ch., *Sudelhefte*, in: ders., *Schriften und Briefe*, Bd. I, Frankfurt/M. 1968.

Liebsch B., Staudigl, M., Stoellger, Ph. (Hg.), *Perspektiven europäischer Gastlichkeit. Geschichte – Kulturelle Praktiken – Kritik*, Weilerswist 2016.

Lindahl, H., *Fault Lines of Globalization. Legal Order and the Politics of A-Legality* Oxford 2013.

Löwith, K., *Der Mensch inmitten der Geschichte. Philosophische Bilanz des 20. Jahrhunderts*, Stuttgart 1990.

Ludwig, G., Gorbatschow, M. (Hg.), *Der lange Schatten von Tschernobyl*, Baden-Baden 2017.

Luhmann, N., *Soziale Systeme. Grundriß einer allgemeinen Theorie*, Frankfurt/M. 1984.

–, *Vertrauen*, Stuttgart 2003.

Mann, Th., *Doktor Faustus*, Frankfurt/M. 1967.

–, *Politische Schriften und Reden*, Bd. 2 (Das essayistische Werk, TB-Ausgabe in acht Bänden), Frankfurt/M. 1968.

Marion, J.-L., *Réduction et donation*, Paris 1989.

Markowitsch, H.-J., *Dem Gedächtnis auf der Spur. Vom Erinnern und Vergessen*, Darmstadt 2002.
Marx, K., *Grundrisse der Kritik der politischen Ökonomie*, Berlin 1953.
Marx, K., Engels, F., *Werke* (MEW), Berlin 1956 ff.
Mauss, M., »Techniken des Körpers«, in: ders., *Soziologie und Anthropologie* II, München 1975.
Menga, F., *Lo scandalo del futuro. Per una giustizia intergenerazionale*, Rom 2016.
–, *Etica intergenerazionale*, Brescia 2021.
Merleau-Ponty, M., *Phénoménologie de la perception*, Paris 1945, deutsch: *Phänomenologie der Wahrnehmung*, übersetzt von R. Boehm, Berlin 1966.
–, *Signes, Paris* 1960, deutsch: *Zeichen*, hg. von Ch. Bermes, Hamburg 2007.
–, *Résumés de Cours. Collège de France 1952-1960*, Paris 1968.
–, *La prose du monde*, Paris 1969, deutsch: *Die Prosa der Welt*, übersetzt von R. Giuliani, München 1984.
Metzinger, Th., »Niemand sein. Kann man eine naturalistische Perspektive auf die Subjektivität des Menschen einnehmen?«, in: S. Krämer (Hg.), *Bewußtsein*, Frankfurt/M.1996.
Meyer-Drawe, K., *Menschen im Spiegel ihrer Maschinen*, München 1996.
–, *Diskurse des Lernens*, München 2008.
Minkowski, E., *Die gelebte Zeit*, 2 Bde., Salzburg 1971/72.
Mosès, St., *System und Offenbarung. Die Philosophie Franz Rosenzweigs*, München 1985.
–, *Eros und Gesetz. Zehn Lektüren der Bibel*, München 2004.
Müller, J., Nießeler, A., Rauh, A. (Hg.), *Aufmerksamkeit. Neue humanwissenschaftliche Perspektiven*, Bielefeld 2016.
Mühleis, V., *Mädchen mit totem Vogel. Eine interkulturelle Bildbetrachtung*, München 2014.
Mumford, L., *Die Stadt. Geschichte und Ausblick*, übersetzt von H. Lindemann, München 1979.
Muschg, A., »Japan und die Katastrophe«, in: Wördemann, Yamaguchi 2014.
Musil, R., *Der Mann ohne Eigenschaften*, Reinbek 1978.

Neues Handbuch philosophischer Grundbegriffe, hg. von P. Kolmer, A. G. Wildfeuer, Freiburg, München 2011.
Nietzsche, F., *Kritische Studienausgabe* (KSA), hg. von G. Colli, M. Montinari, Berlin 1980.
Novalis, *Schriften*, hg. von P. Kluckhohn, R. Samuel, Bd. II, Stuttgart 1960.

Obert, M., *Welt als Bild. Die theoretische Grundlegung der chinesischen*

Berg-Wasser-Malerei zwischen dem 5. und dem 12. Jahrhundert, Freiburg, München 2007.

–, *Tanzende Bäume, sprechende Steine. Zur Phänomenologie japanischer Gärten*, Freiburg, München 2019.

Ortmann, G., *Noch nicht/Nicht mehr. Wir Virtuosen des versäumten Augenblicks*, Weilerswist 2015.

Patočka, J., *Ketzerische Essays zur Philosophie der Geschichte*, Stuttgart 1988.

Peirce, Ch. S., *Vom Pragmatismus zum Pragmatizismus*, Schriften II, Frankfurt/M. 1970.

Piskorski, J. M., *Die Verjagten. Flucht und Vertreibung im Europa des 20. Jahrhunderts*, München 2015.

Plessner, H., *Diesseits der Utopie*, Frankfurt/M. 1974.

Pöppel, E., *Grenzen des Bewußtseins. Wie kommen wir zur Zeit und wie entsteht Wirklichkeit?* Frankfurt/M., Leipzig 1997.

Proust, M., *A la recherche du temps perdu* (= *Recherche*), 4 Bde., Paris 1987-89, deutsch: *Auf der Suche nach der verlorenen Zeit* (Werke II, 7 Bde.), übersetzt von E. Rechel-Mertens, revidiert von L. Keller, Frankfurt/M. 1994-2002.

Ritter, J., »Landschaft«, in: ders., *Subjektivität*, Frankfurt/M. 1974.

Rosa, H., *Beschleunigung. Die Veränderung der Zeitstrukturen in der Moderne*, Frankfurt/M. 2005.

Sacks, O., *Der Mann, der seine Frau mit einem Hut verwechselte*, übersetzt von D. van Gunsteren, Reinbek 1990.

Sartre, J.-P., *L'être et le néant*, Paris 1943, deutsch: *Das Sein und das Nichts*, übersetzt von H. Schöneberg und T. König, Reinbek 1991.

Schami, R., *Ich wollte nur Geschichten erzählen*, München 2017.

Schellhammer, B. (Hg.), *Zwischen Phänomenologie und Psychoanalyse. Im interdisziplinären Gespräch mit Bernhard Waldenfels*, Baden-Baden 2021.

Schivelbusch, W., *Geschichte der Eisenbahnreise. Zur Industrialisierung von Raum und Zeit im 19. Jahrhundert*, Frankfurt/M., Berlin 1979.

Schlögel, K., *Archäologie des Kommunismus*, München 2014.

Schnell, M. W., Dunger, Ch. (Hg.), *Digitalisierung der Lebenswelt. Studien zur Krisis nach Husserl*, Weilerswist 2019.

Schönhammer, R., *In Bewegung. Zur Psychologie der Fortbewegung*, München 1991.

Schües, Ch., »Corona-Notstand. Immunität und Verletzlichkeit: Über das Verhältnis zweier Paradigmen«, in: *Journal Phänomenologie*, 54/2020.

Schütz, A., »Der Fremde«, »Der Heimkehrer« in: *Gesammelte Aufsätze*, Bd. II, Den Haag 1972.

–, *Der sinnhafte Aufbau der sozialen Welt*, Frankfurt/M. 1974.

Serres, M., *Der Naturvertrag*, übersetzt von H.-H. Henschen, München 1994.
–, *Atlas*, übersetzt von M. Bischoff, Berlin 2005.
Smuda, M. (Hg.), *Landschaft*, Frankfurt/M. 1986.
Snell, B., *Die Entdeckung des Geistes*, Hamburg 1955.
Sommer, M., *Husserl und der frühe Positivismus*, Frankfurt/M. 1985.
–, *Suchen und Finden*, Frankfurt/M. 2002.
Sophokles, *Tragödien*, übersetzt von R. Woerner, Leipzig 1942.
Srubar, I., Vaitkus, St. (Hg.), *Phänomenologie und soziale Wirklichkeit*, Opladen 2003.
Steinbock, A., *Grenzüberschreitungen. Generative Phänomenologie nach Husserl*, übersetzt von T. Stähler, Freiburg, München 2003.
Stierle, K., *Francesco Petrarca, Ein intellektueller Europäer des 14. Jahrhunderts*, München 2003.
Stoichita, V. F., *Das selbstbewußte Bild. Ursprung der Medienmalerei*, übersetzt von H. Jatho, München 1998.
Straus, E., *Vom Sinn der Sinne*, Berlin ²1956.
Ströbel, N., Zahner, W. (Hg.), *Hortus Conclusus*, 2006.
Szymborska, W., *Deshalb leben wir*, übersetzt von K. Dedecius, Frankfurt/M. 1980.

Taube, M., *Der Mythos der Denkmaschine. Kritische Betrachtungen zur Kybernetik*, Hamburg 1966.

Ungaretti, G., *Reisebilder*, übersetzt von S. Hildesheimer, Frankfurt/M. 1963.

Valéry, P., *Œuvres*, Bd. II, Paris 1960.
–, *Cahiers*, 2. Bde., Paris 1973-74, deutsch: *Cahiers/Hefte*, 6 Bde., Frankfurt/M. 1987-93.
Vanni, M., *L'adresse du politique. Essai d'approche responsive*, Paris 2009.
Varela, F. J., Thompson, E., *Der mittlere Weg der Erkenntnis*, übersetzt von H. H. Holl, Bern, München, Wien 1992.
Vesting, Th., *Die Medien des Rechts: Schrift*, Weilerswist 2011.
Virilio, P., *Fluchtgeschwindigkeit*, übersetzt von B. Wilczek, München 1996.

Waldenfels, B., *Das Zwischenreich des Dialogs. Sozialphilosophische Untersuchungen in Anschluß an Edmund Husserl*, Den Haag 1971.
–, *In den Netzen der Lebenswelt*, Frankfurt/M. 1985.
–, *Der Stachel des Fremden*, Frankfurt/M. 1990.
–, *Antwortregister*, Frankfurt/M. 1994 (= AR).
–, *Deutsch-französische Gedankengänge*, Frankfurt/M. 1995.

–, *Topographie des Fremden*, Frankfurt/M.1997.
–, *Sinnesschwellen*, Frankfurt/M. 1999.
–, *Vielstimmigkeit der Rede*, Frankfurt/M. 1999.
–, *Das leibliche Selbst*, hg. von R. Giuliani, Frankfurt/M. 2000.
–, *Bruchlinien der Erfahrung. Phänomenologie, Psychoanalyse, Phänomenotechnik*, Frankfurt/M. 2002 (= BE).
–, *Phänomenologie der Aufmerksamkeit*, Frankfurt/M. 2004.
–, *Idiome des Denkens*, Frankfurt/M. 2005.
–, *Grundmotive einer Phänomenologie des Fremden*, Frankfurt/M. 2006.
–, *Schattenrisse der Moral*, Frankfurt/M. 2006.
–, *Grenzen der Normalisierung*, erweiterte Ausgabe Frankfurt/M. 2008.
–, *Ortsverschiebungen, Zeitverschiebungen. Modi leiblicher Erfahrung*, Frankfurt/M. 2009.
–, *Sinne und Künste im Wechselspiel. Modi ästhetischer Erfahrung*, Berlin 2010.
–, *Hyperphänomene. Modi hyperbolischer Erfahrung*, Berlin 2012 (= HYP).
–, *Ordnung im Zwielicht*, München ²2013.
–, *Sozialität und Alterität. Modi sozialer Erfahrung*, Berlin 2015 (= SA).
–, »Bauen und Wohnen in der Stadt«, in: S. Feldhusen, U. Poerschke (Hg.), *Theorie der Architektur. Zeitgenössische Positionen*, Basel 2017.
–, *Platon. Zwischen Logos und Pathos*, Berlin 2017.
–, *Erfahrung, die zur Sprache drängt. Studien zur Psychoanalyse und Psychotherapie aus phänomenologischer Sicht*, Berlin 2019.
–, *Reisetagebuch eines Phänomenologen. Aus den Jahren 1978-2019*. Baden-Baden 2020.
Waldenfels B., Broekman, J. M., Pažanin, A. (Hg.), *Phänomenologie und Marxismus*, Frankfurt/M. 1977-79.
Warning, R., *Proust-Studien*, München 2000.
Warnke, M., *Politische Landschaft. Zur Kunstgeschichte der Natur*, München, Wien 1992.
Weber, M., *Gesammelte Aufsätze zur Wissenschaftslehre*, ³1968.
Weizenbaum, J., *Die Macht der Computer und die Ohnmacht der Vernunft*, übersetzt von U. Rennert, Frankfurt/M. 1977.
Winnicott, D. W., *Vom Spiel zur Kreativität*, übersetzt von M. Ermann, Stuttgart 1973.
Wintersteiner, W., *Die Welt neu denken lernen – Plädoyer für eine planetare Politik*, Bielefeld 2021.
Wintersteiner, W., Beretta, Ch., Mladinović Zalaznik, M. (Hg.), *Manifesto Alpe-Adria*, Wien 2020.
Wiesing, L., *Das Mich der Wahrnehmung*, Frankfurt/M. 2009.
Wittgenstein, L., *Philosophische Untersuchungen*, in: Schriften, Bd. 1, Frankfurt/M. 1960.

Wördemann, R., Yamaguchi, K. (Hg.), *Länderbericht Japan. Die Erarbeitung der Zukunft*, Bonn 2014.
Wygotsky, L. S., *Denken und Sprechen*, übersetzt von G. Sewekow, Frankfurt/M. 1969.

Yamaguchi, I., *Ki als leibhaftige Vernunft. Beitrag zu einer interkulturellen Phänomenologie der Leiblichkeit*, München 1997.
Yermolenko, V. (Hg.), *Ukraine in Histories and Stories. Essays by Ukrainian Intellectuals*, Kyiv 2019.

Zimmermann J. (Hg.), *Das Naturbild des Menschen*, München 1982.
Zuckmayer, C., *Als wär's ein Stück von mir. Horen der Freundschaft*, Frankfurt/M. 1969.

Namenregister

Sachregister

Phänomenologie in Frankreich. stw 644. 588 Seiten

Platon. Zwischen Logos und Pathos. stw 2218. 329 Seiten

Schattenrisse der Moral. stw 1813. 354 Seiten

Sinnesschwellen. Studien zur Phänomenologie des Fremden 3. stw 1397. 243 Seiten

Sinne und Künste im Wechselspiel. Modi ästhetischer Erfahrung. stw 1973. 409 Seiten

Der Spielraum des Verhaltens. stw 311. 337 Seiten

Der Stachel des Fremden. stw 868. 278 Seiten

Topographie des Fremden. Studien zur Phänomenologie des Fremden 1. stw 1320. 240 Seiten

Vielstimmigkeit der Rede. Studien zur Phänomenologie des Fremden 4. stw 1442. 224 Seiten

Zu Bernhard Waldenfels

Vernunft im Zeichen des Fremden. Zur Philosophie von Bernhard Waldenfels. Herausgegeben von Matthias Fischer, Burkhard Liebsch und Hans-Dieter Gondek. stw 1492. 464 Seiten

NF 105/2/10.22